工业和信息化部"十二五"规划教材
国家社科基金重点项目研究成果
数字经济高质量人才培养系列·**大数据管理**

信息分析概论

/ 第2版 /

卢小宾　朝乐门◎主　编
查先进　沙勇忠　李　颖　郭亚军◎副主编

电子工业出版社
Publishing House of Electronics Industry
北京·BEIJING

内 容 简 介

本书为工业和信息化部"十二五"规划教材。

本书主要内容包括：信息分析的定义、特点、内容、类型与发展历程，信息分析的基本程序，信息分析的主要方法，信息分析常用工具，信息分析成果及其评价，应用信息分析，信息分析人才培养，信息分析机构管理，信息分析与咨询。

本书内容丰富、创新性强，可作为高校大数据管理与应用、电子商务、信息管理与信息系统、信息资源管理、图书情报与档案管理、企业管理及工商管理等专业学生的教材和教学参考书，也可供信息分析与咨询人员、信息管理人员及企业与政府部门相关人员参考。

未经许可，不得以任何方式复制或抄袭本书之部分或全部内容。
版权所有，侵权必究。

图书在版编目（CIP）数据

信息分析概论 / 卢小宾，朝乐门主编. —2 版. —北京：电子工业出版社，2023.6
ISBN 978-7-121-45952-8

Ⅰ. ① 信… Ⅱ. ① 卢… ② 朝… Ⅲ. ① 信息分析－高等学校－教材 Ⅳ. ① G202

中国国家版本馆 CIP 数据核字（2023）第 127783 号

责任编辑：章海涛　　　　　　　特约编辑：李松明
印　　刷：天津善印科技有限公司
装　　订：天津善印科技有限公司
出版发行：电子工业出版社
　　　　　北京市海淀区万寿路 173 信箱　　邮编：100036
开　　本：787×1092　1/16　　印张：21.25　　字数：544 千字
版　　次：2023 年 6 月第 1 版
印　　次：2023 年 6 月第 1 次印刷
定　　价：69.00 元

凡所购买电子工业出版社图书有缺损问题，请向购买书店调换。若书店售缺，请与本社发行部联系，联系及邮购电话：(010) 88254888，88258888。

质量投诉请发邮件至 zlts@phei.com.cn，盗版侵权举报请发邮件至 dbqq@phei.com.cn。

本书咨询联系方式：192910558（QQ 群）。

前　言

自《信息分析概论》面世以来，该书在学术界和实践领域受到了广泛关注，许多高校将其列入教材或推荐阅读书目。本书在《信息分析概论》的基础上进行了全面的更新和修订。

我们密切关注最新的信息分析研究成果和行业动态，对信息分析的理论体系和实例进行了系统调整，使其更为契合实际应用场景。此外，我们引入了新兴领域的信息分析方法，涵盖大数据、人工智能、社交网络等方面，提升了本书的前瞻性和创新性。

与《信息分析概论》相比，本书在知识内容和细节描述方面的主要变化包括："第1章　绪论"中新增"1.3　大数据环境下的信息分析"，同时精简了原"1.3　信息分析的发展"的内容；取消了原"第6章　计算机辅助信息分析方法"和"第7章　计算机辅助信息分析工具"，取而代之的是全新撰写的"第4章　信息分析工具"；将原"5.3　技术经济信息分析"和"5.4　市场信息分析"融合为新内容"6.3　经济信息分析"。

本书共9章。第1章阐述信息分析的定义、特点、内容、任务、类型，以及大数据环境下信息分析的变革和发展；第2章探讨信息分析的基本程序；第3章介绍基础的定性分析与定量分析方法；第4章论述信息分析工具的应用；第5章讨论信息分析成果及其评价方法；第6章研究信息分析在不同领域的应用问题；第7章探讨信息分析人才的基本素质、能力、人才结构及培养策略等问题；第8章关注信息分析机构管理的相关议题；第9章分析信息分析与咨询之间的关系。

全书由卢小宾提出编写大纲并负责总体规划。各章节执笔人如下：第1章，卢小宾；第2章，王翠萍、卢小宾；第3章，查先进；第4章，朝乐门；第5章，查先进；第6章，沙勇忠；第7章，霍朝光、卢小宾、杨琳；第8章，石晶、卢小宾；第9章，郭亚军、李颖。全书由卢小宾、朝乐门统稿、修改并负责编写工作的组织和协调。在此特别感谢郭亚军和靳庆文在本书的电子教案编写及校对方面所付出的辛勤劳动。

本书为国家社科基金重点项目"新时期产业技术情报分析方法体系研究"（项目编号：21ATQ008）的研究成果之一。

在本书的撰写过程中，我们参阅了大量的中外文献资料，并在很大程度上借鉴了这些文献。在此，我们向本书参考文献的作者表示衷心的感谢。然而，由于篇幅所限，未能完整列出所有参考文献，我们向未能一一列出的参考文献作者表示诚挚的歉意。同时，我们对给予本书出版大力支持的电子工业出版社表示诚挚的谢意。

我们深知自己的水平有限，加之撰写时间相对紧迫，书中难免存在一些疏漏和错误。因此，我们诚恳地请教于专家和广大读者，期待您的宝贵意见和批评指正，以便我们在未来的工作中不断完善和提高。

卢小宾　朝乐门
2023 年 4 月于北京

目 录

第1章 绪 论 ………………………………………………………………………… 1
1.1 信息分析的产生 …………………………………………………………… 2
1.1.1 信息分析是信息交流的产物 ……………………………………… 2
1.1.2 信息分析是科技、经济和社会发展的产物 ……………………… 2
1.1.3 信息分析是决策科学化、民主化的产物 ………………………… 3
1.2 信息分析的内涵 …………………………………………………………… 4
1.2.1 信息分析的定义 …………………………………………………… 4
1.2.2 信息分析的特点 …………………………………………………… 6
1.2.3 信息分析的内容和任务 …………………………………………… 8
1.2.4 信息分析的类型 …………………………………………………… 9
1.3 大数据环境下的信息分析 ………………………………………………… 10
1.3.1 大数据环境下信息分析的变革 …………………………………… 10
1.3.2 大数据环境下信息分析的方法体系 ……………………………… 12
1.3.3 大数据环境下信息分析的发展趋势 ……………………………… 14
本章小结 ………………………………………………………………………… 16
思考与练习 ……………………………………………………………………… 16

第2章 信息分析程序 …………………………………………………………… 17
2.1 信息分析的课题选择和计划 ……………………………………………… 18
2.1.1 选题的重要性和基本原则 ………………………………………… 18
2.1.2 信息分析课题的来源 ……………………………………………… 19
2.1.3 选题工作中需要注意的问题 ……………………………………… 20
2.1.4 选题步骤 …………………………………………………………… 21
2.1.5 课题计划 …………………………………………………………… 22
2.2 信息搜集、整理和鉴别 …………………………………………………… 23
2.2.1 信息源 ……………………………………………………………… 24
2.2.2 信息搜集 …………………………………………………………… 25
2.2.3 信息积累 …………………………………………………………… 30
2.2.4 信息整理 …………………………………………………………… 31
2.2.5 信息价值鉴别 ……………………………………………………… 33
2.3 信息分析和提炼 …………………………………………………………… 37
2.3.1 信息分析和提炼的目的和任务 …………………………………… 37
2.3.2 信息分析和提炼的途径和方法 …………………………………… 38
2.4 信息分析产品的制作 ……………………………………………………… 40
2.4.1 信息分析产品的类型 ……………………………………………… 40
2.4.2 信息分析产品的制作 ……………………………………………… 44
本章小结 ………………………………………………………………………… 57
思考与练习 ……………………………………………………………………… 58

第 3 章　信息分析方法 ... 59

3.1 信息分析的基本方法 ... 61
3.1.1 比较 ... 61
3.1.2 分析和综合 ... 62
3.1.3 推理 ... 67

3.2 回归分析 ... 70
3.2.1 一元线性回归分析 ... 70
3.2.2 多元线性回归分析 ... 74
3.2.3 回归分析的实际应用 ... 76

3.3 聚类分析 ... 79
3.3.1 聚类分析概述 ... 79
3.3.2 分层聚类 ... 81
3.3.3 快速聚类 ... 87

3.4 时间序列分析 ... 90
3.4.1 移动平均法 ... 91
3.4.2 指数平滑法 ... 93
3.4.3 生长曲线法 ... 96
3.4.4 时间序列分解法 ... 101

3.5 主成分分析 ... 103
3.5.1 主成分分析法思想 ... 104
3.5.2 主成分分析法机理 ... 105
3.5.3 主成分的计算方法 ... 106
3.5.4 主成分的贡献率和累计贡献率 ... 107
3.5.5 标准化变量的主成分 ... 108
3.5.6 主成分分析法的实际应用 ... 109

3.6 决策树 ... 112
3.6.1 决策树的基本思路 ... 112
3.6.2 决策树的生长 ... 113
3.6.3 决策树的修剪 ... 116
3.6.4 决策树的应用分析 ... 118

本章小结 ... 123
思考与练习 ... 123

第 4 章　信息分析工具 ... 124

4.1 信息分析工具的使用 ... 125

4.2 信息分析工具的发展 ... 126
4.2.1 商务智能时代 ... 126
4.2.2 大数据时代 ... 127
4.2.3 数据富足供给时代 ... 128

4.3 信息分析工具的类型 ... 128
4.3.1 开源工具 ... 129
4.3.2 商业工具 ... 135

4.4 信息分析工具的应用 ... 137
4.4.1 基于 Python 的信息分析案例 ... 137

  4.4.2　基于SPSS的信息分析案例 ··· 143
 本章小结 ··· 145
 思考与练习 ··· 145

第5章　信息分析成果评价 ··· 147

 5.1　信息分析成果的评价意义 ·· 148
  5.1.1　理论意义 ·· 148
  5.1.2　实践意义 ·· 148
 5.2　信息分析成果的评价程序 ·· 149
 5.3　信息分析成果的评价指标体系 ·· 150
  5.3.1　信息分析成果的特点 ·· 150
  5.3.2　信息分析成果的评价指标体系 ································· 151
 5.4　信息分析成果的评价方法 ·· 153
  5.4.1　专家定性判断法 ·· 154
  5.4.2　综合评分法 ··· 154
  5.4.3　德尔菲法 ·· 157
  5.4.4　层次分析法 ··· 165
  5.4.5　模糊综合评价法 ·· 173
 本章小结 ··· 176
 思考与练习 ··· 176

第6章　信息分析应用 ··· 177

 6.1　科技信息分析 ·· 178
  6.1.1　科技信息与科技信息分析 ······································· 178
  6.1.2　科学前沿与发展态势分析 ······································· 182
  6.1.3　技术预见和专利信息分析 ······································· 187
  6.1.4　科技竞争力评价 ·· 205
 6.2　社会信息分析 ·· 208
  6.2.1　社会发展态势分析 ··· 209
  6.2.2　国情和省情分析 ·· 213
  6.2.3　社会风险和公共舆情分析 ······································· 219
  6.2.4　公共政策效果分析 ··· 224
 6.3　经济信息分析 ·· 228
  6.3.1　国民经济景气分析 ··· 228
  6.3.2　投资项目的风险分析 ·· 235
  6.3.3　市场信息分析 ··· 241
  6.3.4　企业竞争分析 ··· 243
 本章小结 ··· 250
 思考与练习 ··· 250

第7章　信息分析人才 ··· 251

 7.1　科技信息分析 ·· 252
  7.1.1　科技信息与科技信息分析 ······································· 252
  7.1.2　信息分析人员的基本能力 ······································· 253

7.2 信息分析人才结构 ... 254
7.2.1 信息分析人才结构的概念 ... 254
7.2.2 信息分析人才结构的优化 ... 256
7.3 信息分析人才培养 ... 259
7.3.1 国内信息分析人才培养现状 ... 259
7.3.2 国外信息分析人才培养经验 ... 260
7.3.3 信息分析人才培养模式 ... 262
7.3.4 我国信息分析人才的培养策略 ... 263
本章小结 ... 269
思考与练习 ... 269

第8章 信息分析机构 ... 270
8.1 信息分析机构概述 ... 271
8.1.1 信息分析机构的界定 ... 271
8.1.2 信息分析机构的类型 ... 271
8.1.3 信息分析机构的地位与作用 ... 274
8.1.4 信息分析机构的发展趋势 ... 275
8.2 信息分析机构的宏观管理 ... 277
8.2.1 信息分析机构宏观管理的内容、原则与手段 ... 277
8.2.2 国外信息分析机构的宏观管理 ... 279
8.2.3 国内信息分析机构的宏观管理 ... 282
8.2.4 我国信息分析机构宏观管理的优化策略 ... 284
8.3 信息分析机构的微观管理 ... 287
8.3.1 信息分析机构微观管理的定义与内容 ... 287
8.3.2 国外信息分析机构的微观管理 ... 289
8.3.3 国内信息分析机构的微观管理 ... 292
8.3.4 我国信息分析机构微观管理的改进策略 ... 294
本章小结 ... 297
思考与练习 ... 297

第9章 信息分析与咨询 ... 298
9.1 信息分析与咨询的关系 ... 299
9.1.1 咨询及其相关概念的界定 ... 299
9.1.2 信息分析与咨询的关系 ... 302
9.2 咨询的性质和分类 ... 304
9.2.1 咨询的性质 ... 304
9.2.2 咨询的分类 ... 306
9.3 国内外著名咨询机构 ... 311
9.3.1 国内知名咨询机构 ... 311
9.3.2 国外著名咨询机构 ... 317
本章小结 ... 322
思考与练习 ... 322

参考文献 ... 323

第1章 绪 论

IA

　　信息分析是信息服务过程中必不可少的组成部分,也是信息服务产业研究的核心课题之一。随着信息社会的不断发展,信息分析的社会功能日益增强,信息分析已成为促进信息服务产业发展的关键因素和重要战略资源。

　　党的二十大报告指出,加快构建中国自主知识体系,助力中国式现代化建设;建设具有中国特色的信息分析知识体系建设,对促进信息服务产业现代化发展具有十分重要的意义。

　　本章从揭示信息分析活动产生的原因入手,阐释了信息分析的定义、特点、研究内容及其分类,探讨了大数据环境下信息分析的变革、方法体系与发展趋势,为建构具有中国特色的信息分析知识体系奠定了理论基础。

本章重点

- 信息分析的定义和特点
- 信息分析的主要内容和基本任务
- 信息分析的基本类型
- 大数据环境下信息分析的变革
- 大数据环境下信息分析的方法体系
- 大数据环境下信息分析的发展趋势

1.1 信息分析的产生

信息分析（Information Analysis，亦称情报分析、情报研究或情报调研）是在现代信息分析与咨询活动飞速发展的背景下，于 20 世纪 50 年代由情报科学中派生出来的一门新兴学科。近年来，在信息的广泛传播过程中，信息分析得到了迅猛的发展。为了充分认识信息分析的理论实质，掌握其运作原理，我们有必要回顾一下信息分析的发展历程。

1.1.1 信息分析是信息交流的产物

16 世纪中叶至 17 世纪中叶，出现了进行科学交流的科学家小组，产生了传播科学技术信息的学术刊物，如法国的《科学家杂志》等。这是信息交流过程的第一个发展阶段——信息生产者与需求者之间的直接交流。

17 世纪末至 18 世纪初，由于科学技术的发展，许多国家相继建立了全国性学术团体，如意大利科学家成立的"山猫学会"等，同时出版了各种类型的科技期刊。这时的信息需求者变为不确定的多数，信息交流过程进入第二个发展阶段——大众传播阶段。

18 世纪中叶至 19 世纪末，由于学科进一步分化，分支学科纷纷出现，分支学科的专业团体开始建立，如 1871 年英国剑桥大学建立的卡文迪什实验室，同期贝尔在美国波士顿创立的电话研究所等，还出现了专业学术刊物及文摘、索引、年报等科技信息检索出版物，如 1830 年德国创办的文摘杂志《化学总览》等。这是信息交流过程的第三个发展阶段——信息生产者与需求者之间通过第三者进行交流。在这个阶段，信息分析应运而生，如在一些信息出版物中出现了综述、评论等研究文章，但这时的信息分析并没有从科学家劳动中分化出来。

到了 20 世纪，科学技术进入现代发展时期，分支学科、前沿学科层出不穷，科学技术飞速发展和科技文献量急剧增长，使得人们对信息交流的要求不满足于一般的信息提供和信息检索，而需要经过浓缩、分析、综合加工后形成的有针对性的信息分析成果。特别是 20 世纪 50 年代后期，由于电子计算机技术的发展，信息交流过程迅速完成了向第四阶段——用机器代替人工的计算机存储检索和第五阶段——信息的联机检索和网络检索的转变，这为信息分析提供了良好的现代技术支持。由此，信息分析便从科学家的劳动中独立，走上了专业化发展的道路，其理论研究在信息交流过程中脱颖而出（邹志仁，1990）。

1.1.2 信息分析是科技、经济和社会发展的产物

信息分析走上专业化发展道路，成为一种独立的科学劳动，有其深刻的科技、经济和社

会发展需求背景。

1. 现代科学技术的高速发展，要求进行跨学科、跨专业、跨部门的协同配合

20 世纪中期，科学技术迅速向纵深发展，科学技术的门类越分越细，各学科彼此渗透，相互联系日益紧密，在传统学科和技术的边缘，不断产生出新兴的学科和技术。而且，当今世界范围的技术创新和科学研究的难度越来越大，新产品、新材料、新技术、新工艺的突破取决于系统的综合水平，可以说，对已有技术的重新组合已成为当今技术创新的主流。因此，在制定科技发展规划、评价科研成果和开展技术创新等方面，迫切需要跨学科、跨专业、跨部门的综合性信息分析活动。国外一些大型智囊团正是适应这种需要而产生的，如美国的兰德公司（RAND Corporation）、日本的野村综合研究所（Nomura Research Institute，NRI）等。

2. 现代经济活动的特点要求从外部进行信息分析活动

现代经济活动是复杂的，涉及许多领域，必须进行综合研究，才能取得最佳的经济效益，但是一个企业不可能拥有包容一切领域的信息分析机构，如果一切信息分析工作都要由自己进行，必然要投入大量的财力和人力，这是违背现代经济活动规律的，许多企业和部门都希望有一批从事信息分析活动的专门人才和机构。信息分析活动以其高效率的工作方法，及时提供全面、系统、综合、准确的信息分析成果和各种可供选择的解决问题的方案，作为企业和部门决策的依据和参考，大大提高了企业和部门的工作效率，减少了经济活动的失误和失败。在此意义上，信息分析是现代经济管理科学化的产物（**包昌火等**，1997）。

3. 社会非物质生产范围的扩大提出了强化信息分析的需求

由于科学技术成果在物质生产中的应用，物质生产中高度的机械化、自动化使劳动生产率空前提高，促使大批从事物质生产的就业人员转向服务产业和信息产业，并由此使这两种产业得到迅猛发展。以美国为例，在 19 世纪 60 年代，从事第一产业（农业）的人数占就业人数的 50%以上，成为农业大国；到 20 世纪，第二产业（工业）在社会中开始占主导地位，到 1950 年工业人口达到高峰，约占 65%，成为工业强国；20 世纪 50 年代以后，服务行业（第三产业）和信息产业（第四产业）的活动急剧增加，到 1975 年，几乎有 50%的劳动者从事第四产业。上述事实证明，社会的非物质生产在迅速扩大，社会生产的结构已发生重大的变化。这样，社会便向信息工作提出了强化信息分析的要求（**查先进**，2000）。

1.1.3　信息分析是决策科学化、民主化的产物

现代决策活动要做到科学化、民主化，往往先由信息分析人员对决策的背景、需要达到的目标及围绕决策的环境情况进行综合信息分析，设计出多种可供选择的决策方案，然后信息分析人员要对每个决策方案进行分析评价，指出优缺点、损益值，有可能的话，还要对多

种决策方案提出采纳的倾向性意见，最后由决策者进行决策。因此，现代决策工作是由决策者和信息分析人员共同完成的。

信息分析活动对于决策的科学化和民主化是不可缺少的环节。这是因为：

① 决策者一般是考虑战略问题的，具有较高的政治觉悟、洞察能力和组织才能。但是，决策者的工作是非常繁忙的，他们没有可能就决策的具体事项进行系统、深入的分析，他们虽然敏锐地发现了问题，但很难有时间和精力抓住问题并进行深入的调查和研究。在这种情况下，仅仅依靠决策者个人"拍脑袋"来决策就会导致决策的失误，甚至失败（**秦铁辉、王延飞**，2001）。

② 决策者虽然博学多才，但不可能无所不知，不可能掌握和探索一系列现代科学决策的方法和技术，因为其中每项研究都可能花费一个人的毕生精力。决策者如果致力于掌握、运用和研究这些方法和技术，那么他只是一位信息分析专家，而不能成为卓有成效的决策者（**卢小宾**，2008）。

③ 决策者在现代大生产的情况下，一个错误决策往往会带来巨大的、连锁的严重恶果。为了防止可能产生的决策失误，决策者一定要虚心聘请信息分析人员参与决策（**朱庆华**，2004）。

基于以上三点原因，现代决策者必须将信息分析工作作为科学决策不可分割的组成部分，科学决策已成为发展信息分析产业的催化剂。

1.2　信息分析的内涵

1.2.1　信息分析的定义

信息分析是一门新兴学科，其定义至今尚未统一。据统计，目前国内外有关信息分析及其相关定义多达数十种，其中较具代表性的如下（**卢小宾**，2020）。

① 信息分析中心旨在以最可靠、及时、有效的方式为同行和管理人员编撰、归纳、整理、重组、显示适合的信息或数据，是为了搜集、选择、存储、检索、评价、分析、综合一个明确规定的专门领域或与特定任务相适应的大量信息而特别建立的正式组织机构。

② 情报分析广义上包括信息的搜集、选择、存储、检索、评价、分析、综合、提供诸功能，狭义上包括信息的评价、分析、综合功能。

③ 情报研究是针对用户需要或接受用户委托，制定研究课题，然后通过文献调查和实情调查，搜集与课题有关的大量知识和信息，研究其间的相互关系和作用，经过归纳整理、去伪辨新、演绎推理、审议评价，使科技知识得以系统化、综合化、科学化、适用化，以揭示事物或过程的状态和发展（如背景、现状、动态、趋势、对策等）。

④ 情报研究是针对某课题，从大量文献资料和其他各种有关情报中，经过分析、综合、研究，系统地提出有情况、有对比、有分析、有观点、有预测的情报研究成果，以提供用户参考使用。

⑤ 情报研究是以情报为对象，对情报的内容进行整理、加工、鉴别、判断、选择与综合，得出新的情报的科学研究活动。它是整个情报活动中的一种创造性劳动，是一种科学研究工作，属于思想库范畴。

⑥ 情报研究通常指文献情报的分析和综合的过程，即对反映一定时期某课题进展情况的文献情报进行分析和归纳，并以研究报告等多种形式提供专题情报或系统化的浓缩情报，满足用户或读者的专门需要或全面了解该领域的现状和发展趋势的需要。

⑦ 情报研究是根据社会用户的特定需求，以现代的信息技术和软科学研究方法为主要手段，以社会信息的采集、选择、评价、分析和综合等系列化加工为基本过程，以形成新的、增值的情报产品和为不同层次的科学决策服务为主要目的一类社会化的智能活动。

⑧ 信息分析是对大量纷繁无序的信息进行有针对性的选择、分析、综合、预测，为用户提供系统的、准确的、及时的大流量知识和信息的活动。

⑨ 信息分析的抽象工作目标是从混沌的信息中萃取出有用的信息，从表层信息中发现相关的隐蔽信息，从过去和现在的信息中推演出未来的信息，从部分信息中推知总体的信息，揭示相关信息的结构和发展规律。

⑩ 信息分析是对情报进行定向浓缩和科学抽象的一种科学劳动。

⑪ 信息分析是指以社会用户的特定需求为依托，以定性和定量研究方法为手段，通过对文献的收集、整理、鉴别、评价、分析、综合等系列化加工过程，形成新的、增值的信息产品，最终为不同层次的科学决策服务的一项具有科研性质的智能活动。

⑫ 信息分析是一种深层次的信息加工服务，是一项智能型的脑力劳动。

⑬ 信息分析是根据用户的特定需求，对大量纷繁无序的信息进行有针对性的选择、分析、综合、预测，为用户提供系统的、综合的、准确的、及时的、大流量的知识和信息的智能活动。

⑭ 信息分析是情报研究范围的扩展和社会信息化发展的结果，是针对特定的需求，对信息进行深度分析和加工，提供有用的信息和情报。

⑮ 在信息资源基础上，进行检索、整合和分析，利用各种信息工具，快速地做出可验证的分析反映过程，这样的研究过程就是信息分析。

⑯ 信息分析是分析人员根据用户的特定信息需求，利用各种分析方法和工具，对搜集到的零散的原始信息进行识别、鉴定、筛选、浓缩等加工和分析研究，挖掘出其中蕴涵的知识和规律，并且通过系统的分析和研究得到有针对性、时效性、预测性、科学性、综合性及可用性的结论，以供用户决策使用。

⑰ 情报研究，又称信息分析，是指在信息搜集和分析的基础上，通过思考、甄别、重

组获得解决特定问题所需的知识和谋略的科学研究活动。

⑱ 信息分析是将大量离散、无序、质量不一的信息进行搜集、选择、加工和组织，形成增值的信息产品，最终为不同层次的科学决策服务的一项科研活动。

⑲ 信息分析是一项内容广泛的信息深加工处理和情报提炼活动，以大量相关的原生信息为处理对象，通过对原生信息内容的分析、综合或评价，以提炼出对管理、决策等活动有支持作用的情报，为管理、决策等活动服务。

⑳ 信息分析是一类通过系统化的过程将信息转换为知识、情报和谋略的科学活动的统称。

㉑ 信息分析是根据用户的特定需求，对原生信息进行有针对性的选择、分析、综合、预测，为用户提供系统、准确、及时、大流量的知识和信息的科学研究活动。

㉒ 情报研究是以各类用户的特定社会需求为依据制定研究课题，并通过相关信息技术或者软科学研究方法进行与课题相关的信息或知识的采集、加工、分析、综合和评估，最终形成用户所需的情报产品，从而为用户的决策提供依据。

㉓ 情报研究通常指战略情报生产，目的是帮助决策者和计划者做出正确的决定。

㉔ 信息分析是对各种相关信息的深度加工，是一种深层次或高层次的信息服务，是一项具有研究性质的智能活动。

㉕ 信息分析是为组织活动提供知识的一种认知活动。

除了信息分析一词，还存在着与其相关的其他概念，如信息处理（Information Process）、信息浓缩（Information Consolidation）、数据分析（Data Analysis）、数据处理（Data Process）、政治军事情报（Military or Political Intelligence）、工商情报（Business Intelligence）、技术跟踪（Technology Tracing）、技术预见（Technological Foresight）、技术检测（Technological Monitoring）、信息经纪（Information Brokerage）等（查先进，2011）。这些相关概念的内涵和所揭示的工作原理某种程度上都与信息分析有共通之处。

1.2.2　信息分析的特点

上述定义及相关概念虽然表达方式和侧重点有所不同，但我们可以从中发现信息分析的特点。

1. 目标性

目标性是指在信息分析工作中要有的放矢，具有鲜明的针对性。信息分析是针对特定需要而进行的，需要针对经济、社会、科技等方面的实际情况提出信息分析的选题。而建议、设想、方案、预测等分析成果也必须针对决策者、领导者和管理者的决策需要提出。因此，信息分析人员应及时掌握决策层正在或将要决策的目标，同时掌握国内外经济、社会、科技等领域的发展现状和趋势，才能使自己在信息分析工作中具有明确的目标。

2．系统性

信息分析的目的在于使有关的信息和知识系统化、精确化，以便用户有效地加以利用，表现在：① 系统地收集有关信息素材，并系统地加以整理，使之成为有序的、便于检索的信息素材或建立数据库；② 进行信息分析时要有系统性。纵向上，将有关课题历史、现状、未来的信息按时间序列系统地进行研究；横向上，运用系统工程的观点，对与课题相关的其他科学信息进行综合研究。这样才能对所研究课题有一个全面的认识，并做出正确的判断。

3．政策性

信息分析是一项政策性很强的工作，必须围绕社会发展和经济建设的需要而进行，围绕所在部门、行业、地区的科研和生产的需要而进行。因此，信息分析工作不能违背国家以及所在部门、行业、地区制定的关于发展国民经济、促进社会进步和提高科学技术水平的路线、方针、政策。信息分析必须依据这些政策来决定信息素材的取舍，特别是在为决策服务的信息分析工作中，既受到国家现行政策的制约，又为现行政策的修正和新政策的制定服务。所以，政策性在信息分析工作中表现尤为突出。

4．创造性

信息分析是为用户服务的，信息分析工作要按照信息产品"订购者"的要求专门设计。就具体信息分析工作而言，分析人员常常会面对新问题、新情况、新事物、新技术，需要在全面收集有关信息素材的基础上，经过创造性的智力劳动，产出信息分析产品，以支持决策。最终信息分析产品并不是原始信息的简单堆砌，而是信息分析人员智慧和技巧的结晶，具有鲜明的创造性（**王伟军、蔡国沛**，2010）。

5．概率性

信息分析的信息资料来源十分广泛，包括文献信息和实物信息等，其真实、相关、及时、准确程度都很不确定，而且信息分析多数是面向未来的，面对的是一个不确定因素繁多的动态随机环境，自然信息分析结果的可靠性只能是概率数值，不可能是确定的常数。我们的目的是尽力使这个概率数值趋近于1。

6．时效性

现代科学技术的快速发展缩短了信息的使用寿命，因此信息分析要抢时间，争速度，为用户提供及时、适时的研究成果。这里的时效性是指信息分析应有一个上、下时间限度。如果超过时间上限，信息分析成果没有任何意义；如果低于时间下限，由于干扰环境的变化，信息分析成果的价值将大大降低，甚至失去价值。

综合上述信息分析的定义及其特点，我们认为，信息分析是根据用户需求对信息进行选择、分析、综合、预测，为用户提供系统、准确、及时、大流量的知识和信息的智能活动。

1.2.3 信息分析的内容和任务

1．信息分析的内容

信息分析的内容非常广泛，涉及经济、社会、科技等领域。具体来说，信息分析的主要内容包括：

① 鉴别信息素材的真伪和可靠程度。
② 判断科学技术的先进性、可行性、合理性。
③ 了解某学科或领域的发展水平和动向。
④ 发现社会各领域中有发展前途的新增长点。
⑤ 寻找解决某类问题的各种方案，为科学决策奠定基础。
⑥ 评估决策实施的经济效益及其可能产生的社会后果。
⑦ 分析研究经济、社会、科技发展过程中的关键点和转折点。
⑧ 总结成功和失败的经验教训，不断提高信息分析水平。

2．信息分析的任务

信息分析的任务主要包括如下。

① 为制定政策服务。科学、合理地制定政策是促进经济、社会、科技发展的一项战略任务。进行政策选择，应借鉴国内外的经验教训。各国、各地区、各部门、各行业都有各自的政策问题，其中包括经济政策、社会发展政策、科技政策、外交政策、资源政策、能源政策、环境政策等。信息分析应为上述政策的制定提供系统、准确、综合的信息分析成果。

② 为制定发展规划服务。调查国内外经济、社会、科技等领域的发展历史、现状和发展趋势，研究本国、本地区、本部门和本行业的需求和可能，着眼未来，立足现在，为制定经济、社会和科技等领域的发展规划（长期、中期、短期）提供高质量的信息分析服务。

③ 为实行科学管理服务。分析国内外的管理体制、方法、布局、构成、规章制度、人员培养、管理指标、成果鉴定、新技术推广等问题，提出改善管理方法和制定管理条例的建议，为实行科学管理提供全方位的信息分析服务。

④ 为确定研究课题服务。调查国内外有关经济、社会和科技等领域的最新发展动态，了解上述领域已取得的同类研究成果及正在进行中的研究课题，以使选定的研究课题起步于先进水平；充分利用已有成果，避免重复，使投入的人力、物力和财力产生更大的经济效益和社会效益。

⑤ 为决策科学化服务。在当今信息社会中，决策科学化、民主化的基础是信息分析。决策前，决策者需要有关决策问题的预测信息分析；决策中，决策者需要与决策问题有关的综合信息分析；决策后，决策者需要有关决策实施效果的反馈信息分析。总之，为决策服务是信息分析的主要任务，信息分析已成为决策科学化、民主化的先决条件。

⑥ 为市场开拓服务。成功的市场开拓活动需要有充分的市场信息保障。市场信息包括两方面：第一，市场系统内部产生的与经济活动有关的信息，如价格、质量、市场占有率、市场供需等信息；第二，市场系统外部产生的对市场营销活动有影响的信息，如政治、法律、经济、文化、科技、管理等信息。信息分析在市场开拓中的作用主要体现在通过提供上述两类信息，帮助用户寻找、识别和把握市场机会，选准市场开拓的突破口，规避潜在的市场风险（**查先进**，2011）。

1.2.4 信息分析的类型

从不同角度进行分类，信息分析可以分为不同的类型。

1．从影响角度划分

信息分析可以分为战略信息分析和战术信息分析。

① 战略信息分析主要着眼于全局性和长远的目标，重点为解决经济、社会和科技等领域的综合性问题，如体系结构、构成比例、发展速度、发展规划、给定期间的发展目标等提供服务。战略信息分析一般要求各学科、各部门、各行业合作进行。国际上有许多著名的战略信息分析机构，如美国兰德公司、斯坦福国际咨询研究所、英国国际战略研究所等。

② 战术信息分析主要着眼于局部性和短期的目标，重点为解决经济、社会和科技等领域中的一些具体问题，如技术创新、产品开发、材料更新、设备改造、市场需求等提供服务。战术信息分析多在信息机构内部，由信息分析人员进行。随着战术信息分析的日益普及，许多决策者、管理者、领导者和广大科技人员也参与其中。

2．从内容角度划分

信息分析可以分为跟踪型信息分析、比较型信息分析、预测型信息分析和评价型信息分析（**朱庆华**，2004）。

① 跟踪型信息分析的主要任务是信息搜集和加工，建立文献型、事实型和数值型数据库，开展定性分析，目的是掌握各领域的发展趋势，及时了解新动向、新发展，从而做到发现问题、提出问题、解决问题。

② 比较型信息分析的目的是通过比较，了解研究对象的现有水平，找出差距、空白点和薄弱环节，把握研究对象的内在联系及发展规律，认识其本质，为科学决策提供参考依据。

③ 预测型信息分析的目的是根据已经掌握的情况、知识和信息，预先估计和判断研究对象的未来走向和未知状况。

④ 评价型信息分析的重点是分析评价对象，选定评价项目，确定评价函数，计算评价值，给出综合评价结果。

3．从方法角度划分

信息分析可以分为定性信息分析、定量信息分析和半定量信息分析（王伟军、蔡国沛，2010）。

① 定性信息分析是指根据研究对象所具有的属性和矛盾变化，从研究对象的内在规定性来分析研究对象的一种方法。定性信息分析一般不涉及变量关系，主要依靠人类的逻辑思维来分析问题。开展定性信息分析，要依据一定的理论和经验，直接抓住研究对象本质的、主要的矛盾关系，排除次要的、表象的矛盾关系。定性信息分析具有探索性、诊断性和预测性等特点，并不追求精确的结论，而只是了解问题所在，摸清情况，得出理性结论。常用的定性信息分析方法有分析法、综合法、因果关系法、比较法、推理法等。

② 定量信息分析是指对研究对象的数量特征、数量关系与数量变化进行分析的方法，通过设计和建立与原型相似的数学模型，并对之进行分析研究，以达到揭示原型的内在联系和规律性的目的。常用的定量信息分析方法有时间序列分析法、回归分析法、聚类分析法、信息模型法等。

③ 半定量信息分析是指既包含定性信息分析又包含定量信息分析的综合信息分析，定性信息分析把握研究对象的核心与本质，侧重于宏观描述；定量分析把握研究对象的规律与内在联系，侧重于微观分析。常用的半定量信息分析方法有德尔菲法、内容分析法、层次分析法、价值链分析法、SWOT分析法、决策树法等。

4．从领域角度划分

信息分析可以分为科学技术信息分析、社会科学信息分析、技术经济信息分析和市场信息分析等，具体内容见"第6章 信息分析应用"。

1.3 大数据环境下的信息分析

随着信息环境的变化和信息技术的发展，信息分析工作发生了巨大的变革。目前，以大数据为代表的新一轮信息化浪潮将重塑信息分析理论，推动信息分析技术和方法创新，拉开了信息分析产业革命的序幕（卢小宾，2020）。

1.3.1 大数据环境下信息分析的变革

世界已经进入"大数据时代"，大数据正以难以想象的速度带来新一轮信息化革命，大数据充斥着现代社会的各领域，影响甚至改变着我们的生活。大数据与信息分析存在着天然的联系，大数据产生价值的实质性环节就是信息分析。大数据环境下信息分析发生了重大变革，大数据分析与传统信息分析的差异突出体现在分析对象、分析模式、分析结果等方面。

1．分析对象变革：从随机样本到全体数据

大数据分析对象与传统信息分析对象虽然都是数据，但大数据分析的是全体数据而不是随机样本。这在规模和结构上均发生了巨大的变化。

从规模上，过去受到信息记录、存储、分析工具的限制，我们只能收集少量样本数据进行信息分析，准确分析大量数据是一种挑战；如今信息技术水平已经有了很大的提升，我们可以处理的数据量大大增加。传统信息分析的数据量以 MB、GB 为基本处理单位，而大数据分析的数据量则是 PB、EB、ZB 级。

从结构上，传统信息分析的数据种类单一，一般是单纯的由文字、图像、音频、视频等组成的二维数据，并且以结构化数据为主。大数据分析的数据种类繁多，一般由文字、音频、视频、多媒体、流媒体等组成，多是自动化或半自动化生成，包含结构化、半结构化和非结构化的数据，并且半结构化和非结构化数据占据越来越大的比例。

2．分析模式变革：从"先假设，后关系"到"先数据，后关联"

传统信息分析一般遵循的是"先假设，后关系"的分析模式，先假设某种关系存在，再根据假设，针对性地分析数据并计算变量之间的相关关系。大数据环境下，数据量巨大，变量数目往往数不胜数，"先假设，后关系"的分析模式难以适用，而是采取"先数据，后关联"的分析模式，挖掘和发现大数据中隐含的关联、规则和规律。

传统信息分析的数据量小且变量数目少，大部分相关关系分析在于寻求线性关系，人们往往会构造回归方程探求现象之间的因果关系，解决"为什么"的问题。随着数据量的增加，相关关系也变得更加复杂，经过大数据分析，我们能够发现数据的非线性关系，通过对事物相关关系的挖掘与发现，解决"是什么"的问题。相关关系分析在很多情况下可以取代因果关系，即使不能取代，也能指导因果关系的研究，如果我们不满足于知道"是什么"，就会在此方向指引下继续研究因果关系，找出背后的"为什么"。

传统信息分析只需要对有限的样本数据进行定量和定性分析，主要分析方法是数学模型和逻辑思维，选择合适的信息分析方法对样本进行处理是传统信息分析的关键。而大数据分析面对的是海量的数据，分析方法以数据挖掘为主，选择合适的数据和挖掘算法是大数据分析的关键。

3．分析结果变革：从追求精确到拥抱混杂

传统信息分析希望尽可能用有限的样本数据全面准确地反映总体，分析数据的有限意味着细微的错误会被放大，甚至影响整个结果的准确性，这就要求所分析的数据精确，减少错误，保证质量。大数据分析让我们使用所有可获取的数据变成现实，但数据量的大幅增加也可能导致一些错误的数据混杂进来，造成结果的不精确。在大数据环境下，我们应该接受纷

繁芜杂的各类数据，放宽容错的标准，不应一味追求数据的精确性，以免因小失大。数据库设计专家帕特·赫兰德（Pat Helland）认为，处理大数据会不可避免导致部分信息的缺少，但能快速得到想要的结果弥补了这个缺陷。他的观点是："如果你有足够多的数据，那么'足够好'真的足够好。"（Pat Helland, 2011）

当我们在进行大数据分析时，不再需要担心某数据点对整个分析的不利影响，不需要花费高昂的代价消除所有的不确定性，而是接受这些纷繁的数据并从中受益，从追求精准转变到拥抱混杂。

1.3.2 大数据环境下信息分析的方法体系

方法是信息分析的基础与核心，为了应对大数据带来的变革，构建新的信息分析方法体系势在必行。大数据环境下的信息分析方法体系强调融合第四范式思想，即数据是现实世界事物、现象和行为在数字空间的映射，数据蕴含着现实世界的运行规律，强调从方法论视角以数据驱动的方式，革新信息分析方法体系，如图1-1所示。从第三研究范式到第四研究范式，信息分析的模式已经完全不同，由此迫切需要创新信息分析方法。

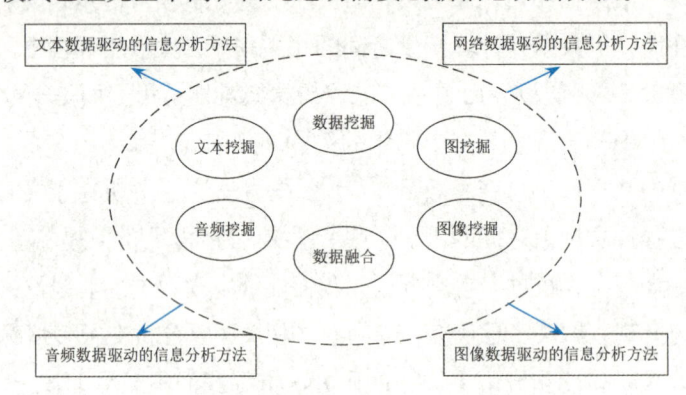

图1-1 大数据环境下的信息分析方法体系

1. 文本数据驱动的信息分析方法

文本数据（Text Data）是信息最广泛的载体，任何信息都需要一定的文字描述。例如，科学文献、专利文本、政策文本、新闻报道、交流用语和任何语言信息等，全世界几十亿人几百种语言无时无刻不在产生文本，但如何从文本大数据中识别出所需的信息，如何挖掘提炼情报，则成为文本数据驱动信息分析模式的关键。将文本数据转化为信息、情报，其核心在于文本挖掘（Text Mining）等信息分析方法的支持。

基于文本挖掘的信息分析强调在广泛收集文本数据的基础上，有效清洗、处理文本数据，结合具体的文本信息分析任务，进行文本数据挖掘。文本挖掘是一系列基于自然语言处理、统计学、语言学等基础上所形成的分析技术和算法，如实体抽取技术、关系抽取技术、情感计算技术、语义计算技术、主题抽取算法、文本表示算法、文本分类算法、文本聚类算法、文本翻译技术、智能问答技术等。基于文本挖掘的信息分析的关键在于这一系列最新的自然语言处理技术的发展，如 Word2vec、Doc2vec、Bert 等的出现使特征工程工作由原来的手工提取升级为无监督表示学习，自动学习文本数据中的语义信息，自动理解文本信息。但是，目前现有的文本挖掘技术在面对复杂的文本数据时表现仍然不如人意，单单一类主题模型，从词袋向量模型、TF-IDF、TextRank 到 LDA、LLDA、BERTopic（Grootendorst M, 2022），虽然几经更替发展，但抽取的结果仍然无法满足现实需要，达不到实践应用的标准。由此可见，基于本文数据驱动的信息分析任重道远。

2．网络数据驱动的信息分析方法

网络数据（Network Data）通过实体和关系表示信息，是信息结构化表达方式之一。网络数据以节点（Node）代表相关实体以及内含的相关属性信息，节点可以是人物、事物、概念、知识等任何实体，以边（Relation）代表实体相互之间的复杂关系，边可以是好友关系、引用关系、合作关系、上下级关系、交易关系、共现关系等任何直接或间接、虚拟或现实的相关关系，节点和边共同组成社会网络、引文网络、合作网络等一系列复杂网络。因此，网络数据蕴含丰富的结构化信息，如何基于网络数据进行信息分析，关键在于图挖掘（Graph Mining）等信息分析方法的支持。

图挖掘信息分析方法强调在合理识别和抽取节点与关系的基础，完成同构、异构等不同类型图构建，运用图聚类、路径计算、子图识别、影响力计算等方法对图中的节点和关系进行计算，根据节点影响力识别不同类型的信息，计算和揭示信息之间的直接与间接关系，识别网络中的集群，并对相关节点之间未来的关系进行预测。基于图挖掘的信息分析的重点在于如何学习和抽取图的特征，在网络表示学习的基础上辅以机器学习等算法，针对不同的信息分析目标分别构建模型。例如，从 Line、Node2vec 等到目前较为前沿的图神经网络（Graph Neural Networks, GNN）系列模型（Kipf, T. N., Welling, M, 2016；Xu K, Hu W, Leskovec J, et al, 2019），以及由此形成的机器学习新分支——图机器学习（Graph Machine Learning）（Hamilton W, Ying Z, 2017）。图机器学习在"万物皆可 Graph"的思想指导下，将文本、图像等数据转化为图（Graph），对图进行表示学习、挖掘、归纳推理、预测等。图机器学习在信息分析方面的应用逐渐增多，但目前的图机器学习仍然存在很多问题，如对大型图的学习、对异构图的学习等方面的不足仍阻碍着图机器学习的发展和应用（Wang X, Bo D, Shi C, Fan S, Ye Y, Philip SY, 2022）。因此，如何结合信息分析情境，构建科学的网络并进行学习挖掘，则是网络数据驱动的信息分析方法攻关的重要方向。

3．音频数据驱动的信息分析方法

音频数据（Audio Data）是声波数字化后的数据，包含人们的声纹特质，因此音频数据在个体识别方面具有较大的优势。除了根据图片视频辨别人物，音频成为一种重要的具有识别性的数据（Heise D, Bear HL, 2021）。并且，音频数据包含丰富的情绪特征，如同样一句话可能有喜怒哀乐不同情绪的表达，相对于文字在感情方面的表达，音频情绪表达更为多元和丰富，音频 AV 模型就是根据音频的安静程度和积极性大小，将音频划分为快乐、紧张、悲伤和平静四大情绪类别，囊括生气、兴奋、快乐、满意、厌倦、放松、悲伤、困倦、平和等 12 种二级情绪。

音频数据不仅具有上述特征，还包含丰富的文字内容，音频数据的来源较为复杂，且包含的信息量大，因此有时不能直接转化为文本进行处理，必须通过特有的音频挖掘方法和流程进行，对音频挖掘（Audio Mining）技术要求比较高（Wang X, Lu S, Li XI, Khamitov M, Bendle N, 2021）。但是，随着各类音频资源的积累，如微信中的语音信息、电话语音信息、各种录制的音频数据，以及大量的音乐信息，未来如何有效挖掘音频数据，识别音频数据包含的情绪信息及音乐音频中的韵律和规律，成为学科领域研究的焦点之一。

4．图像数据驱动的信息分析方法

图像数据（Image Data）蕴含着丰富的图像信息，是信息分析最重要的数据形式之一。本文所述图像既包括静态的图像，也包括动态连续的图像（视频），因为动态的图像实质上是静态的图像连续播放。随着智能手机、摄像、监控等技术的发展，信息分析涉及的领域，如经济、科技、金融、政府、公共安全等方面，都在持续产生图像数据，图像数据直接映射显示现实世界的各种风貌，蕴含最为直接和丰富的信息，也是大数据中体量最可观的数据类型（Shorten C, Khoshgoftaar TM, 2019）。图像数据是处理难度最大的数据类型之一，虽然目前在计算机视觉领域对相关图像的识别和检测准确率已经很高，但其仅仅处理的是图像中极为有限的任务，如人脸识别、目标识别、移动检测等，现有对图像数据的分析还远远没有达到智能的程度，如在智能驾驶领域对路况动态图像数据的实时分析还远达不到实用的要求，以致实验阶段事故频发，尤其在图情领域所应用的图像数据分析技术还较为落后。对图像数据进行分析需要根据信息分析需求，对相关图像数据进行切割、模式识别、特征提取等，根据图像包含的内容进行识别，其核心在于图像挖掘等信息分析方法的支持。

图像挖掘（Image Mining）是融合计算机视觉、图像处理、图像检索、统计学等技术于一体的技术体系，主要包括图像处理、图像分类、图像聚类、图像检索、图像识别、图像存储等（Ennouni A, Filali Y, Sabri M A, et al, 2017）。基于图像挖掘的信息分析方法研究重点在于提高机器对图像的理解，提高对目标技术识别的准确率，尤其是针对信息分析特定的需求和任务，如何将 R-CNN 系列 (Kido S, Hirano Y, Hashimoto N, 2018)、YOLOv1 系列 (Zhou Z, Zhang J, Gong C, 2022) 等最新的图像挖掘算法从人脸支付、广告检测、军事检测等领域移植到信息分析方面，以及进行相应改进，如何针对信息分析要求，融合图像挖掘算法，是图像数据驱动的信息分析方法研究的关键。

1.3.3　大数据环境下信息分析的发展趋势

随着大数据时代的到来，大数据、云计算、人工智能、区块链、虚拟现实、元宇宙等新一代信息技术在信息分析中得到广泛应用，越来越多的数据、信息和知识被纳入信息分析范畴。在大数据环境下，信息分析模式由以流程为中心转变为以数据为中心；信息分析对象由样本数据转变为全量数据、智慧数据；信息分析逻辑由因果分析转变为关联分析；分析目的由以精准为主转变为以效率为主；分析动力由任务驱动转变为数据驱动。为了应对上述转变，信息分析将呈现以下发展趋势。

1. 大数据与大知识融合

进入大数据时代，数据驱动的信息分析成为主流的信息分析模式，知识化是信息分析的重要特征。因此，信息分析强调对大数据和大知识的运用和融合。传统信息分析仍停留在小样本质性分析阶段，即小数据阶段，分析过程中忽略了非结构化数据、智慧数据，使其无法匹配时代要求，无法面对大数据、大知识的挑战，分析结果存在局限性。

未来信息分析将注重对全量数据，尤其是大数据中的非结构化数据的运用。信息分析中以图形、图像、视频等形式展现的半结构化和非结构化数据量激增，占据了数据总量的75%。语音、图像识别和挖掘的技术、算法和模型已在人脸识别、自动驾驶等领域广泛应用，可将其引入信息分析实践。

① 注重对智慧数据、大知识的运用，构建基于百科知识库、病毒知识库等专家知识库和通用知识库，以及金融知识图谱、中医药知识图谱等领域知识图谱、通用知识图谱等大知识的信息分析方法体系，开展知识表示、知识关联、知识计算、知识推理和知识嵌入等分析。

② 注重在特征层面、模型层面和决策层面上推动大数据和大知识的融合分析。目前，信息分析主要关注利用机器学习、神经网络等前沿技术对大数据间的弱关联进行挖掘和分析，尚未意识到关联性分析背后与知识悖逆的隐患，过度关注机器学习算法模型的可用性，忽略了可解释性等问题。利用知识库和知识图谱等大知识对数据驱动的信息分析结果进一步验证，增强信息分析结果和过程的可解释性，是信息分析发展的重点领域之一。

2. 实时分析

从分析时机角度，信息分析可以分为历史分析和实时分析。历史分析是对历史静态数据做分析；实时分析是对变化着的数据做分析。传统信息分析提供准确、可靠的决策参考要以充足的分析时间为前提，虽然在动态跟踪时会使用实时更新的数据，但在规律总结和趋势分析时主要使用带有一定阶段性和滞后性的数据。在大数据环境下，对信息分析既要求分析的准确性，又要求时效性。

大数据技术的发展为实时分析提供了基础和条件，实时信息分析在很多领域已经得到广泛的应用，如舆情监测系统通过对网络舆情抓取和数据实时更新，及时辨别舆情风险并发出预警信号，做到早发现、早预警、早引导。电子商务网站根据用户当前浏览页面的点击行为，实时分析用户的购买动机，为用户准确推送商品推荐信息等。虽然对实时数据进行处理和实时预测并非易事，但实时分析作为未来信息分析的突出特色，势必不断取得新的进展。

3．协同分析

协同论（Synergetics）是20世纪70年代以来在多学科研究基础上逐渐形成和发展起来的一门学科。协同情报研究是指一项复杂的情报研究任务由多个部门的研究人员甚至多个机构的研究人员，在分散的工作地点，主要通过众多现代化的信息技术和网络通信手段，共同协作完成的一种情报研究方式（**赵凡，冉美丽**，2007）。在大数据环境下，人们尤其需要开展协同分析。

协同信息分析首先体现在数据的协同收集上，大数据类型多种多样且数量庞大，靠单一机构或个人的能力很难完成对数据的收集处理工作，需要多人、多部门的合作和数据共享。其次，分析方法和工具的协同成为分析处理大规模、多类型数据集的必然要求，大数据环境下信息分析问题越来越复杂，综合运用多种方法、技术和工具开展大数据分析的特征会越来越明显。最后，人员的跨界协同合作可以实现优势互补，使参与分析的人员发挥各自的能力，共同致力于信息分析任务的完成。

本章小结

本章主要回顾了信息分析产生的历程，阐述了信息分析的概念和特点，探讨了信息分析的内容与任务，并从影响、内容、方法、领域等角度对信息分析进行分类，论述了不同类型信息分析活动的内涵，最后讨论了大数据环境下信息分析的变革、方法体系和发展趋势。

思考与练习

1-1 结合信息分析发展历程，理解信息分析的基本概念。
1-2 信息分析的性质与任务是什么？
1-3 信息分析的主要类型有哪些？
1-4 大数据对信息分析的影响是什么？
1-5 大数据环境下，信息分析的方法体系包括哪些内容？
1-6 大数据环境下，信息分析将如何发展？

第 2 章

信息分析程序

IA

与其他科学研究一样,信息分析是人类认识世界和能动地改造世界的活动。本章主要内容是围绕信息分析的全过程而展开的。对于一个具体的信息分析课题,从选题开始到分析工作结束,是人们的认识不断深化和逐步提高的过程。其中,信息分析课题选择是关键,搜集、整理、分析信息资料是基础,制作信息分析产品是目标。在实际工作中,各阶段常常相互交叉,彼此衔接。本章按照信息分析的一般过程主要分为 4 部分:信息分析选题,信息搜集、整理与鉴别,信息分析与提炼,信息分析产品的制作。

本章重点

- 信息分析的基本流程
- 面向信息分析的选题方法及其基本步骤
- 面向信息分析的数据获取方法
- 信息分析的产品类型及其制作方法

信息分析遵循一般的科学研究规律，其基本工作流程是"信息分析课题选择和计划→信息搜集→信息整理和鉴别→信息分析和提炼→信息分析产品的制作"。

2.1 信息分析的课题选择和计划

信息分析课题选择是信息分析工作的起点，是指信息分析课题的论证和优选这样一个决策过程。信息分析课题选择是整个信息分析工作中的重要环节，往往关系到信息分析工作的成败。选题正确与否不仅决定了信息分析的目标和重点，也决定了其成果的价值大小。

2.1.1 选题的重要性和基本原则

1．信息分析选题的意义

信息分析选题就是要确定信息分析工作的目标和研究对象，既是信息分析工作的第一步，也是信息分析活动中的重要战略环节。信息分析课题选择正确，有利于信息分析成果质量的提高，有利于信息分析工作的推进。

信息分析是对政治、经济、科技、社会、文化、教育、军事等方面信息进行分析、综合、研究和预测的科学活动，其作用体现在为各类型用户提供系统、准确、及时的信息分析成果，被喻为用户的"耳目""尖兵""参谋"。因此，信息分析选题的正确与否与用户的切身利益密切相关，一项高质量的信息分析成果在实际应用中将产生极大的社会效益和经济效益。

信息分析选题的重要性还在于信息分析经费的有限性。在信息分析选题时，必须对信息分析课题进行系统的论证，从而确保有限资金的合理使用，以避免造成人力、物力、财力的浪费。

2．信息分析选题的基本原则

1）科学性原则

科学性原则是指所形成或选择的研究课题必须合乎科学道理，有理论和事实依据。要以被科学实践反复证实的客观规律为指南，避免选择不合理的课题，从而避免走弯路。科学无禁区，选题有限制，所以科学性原则又被称为限制性原则。在实践中，要坚决排除那些从根本上违反科学原理的课题，以是否符合社会发展的客观需要、是否有利于政治、经济、科技、社会等领域的协调发展为标准来选择信息分析的课题。

2）政策性原则

政策是国家政府部门在一定时期内为解决客观存在的问题而制定的活动方向和行为准则，是国民经济和社会发展各领域总的规划和指南，如科学技术政策、经济政策、贸易政策、环境保护政策、文化发展政策等。信息分析是为国民经济和社会发展各领域的科学决策、研发和市场开拓活动服务的，其选题必须以各项政策为依据。信息分析的战略性和预测性要求信息分析人员必须学习和掌握国家大政方针，领会和把握政策的内容实质，在选择课题时要使各类选题不与政策相悖。

3）创新性原则

信息分析的灵魂是创新，研究别人没有提出过或没有研究透的问题，开拓别人没有涉足或深入过的领域，使课题具有先进性和新颖性，是信息分析成果能够应用于实践的基础。根据这个原则，在选择基础性信息分析课题时，首先考虑其理论指导意义；在选择应用性信息分析课题时，则考虑该课题研究是否能形成新的建议和方案。

4）必要性原则

必要性原则是指凡是与科研生产、经济建设、社会发展结合紧密的、针对性强的课题，都有必要列入信息分析计划。也就是说，信息分析课题应该是必需的，而不是可有可无的。选题要正确处理好战略需要与战术需要之间、长远需要与当前需要之间、现实需要与潜在需要之间的关系。

5）可行性原则

现实生活中有价值的课题很多，由于人力、物力、财力和时间上的限制，不可能把所有的课题都列入研究计划，这就涉及"可行性"问题。对于既定的课题而言，如果信息分析机构已经具备研究条件，或者通过努力可以具备研究条件，那么这样的课题是可行的。只有权衡利弊、量力而行，才能使所选择的课题不会因自身能力和条件的限制而夭折。

分析可行性原则时一般应考虑：① 与课题有关的知识积累情况；② 信息分析机构的物质和技术设备条件、资金储备状况；③ 信息分析队伍的知识结构、研究专长和创新能力等。

6）效益性原则

从经济角度，信息分析活动本身是经济活动的一部分，有大量的人力、物力、财力和时间投入。效益性原则体现了信息分析活动中投入与产出的关系，应以最少的投入产出最大的效益。效益包括经济效益和社会效益两方面，要正确处理好两者的关系，在信息分析活动中，追求经济效益是无可非议的，但当经济效益和社会效益发生冲突时，应坚持社会效益优先的原则。

2.1.2 信息分析课题的来源

从课题提出者的角度，信息分析课题的来源可以归纳为三方面：上级主管部门下达的课题、信息用户委托的课题和信息分析人员提出的课题。

1．上级主管部门下达的课题

政府部门、企事业单位在制定规划、进行决策前常常会遇到各种各样的问题，为了有效地解决这些问题，政府部门、企事业单位常会以课题的形式向所属的信息分析机构下达研究任务。这类信息分析课题具有极强的针对性、政策性和战略性，是限时限题的硬任务，要求明确、具体，时间紧迫，多为突击性任务。

例如，2021年北京市科学技术研究院科技情报研究所承担由科技部委托的"科技奥运成果评估及信息管理分析系统建设"课题，赴北京冬奥组委调研，提出要着重考虑科技奥运成果评估指标体系的指导作用（**北京市科学技术研究院**，2021）。

2．信息用户委托的课题

在市场经济体制条件下，信息用户委托的课题正在逐年增多。各级各类用户由于科研、生产、教学、管理、营销的需要，常会以各种形式提出信息分析课题，委托信息分析机构予以帮助解决。信息用户经常以咨询委托书的形式提出信息分析课题。咨询委托书的内容一般包括咨询的目的、内容、性质、形式、进度、经费等事项。这种信息供求模式具有灵活性、开放性、竞争性和高效性的特点，因而广受信息用户和信息分析机构的青睐。

例如，上海图书馆（上海科学技术情报研究所）整合竞争情报、专利情报研究优势，聚焦特定行业或关键技术开展长期跟踪，面向政府部门及各类创新主体提供行业技术研究服务。用户可通过上海情报服务平台在线委托咨询业务，平台可提供专题调研、科技成果评价、知识图谱、技术全景分析、技术竞争情报、行业研究、产业技术路线图调查等服务，分析报告内容系统全面、分析评价客观公正，得到了科技主管部门、专家及客户的高度认可，服务已形成品牌效应（**上海情报服务平台**，2023）。

3．信息分析人员提出的课题

这类课题主要是信息分析人员根据长期积累和主动调研，针对国民经济和社会发展的实际需要总结出来的。实践证明，由信息分析人员慎重而大胆提出的课题不但具有很好的前瞻性，而且课题的后续研究工作容易开展，也容易取得丰硕的研究成果。

例如，2022年9月艾瑞咨询研究院对中国数字藏品行业进行了自主研究，发布了《2022年中国数字藏品行业研究报告》，报告立足于元宇宙发展上升阶段的数字藏品赛道，帮助用户更清晰地了解数字藏品行业发展情况，了解数字藏品底层区块链技术及国内各大数字藏品交易平台应用模式，剖析具体应用场景的价值，并对企业未来使用数字藏品商业化落地提供思路（**艾瑞咨询**，2022）。

上级领导部门下达的课题和用户委托的课题称为被动选题，信息分析人员选择的课题称为主动选题。各类选题并无固定比例，在实际工作中，各类选题的比重常因单位性质和研究者身份的不同而有所差异。

2.1.3　选题工作中需要注意的问题

作为一项决策过程，选题是信息分析人员把自己的逻辑判断与创造性思维有机地结合起来的一种意志活动，不能只靠经验、直觉和主观想象。在选题中需要注意以下 5 类问题。

1．学习和领会国家方针政策

信息分析人员应认真学习和领会国家关于科学技术、经济建设、社会发展等方面的各项方针政策，用以指导选题计划。

2．深入了解有关领域的国内外发展状况和用户的实际需要

选题时应注意信息分析课题对于科学决策的价值，充分考虑社会发展和经济建设的需要，并与实际相结合。

3．注重信息分析队伍的专业结构与人员选择

信息分析队伍的结构以及研究人员的水平和素质关系到研究成果的质量，在选题过程中起着决定性作用。信息分析部门应配备多学科和多语种的信息分析人才，提高信息分析人员的专业素质。另外，合理组织信息分析队伍也非常重要，要发挥整体的力量。

4．选题要考虑完成任务的可能性

要考虑经费来源、信息分析人员的专业能力、信息获取条件、完成时间等因素，如有困难，就不能勉强选题。总之，选题要从实际出发，扬长避短，量力而行。

5．选题要注意掌握时机

时机的选择对选题具有十分重要的意义。要善于发现决策者最需要解决的问题或被人忽视的重大问题，及时提出问题并开展研究，这样选题的准确率和命中率才会高。如果错过了时机，提出再好的选题也不会引起重视。

2.1.4 选题步骤

1．提出课题

提出课题是选题的起点，选题过程实际上是一个发现矛盾和揭示矛盾的过程。对于上级主管部门下达的课题和信息用户委托的课题，这个阶段的工作不多，主要是对课题进行形式上的整理和粗略的分析，以使课题明确化。这个阶段的工作难点在于信息分析人员提出的课题，取决于信息分析人员敏锐的信息意识、丰富的知识和经验、发现问题的能力、对客观信息需求的把握。信息分析人员要了解用户新的动向、新的要求，使课题的提出与实际需求同步，具有较强的针对性、预见性和能动性，使有限的经费发挥最大的效用。

2．分析课题

课题分析的主要任务是进一步明确课题的目的、范围、对象、意义、要求、难度、费用、完成期限等，并对课题实施的政策性、必要性、可行性、效益性等进行论证。这些工作的开

展以占有大量的资料为前提，开展调查研究，采集信息资料和样本，在此基础上，进行分析论证，在资料、人力具备的情况下，扬长避短，确定课题。例如，如果分析研究结果表明该课题对国民经济和社会发展有意义、有贡献，就认为是必要的，甚至是紧迫的；反之，可以考虑不列选该课题。在必要性的基础上，如果分析研究结果进一步表明该课题的材料太多、范围太宽泛，就需要考虑是否应在选题范围或完成期限、费用上进行相应的改变，如缩小选题范围、延长完成期限、开展联合攻关、提高收费额度等；倘若材料极少或国内已经有人选择并研究过这方面的课题，就应当考虑是否放弃该课题或调整该课题的研究方向和角度（**查先进**，2011）。

3．选定课题

经过调查研究，符合政策性、必要性、可行性、效益性、科学性等原则的课题一般不会只有一个，这就需要进行筛选和确定。选定课题阶段的实质是在多种可选课题中选择一个最恰当的课题。此阶段的工作带有强烈的综合性，一般要请相关用户、专家等进行讨论，有时需要经过多次论证。

经过选定的课题一般通过开题报告的形式反映。开题报告是预研究的成果，通常以书面形式体现选题的目的、意义、初步拟订的实施方案等。

课题选定的同时要选定分析人员，在开题报告中要论证课题组成员组成的合理性，需要选择具有渊博的专业知识、强烈的信息意识、卓越的综合分析能力的信息人员组成课题组。

4．签订合同

开题报告经确认后，如果是被动选题，甲方（信息分析机构）与乙方（上级主管部门或信息用户）之间一般还要就该课题的有关事项签订书面合同。为保证合同具有法律效力，一般要寻求公证部门予以公证。课题合同书的内容通常包括合同编号、课题名称、课题内容、质量要求、成果提供形式、进度要求与完成期限、经费数额与支付方式、甲乙双方各自承担的责任和义务、成果权的归属及转让、奖惩办法等。

2.1.5　课题计划

选定信息分析课题后，就要制定相应的课题计划。计划是行动的纲领，课题越大越复杂，课题计划就要越周密越详细。一个较大的信息分析课题的研究计划至少应包括如下内容。

1．课题目的

课题目的即课题要解决的主要问题。课题计划应以简洁清晰的文字阐明课题的目的，如课题的来源和意义、课题提出的背景、课题拟解决的主要问题、课题服务的对象、研究成果可能取得的效益等。

2．调查大纲

在明确课题目的的基础上，课题计划应制定详细的调查大纲。调查大纲具体内容因题而异，一般应包括调查方式（文献、实地）、调查范围（内容范围、地域范围、资料范围）、调查步骤、调查的广度和深度等。

3．研究方法和技术路线

信息加工整理、分析的方法很多，不同的方法有不同的特点，对信息采集有不同的要求。因此，应根据课题性质和研究条件，在课题计划中预计课题研究可能采用的研究方法和技术路线。这样有助于减少弯路，提高信息加工整理、分析阶段的工作效率。

4．预计产品形式

根据调查目的和用户要求，初步设想研究成果的形式，对于确定资料搜集的深度、合理使用人力、科学安排时间等都是有好处的。例如，研究成果形式是资料汇编还是综合报告，是简单建议还是可行性论证，是一次性报告还是分阶段连续性报告等，这些要进行预先设计。

5．组织分工

根据课题组成员的特点和调查大纲的要求，合理安排成员的具体任务，如先按单位分工，再将分工深入到每位课题组成员。具体来说，根据每位课题组成员的能力和知识结构，给他们分别分配合适的、具体的工作任务，如谁是课题组组长、谁负责对外联络、谁负责翻译外文资料、谁采集数据、谁对数据进行分析处理、谁撰写课题成果报告等。

6．完成时间和步骤

为了便于检查计划执行情况，一般按照信息分析工作的程序，将整个课题研究活动分为几个阶段，并提出各阶段预计完成的时间和拟实施的步骤。这几个阶段包括：信息资料的搜集和摸底阶段，信息资料的整理、评价和分析阶段，信息分析产品的制作阶段等。

7．其他

其他还包括完成课题任务所需的人员、经费、技术、设备等条件。在具体实践中，一些信息分析机构除了要求提交文字材料，还要求提交一张格式化的课题计划表。

课题计划是信息分析人员的行动纲领，但并不是一成不变的，随着研究工作的进展和课题研究环境的发展变化，原有计划可能被修改、补充，特殊情况下还有可能被废止。

2.2　信息搜集、整理和鉴别

信息搜集、整理和鉴别是开展信息分析的基础。搜集信息前要研究信息来源，掌握各类信息源的特点，分析研究主题范围，掌握必要的观点、数据及关键资料，然后对其进行初步整理及鉴别。

2.2.1　信息源

信息源是一个广义的概念。人们在科学决策、研发、市场开拓等社会实践活动中借以获取信息的来源，都可称为信息源。信息源是整个信息分析获得的前提和基础，一般将其分为文献信息源和非文献信息源。

1．文献信息源

文献信息源是指信息以记录形式存在的信息源。

1）按照记录方式

文献信息源可以分为印刷型文献、缩微型文献、视听型文献、机读型文献四种。

（1）印刷型文献

印刷型文献是将信息采用铅印、油印、胶印、木版印刷等印制技术存储信息的方式，如常见的各类报刊、书籍、文件等。印刷型文献是传统的信息存储方式，目前仍在文献信息源中占有重要地位。随着历史的发展，印刷型文献的存储方式日益暴露出它的缺点：体积大、分量重、占用的空间较多。

（2）缩微型文献

缩微型文献是以感光材料为介质，利用光学记录技术，缩小印刷型信息，以缩微胶卷、缩微平片等信息复制品的方式存储。缩微型文献的特点是存储体积小、重量轻、容量大、便于存放，但对材料及其技术的要求较高，需要相应的存储环境，经费投入也较大。

（3）视听型文献

视听型文献是运用录音、录像和摄影技术记录存储信息的方式。视听型文献可以将声音、形状、表情如实记录、直观反映，给人以生动形象的感觉，具有良好的效果，因此被广泛采用，如幻灯片、照片、唱片、录音带、录像带、电影拷贝等。视听型文献可以客观准确地记录信息发生的各细节，为信息分析人员深入分析提供重要依据。

（4）机读型文献

机读型文献是以磁性材料、光学材料或网络为载体的信息源，其特点是在存储时要将相关信息转换成计算机可以识别、理解和处理的二进制代码，阅读时再由计算机输出、转换成文字、声音或图像的存储方式。机读型文献可细分为结构化、非结构化和半结构化三种。这种文献源的信息载体存储量大、存储效率高，可借助高速信息网络实现远距离传输。

2）按照发售途径和获取难易程度

文献信息源可以分为正式出版物、非正式出版物和半正式出版物。

(1) 正式出版物,又称"白色文献"

正式出版物是通过正式渠道发行的文献,具备内容的公开性、发行范围的广泛性等特点,如图书、科技期刊、政府出版物、科技报告、专利资料、标准文献、报纸、年鉴、手册、人名录、机构指南、专业辞典等。其优越性在于信息获取容易,用户可以方便地通过书店、邮局等购得,因而是一种非常重要的信息源。

(2) 非正式出版物,又称"黑色文献"

非正式出版物是指不正式出版、发行范围狭窄、内容保密的文献。信息分析活动较少使用这种文献信息源。非正式出版物解密后,可以作为信息分析活动的信息源。

(3) 半正式出版物,又称"灰色文献"

半正式出版物的特点是不正式出版,也非秘密文献,常见的类型有分析报告、学位论文、手稿、产品资料、会议录、企业内部出版物、经济函件、商务通信、非官方公布的统计资料以及学会、协会、政治和贸易团体的出版物等。半正式出版物的信息是非常珍贵的原始信息,对于信息分析活动来说具有很高的使用价值。

2．非文献信息源

非文献信息源是指信息以非记录形式存在的信息源,主要提供口头信息、实物信息等。

口头信息实质上是一种"零次信息",源自各种报告会、座谈会、参观访问或个别交谈。实物信息是指以实物为载体的信息,如样品、样机、标本、仪表等,它们本身代表一种技术信息。口头信息和实物信息有优点,也有缺陷,如表2-1所示。

表2-1　口头信息和实物信息的特点

信息类型	优　点	缺　点
口头信息	内容新颖,传递迅速 含有文献信息源所没有的信息 可以获得一些隐性信息	信息容易失真 信息搜集保管困难 信息传播范围小
实物信息	信息成熟、可靠 信息内容丰富	信息挖掘困难 信息搜集、保管、传递困难 容易引起知识产权纠纷

除此以外,非文献信息源还包括智力信息源,主要表现为人脑存储的知识信息,包括人们掌握的诀窍、技能和经验等,又称为隐性知识。由于这类信息主要存储于人脑中,绝大多数只可意会,不可言传,因此,利用起来有一定难度。在信息分析中,一般是通过专家调查、专家系统、问卷调查等方法来获得特定人员头脑中的智力信息。

2.2.2　信息搜集

信息搜集一般包括文献调查和社会调查两种途径。为提高信息搜集效果,信息分析人员应遵循全面系统性、针对适用性、真实可靠性、及时新颖性和计划预见性等原则。

1．文献调查

文献调查主要用于文献信息的搜集。文献信息源是我们借以进行文献调查的依据。

1）主题分析

主题分析旨在明确课题要求、划定搜集范围和确定检索标志，以便迅速找到有关课题的文献，保证较高的查全率和查准率。

（1）地域分析

在进行课题分析时，应注意地域特点，抓住方向，确定重点查找对象，进行定向跟踪搜集。明确了分析对象的发生和发展地域后，搜集信息的范围和方向就好确定，也能取得较好的搜集效果。

（2）发展阶段分析

科技发展存在一个萌芽、发展、成熟和改进的兴衰过程，产品的市场寿命周期也有这个特点。所以，在不同阶段形成的文献，在数量上呈两头小中间大的发展规律。了解这一规律，有利于确定文献查找最佳期。

（3）检索标志分析

检索标志是查找文献所用的检索手段，选准检索标志是有效查到与课题相关文献和搜集所需素材的关键。在查找资料过程中，一般要选择多种检索途径。因此，要了解检索工具的特点和缺陷，以便帮助确定检索标志。

2）文献调查方法

（1）系统检索法

系统检索法是指根据课题需要，利用检索工具和阅读重点新书新刊，对文献进行系统扫描，从而获得文献线索，搜集文献素材的方法。利用检索工具时，可按类别、主题、作者、机构代号等途径去查找所需文献素材线索。目前，国内外可利用的检索工具很多，但需根据课题性质予以选择，才能取得良好的检索效果。利用文献索引普查，系统性强，查准率高，还可初选文献，比用其他类型检索工具搜集文献信息更集中、更直接。

（2）追溯检索法

追溯检索法是指根据课题相关文献所列参考文献目录或根据对该课题有专深造诣的学者、机构所写的文章的参考文献目录追溯查找，以滚雪球方式逐渐扩大线索，从而获得文献素材的方法。这个方法适宜查找课题范围较窄的专题信息。回溯检索结果质量的高低，与初始已知文献的选择有关。回溯检索法的优点是检索结果的系统性强，在没有或缺乏检索工具的情况下也能获得不少相关度较高的文献，同时检索者可以根据实际检索情况控制检索的数量。这种方法也存在缺点：① 参考文献的误检率和漏检率比较大；② 回溯的时间越久远，获得的文献内容越陈旧；③ 不适合内容广泛的综合性、大型课题的检索。

（3）浏览检索法

浏览检索法是指信息分析人员通过系统地阅读文献资料来搜集最新产生的文献素材的

方法，还能搜集到一部分不为检索工具或参考文献收录的非正式出版的文献素材，从而有效地提高了搜集效果。浏览检索法对产品样本、新闻图片、科技消息、商业广告、新版期刊书目等的搜集具有良好的效果。

(4) 纵横检索法

纵横检索法是指以研究课题中有代表性的作者为线索，通过检索工具，采用往纵向和横向扩大来获取文献的方法（**王延飞，秦铁辉**等，2010）。纵向扩大是指通过检索刊物中的著者索引，以时间为纵轴，查找出这些代表性作者的一批文章，尤其是该课题处于高潮时撰写的文章；横向扩大是指在这些代表性作者文章所属的类别或主题下，以内容为横轴，查找出一批其他作者的类似文章。纵横检索法是信息分析人员通过多年的工作实践逐渐摸索出来的一种检索方法，其特点是容易掌握、使用方便、检索效果也较好。运用此法时，准确判断某一领域的代表性作者对检索效果的影响极大。

3) 文献调查的步骤

(1) 明确课题概念与查找目的

本步骤对决定课题进展十分重要。当课题比较生疏时，应该先参阅工具书或有关专著，明确概念，如该课题属于哪一个学科或者知识门类，该课题包括哪些技术和内容等。明确概念后，再据题分析，确定查找方法。根据课题要求和信息数量，做由近及远回溯检索或由远及近现期检索。

(2) 确定检索方法

根据不同情况选用不同的检索方法。当缺乏检索工具时，可以用追溯检索法，借助文章末尾所附的参考文献逐一追踪查找来获取文献；当检索工具齐全时，可用系统检索法，借助检索工具由远及近或者由近及远地查找文献；如果一时难以确定课题所属的学科类别或者主题，可采用纵横法，从有代表性的作者入手来查找文献。

(3) 选择检索工具

选择检索工具时，首先应当考虑的问题是：检索工具收录的内容必须与课题的内容相吻合，检索工具所使用的文种必须是自己掌握或熟悉的。在收录内容相近的几种检索工具中，应当选择其中质量最高的一种。检索工具的质量主要从如下几方面来考察：报道速度、分类表或者主题词表的详略、作为检索途径的辅助索引的多少等。在一般情况下，应先利用综合性的检索工具，再利用专业性的检索工具；根据语言习惯，先中后外，通过中文检索工具，了解哪些国外信息已在国内报刊报道，哪些文献已被翻译，需要时再利用国外的检索工具。

(4) 查找和获取文献

通过检索工具获得文献线索后，在查找和获取文献时要先近后远，首先利用本单位、本地区的收藏。如果本单位、本地区的图书情报部门没有收藏该书或者该刊，再通过全国的或者地区的联合目录，查出收藏单位，然后向该单位发函，请求他们邮寄原件或者复印件。若国内缺藏，则可委托有关图书情报部门，通过国际互借获得原件或者复印件。

搜集文献素材应先易后难，尽可能做到"广、快、精、准"。由于计算机网络的快速发展，许多文献资料的查找和搜集可以利用联机检索或网络数据库检索来解决。

2．社会调查

社会调查又称实际情况调查，是以信息搜集为目的的社会实践活动的总称。社会调查既包括对人的访问，也包括对实物、现场的实地考察。社会调查是搜集信息的重要途径，也是提高信息分析效果的有力措施。例如，2020年6月，山西省科学技术情报研究所为探求山西省科技智库运行机制路径及提升方法，面向省内从事科技智库相关工作、承担科技智库重要职能的科研人员、科技智库管理人员开展问卷调查，同时结合专家咨询和文献研究，提出应明确山西省科技智库建设定位，以凸显山西特色为前提，努力构建多元化筹资渠道，建立合理的科技智库人才机制，注重协同创新，开展多维度交流合作，探索适用性强、可操作的科技智库评估评价方法等（**张彦钰，刘翠玲，韩笑**，2020）。

社会调查主要包括现场调查、访问调查、样品调查、问卷调查等。

1）现场调查

现场调查是信息分析人员深入现场参观考察或参加学术会议等直接获取第一手信息的方法，如实地参观、参加会议（学术报告会、经验交流会、学术研讨会、座谈会、贸易洽谈会、博览会等）、出国考察等。现场调查可以及时捕捉到一些难以明确表达或难以传递的信息，可以直接观察到文献资料上无法看到的现象（如现场表演、生产过程、辩论场面、实物展览等），可以直接目睹国外动态。另外，现场调查获得的信息具有直观、形象、真实、生动、可靠的特点。

2）访问调查

访问调查是通过向受访者询问以获取所需素材的方法。访问调查的传统方式是直接面谈（又称访谈）。这种访问调查形式的优点是灵活性好，信息交流和反馈直接迅速，适用于讨论复杂的问题。缺点是费用高、受时空的约束和影响大。直接面谈一般可分为个人面谈、小组面谈和集体座谈三种类型。

访问调查的另一种方式是电话采访法，是通过电话线路建立与受访者的联系，以获取所需素材的方法。其优点是受时空约束和影响小，可以避免直接面谈时可能出现的尴尬局面，交谈双方也不容易怯场，因而是一种既快捷又经济的方式；缺点是不能捕捉由动作、表情等形体语言传递的信息，信息吸收率低。近年来出现的可视电话系统在某种程度上弥补了这种缺陷，使信息吸收率有所提高。

随着网络的发展，诸如"聊天室""讨论组"等基于互联网的应用广泛流行，将访问调查搬到了网上，这些新型访问调查方式的出现，极大地提升了访问调查的质量和效率。

不论是哪种方式的访问调查都应注意计划性。一般要事先拟定调查提纲，选好调查对象，约定采访时间，并对提问方式和应对措施有一个粗略的心理准备，以防临阵不知所措。

3）样品调查

样品调查是搜集实物信息常用的方法。被调查对象不是人，也不是场所，而是某件实物样品，如机器、零部件、试剂、种子、标本、文物、乐器等。样品调查内容包括：样品存放线索的调查；样品的获取；样品实物信息的挖掘。样品的获取一般有购买、接受赠与、租借、互换等形式；样品实物信息的挖掘要借助一定的方法。不同的实物样品，其显在实物信息和潜在实物信息的比例是不一样的。显在实物信息可通过拆卸、重组、观察、测量、实验分析方式获取，潜在实物信息的挖掘则要借助工程技术的帮助。样品调查在商品市场信息分析、竞争情报研究中有着极其广泛的应用（**查先进**，2011）。

4）问卷调查

问卷调查是社会调查的主要方法，是指信息分析人员向被调查者发放格式统一的调查表并由被调查者填写，通过调查表的回收获取所需信息的方法。

（1）问卷调查的类型

根据调查对象的选取原则，问卷调查可以分为重点调查和抽样调查。重点调查就是在所要调查的全部对象中选择一部分重点对象进行调查，这些重点对象在全部对象中虽然只是一部分，但它们在所研究现象的标志总量中占有较大的比重，因而对这些对象进行调查就能够反映全部对象的基本情况。抽样调查是一种非全面调查，是按随机原则从总体中选取部分调查对象进行调查，用以推算总体状况的一种调查。抽样调查包括随机抽样、机械抽样、类型抽样和整群抽样。

（2）调查表的设计

设计调查表时，应注意以下问题：

① 提问的内容。调查表是以提问方式搜集所需要的信息。提问什么、如何提问是影响调查目的的重要方面。一份比较完整的调查表的提问大致包括三部分内容。

- 基本信息：指被调查者基本情况的信息，如个人的性别、年龄、职业、教育程度、民族等。
- 行为信息：指被调查者社会行为的信息，如被调查者在生产实践、技术发明、科学研究等具体活动中所反映出来的一些行为信息。
- 态度信息：指被调查者对本人或他人能力、兴趣、意见、评价、情感、动机等方面的态度。

② 提问的方式。根据调查者的需要，提问可以采取以下4种方式中的一种或几种组合。

- 自由式提问：问卷上没有事先拟好的答案，被调查者可以自由地阐述个人的意见和观点。
- 封闭式提问：与自由式提问恰好相反，答案已事先由调查者拟定，被调查者只要从中选择就可以了。封闭式提问有两种类型：二分法提问和多项选择提问。
- 事实性提问：要求被调查者回答一些有关的事实，主要是被调查者的个人资料。

- 态度测量式提问：要求被调查者表示出某种态度。这种提问在设计时要考虑如何使被调查者愿意表明其真正态度，还要考虑如何从答案中反映出态度的强弱程度。

③ 提问的顺序。在设计调查表时，一般采用漏斗法安排所提问题的先后次序。所谓漏斗法，是指把调查者所提的所有问题按下列原则编排，使之形成形状酷似漏斗的调查表的方法。漏斗法主要包括先大后小原则、先易后难原则、先一般后敏感原则、先趣味性后实质性原则、时间性原则、相关性原则等（**查先进**，2011）。

④ 调查表的发放和回收。调查表设计并印刷出来后，就要及时将其发放到被调查者手中，并在被调查者填完后及时回收。调查表的发放和回收通常有面候调查、函寄调查、留置调查、网络调查等形式。

随着网络的不断普及和网络技术的日益进步，网络调查的方法越来越得到人们的重视并被广泛地运用在信息分析工作中。网络调查法具有时效性强、范围广、成本低、交互性好、抽样丰富等特点，并且利用 Internet 进行网络调查搜集信息，可以有效地对采集信息的质量实施系统的检验和控制，网络调查主要分为如下类型：站点法、E-mail 法、随机 IP 法、视频会议法等。目前，互联网上已经有不少专业性的在线问卷调查平台在运行，如"问卷星""问道""知己知彼"等，提供了免费版、企业版、专业版等不同版本，灵活多样的管理模式和运营机制在一定程度上满足了不同类型的用户需要，促进了网络调查的普及和应用。

2.2.3 信息积累

信息积累能增强判断能力有助于开阔眼界和提供线索。信息的搜集、积累和分析之间的关系密切：搜集是积累和分析的前提，积累是分析的基础，分析又是搜集和积累信息的目的。

1. 信息积累的特点

① 连续性。事物的发展具有积累性和继承性，与信息的散布性和离散性形成尖锐矛盾，只有保持连续积累才能把握事物发展的脉搏。

② 时空性。积累信息要不拘泥于特定时间和场合，要善于从只言片语、公式、数据与图表中捕捉有价值的零星信息，进行点滴摘录和积累；在随意浏览中发掘信息。

③ 统一性。积累信息时要实现分散搜集与集中管理的统一。分散搜集是指同一课题组的成员，根据各自分工，就近就便，分头单独搜集资料；集中管理是指同一课题组的成员，将各自搜集的资料统一按科学方法系统组织起来。

2. 信息积累的形式

信息的积累通常可分为系统积累、日常积累、突击积累、个人积累和公共积累等形式。

① 系统积累：指信息分析工作中经常涉及的基础素材应系统积累，可采取统一规划，按人分散包干，集中一段时间定期系统查阅的办法进行。

② 日常积累：指信息分析人员根据自身承担的任务范围，或专职资料员根据本部门的方针任务所做的一种经常性积累，如报刊有关文章的剪贴，平时阅读材料时的摘记等。日常积累能改善人们的知识结构。

③ 突击积累：指在限定的期限内为完成某紧急任务，在短期内所做的积累。这种积累参加人员多，时效性强，内容用于专门分析报告，资料马上可以投入使用。

④ 个人积累：指信息分析人员根据自己所学专业、业务分工和兴趣爱好所做的一种基础性积累。个人积累包括日常工作中的系统积累和日常生活中的点滴积累，前者主要指信息分析人员在完成课题研究任务过程中积累起来的素材；后者指信息分析人员在平时的参观、阅览、交谈等活动中进行的素材积累。

⑤ 公共积累：指专职资料员或者信息分析人员依靠集体共同建立起来的一种系统性积累。公共积累一般由三部分组成：一是为了开展某课题研究，通过短时突击而搜集的全部素材；二是综合研究和专业研究所通用的有关国家、企业和机构等情况的基础性资料；三是围绕某些需要长期监视的重大战略课题而搜集的材料。

3．信息积累的内容

信息积累要从信息分析角度出发，先抓有关本课题、本专业和本领域必须掌握的一些国内外基本情况、数据、水平动态与发展趋势等基础素材的积累，突出重点，完整系统，具体内容包括如下。

① 与本课题有关的国内外发展沿革与现状。信息分析人员对一个事物需弄清其源流与现状，才能判断它是从哪个基础上发展起来的，有无发展前途，所以需要对课题的发展历史有比较全面系统的积累。

② 与本专业有关的新技术、新工艺、新产品、新设备的现状与发展趋势，如应用效果、市场前景和技术参数等，以备查考。

③ 与本领域有关的主要国家、公司、研究机构、高等学校、著名专家学者的情况，如各国的自然与资源条件、发展政策与措施，公司、学校等的规模、科研实力与研究课题等。

④ 与本领域有关的主要刊物和论著，包括公开发行的期刊、公司厂刊、著名专家学者的论著、国内外述评类资料等。

2.2.4　信息整理

从整个信息分析的过程看，信息整理属于信息的初级组织，主要任务是对搜集到的信息进行初步加工，目的是使之由无序变为有序。信息整理包括形式整理和内容整理两个层次。

1．形式整理

由于信息来源和搜集途径的多样性，使得所获得的信息数量大、内容杂、体系乱，必须进行分类筛选和加工整理，使之有序，因此，需对信息按课题要求进行取舍。形式整理的方式因人而异，但从实践上看，以下 3 种形式的分类整理通常是不可缺少的。

1) 按信息载体分类整理

不同的载体有不同的性质、特点和保管、存储要求。因此，按载体分类整理是必不可少的，通常可分为纸张（卡片）、磁盘、光盘、缩微品、视听资料、实物等几大类。

2) 按使用方向分类整理

所搜集的信息大体上可分为两大类：一类是面向某具体课题的，即信息搜集人员在某课题计划下达后围绕具体的课题计划所搜集的信息；另一类不针对某具体的课题，但与信息分析机构的性质和今后可能立项的课题有关，属于日常积累型信息。这两类信息有着明显的不同使用方向，应当分门别类处理。

3) 按内容线索分类整理

按内容线索分类整理即整理人员按信息内容线索对所搜集的信息进行粗略的形式上的排序，一般分为以下几类。

① 研究类。凡与课题研究有关的信息都属于此类，包括：课题的概念和重要性，进展情况，研究对象、方法、手段和材料；课题发展状况与当前研究水平；课题的结论；课题可能应用前景，与其他领域的关系等。

② 技术类。凡与技术开发有关的信息都属于此类，包括：技术兴起的背景和开发的目的；技术的原理和优缺点；产品的结构、外形、包装、性能；产品或技术的研制情况及其发展状况；技术的推广应用及应用后的社会和经济效果等。

③ 政策类。凡与政策有关的信息都属于此类，包括：制定该政策的原因、背景；党政领导人针对该政策的有关讲话；报刊对该政策的评论解释；该政策的内容与实施情况；该政策实施后的效果及贯彻执行中遇到的问题；其他国家类似的政策和法令或限制性规定等。

④ 人员、设备、经费类。凡与研究和研制有关的，而非科学研究、技术研制和产品开发本身的一些信息都属于此类，包括：研究或研制的方法、材料、设备；国外对同类研究或研制项目的投资情况；国内外研究该课题的其他科研机构的情况；国内外开发同一技术或研制同一产品的其他单位的情况等。

这种分类整理具体分多少类、分哪些类以及如何归类，没有一个统一的模式，一般根据课题或信息分析机构的性质和所搜集的信息内容而定。

2．内容整理

内容整理是在形式整理基础上的进一步深化，是从内容角度对信息的再处理，通常包括信息内容的理解和揭示两个阶段。

1) 信息内容的理解

信息内容因其表现形式不同而采用不同的理解方式，常见的有阅读、收听或观摩等。

① 阅读。阅读通常分为初读、通读、精读、整体阅读 4 个相互衔接的阶段。其中，初

读的任务是确定信息的取舍，进一步剔除那些不合需要的信息，从中发现有价值的信息。通读的目的是掌握信息的大概内容，确定需要精读的重点信息。精读是一种有选择的重点阅读方法，通常要反复进行，直至琢磨、消化和吸收到其中有用的信息。整体阅读是一种快速阅读方法，在精读的基础上将信息材料各部分贯通起来，由此达到把握信息材料主题的目的。

严格说来，阅读过程已经步入了信息分析阶段，特别是精读，信息分析人员要把需要解决的问题与所搜集信息中的理论、实验和方法进行比较，从信息资料中寻求解决问题的答案。

② 收听或观摩。声像信息和实物信息通常以声音、图像或实物形式表现出来，因此对这类信息通常只能通过收听或观摩达到理解其内容的目的。收听或观摩在本质上与阅读是相同的，一般也要反复进行，次数越多，信息内容挖掘的程度也就越深。

2) 信息内容的揭示

为了便于信息分析阶段使用所积累的素材，通常要对所理解的有用信息内容予以揭示，即以某种便于利用的方式体现或展示出来。揭示信息内容最常见的方式是摘记。摘记有报道式、节段式和提要式3种。具体使用哪种方式，要视素材的性质和内容而定。

① 报道式摘记：主要用来处理动态、综述和评述性文章。特点是不逐字逐句摘录，只是在阅读理解基础上，将该段文章内容融会贯通，然后用摘录者语言简明扼要地叙述，成为一篇保留原意的短文。

② 节段式摘记：用以处理研究论文和实验研究报告，方法是把一篇文章重点句、节、段等原封不动摘录或摘译下来，不要求文章连贯。摘录的重点是：研究对象、实验或研究目的，实验或研究的材料、条件和方法，实验结果或研究结论，参考文献等。

③ 提要式摘记：通常用来处理供一般参考的非重点文章。这种摘录方式是以极少的文字，将文章中最重要的信息提纲挈领地抄录，而不涉及文章的详细内容。

2.2.5 信息价值鉴别

在信息整理过程中，信息人员总会自觉或不自觉地对原生信息的价值进行鉴别。信息价值鉴别主要是对所搜集到的信息进行可靠性鉴别、先进性鉴别和适用性鉴别。

1．信息可靠性鉴别

信息的可靠性一般包括4方面的含义：真实性、完整性、科学性、典型性。信息有文献信息、实物信息和口头信息之分，要分别进行鉴别。

1) 文献信息可靠性判断

文献信息的可靠性取决于其所依附的文献的可靠性，一般可归结为"十看"（**邹志仁**，1990）。

① 作者。知名专家、学者及其他R&D（研究和开发）人员撰写的文献一般比实业、商

业、新闻界人士撰写的文献准确、可靠。

② 出版机构。一般，知名出版社为了自己的声誉，十分注重出版书刊的质量；一些著名的学术团体创办的刊物，有一个由著名科学家组成的编委会，有严格的审稿制度，因而刊物水平高，资料比较可靠。因而著名高校、权威出版机构出版的文献可靠性较强。

③ 文献类型。科技图书出版周期长，内容不很新颖，但影响长远，内容成熟，资料可靠；专业期刊、会议文献和专题报告较为成熟可靠；评论性刊物的文献报道客观，内容丰富可靠；内部出版物内容新颖，比较真实，但不够严谨，可靠性不如公开出版物；学位论文一般说来内容真实，但观点不一定成熟；专利、标准文献比一般书刊可靠性大；产品说明书比产品广告可靠性强。

④ 来源。官方来源的文献比私人来源的文献可靠；专业机构来源的文献比一般社会团体来源的文献可靠。

⑤ 被引用率。反复被他人引用的文献可靠性强。

⑥ 引文。引用（或参考）的文献权威性越强，可靠性也越强。

⑦ 程度。最终报告比进展报告可靠，正式标准比试行标准或标准草案可靠，分红配股方案比预案可靠。

⑧ 密级。机密信息可靠性强于公开信息，但弱于绝密信息。

⑨ 内容。文献本身论点鲜明、论据充分、数据翔实、逻辑结构严谨，则可靠性强。

⑩ 实践。已实际采用或被实验检验证明能达到预期目的的信息可靠性强。

2）实物信息可靠性鉴别

① 实物研制者。具有较高级的专业技术职称、知名的研制（设计）者研制（设计）的实物所含信息的可靠性强。

② 生产机构。国家大型企业、重点企业生产出来的实物产品所含信息的可靠性要强。

③ 商标。拥有驰名商标的实物产品所含信息的可靠性强于没有注册商标或商标没有知名度的实物产品所含信息。

④ 关键技术内容。专利产品所含信息的可靠性强于非专利产品所含信息。

⑤ 实践效果。经使用证明功能强、效益高、性能稳定、故障率低的实物产品所含信息的可靠性强。

3）口头信息可靠性鉴别

① 发言者。知名人士发言时所传递的口头信息的可靠性强于一般人员发言时所传递的口头信息。

② 场合。在重要的、正规的场合传递的口头信息的可靠性强于在一般场合、非正式场合传递的口头信息。

③ 内容。内容系统、全面，尤其是发言者做出承诺的发言，传递的口头信息可靠性强。

④ 其他听众的反应。如果有其他听众，那么其反应或间接评价可作为一个参考依据。

2．信息先进性鉴别

信息的先进性很难用一句简单的话加以概括，这是因为信息的先进性有多方面的含义。一般来说，科技成果的先进性是指研究工作在科学技术领域的某种创新或突破，表现在以下几方面：

① 在同类领域中提出了新理论、新原理和新概念，或者在原有基础上有新的发现。

② 在同一原理的基础上创造了新方法和新技术。

③ 在原有的实验基础上发现了新事实、新现象，提供了新的数据和实验结果。

④ 对原有技术和方法在不同领域或地区有新的应用，取得了良好的经济效果。

可见，衡量信息的先进性至少应当包括时间和空间两项指标。

信息的先进性表现在时间上，主要指信息内容的新颖性，即在此以前从来没有披露和报道过这一内容的信息。信息的先进性除了时间上的含义，还受到空间的约束。也就是说，信息的先进性可以按地域范围分为许多级别，如世界水平、国家水平、地区水平等。信息的先进性可以从以下几方面来判断。

1）文献信息先进性鉴别

(1) 从文献外部特征判断

文献的类型、发表时间和同类文章发表的数量可以帮助判断信息的先进性。

① 文献类型。不同类型的文献是信息分析对象发展过程中不同阶段的产物，因而具有不同的先进性。正在进行中的项目的试验小结和技术档案、刚刚获得学位的学位论文、新近出版的会议录、研究报告、上市公司文件等，所含信息比较先进。

② 发表时间。内容相同或相近的信息素材，一般说来，总是新近发表的文章具有较强的新颖性。

③ 文献数量。信息分析对象的产生、发展、成熟和衰亡，与其发表的文献数量之间有一种有机的联系。一般来说，某理论或者技术产生之初，由于从事这项研究的人员不多，研究工作还不深入，因此文献较少，当某课题取得重大突破，研究工作走向成熟的时候，其文献数量也急剧增长。因此，从文献数量可以判断信息的新颖性。

(2) 从文献内容判断

根据文献内容在理论上是否提出了新的观点、新的假说、新的发现；在应用上是否提出了新的原理、新的设计、新的方法，或者开创了应用新领域等方面判断信息是否先进。

(3) 从信息发生源判断

各地区或部门的基础条件、文化传统、宗教习惯、社会政治制度、生产力发展水平等方面的差异性，决定了反映这些地区或部门现实状况和水平的文献先进性也参差不齐。例如，澳大利亚的畜牧业和毛纺业、日本的造船业和海洋养殖业、美国的网络技术、中国的民间制作工艺等都是比较先进的，相应地，反映这些方面的相关文献信息一般也是先进的。

(4) 从经济效果判断

所谓经济效果，是指六大技术经济指标，即提高产量、增加品种、改进质量、降低成本、提高劳动生产率和改善劳动条件。信息本身很难对经济效果做出评价，但可以通过与采用该信息以前的情况进行比较后做出评价。

2）实物信息先进性鉴别

① 看生产日期。实物产品生产越晚，先进性越强。

② 看生产机构。外向型企业、高新技术企业等生产的实物产品所含信息先进。

③ 看生产手段。采用先进技术生产的实物产品所含信息先进。

④ 看信息内容。关键信息内容属专利技术，则先进性强。

⑤ 看实践效果。正在使用且产生了很好的经济效益、社会效益和环境效益的实物产品所含信息的先进性强。

3）口头信息先进性鉴别

① 看发言者。权威人士、行业领域专家、学术带头人传递的口头信息先进。

② 看发言时间。发言时间越晚，信息越先进。

③ 看发言场合。国际性或全国性会议、展销会、博览会上传递的口头信息先进。

④ 看发言内容。关于进展、走势等方面的前瞻性发言先进性强；信息内容所涉及的地区或部门越发达、水平越高，则先进性越强。

3．信息适用性鉴别

信息适用性是指信息对于接受者可以利用的程度。信息的可靠性和先进性是适用性的前提。当然，信息的适用性还要受地理、气候、科技发展水平、自然资源和经济实力等多种因素的制约。判断信息的适用性，要将信息提供方与使用方的政治、经济、科技、自然资源等各方面的情况加以比较，找出异同，最终确定"消化吸收"能力。信息适用性是决定信息价值的一个重要因素，可以从下列几方面来判断。

1）从信息发生源的自然条件和技术水平来判断

对比信息提供者和接收者双方的自然条件和科技发展水平，可以判断信息的适用程度。一般说来，在地理与气候等自然条件处于相似状态，科学技术发展处于同一水平和发展阶段的国家或地区，其信息可以相互借鉴。对于科技水平远远高于或低于自己，或自然条件差异甚大的国家提供的信息应持慎用态度。

2）从信息吸收者判断

主要从信息接收方的科学技术发展的基础和条件来判断，这种判断一般考察两个问题：一是需要解决什么实际问题，二是适合吸收什么类型的信息。

3）从长远发展和综合效果来判断

因政治、经济、历史等因素，各国政治、经济、科学技术的发展水平是不平衡的。某些高精尖技术可能在一些技术不发达国家还一时用不上，但将来总会用上的。因此，在判断信息适用性时，不仅要考虑当前的需要，还应考虑将来的发展，进行必要的技术储备。例如，空间科学是美俄两国出于军事称霸目的而发展起来的一门尖端科学，但从中引出了不少相关技术，如遥感技术和卫星通信技术，这些技术有重大的经济价值。

4）从专家的评论意见来判断

一项新理论、新技术、新产品出现后，专业杂志或报纸往往会对其加以评论。成果是否适用，常常可参考相关专家发表的评论，这些评论可以间接反映该理论、技术或产品的适用范围。这些评论只要论据正确，就可作为判断依据。为此，信息分析人员应十分重视外界对新理论、新技术、新产品的反应与评论。

5）从社会实践效果判断

某个理论、某项技术、某种产品是否适合本国、本地区采用，从与自己情况基本相同的其他国家和地区的实践活动可以得到印证。各国国情不同，任何外来经验都需要紧密结合自身实际进行"磨合"和"再加工"，将外来经验具体化、本地化、共享化，形成最适合自己的经验做法。从湖南省与法国竞争情报的交流过程来看，湖南省基于合作框架，结合自身实际，研究创新后，创建了省级、产业和企业三级"竞争情报中心"，建立了一个较为完善的竞争情报体系，培育了一支竞争情报专业人才队伍，推动了湖南省竞争情报事业的快速发展（**涂彦等**，2020）。

搜集的信息经过鉴别后，剔除那些不可靠的和不需要的信息，这就是筛选。在筛选中还要区别主要信息和次要信息、核心信息和一般信息，以便在选择信息资料时心中有数。原始信息经过鉴别、筛选与整理后进入综合分析和提炼阶段。

2.3 信息分析和提炼

信息分析和提炼是信息分析活动过程中最关键的一环，在这以前的选择信息分析课题，制定信息分析计划，搜集和积累信息等阶段都是为了信息分析与提炼阶段进行前期准备工作；在之后的编写信息分析报告中，成果评价则是对信息分析与提炼过程与结果的描述和总结。该环节侧重于对原生信息进行精加工，带有浓厚的软科学研究色彩（**查先进**，2011）。

2.3.1 信息分析和提炼的目的和任务

信息分析和提炼的目的是指通过对已有知识和信息的分析综合，从中发现某些客观存在的异同点、经验教训或发展趋势等，从而对知识和信息的认识产生升华，提出新的建议或方案，为用户决策提供咨询服务。

信息分析和提炼的任务是指通过信息分析人员的理性思维对搜集、积累的信息进行再整理、深加工，即将零散的、表面的和感性的信息进行归纳综合，提炼加工，揭示其内在的、本质的联系，找出规律性的东西，发现问题，得出建设性的意见、建议和结论。

2.3.2 信息分析和提炼的途径和方法

1．综合与融合

1）综合加工

综合加工是进行信息分析与提炼的一种基本形式，把通过各种渠道获取的信息集中起来，以一些零散的信息作为线索，利用其他方面的补充信息来帮助鉴别、理解，并综合拼接成完整的信息"画面"。各种不同角度、不同深度甚至不同准确度的分散的信息一旦进行了综合加工，就可以实现条理化、系统化，概括出相对完整、准确的信息分析结论。例如，安邦智库在编撰《2020 地方治理数字图鉴》报告时，通过对安邦政府大数据信息库中 2018 年至 2020 年间的全部数据以及 2020 年的全部用户浏览和咨询问题进行综合加工，并形成可视化图表，从而直观地展示地方政府决策的重点领域和基层公务人员的信息能力，分析地方政府在工作中如何使用信息进行政策制定和管理实践，增进政策研究者与基层决策者之间进行对话（**安邦信息数据研究中心**，2022）。

2）融合加工

融合加工也是进行信息分析与提炼的一种基本形式，通过分析与研究对象性质相同或相近的事物的有关知识和信息，吸收各方的精华，将它们融为一体进行加工，使之产生质的飞跃，得出更新颖更科学的知识和信息来。例如，江苏省科学技术情报研究所基于我国主要城市竞争发展态势，选取上海市、深圳市等 5 个城市，从企业、产业、人才、技术、项目等角度比较分析其国际化创新要素集聚发展现状与水平，深入剖析其推进创新国际化的重点政策、关键举措等成功因素，凝练其中可复制的经验，对我国其它城市推进创新国际化具有借鉴意义（**中国科技情报网**，2023）。

综合加工和融合加工的信息分析方法有综合、比较、相关分析等，常应用于水平动向信息分析、技术信息分析和开发新产品信息分析等方面。

2．提炼与推论

1）提炼加工

提炼加工是信息分析和提炼的一种最重要的形式，常用的有共性提炼、特性提炼和典型提炼。

（1）共性提炼

共性提炼是指从反映同一事物但不同时间、不同空间或不同性质的素材中找到相同的特点、步骤、方法和规律。例如，在执法机构侦查过程中，由于涉众、涉税关联方众多，时间、空间跨度不同、涉及的线索分布来源不同、数据类型不同，但经过情报分析师对案件数据的深度挖掘和分析，从各种案件中提炼出海量数据的相通之处，为案件查找线索提供了有力支撑（颐信科技，2022）。

共性提炼常用的方法是概括、比较、求同思维等，多用于有关技术政策、经验教训和科学管理等领域的信息分析活动中。

（2）特性提炼

特性提炼是指从反映同一事物，并具有大致相同状况的素材中，从时间、空间或性质状态等角度寻找不同的特点、步骤、方法和规律来。例如，从美国、苏联和加拿大等最先发展核电站技术的国家来看，都经历了独立开发，功率从小到大，原料立足于国内，建立全套本国核电工业体系，最后批量生产并进入国际市场这样一个发展过程，然而在这些共性之中仍可经过特性提炼寻找出各自的个性差异。在发展其核电站技术时，加拿大作为无核武器国家，自己无浓缩铀生产、电力工业发达、有相当的重水生产能力，这些特殊条件决定了加拿大发展核电技术要走与美国和苏联不同的重水堆的道路，并获得成功。

特性提炼常用的研究方法有比较、分析、图示、求异思维等，多用于有关市场、工艺设备、产品开发、发展规划等方面的信息分析活动中。

（3）典型提炼

典型提炼是指从反映同一事物，但时间、空间、性质和状态等方面存在某种差异的素材中，选择出一种或少数几种与目标事物具有类似的特点和类似的条件并可用于借鉴的信息来。例如，中国社会科学院日本研究所在《分配制度、收入差距与共同富裕》《日本"积极老龄化"的经验和启示》两篇智库报告中对日本的收入分配总体情况和相关制度安排以及"积极老龄化"的政策、措施进行了深入研究，在此基础上，分析其三次分配间的协调配合路径和效果，提炼总结出调节收入分配有效经验，从社会福利制度、智慧养老、终身学习型社会等方面归纳成功举措，为我国实现共同富裕的目标以及应对人口老龄化提供有益借鉴和参考建议（中国社会科学院，2022）。

典型提炼常用的方法是调查、比较和枚举等，多用于有关产业发展政策、科技政策、经验教训和技术等方面问题的信息分析活动中。典型提炼后的事例具有鲜明、形象、具体等特点，其作用不可忽视。

2）推论加工

推论加工也是一种最常用的信息分析和提炼形式，有预测性推论和判断性推论之分。

（1）预测性推论

预测性推论是指根据事物的过去和现在的状况推测其未来的发展前景和趋势，着眼于解决"将来"的问题，可以用于预测地球、人类、国家、地区的未来发展状况。例如，2022年9月，中国产业研究报告网发布了《2023—2029年中国硕士研究生教育行业前景研究与投资潜力分析报告》。该报告由资深专家和研究人员经过周密的市场调研并参考国家统计局、海关总署、证券交易所、各类市场监测等机构数据库中的权威数据，采用市场相关研究工具、理论、模型对信息进行预测分析基础上撰写而成。该报告分析了我国硕士生教育行业市场运作的现状和竞争格局，对行业发展趋势和投资进行了预测分析（**中国产业报告网**，2022）。

此外，预测性推论还被广泛地用来预测某技术、产品、市场等的发展趋势。例如，在电信业务领域，网络运维管理部门对电信业务的运行分析，主要是通过观测某地区某时间段内某项电信业务随时间变化的运行情况，利用业务数据分析引起业务变化的可能影响因素，预测在近期之后的一段时间内该业务的开展趋势，以评估测算网络支持能力，并随之做出调整（**包昌火**，2012）。

预测性推论常用的研究方法有趋势外推、信息模型、相关分析、回归分析、专家调查等，常用于预测国家、地区、部门等发展趋势，技术、产品、市场等发展前景的信息分析活动中。

(2) 判断性推论

判断性推论是指在同一时间条件下，根据已知事物来判断未知事物，致力于解决"现在"的问题。例如，中国科学技术信息研究所曾建勋研究员通过对"十三五"时期我国科技情报工作的现实机遇和挑战进行分析，提出"十四五"期间我国科技情报事业发展的重点任务和推进策略，推动现有科技信息服务向新型智能情报分析服务升级，彰显科技情报工作在新时期的战略地位和突出作用（**曾建勋**，2021）。

判断性推论的常用研究方法有相关分析、形态结构分析、内插分析等，常用于技术、商业竞争和市场背景分析等领域的信息分析活动中。

信息分析和提炼是信息分析活动过程的核心，分析和提炼是否准确、及时，直接关系到信息分析成果的质量和用户的利益。

2.4 信息分析产品的制作

2.4.1 信息分析产品的类型

信息分析人员通过分析和提炼，形成有针对性的总结、汇编、结论、意见和建议等。这些总结、汇编、结论、意见和建议都必须编写成相应的文字、声像或计算机数据库形态的信息分析产品，并作为信息分析的成果直接提供给用户参考使用。用户正是通过阅读、利用信息分析产品来得到信息分析人员帮助的。

根据信息分析活动的任务和服务对象，信息分析产品有不同的类别。目前，国内对信息分析产品类型划分的角度很多，尚未达成共识。根据产品的内容及其制作特点，信息分析产品可分为消息类产品、数据类产品和研究报告类产品（**查先进**，2011），如表 2-2 所示。

表 2-2　信息分析产品类型的比较

信息分析产品类型	特　点	代表产品
消息类产品	客观真实、简明扼要、一事一报	动态快报
数据库产品	资料汇编性成果 以资料丰富、全面、系统、准确见长	年鉴、手册、要览、指南、人名录、数据库
研究报告类产品	系统整理和分析研究得出结论	综述性报告、述评性报告、预测性报告、评估性报告、背景性报告

1．消息类产品

消息类产品是最简单也是最常见的一种信息分析产品，主要任务是负责跟踪监视和及时报道特定领域的国内外发展的最新水平、动向和趋势，具有明显的推荐性质，颇受各级领导部门的欢迎。消息类产品是通过对大量国内外相关信息的精心挑选、鉴别而提炼得来的，将其中最为重要、影响深远的信息以最快速简洁的方式，报道给有关用户。消息类产品的内容主要是报道国内外科学技术和国民经济发展状况，某学科、某专业出现的新进展、新苗头、新方向等。消息类产品要求文字简明扼要，一般要求为 500～800 字，一事一报，及时向用户提供国内外科学技术、生产建设、科学管理、市场动态等方面的动向和最新信息。消息类产品的服务对象主要是领导机关、管理部门的领导、决策人员和有关部门的专业人员。

除了零星的动态报道，消息类产品还有专门对某问题进行简要的汇总、判断和动态分析，常见的形式主要有快报和动态两种。

消息类产品尽管比较简单，但反映情况极为迅速，能帮助领导和相关专业人员及时了解最新信息。因此，它的作用是其他类型的信息分析产品无法替代的，而编写消息类产品自然是信息分析机构的一项经常性工作。

2．数据类产品

数据类产品是信息分析部门在日常积累和全面调查的基础上，综合汇总各国或一国、一地区有关某些学科、专业、产品、机构或人员等的情况，经过加工整理和分析研究而形成的一种资料汇编性成果。数据类产品以资料丰富、全面、系统、准确见长，用户据此可以方便、清楚地了解有关方面的基本概况、发展水平和动向，以及国内外、单位内外的差距。编写数据类产品是信息分析部门的一项重要业务。这类产品的类型很多，主要包括如下。

1）年鉴

年鉴有综合性年鉴和专业性年鉴之分，一般是概括一年之内与年鉴主题内容有关的各种事物发展的状况或某些方面的重要资料汇编或数据统计等。综合性年鉴搜集资料范围广，涉及专业领域多，反映多行业多专业领域在某一年份内的动态。如《上海年鉴》《中国统计年鉴》等；专业性年鉴只刊载某专题领域的年度总结、资料汇编等，如《中国农业年鉴》《国际贸易年鉴》等。年鉴由于资料丰富，而且往往是连续逐年编辑出版，因此有较强的参考价值。

2）手册

手册是简要概述某学科、专业或领域的基本知识，罗列有关数据、计算公式和专业机构等内容的数据类报告。手册也有综合性手册和专业性手册之分。前者大多是有关政治、时事、文化、生活等方面的基本知识，如《世界人文地理手册》《各国国家机构手册》等。后者分为两种：一种是提供某一专业领域基本知识的手册，如《物理学手册》《大学数学手册》等；另一种是实际工作需要查阅的以常用数据为主的资料性手册，如《机械设计手册》《五金交电化工商品实用手册》《导弹结构强度计算手册》等。

3）要览、指南

要览、指南主要是关于某行业或某专业领域的机构简要介绍或名称大全，内容涉及这些机构的地址、负责人、工作人员数量和构成比例、生产管理能力、产品种类和产量、研究经费、主要研究方向等，如《日本大学研究所要览》《中国高新技术开发区企业名录大全》《中国租赁行业大全》等。

4）人名录

人名录主要介绍所收人物的姓名、籍贯、生卒年月、生平简历、主要贡献等，有综合性人名录和专科性人名录之分。有专供查找已故历史人物的回溯性人名录和供查找当代人物的现时性人名录之分，如《中国社会科学家名录》《解放军将帅名录》等。

5）数据库

数据库是一种一次输入多次多形式使用、便于计算机处理与检索和远程传递的信息集合，标志着信息分析报告的编写、传递和提供用户利用的手段走向现代化。发达国家数据库的发展异常迅猛，近年来，我国也涌现出一大批信息分析方面的数据库。

作为信息分析的成果形式，数据类产品一般是专门提供给特定范围的用户使用的，但当这类数据的使用价值很大，以致能提供社会公众参考利用，并且这种公开利用不会损害其特定范围用户的利益时，可以公开正式出版或向社会开放。这时，数据类产品就转化为工具性文献，既可作为开展相关的信息分析活动的基本素材，也成为社会各界人士查找原始资料、常用术语和数据的工具。

3．研究报告类产品

研究报告类产品是围绕某课题，在一定的时空范围内，全面系统地搜集文献资料，有时需搜集实物样品和进行社会调查，然后对搜集和积累的信息进行系统整理和分析研究得出结论而撰写的一种信息分析报告。根据课题提出者的要求与分析研究的深度，研究报告可分为综述性研究报告、述评性研究报告、预测性研究报告、评估性研究报告、背景性研究报告等。

1）综述性研究报告

综述性研究报告（简称综述）是指针对某领域在某段时间内的大量素材进行归纳、整理、分析、加工而形成的一种信息分析报告。它的特点是对所涉及课题的有关数据、情况和资料进行客观的概括性描述，基本上不加编写者本人的见解，不提具体的建议，但有素材取舍倾向。综述性研究报告题目比较具体，所谈问题比较集中，比较系统地反映相关课题领域的重要的最新资料、发展历史、当前状况及发展趋势。据统计，某专题平均发表 30～40 篇论文后，就会有一篇综述性论文。

在研究和撰写过程中，由于蕴含了信息分析人员在原生信息的深加工、综合、提炼等方面的创造性的劳动，因此综述性研究报告虽然属于三次文献的性质，但仍具有较强的创造性，尤其对于决策者而言，有助于其获取众多关于全局的信息，以便于高屋建瓴，统揽全局。综述性研究报告的研究和撰写经历了由厚到薄、由散到序的过程，体现出信息分析是现代社会的信息"炼金术"（**查先进**，2011）。

根据具体内容的不同，综述可分为综合性综述、专题性综述和文摘性综述三类。综合性综述是指对某学科或专业的情况做出综合叙述；专题性综述是指对某种技术、某种产品所做的综合叙述；文摘性综述是指把某学科、专业或专题在某段时间内发表的文献内容扼要摘录出来，既有一般综述浓缩原始文献内容的作用，又能起到文摘索引的作用。国际上，带有 500～700 篇参考文献的综述文章并不罕见。

2）述评性研究报告

述评性研究报告（简称述评）是指针对某研究对象，全面、系统总结各种有关情况、观点和数据，并结合有关政策进行分析评价或提出建议而形成的一种信息分析报告。述评的特点是述与评结合，要求述得充分，评得恰当，既要指出课题的当前水平、动态、存在问题，又要指出发展前景和可能会遇到的困难。除了有一般综述的内容，述评需要有评论性的文字，要求对课题的历史、现状、动向、先进性、可靠性、可行性、发展趋势等进行对比、分析、评价，并提出编写者自己的观点与看法。述评有综合性和专题性之分，前者总结和评价某学科或某专业的总体情况；后者则是针对某技术、设计、工程或产品等具体问题进行综合评价。评述性研究报告一般包括"述评""评述""考察报告""专题报告""水平调查"等，如美国的《信息科学与技术年度评论》。

述评性研究报告是一种比综述性研究报告更高级的信息分析产品，对决策者和管理者确定业务发展方向和制定工作规划，对专业人员解决业务问题，对科研人员选择课题立项和研究方向等都有一定的指导意义。高质量的述评常常是确定部门或系统的工作路线和政策的重要依据。

3）预测性研究报告

预测性研究报告是针对某课题的发展前景或趋势进行的科学推测而形成的一种信息分析报告。撰写合格的预测性研究报告有相当的难度，一般需要搜集大量的数据，进行现状调查和文献调查，运用逻辑思维方法和数理分析方法，建立数学模型，并借助计算机等现代技术手段，有时还要求信息分析人员充分发挥科学想象能力。预测性研究报告的内容一般包括推测研究对象的发展方向、发展规模、可能出现的问题，以及未来发展中各环节之间的关系变化甚至准确时间等。预测性研究报告的名称常取为：××展望、××预测、××趋势、××前景等，如"世界人口展望""能源资源预测"。

预测性研究报告重在由已知信息推出未来信息。目前，预测研究已发展成为一门独立的学科——预测学，国内外都有专门的研究机构从事各类社会、经济、科学技术和军事等领域问题的预测工作。近年来，我国各级信息分析机构逐渐介入该领域，开始联合或独立完成各种预测研究，并产生了一定数量的高质量预测性研究报告。

4）评估性研究报告

评估性研究报告是在掌握有关课题的大量已知信息的基础上，运用现代评估技术，对课题的水平、方案、能力、效益等进行分析评估所形成的一种信息分析产品。这类产品的种类很多，如水平评估、方案评估、能力评估、效益评估、可行性研究、实力比较等。评估性研究报告的目的不在于由原生信息推出事物发展变化的未来状态，而是为了方案（项目、人才等）优选，或为了准确把握现状。因此，这类产品在对原生信息做出必要阐述后，应将重点放在比较上，只有比较才能得出结论。

5）背景性研究报告

背景性研究报告是针对某项具体的专门任务而展开的相关背景信息的研究所形成的一种信息分析产品。背景性研究报告在国外，特别是在日本比较流行。背景性研究报告主要目的是使任务的顺利完成有一个宽广的、全面的参考基础，常用于规划和战略的制定、出访与外交谈判等重大活动。

信息分析产品类型很多，上面所列的仅仅是目前信息分析实践中常见的一些类型，对于既定的信息分析课题，究竟以何种形式提交信息分析成果是一个值得关注的课题。

传统的信息分析成果主要表现为以文字为主的文本形式，这种状况已不能适应迅速发展的现代信息社会的需要。在信息技术的支撑下，信息分析成果已经突破了单一的文本形式，集图、文、声于一体的多媒体形式的产品正在不断涌现，并逐渐发展壮大。信息分析产品的载体形式正在向多样化方向发展。

2.4.2 信息分析产品的制作

信息分析产品的质量高低，一方面依赖于整个信息分析过程及其产生的结果，另一方面同信息分析人员在产品制作过程中对制作方法和技巧的把握有关。不同的信息分析产品有不同的制作方法和技巧。下面主要介绍消息类产品、数据类产品和研究报告类产品的制作方法。

1. 消息类产品的制作

消息类产品常以《情况反映》《××动态》《××简报》《××消息》《内部参考消息》等形式出现，编写这类产品的目的是迅速反映、报道某学科、领域的新动态、新成果和新信息。

1）消息类产品的基本要求

① 客观真实。消息类产品要以事实说话，即通过报道客观存在的事实来表明编写者的立场、观点，用事实来感染、影响用户。因此，编写时是用对事实的选择和阐述来体现编写者的思想的，而不采取先提出观点再列举事例加以证明的方法。消息类产品报道的是有关专业领域发生的事实，除了必须遵循一般性新闻报道的客观性要求，还要求报道的事实是具体的、典型的、生动的，并且是明确的、完整的。

② 迅速及时。情况反映应突出一个"快"字，要求把新近发生的事实迅速及时地报道出去，这样的"消息"才对用户有价值。因此，应尽量缩短编发时间。当然，这里的"快"是建立在客观真实基础上的，对于情况不明或一时无法核实的事实，宁可暂时不报道。

③ 短小精粹。情况反映是信息分析产品中最简短的文体，一般以500～800字为宜，要求在有限的篇幅内尽可能包含较多的实质内容，用高度概括的手法抓住最主要的、典型的事实予以报道。

2）消息类产品的基本内容

消息类产品的基本内容一般包括标题、导语、主体、结尾四部分，有时还要简单介绍事实的背景。

① 导语。导语是消息类产品的第一段或第一句话，要求用精练的文字，概括出消息中最新鲜、最重要的事实，点明主题，并吸引读者关注和阅读全文。导语的写作手法大致有叙述式、描写式、议论式三种。写导语时，应注意内容的写实性和语言的形象性，忌讳公式化、概念化和长篇交代、冗长烦琐的各种名称、数字和晦涩的技术名词等。

② 主体。主体是情况反映的主要部分，要求用充分、典型的事实阐述导语中提出的主题思想，回答导语中提出的问题。主体的写作要求是：紧扣导语、选择典型信息、合理安排行文层次顺序、避免重复。

③ 结尾。结尾是对全文作小结，或是指出事物的发展趋向，或是对事物进行评论。精彩的结尾可以深化主题，起到画龙点睛的作用。结尾一般要和导语相呼应。当然，结尾不是非写不可的，如果主体中已说明白，就不必再写结尾。很短的简讯也可不写结尾。

④ 背景材料。在消息中恰当简要介绍事实发生的客观环境，可以烘托、深化主题，加深用户对消息内容适用价值的认识。

3）消息类产品的结构形式

消息类产品的最适用结构是"倒金字塔"式结构，方法是：把最重要、最精彩的内容放在第一段，次要的内容放在第二段，以此类推。这种结构使用户阅读起来能迅速抓住重点，一目了然，编写者能视情况自后向前整句整段删去，仍然不会损害消息的最主要内容。

2．数据类产品的制作

数据类产品是一种资料汇编性成果，又可细分为年鉴、手册、要览、指南、人名录和数据库等形式。这些不同形式的数据类产品的编写方法也各有侧重。

1) 年鉴的制作

年鉴是一种按年刊行的产品，具有连续性、概括性、编年史性的特点。

(1) 年鉴的内容

年鉴的基本组成单位是专栏。年鉴一般有一二十个专栏。年鉴的内容大体可归纳如下。

① 综述。概括介绍某行业、某地区的基本情况。

② 统计资料。常以图表的形式公布本专业的发展与成就。

③ 重大信息。记述当年本专业有关的方针政策、科技、教育、外事活动等动态信息，以及发展变化中的新生事物、新典型。

④ 专论。发表政府阶段性工作总结、专题调查报告、工作展望或述评等。

⑤ 珍贵文献资料。

⑥ 人物志。

⑦ 大事记。

⑧ 实用指南性资料，如机构名录、产品名录等。

⑨ 国外相关对比参考资料。

⑩ 索引。

(2) 年鉴的编排与体例

第一，年鉴的编排。年鉴的主要表现手段是文章、条目、表格、图片等。我国现阶段都是采用分类法来编排年鉴内容的，常常把学科系统排列法、事物性质排列法、主题法、时间顺序法等结合起来运用。例如，《中国农业年鉴》先按农业（种植业）、林业、畜牧业、渔业、乡镇企业等分类编排。在其下专栏中，有的按行政区域顺序编排，有的按时序编列。这些编排方法优点是便于用户了解各领域的全面情况和浏览查阅；缺点是有时会出现一些编排不科学和重复交叉的现象。

第二，年鉴的体例。年鉴的体例主要包括：一是规定年鉴中文章的体裁和编写要求。年鉴中文章宜用记叙文体裁或说明文体裁，强调客观、严谨、简练，要按有关专栏的性质和特点，对文章的内容、篇幅、结构等提出明确、具体的要求。二是年鉴中的名词术语、译名、计量单位、数字、时间、引文等的使用必须事先统一规格和写法。

2) 手册的制作

(1) 手册的基本特点

手册的特点主要如下。

① 通用性。手册一般应概括某专业、学科或技术的全部内容，要考虑到实际工作中可能遇到的各种情况和问题，要尽量满足不同地区、不同工作条件、不同水平用户的需要。例如，有关类型、品种、项目、规格、方法、措施等，应该尽量列全；对常用的、主要的、基本的技术内容要必备；不常用的、次要的、特殊的技术内容也要兼顾。

② 先进性。手册应反映国内现有的先进技术水平，吸收国外适合我国国情的先进技术

和经验，同时处理好先进与适用的关系，既反映当代的先进技术，又考虑用户的现实情况。

③ 系统性。不能将相互不协调甚至矛盾的资料，简单地拼凑在一起。选用的素材必须是经实践检验过的，还要注明素材的来源出处，以便用户必要时进行查核。对相互矛盾或不一致的资料，一般不能采用；必须使用时，则应明确说明使用条件及注意事项。

④ 简明性。手册主要是供工作中随时查用的，可从中得到所需的资料、数据、信息、办法、措施等。手册多采用条文式，文字要求简练、准确，层次分明，以便用户用最少的时间和精力就能完全理解内容。由于图表往往比文字更能形象、具体、简明地表达问题，因此手册中经常大量使用图表，有些手册甚至就采用图表化的方式来编写。

(2) 手册的基本内容

手册的内容包括哪些项目，并无统一的要求，也无标准的模式，应结合每本手册的性质、特点和编写意图，根据主要用户的实际需要和所能汇集到的技术素材来确定。综合各种手册，归纳起来大致有下述一些内容项目：综述、基本理论概述、主要原理、适用范围、常用数据、计算公式、实用图表、实施要点（原则、依据）、工作（设计、施工、安装、计算、试验、检验、使用、保管、维修等）方法、具体步骤、技术措施、注意事项、产品规格（系列、型号、品种、尺寸等）、典型示例、常用材料性能介绍、技术经济分析及指标、附录（包括有关标准、规范、条件、技术文件、单位换算表等）、索引、参考文献等。例如，《弗拉斯卡蒂手册》是由OECD（Organization for Economic Co-operation and Development，经济合作与发展组织）编纂的，对研究与开发（R&D）活动的各项指标及测度方法进行了详尽的解释，包括研究与开发各项指标的定义、机构分类法则、领域分类、人员与经费的分类、调查方法与程序等，是对科技活动进行测度的基础。

3) 要览、指南的制作

要览、指南是一种介绍各种机构情况的系统资料类产品，也称机构名录。人们在从事科研、学习、工作的过程中都会遇到要了解和掌握有关机构情况的问题，如某机构的性质、地址、工作任务等，这些问题都要查阅各种要览、指南，如《中国人文社会科学核心期刊要览》《国家自然科学基金委员会——2022项目指南》等。一般，要览、指南的基本内容包括如下。

① 某机构或机构成员（主要是机构负责人）的名称、地址、电话。
② 某机构的历史，包括何时成立、成员数、主要业务活动等。
③ 某机构的资产额，产品或服务种类、规格等。
④ 某机构的人事组织情况，如主要负责人和重点分支机构和部门的负责人等。

编写要览、指南的方法是以条目式为基本写作形式的，所提供的机构情况大多数比较简明，通常按机构名称的字顺分类编排，比较整齐，使用方便。

4) 人名录的制作

人名录是专门集中反映有关领域的知名人物基本情况的系统资料类产品。人名录的基本内容如下。

① 人物的姓名、别名、译名、笔名。
② 人物的生卒年、月、日。
③ 人物的籍贯、家世、生平事迹。
④ 人物的事业成就、重要的活动。
⑤ 人物的学历、学位、职务。
⑥ 人物的主要贡献，如主持过的工作项目等。
⑦ 人物及活动的有关照片、图表等。

人名录也常常以条目形式来编写和组织，各条目先按专业学科或组织机构的类别组织，再按人物姓名字顺排序，有些是按年代顺序来排列的。人名录的编纂是一项颇费时日的工作，尤其是搜集和考证人物的生平事迹素材工作量巨大。

5）数据库的制作

目前，数据库技术已广泛应用于信息分析产品的制作。按照所含信息内容的特点，数据库产品中常见的数据库类型主要有数值数据库、事实数据库、图像数据库和全文数据库。

① 数值数据库：基本内容是数值信息，但不排斥库中也含有表明数值属性的文本字段。编制这种数据库的目的是直接向用户提供这些数值信息。这类数据库的结构便于对数值信息进行分离，便于单项或多项检索、显示或打印输出。库中的有关数值在计算机程序的帮助下能进行各种运算、分析，并能进行分类、排序和重新组合。

② 事实数据库：有关某些客体（如机构、任务等）的各种关联数据的集合，如《中国化工产品数据库》《科学家数据库》等。

③ 图像数据库：一种新的数据库类型，存储的数据主要是图形或图像信息。

④ 全文数据库：指机读化的综合分析报告和预测报告全文数据库。例如，把综述、述评、预测方案等作为数据全部存储，并能检索全文中的任何一个字、句、段、节、章等。

数据库的编制工作是较为复杂的，包括数据的搜集、选择、系统分析、结构设计、数据录入与校核、程序检查、记录装配、系统试运行、格式转换等工作。

3．研究报告类产品的制作

研究报告类产品有多种类型，都有不同的内容要求和结构层次，但有一般性意义上的内容和结构。

1）研究报告类产品的内容

一般性意义而言，研究报告类产品应主要包括以下内容。

① 说明该课题要解决的主要问题。
② 描述该课题的背景和解决问题需要考虑的各种因素条件。
③ 援引与课题有关的数据、事实。
④ 综合叙述有关该课题的各种观点。
⑤ 阐明信息分析人员自己对该课题的独立见解。

⑥ 论证所提见解的科学合理性。

⑦ 提出实施该课题或解决有关问题时可供选择的建议、方案及实施步骤。

⑧ 预见可能遇到的风险及其对策等。

在信息分析实际工作中，要求一份分析报告全面涉及上述8方面的内容并不多见，可以视具体情况只对其中某几项内容进行阐述。

2）研究报告类产品的结构层次

结构是影响研究报告质量的关键因素（**卢泰宏，1998**）。因为报告的功能（质量）与其结构有直接对应的关系。为达到某种功能目标，相应有一定的结构来对应。研究报告类产品的结构层次一般包括以下6部分：标题、序言、正文、结论、附录和参考文献。

（1）标题

标题是信息分析报告内容的高度概括与提炼，是研究报告给予用户的第一个视觉印象，因而要求简洁、新颖，准确体现全文的主旨和要点，能使用户一目了然地了解报告所论及问题的范围和重点。因字数限制，有时短标题难以达到上述要求，可以加上副标题作补充。对于一些内容复杂、层次繁多、关系重大的报告，还可以通过增设内容简介、目录、摘要和关键词等措施来进一步揭示标题的完整含义。

① 内容简介。内容简介是标题和副标题的补充说明，以简练的文字介绍研究报告的主要内容、编写目的、用途、用户对象和所利用的原始资料情况等。

② 目录。目录是大型研究报告所必须有的，列出报告各章节的大小标题及其页码，能起到反映研究报告基本内容和主要观点的作用。

③ 摘要或前言。摘要或前言主要是介绍该成果的基本内容与选题的理由、目的和过程（时间、地点和对象范围等），特别介绍成果中提出的重要观点和见解、成果的特点和适用对象等。一般在三种情况下需要摘要或前言：一是课题内容复杂、存在观点分歧者；二是成果中提出的重要观点或见解需要特别加以强调者；三是需要对该成果的特点和运用范围进行着重说明者。这里必须特别指出的是，摘要虽然居于研究报告之首，但在写作上只能在报告完稿后编写。

④ 关键词。关键词也称主题词，是指编写者从报告中选取的最能代表其中心内容特征的词或词组，一般可选3~5个，也有多达7~8个供检索使用。为了保证用词的统一规范，应尽可能通过《汉语主题词表》或专业性、专题性主题词表对关键词进行规范化处理。

（2）序言

序言也叫绪言、绪论等，主要阐明本课题的基本状况，如：课题目前的研究水平，可能遇到的困难、各种限制条件、最值得注意的方向；本课题与其他问题的关系；选择本课题的目的；对原始素材的选择、评价和综合的基本原则，搜集范围和起止时间等。

（3）正文

正文是成果的主体部分、核心部分，是全文的重点。正文是在课题涉及的领域内，对相应的原始信息进行分析研究，运用材料来论证研究成果中提出的独特观点和方案的部分。可以说，正文是具体反映研究报告的学术水平和质量的主要部分。

由于研究报告的种类多样，其正文内容也不尽相同。例如，综述的正文内容主要是广泛系统地叙述本课题或本学科、专业所涉及的最重要成就、目前的水平状况、今后的发展趋势，并明确提出这一领域内尚未解决的问题。述评如果是针对某技术或产品的，其正文内容主要评述该技术或产品的技术经济指标对比，根据数据和图表对比做出分析，评估其发展趋势和适用性。若是针对某学科的发展情况的，则正文内容主要介绍各种有代表性的流派和观点，然后进行恰如其分的评论。预测性报告的正文主要包括作为预测依据的事实和数据、预测用的方法和手段、预测的步骤、科学推演过程和最后的预测结果。但是不管是哪种信息分析成果，都有基本的要求：中心明确、重点突出、论证充分、逻辑严密、实事求是、态度端正。

(4) 结论

结论是对通篇研究报告的总结，与正文的内容应当紧密衔接。结论不是对正文部分讨论的各种观点和意见的简单合并和重复，只有那些经过充分论证的观点、建议和方案才能写入结论。结论可以简要阐述本报告的主要论点，提出解决问题的可供选择的方案和建议；或提出如何利用现有信息分析成果的措施。当不能或不便提出结论性意见时，也可用"启迪""借鉴"等方式表达编写者的倾向性观点。

(5) 附录

附录是对正文部分的必要补充材料与数据的汇编，内容包括说明研究课题状况的原始资料、有关法规条文、有关常用数据、图表和计算方法等。有时，为了缩减正文的篇幅，使正文部分对问题的论述和论证更加简洁、紧凑，也把分析报告分编为主件、附件两部分，主件放于正文、附件放于附录。这样，各类用户阅读利用报告时可自由取舍。

(6) 参考文献

研究报告的写作过程中直接引用或参考过的各种文献资料，如他人的论文、著作、数据、图表的名称、出处等，均应附于报告之尾，以表示对他人劳动成果的尊重，同时表明研究报告的依据。用户如有疑虑可去查阅这些文献。参考文献的编排方式有两种：一是按文献在分析报告中的引用顺序依次排列，二是按文献对分析报告的参考价值大小程度排列。参考文献必须按照国家的有关著录标准来标注其作者、文献名、文献的来源出处、出版事项等。

如果研究报告的完成过程得到各单位和个人的帮助和支持，如提供了物质资助，提供了参观考察条件，提供了实物信息，接受过采访，提出过建设性意见等，可以在报告后加上"致谢"部分表示感谢。

3) 研究报告类产品的制作程序

(1) 确定主题

主题是一篇研究报告所要体现的总的意图或基本观点，是研究报告的灵魂，是作者的思想、态度和观点的集中反映。衡量一篇研究报告质量高低、价值大小、作用强弱，最重要的是看它的主题如何。

主题是研究报告的统帅。一篇研究报告的材料如何取舍，结构如何设置，语言如何运用，乃至标题如何拟定等，全都要根据表现主题的需要来确定。任何一篇研究报告都应有明确的主题思想。

分析报告主题的形成过程可以概括为三个步骤：闪现于触发灵感之时，凝聚于调查研究之中，升华于改造制作之后（秦铁辉，王延飞等，2001）。

(2) 选择材料

主题必须通过一定的材料来表现。所以，在主题确定后，就要考虑选用哪些材料的问题。

研究报告所用的材料主要有：查阅文献时摘录下来的实验数据、图、表、公式及论点；实际调查中了解到的情况；自己做实验的方法、原材料、过程及结果；参加学术会议的笔记；与研究课题有关的通信等。

材料按其来源可以分为三大类：一是直接材料，是作者亲自参加调查或实验得来的材料；二是间接材料，是作者从文献得到或由他人提供的材料；三是发展材料，是在上述两种材料的基础上，经过作者进一步的思考、分析、研究得到的材料。

(3) 设计结构

结构是研究报告各组成部分的总体布局和全部材料的具体安排，包括层次、段落、过渡、呼应、开头和结尾等内容。

制作研究报告好比盖楼房，盖楼房首先要设计蓝图，制作研究报告也要先设计好结构，全篇分为几大部分，各部分包括什么内容，互相怎样衔接，怎么开头，如何结尾等，都要事先筹划好。在一篇研究报告中，主题只能解决"言之有理"的问题，材料只能解决"言之有物"的问题，"言之有序"的问题则要依靠结构来解决。如果不通过一定的结构，把众多材料按照表达主题的需要进行适当编织和穿插，那么材料再多，也不会成为一篇好的研究报告。

研究报告的结构应符合以下两项原则。

① 符合规律，严谨自然。研究报告是客观事物的反映，客观事物内部都有其紧密的内部联系和固有的运动规律。研究报告要反映这种联系，必须有严谨的结构，各部分之间要紧密衔接，环环相扣，合乎逻辑，无懈可击。研究报告要反映这种规律，就要在结构上循其自然，顺理成章，行止自如。

② 表现主题，完整协调。结构的任务就是要有效地表现主题。主题是一个完整的思想，因此要求研究报告必须有一个完整的结构。所谓完整，就是各组成部分齐全，没有残缺，要完好地表现主题，结构还应协调统一。

(4) 拟定提纲

主题构思成熟后，就要拟定研究报告的提纲，把大致思想付诸具体的文字，用书面形式来充分表达编写者的思想、观点，组织好研究报告的结构，使作者在以后的撰写过程中能始终顺着连贯的思路来行文。

拟定提纲是写好研究报告的必备条件。研究报告论点之间的逻辑关系是复杂的，在写作之初，它们只是模糊地存在于人们头脑中。拟定提纲的过程就是对这种逻辑关系的再认识过程。尤其对于一些大型研究报告，只有将其结构写成提纲，才能看出各部分的安排是否合理，逻辑关系是否正确，材料配备是否恰当，层次是否清晰，全篇是否均衡等。

拟定提纲对于研究报告的编写具有以下意义。

① 使整个研究报告通篇一体。拟定提纲的过程会促使作者对主题予以明确的解释，而主题的定义一旦阐明，任何离题的现象都会显现，并能得到及时纠正。

② 使研究报告首尾贯通。在主题构思时，往往因思路不明晰而把研究报告中两个不相关的部分硬凑在一起，或者出现某些相互脱节和前后矛盾的现象，一旦列出提纲，这些问题就能立即被发现。

③ 有利于突出重点。拟定提纲的过程中，作者将发现哪些论题是重要的，应予以突出，它们各占多大的篇幅，哪些组织方式能强调重要论点，这样就能保证写作研究报告时紧扣主题，不至出现内容分散和离题现象。

④ 有利于信息的选择和安排。拟定提纲时，对于积累的有关信息也进行相应的分类和分配，主要信息作为证实观点的最有力材料，被安排在显要位置，其余信息居次要位置。每个论题应有相应的信息资料，按论题把信息资料分开，这样一方面能防止遗漏重要的信息和某些论题信息重复堆积，另一方面便于日后的写作。

提纲的编写程序主要包括三个步骤。

第一步，根据主题的需要，勾画出研究报告结构的大块图样，即将全文分为几个大的部分，并对各部分间的逻辑关系做出安排。

第二步，大框架完成以后，将经过归纳、整理和选择的材料合理分配到各大部分，完成对该部分论点的论证。这一阶段需要重点检查三个问题：第一，现有材料是否足以支持论点；第二，每份材料是否都能用来证明这一部分的论点；第三，该部分能否在确立论点的基础上充分利用这些材料。在论证问题时，拼凑材料和堆砌材料都是不可取的。

第三步，各部分的小框架完成后，再对各部分之间的逻辑关系重新审查一遍，对部分与部分之间的文字过渡做出安排。一篇好的研究报告，每部分分开时可以独立成章，各部分结合时又浑然一体。

应当指出，上述详细的写作大纲并不是一次完成的。拟定提纲与搜集、整理和研究材料几乎是同步进行的。这里说的"几乎同步"是因为毕竟搜集阅读材料在前，然后作者才能由博而约，从感性上升到理性，进而得出自己的观点，写出粗糙的大纲。但是，这个粗糙大纲的进一步细化又是反复阅读和研究材料的结果。所以说，编写提纲的过程是一个贯穿整个写作准备阶段的连续动态过程。

(5) 撰写初稿

提纲拟定后，便可动手撰写初稿，撰写初稿就是"打草稿"。如果课题是一人承担的，就由承担者一人撰写；如果是由多人承担的，就可由一人或数人执笔或大家分工负责撰写。

大型研究报告一般都是由多人执笔完成的。

撰写初稿时，材料要敢于取舍。研究报告的主要章节、重要观点的论证应当旁征博引，资料翔实；次要章节的材料即使丰富，也要忍痛割爱，目的是突出主题，以免喧宾夺主。撰写初稿的常用方法有如下两种。

① 一气呵成法：指按事先拟好的提纲的各级项目的顺序一路写下去，不中断思路，直到初稿完成，再回头来仔细推敲加工修改。这种写作方法的最大好处是保持了行文时思路的连贯性和系统性，写起来也比较顺畅，但容易草率行事，出现差错。

② 分步完成法：指不按提纲的规定顺序来写，而是把提纲的内容分成几大部分，首先挑选自己感到最有把握的部分来写，写完一部分后立刻对其修改并初步定稿，再选另一部分写，这样一部分一部分地分步完成，直到写完全文。这种方法适合撰写篇幅较大的大型研究报告。分步完成法的优点是研究报告的各部分在打草稿时就已较精细，日后修改定稿不必进行大的调整；不足之处是容易造成研究报告的各部分之间脱节或不连贯。

不论是采用哪一种写作方法，撰写初稿时都有一些值得注意的事项：

① 深刻领会提纲的要求，紧扣主题，把需要表达的内容按提纲的结构层次有条理地组织起来。

② 应考虑研究报告各部分的分量，做到长短适度，轻重得当，通篇均衡，插图和表格编排恰当、规范。

③ 发现提纲存在不足或产生新的思考、观点时，应修改、调整提纲。

④ 引文、注释和数据等要随手加上完整的出处，以免定稿时难以查找。

⑤ 凡使用过的信息资料要标上记号，以免重复使用。

初稿完成后，要逐章逐节讨论，检查是否遗漏重要内容，关键问题是否阐述清楚，各部分之间有没有重复。对于重要问题和重要观点，尤其要反复推敲。对于一篇多人合作的大型研究报告，观点和提法上出现一些分歧和矛盾是难免的，讨论中要让每个人充分发表意见，做到言无不尽，但作为集体研究成果的研究报告则应当观点明确，决不能模棱两可。对于个别一时难以做出明确结论或回答的问题，可在研究报告中加以说明，留待以后继续研究。

(6) 修改定稿

研究报告的初稿完成后，在多数情况下是不完美的，必须再进行修改、推敲和润色，使研究报告达到较为完美的程度。因为研究报告是提供给特定用户利用的，所以有时研究报告的初稿还要征求有关方面的专家甚至用户的意见，然后才能确定最终形式和内容。

初稿完成后，撰写人要通读、修改和润色全文，一般是看总体内容有无需要增减或改动之处，看有无遗漏需要补充，有无重复或错词赘句需要删除改正，再逐字逐句推敲，务使全文精练简洁，理明意切。多人合作的研究报告，分别修改后，须交集体讨论，讨论中要着重对研究报告主要内容的阐述、基本观点等进一步推敲，同时审查用词行文是否恰当，文字是否简练，有无不切实际的论述或夸大的结论。在条件许可的情况下，还应请有关专家预审，最后由主要执笔人或主编统一汇总各部分初稿，整理成完整的全文，并对章节和文字做编辑处理，提出送审稿。

① 修改研究报告的步骤。修改研究报告一看其内容，二看其表达方式。具体做法如下。

第一步，反复通读。把初稿反复通读几遍，纵观全文，考虑研究报告的整体构架。从大的方面去寻找问题，检查研究报告的标题和正文内容是否相符；内容安排是否妥当，有无增、删、分、并和调整的必要；论点是否鲜明；论据是否充分；论证是否严密；评价是否恰当；有无泄密问题；数学计算是否正确等。

第二步，逐段推敲。顺着研究报告内容的前后顺序，逐段修改和推敲。一字一句地斟酌，如：句子是否正确表达了内容；用语是否贴切、精确；图表设计及摆放位置是否合适，编号是否遗漏；引文是否存在差错；各项目之间、段与段之间的衔接是否连贯；使用的序号是否统一；标点符号是否准确、通顺、合理等，再挖掘深层次的问题。

② 修改研究报告的方法。修改研究报告的主要方法如下。

❖ 提炼。研究报告的标题、各级论点、说明论题的论据、各项目的中心思想等要简练，不能拖沓、冗长，专业术语要准确规范，符合有关标准，这些工作都靠提炼来完成。

❖ 增补。修改时发现研究报告有结构残缺、数据不足要增补适当的内容，使报告充实、完整。

❖ 删除。与主要论点不相干的材料，重复利用的材料，与其他部分难以协调的内容，一些可有可无的文句等，都要删除掉。

❖ 校核。对于原始数据、数学运算过程、图表和最终结论，都要认真校核，看其是否准确；对于推理、论证过程，要检查其是否严密；对于参考文献，要核对其有无错误。

❖ 调整。针对研究报告中的材料使用不当、各项目布局不合理、图表排放不规范、各级项目层次不清晰等都要进行调整。调整包括章节、段落、词句前后次序的调整，也包括篇幅长短的调整以及图表大小、位置和简繁等的调整。

❖ 改正。检查、改正研究报告中写错的文字、符号、公式和标点；检查、改正推理、运算和分析判断中的失误；检查、改正图表设计和绘制的不当之处；检查、改正参考文献著录中的错误。

❖ 润色。主要对文字进行修饰，做到用词准确、规范，语言通顺、流畅。

将上述各项程序一一做完，研究报告的撰写工作便进行到最后一步——誊清定稿。修改定稿前，还要认真通读研究报告全文，做最后的检查，然后才定稿誊写。研究报告全部誊清完，再次对全文进行全面检查一遍，确认没有任何差错，才算是最后的定稿。

4) 研究报告撰写时应注意的问题

(1) 拟定写作计划和提纲

撰写研究报告前，必须根据课题内容列出写作计划和提纲。在未草拟出一篇研究报告的总轮廓前，不要贸然动手去写文章的各章节。对于大型研究报告，提纲愈细愈好。拟定提纲时，应当大体构思出拟分几个章节，章与章、节与节之间的逻辑关系，各章各节如何展开，甚至想好论述的方法、论证的思路等。但是，计划和提纲只是全篇报告的骨架，在写作过程中，对拟定好的提纲作局部修改和补充是常有的事。

（2）注意用户对象

研究报告是为了满足社会需要，解决政治、经济、科技等领域中出现的实际问题而撰写的，研究报告的内容和写作方法因用户对象的不同而有所区别。

一般，信息分析课题都有明确的目标和针对性，在撰写报告前，要斟酌报告的服务对象和发送范围，以便确定报告的表达方式。例如，报告是写给同行专家看的专业述评，则应紧紧抓住该专业的最新进展，阐述各种观点和看法，包括撰写人自己的观点和看法，常识性的内容不要写进文中，以确保报告的简洁准确；如果报告是写给领导部门进行决策参考的，就要把问题的背景情况交待清楚，涉及专业情况要通俗易懂，避免使用过多专业的术语，要结合具体情况提出倾向性意见，文章不宜过长；如果报告既送上层领导参考又送专家或基层人员参考，则最好把报告分成主体和附件两部分来撰写，主体文字精练，列出基本观点和主要论据即可，大量的数据、图表、计算方法和其他基础材料则作为附件。这样，工作繁忙的领导只需阅读主体就能了解报告的主要内容，必要时，再去参考附件中的详细情况，也满足科技人员的需要。

（3）讲究文风文体

研究内容的综合性及其为决策服务的特点，决定了研究报告有自己特有的文风文体。信息分析报告同一般科学论文一样，有一定的行文要求，理想的信息分析报告应当主题新颖、推理严谨、词句精练、行文规范。

（4）提倡再研究

一般，撰写报告是在调查和研究阶段后进行的，但从研究活动的整体看，应当把撰写报告看成研究阶段的继续。撰写报告的过程是一个不断使认识深化的过程，因此撰写报告过程中的研究还具有最终完善研究结论、纠正谬误的作用。撰写报告过程中的再研究一般采用逆向思维方法和征求意见方法。

5）典型研究报告类产品的制作

（1）综述性研究报告的编写

综述写作方法上的突出特点是采用罗列比较的办法，如通过同一时期各类情况数据资料的对比表明现状和水平；通过某领域不同时间、不同地点或不同部门的数据、资料的比较表明相互间的差距和动向等。

① 综述正文的基本内容。综述内容的构成与其他的信息分析报告基本上相同，其标题、序言、文摘、结论、附录等也没有什么特别之处，但综述的正文有其特殊要求。

第一，提出问题。综述在正文开端就应触及所要叙述的问题，点出主题，陈述编写综述的理由，或指出所述问题的普遍性或典型性。这些内容如果都在前言中已充分阐述，在正文中也可从简。

第二，发展概述。按时间顺序精要地概述各历史阶段的发展状况和特点，如本课题研究的主要方面、历史概况、各阶段已取得的成果、尚存在的问题等。通过对发展的对比和概括来说明当前的水平或状况。

第三，现状分析。通过对目前各学术流派、各种观点、各种方法、各种产品品牌与型号、各地域等进行比较，说明其成就、特点、原理、发展方向和待解决的问题等。

② 综述的编写方法。综述的编写方法主要如下。

- 阶段法：按照事物发展的时间顺序来写，从中找出其发展变化的关键与规律，比较适合综述一个国家或几个国家某一项技术的发展过程、道路和技术路线等。
- 枚举法：指把信息分析对象所包括的事物分别列举，给予分析、比较，可以按问题的性质、学科专业、主题领域、产品类型、学术流派等进行列举介绍。
- 纵横结合法：指针对所分析的问题，首先按时间顺序介绍其发展概况，然后从横向列举、分析、比较与问题有关的各种事物。
- 逻辑分析法：指按照事物发展的逻辑顺序，围绕所谈问题，逐步由远及近，由外围向核心地分析阐述。
- 汇水成河法：指将从不同角度反映同一专题的文献或其他信息，按照事先确定的几个方面进行加工，然后每方面冠以一个小标题，组合成一篇综述。

(2) 述评性研究报告的编写

在编写述评的过程中，正文是述评的主体，其基本内容除了包括前文中有关综述正文内容，还必须包括以下。

① 现状的评价。对目前各地域、流派、方法、观点、产品等做出客观的评价。

② 趋势展望。这是述评的重要内容，要从实际出发，特别是从用户的实际情况出发，结合现状与历史的分析，评价其中发现的主流及其规律，预测和展望所谈主题在有关专业范围内的发展对策。

③ 具体建议。针对问题提出解决的建议、设想或方案。如《风能利用的再崛起》一文结尾提出两个具体设想：一是把风车安装于大船的平台等处，充分利用较强的风力，省出造价昂贵的高塔；二是给动力系统接上能库，把发的电存储起来，随时可用。

在述评写作时，需注意的事项包括如下。

① 控制篇幅。述评正文的字数最多不宜超过15000字，一般应控制在8000字以内为好（综述也一样）。为了有效地压缩正文的篇幅，可采取三种办法：一是把某些必要的细节移到附件或附录；二是对初步定稿的正文进行反复几次改写或重写，一般压缩正文15%～25%的篇幅不会损害述评的实质内容；三是充分利用图表，把数据图表与简要说明很好地结合起来。列表绘图说明问题比完全采用文字描述能节约50%以上的篇幅。

② 述评正文中必须包含作者自己的看法、观点或建议。如果不能深刻理解信息资料，不能形成自己的论断，就不能编写述评。否则，勉强写出来的述评将不切实际，空洞无物。

③ 讲求实用。述评对现实要有具体指导意义，评述海外情况的要面向国内；评述过去和现状的要以现状为主；文中提出的看法、建议等要有可行性和推广价值。

④ 凡是引述或概括他人的见解、材料，都须加以说明，不允许把自己的见解与别人的混在一起而不加解释，使读者误解。

⑤ "述"、"评"结合，以"评"为主。对问题从不同角度加以评论，是述评的重点。

(3) 预测性研究报告的编写

预测性研究报告是对于某课题的发展前景或趋势的科学推测。这种科学预测不是主观臆想，而是根据历史资料和最新的信息资料，运用适当的方法和技巧，对研究对象的未来状态进行的科学分析、估算和推断。预测并非只是做出预计推测那一瞬间的行动，而是一个过程，包括如下。

① 根据预测的任务确定预测的目标。包括确定预测对象、规定预测的时间期限和希望预测结果达到的精确度等。

② 分析有关信息资料。从这些信息中得到反映预测对象特性和变动倾向的数据或事实。

③ 选择合适的预测方法进行预测。预测方法是否选用得当，直接影响预测结果的精确度和可靠性，而使用预测方法的核心是建立描述、概括研究对象特征和变化规律的模型。

④ 分析评价，即对预测结果的准确性和可靠性进行验证。分析各种影响预测精度的因素，研究这些因素的影响程度和范围，估计预测误差，并对预测值进行必要的修正。

⑤ 撰写预测报告。预测报告应概括反映预测研究的主要活动过程，其正文部分应列出预测的目标、预测对象及有关因素的分析结论，主要数据、事实等素材，预测方法的选用和模型的建立，以及模型预测值的评价和修正等内容。预测报告要求文字精练，逻辑推理严密，数学运算精确，严格按照数学模型来得到预测结果，并如实反映和评价预测结果。

除此以外，还有评估性分析报告和背景性分析报告，撰写方式大同小异，不再赘述。

本章小结

与其他科学研究一样，信息分析是人类认识世界和能动地改造世界的活动。从流程上，信息分析遵循一般科学研究工作的规律，沿着课题选择，信息搜集、整理与鉴别，信息分析和提炼，信息分析产品的形成的脉络发展。信息分析程序具体来说就是针对用户的信息需求和要求，确定信息分析课题，制定课题研究的计划，明确研究的方向；展开信息搜集、整理、鉴别、分析和提炼活动；形成信息分析产品的过程。

信息分析的内容蕴含在这些流程的运作过程中。

思考与练习

2-1　课题选择的原则和程序有哪些？
2-2　简述信息源的类型、特点和信息搜集的原则。
2-3　文献调查包括哪些途径？
2-4　什么是社会调查？列举常见的社会调查方法。
2-5　在问卷调查表的设计时应当注意哪些问题？
2-6　信息整理一般从哪些方面鉴别信息的价值？
2-7　信息分析产品包括哪些类型？各有何特点？
2-8　信息分析流程包含哪些环节？

第 3 章

信息分析方法

IA

　　信息分析方法通常可分为定性方法、定量方法和半定量方法三大类。随着信息技术的发展，信息分析方法正在从传统的以定性方法为主转向以定量方法为主，同时在更高程度上出现了由定量方法向定性方法回归的趋势。

　　本章首先探讨信息分析的基本方法，包括比较、分析、综合和推理，然后探讨回归分析、聚类分析、时间序列分析、主成分分析和决策树等方法，并利用社会科学统计分析软件 SAS 和 SPSS，针对相应的方法分别给出应用实例。

本章重点

- 信息分析的基本方法及其应用
- 回归分析的类型及其应用
- 聚类分析的类型及其应用
- 时间序列分析的类型及其应用
- 主成分分析的基本思路及其应用
- 基于决策树的信息分析方法及其基本流程

方法是信息分析的核心。在信息分析中，大量的原生信息正是通过方法的合理选择和应用被深加工成对科学决策、研究与开发、市场开拓等活动有支撑作用的新信息的。信息分析方法一般可分为定性方法、定量方法和半定量方法三大类。

定性方法是信息分析的基本方法。它以认识论及思维科学领域的有关理论为基础，根据有关课题的原生信息及其各种相关关系，对研究对象进行比较、评价、判断、推理、分析、综合，从而揭示出研究对象本身固有的、本质的规律。定性方法具有定性分析、推论严密、直感性强等特点，在信息分析中，对于那些不需、不易或不能用定量数据进行分析的研究对象，定性方法具有无与伦比的优越性。这种方法的缺点在于其推论虽严密但不够精确、分析问题虽深刻但不够具体，特别是所得的结论仅仅是一种定性的认识或描述，没有强劲的说服力。在信息分析中，定性方法主要用于如下场合：一是为定量分析做准备，二是对定量分析的结果进行验证或评价，三是在缺乏定量分析条件或不需进行定量分析的情况下独立使用。

定量方法以基础数学、数理统计、应用数学以及其他数学处理手段为基础，通过分析研究揭示出研究对象本身固有的、内在的数量规律性。定量方法具有定量分析、结论具体、高度抽象等特点，在信息分析中有十分广泛的应用，如利用文献增长模型判断文献内容的新颖性和适用性，利用投入产出模型进行经济分析、经济预测和经济政策模拟，利用马尔科夫链对产品或服务的市场占有率和利润期望值进行预测等。这种方法的缺点是不能完全替代人脑进行创造性思维。此外，定量方法构造的曲线、模型或公式只是客观事物抽象化和理想化的结果，与复杂的、多参量的、动态变化的客观事物本身相比，仅仅是一种近似的、简单的、静态的描述，因此其结论在许多情况下仅具有参考意义。在具体实践中，人们往往根据课题的条件和要求，交叉使用定性方法和定量方法，以达到相互补充、相互完善的效果。

半定量方法是一种定性和定量相结合的方法，主要做法是在定性方法中引入数学手段，将定性问题（如专家评估意见和分析结论）按人为标准打分并做出定量化处理，具有数理统计的特征。信息分析经常采用的半定量方法主要有德尔菲法、层次分析法、交叉影响分析法等。例如，利用层次分析模型，可对经济、管理、研究与开发等领域的方案或成果进行评估。从使用效果上，半定量方法比定性方法精确、更具有可操作性，又不像定量方法那样烦琐、仿真性差。正因如此，半定量方法一经引入信息分析领域即很快得到了推广应用。半定量方法的缺陷在于：不像定性分析那样推论严密，也不像定量分析那样可以利用数学曲线、模型或公式精确求解，特别是专家选择、调查表设计和数据处理的技巧性以及专家的评估意见和打分标准的主观性都很强，有时甚至缺乏科学的依据。因而，半定量方法在信息分析中的使用是有条件限制的，目前主要用于原始数据不足或不易获取、课题涉及的相关因素过多等不易或不宜采用定量方法的场合。

随着信息技术的发展，信息分析方法正在从传统的以定性方法为主转向以定量方法为主，同时在更高程度上出现了由定量方法向定性方法回归的趋势。定性方法作为信息分析的基本方法，始终保持着旺盛的生命力。当然，这种回归不是简单的倒退，而是建立在定量方法基础上的深层次的发展。需要指出的是，信息分析方法是一个庞大的体系，一个具体的信息分析课题可采用的方法往往并非唯一，而是有多种现实的方案可供选择或组合，与课题的内容、性质、研究阶段、研究目标等具体情况相关。本章重点探讨信息分析的基本方法，以及回归分析、聚类分析、时间序列分析、主成分分析和决策树等方法。

3.1 信息分析的基本方法

3.1.1 比较

比较就是对照各事物，以确定其间差异点和共同点的逻辑方法。事物间的差异性和同一性是进行比较的客观基础。完全相同或完全不同的事物均无法进行比较。比较是人类认识客观事物、揭示客观事物发展变化规律的一种基本方法。有比较才能有鉴别，有鉴别才能有选择和发展。

比较通常有时间上的比较和空间上的比较两种。时间上的比较是一种纵向比较，即将同一事物在不同时期的某一（或某些）指标（如产品的质量、品种、产量、性能、成本、价格等）进行对比，以动态地认识和把握该事物发展的历史、现状和走势。空间上的比较是一种横向比较，即将某时期不同国家、不同地区、不同部门的同类事物进行对比，以找出差距，判明优劣。在实际工作中，时间上和空间上的比较往往是彼此结合的。

在比较时，应注意以下几点。

1．注意可比性

所谓可比性，是指进行比较的各对象具有共同的基础，包括时间上的可比性、空间上的可比性和内容上的可比性三层含义。

时间上的可比性是指所比较的对象必须是同期的，如国内外软件市场发展规模的比较应该是同一年份的比较。

空间上的可比性是指在比较时要注意国家、地区、行业、部门等的差异。例如，在进行世界各地微机销量比较时，不能简单地将欧洲与美国进行比较。

内容上的可比性是指在比较时要注意所比较的对象内容范畴的一致性。例如，在进行企业技术经济指标比较时，不能把合格率与成材率、全员劳动生产率与生产工人劳动生产率等混为一谈。

2．确立一个比较的标准

比较必须有一个客观可行的标准，没有标准就无法比较，即使比较了，也是表面的、非本质的、不可靠的。例如，将规模很小的乡镇企业与规模庞大的跨国企业集团进行比较，其间的差异点远多于共同点，比较的结果很难用于企业的实际决策。

3．注意比较方式的选择

不同的比较方式会产生不同的结果，并可用于不同的目的。例如，时间上的比较可反映某事物的动态变化趋势，可用于预测未来；空间上的比较可找到比较对象之间的水平和差距，可帮助人们在科学决策、研究与开发、市场开拓时注意扬长避短、学习借鉴。

4．注意比较内容的深度

在比较时，应注意不要被比较对象的表面现象所迷惑，而应该深入其内在的本质。深入的程度越深，比较的结果就越精确、越有价值。例如，在进行某时期各国（或地区）自然资源占有情况的比较时，就不能简单地运用资源总储量这一个指标，因为不同的国家（或地区）的人口数量是不一样的。我国地大物博，不少资源的总储量名列世界前茅，但这些资源的绝对数量若被14亿人口均分，则人均资源占有量排位就会名落孙山。

信息分析比较的应用是非常广泛的，如政策、规划的比较，科学技术发展历史、现状和走势的比较，科学技术发展条件的比较，企业技术经济指标的比较，技术经济方案的比较，市场营销状况的比较，人口、教育、城市化、生态环境、社会基本结构等的比较，竞争态势的比较，竞争潜力的比较等。这些比较既可以是时间上的动态、纵向比较，也可以是空间上的静态、横向比较；既可以是宏观比较，也可以是微观比较；既可以是定性的描述性比较，也可以是定量化色彩较浓的数据比较或图表比较。总之，信息分析只要符合比较的基本规范，比较方法就可以以各种形式在各种场合应用。

比较在信息分析中的作用主要体现如下。

① 揭示事物的水平和差距。比较可以发现事物间本质上的异同，揭示国家、地区、行业、部门等当前的水平和差距，以便扬长避短、相互借鉴或明确赶超目标。

② 认识事物发展的过程和规律。通过对事物不同时期发展状况和水平的比较，我们可以认识事物的过去和现在，了解其发展轨迹，揭示其发展规律，判明其发展方向，以便总结经验、吸取教训。

③ 判定事物优劣、真伪。通过比较不同的方案，我们可以明确优劣、真伪，从而为识别、判断和选择提供依据。

3.1.2 分析和综合

1．分析

客观事物是复杂多样、普遍联系的。一方面，某事物的存在不是孤立的，总会以各种各样的方式与其他事物发生这样或那样的联系；另一方面，对于某事物本身，其组成要素（部分、侧面或属性）并非彼此孤立，而是相互联系、相互影响。分析就是把客观事物整体按照研究目的的需要分解为各要素及其关系，并根据事物之间或事物内部各要素之间的特定关系，通过由此及彼、由表及里的研究，达到认识事物的一种逻辑方法。

在分析某事物时，常常要将事物逻辑地分解为各要素。只有通过分解，才能找到这些要素，才能通过研究找出这些要素中影响客观事物发展变化的主要要素或关键要素。但是，仅有这些简单的分解、罗列和研究远远不够，因为在客观事物中，构成整体的各要素本来是相互联系、不可分割的。例如，化学研究工作者对蛋白质进行分解，找出它的组成元素是碳、氢、氧、氮，但对蛋白质的认识停留在这几种孤立元素的阶段仍未达到对蛋白质本质的认识。可见，科学的分析必须在此基础上进行各要素的地位、作用和相互关系的研究，具体来说，就是把构成客观事物整体的各要素放到矛盾诸方面的相互联系中，放到事物的矛盾运动中。

从实践上，事物之间及构成事物整体的各要素之间的关系是错综复杂、形式多样的，如因果关系、表象与本质关系、一般与特殊关系、主要矛盾与次要矛盾关系、目标与途径关系，以及其他关系等。正如恩格斯指出的："当我们深思熟虑地考察自然界或人类历史或我们自己的精神活动的时候，首先呈现在我们面前的是一幅由种种联系和相互作用无穷无尽地交织起来的画面。"分析就是透过由各种关系所构成的错综复杂的表面现象，把握其本质的规律或联系的一种研究方法。

分析的基本步骤如下。

① 明确分析目的。

② 将事物整体分解为若干相对独立的要素。

③ 分别考察和研究各事物及构成事物整体的各要素的特点。

④ 探明各事物及构成事物整体的各要素之间的相互关系，并进而研究这些关系的性质、表现形式、在事物发展变化中的地位和作用等。

分析通常不能一次完成，而是要经历多次的由此及彼、由表及里、由浅入深的分析。在每深入一层进行分析时，通常要重新对事物进行分解。比如，在分析某地区的气候条件时，需要将气候分解为气温、降水、日照等要素进行分析，而气温、降水等条件需要分解为各季节或各月份来进行考虑。可见，将事物分解成各要素并不是分析的最终目的，而只是认识的一种手段。分析的最终目的在于透过现象把握本质的规律或联系。

分析在信息分析中的应用十分广泛，如研究影响某项科学技术发展的主要因素及其关系，研究某行业或企业的兴衰背景、发展历程和发展趋势，研究技术开发、引进或改造的适用性，研究企业在市场竞争中的优势、劣势、机会和威胁，研究市场供需状况和市场潜力，研究人口分布、构成、教育素质，研究科技、经济、市场、环境等政策实施和管理的效应等。苏联曾于1954年至1958年期间大力开垦哈萨克、伏尔加和北高加索地区。垦荒初期取得了一定的效果，粮食总产量一度有所增长。但没过几年，这些垦区便出现了人力、物力不足的问题，粮食总产量急转直下。20世纪60年代初，垦区发生了三次罕见的黑风暴。风暴夹带着垦区的沙尘，向西北方向席卷了整个俄罗斯大平原，使莫斯科城陷于黄色灰雾之中。前两次风暴使垦区损失沃土分别达到 19.6 亿吨和 12.8 亿吨，第三次风暴使 20 万公顷的垦地成为一片荒野。其情其景不亚于 20 世纪 30 年代初美国因开发西部干旱地区而造成的震惊世界的黑风暴事件。为了吸取教训、防止历史悲剧再演，信息人员曾用分析的方法对这个事件做了研究，结果发现：这次垦荒失败的主要原因在于决策者不懂农业、滥用土地，破坏了生态平衡。经过进一步研究，信息人员总结出以下三点教训和经验：第一，不能违反客观规律任意毁林烧荒，应立即停止与此类似的违反客观规律的扩大耕地面积的活动（如围湖造田、开山造田、填河造田等），以避免破坏生态环境，应因地制宜地发展农林牧渔，实行多种经营；第二，对已开垦的农业区必须根据具体条件进行多种作物（特别是豆科作物）轮作，避免单一种植导致的土壤肥力下降，应多施用有机肥来改良土壤；第三，合理采用保持水土的措施。上述结论和建议也为我国农业耕地规划和决策提供了重要参考依据。

信息分析常用的分析方法主要有因果分析、表象和本质分析、相关分析和典型分析。

1）因果分析

因果关系是客观事物各种现象之间的一种普遍的联系形式。例如，自然界的生态平衡遭到破坏，会引起气候异常、水土流失、农作物生长不好等后果。引起某种现象出现的现象就是原因，由原因的作用而产生的现象就是结果。也就是说，只要当某现象出现时，另一现象必定接着出现，我们就认为这两个现象具备因果关系。其中，先行现象称为原因，后续现象称为结果。从客观事物的这种因果关系出发，由原因推导出结果，或者由结果探究出原因的分析方法就是因果分析。因果分析可以找出事物发展变化的原因，认识和把握事物发展的规律和方向。在信息分析中，因果分析主要有求同法、求异法、共变法和剩余法四种。

① 求同法。如果在不同的场合观察到相同的现象，这些不同的场合各有若干原因，但其中只有一个原因相同，就可初步确定这个共同的原因就是产生该现象的原因。比如，搓手能生热、钻木能取火反映共同的原因——摩擦能够产生热量。

② 求异法。如果所观察的现象在第一种场合出现，在第二种场合不出现，而这两种场合只有一个原因不同，就可初步确定这个不同的原因就是引发该现象的原因。比如，常温水和沸水中，只有沸水能让人烫伤，反映高温是烫伤的原因。

③ 共变法。如果在所观察的现象发生变化的各种场合里，其他原因都没有变化，只有一个原因发生了变化，就可初步确定该发生了变化的原因是使所观察的现象发生变化的原因。比如，温度计内水银的体积随温度升高而增大、温度降低而缩小，反映温度变化与水银的体积变化有着因果关系。

④ 剩余法。如果已知某现象是所观察的现象的原因，并且先行现象的某部分是后续现象某部分的原因，就可初步确定先行现象中的其余部分是后续现象中的其余部分的原因。比如，某人光脚时是 178 厘米，穿鞋时身高是 180 厘米，说明多出的 2 厘米是鞋底的厚度。

2）表象和本质分析

表象和本质是揭示客观事物的外部表现和内部联系相互关系的一对概念。表象是事物的表面特征及这些特征之间的外部联系；本质是事物的根本性质，是构成事物的各种必不可少的要素的内在联系。由于本质是通过表象以某种方式表现出来的，因此两者之间存在着一定的关系。牛顿从苹果掉落这一现象出发，发现了其本质——地心引力的存在；夏天海水的温度要比附近地面的温度低，反映了不同物质的比热容不同的本质。利用事物的表象和本质之间的这种关系进行分析的方法就是表象和本质分析。表象和本质分析可达到由表及里、透过事物表象把握其本质的目的。

3）相关分析

除了因果关系、表象和本质关系，客观事物之间及构成事物整体的各要素之间还有许多其他相关关系，如科技和经济的增长与人口、技术开发与引进、成本与利润、市场供给与需求、股票价格与业绩、市场风险与收益、社会伦理与经济发展等，均具有或亲或疏、形式及性质不一的相关关系。在信息分析中，我们把利用事物的这些相关关系进行由此及彼、由表及里的分析方法统称为相关分析。

4）典型分析

典型分析是对一个或几个具有代表性的典型事例，就其核心问题进行深入分析和研究的方法。这种方法涉及面不宽，却能使人们产生深刻的印象，并能从中获得经验或教训。

例如，中国科学技术信息研究所曾对"日本钢铁工业为什么发展快"进行过典型分析。日本钢铁工业在第二次世界大战结束时几乎处于瘫痪状态，其产量从战前的年产1000多万吨降到1945年的55万吨。但在随后20年的发展过程中，日本在钢铁产量的增长速度、生产技术水平的提高、钢铁产品质量的改善、全员劳动生产率的提高、各种原材料消耗的降低以及在国际市场上的竞争力方面都居于世界领先地位。日本钢铁产量在1959年超过了法国，1961年超过了英国，1964年超过了原联邦德国，1982年超过了美国。究其原因，主要是日本政府采取了"倾斜钢铁"的方针。在这个方针的鼓励和影响下，日本钢铁工业广泛引进国外先进生产技术、建设沿海钢铁厂、采用合理的生产流程，从而使日本的钢铁产品质量和产量提高、生产成本降低、效益增长，并在世界钢铁强国竞争中保持了优势。这个结论为我国钢铁工业的发展提供了重要的参考依据。

2．综合

综合是同分析相对立的一种方法，是指人们在思维过程中将与研究对象有关的片面、分散、众多的各要素（情况、数据、素材等）综合起来考虑，以从错综复杂的现象中，探索它们之间的相互关系，达到从整体的角度把握事物的本质和规律，通观事物发展的全貌和全过程，获得新的知识、新的结论的一种逻辑方法。综合把对研究对象的各要素之间的认识统一为整体的认识，是从整体上把握事物的本质和规律。综合不是主观地、任意地把研究对象的各要素简单地捏合在一起，而是按照各要素在研究对象内部的有机联系从总体上把握事物；不是抽象地、从外部现象的联系上来理解事物，而是抓住事物的本质，即抓住事物在总体上相互联结的矛盾特殊性，研究这个矛盾是怎样制约事物丰富多彩的属性，怎样在事物的运动中展现出整体的特征的。综合的基本步骤如下。

① 明确综合的目的。

② 把握被分析出来的研究对象的各要素。

③ 确定各要素的有机联系形式。

④ 从事物整体的角度把握事物的本质和规律，从而获得新的知识和结论。

在信息分析中，综合是一种行之有效的方法。综合可以将各种来源的分散、片面、内容各异的有关信息（情况、数据、素材等）按特定的目的汇集、整理、归纳和提炼，从而形成系统、全面、新颖的知识和结论。从时间发展的连续性角度考察，通过综合，可以总结有关课题的历史、现状，并探索其发展的规律和趋势；从空间分布的整体性角度研究，通过综合，可以掌握各国家、地区或部门的有关情况及其变化规律；从内容范畴的内在逻辑联系角度研究，通过综合，可以恢复和揭示出内容范畴之间本质的、固有的联系，概括、提炼出其中的共性或特性，从而获得新的思想、新的观念、新的结论。此外，可以将时间、空间和内容范畴三个角度结合起来综合研究，使管理者、决策者或其他信息用户对有关课题的各时期、各国家（地区或部门）、各方面内容的有关信息有总体的了解，掌握事物发展的规律和趋势，获得相关经验或教训。例如，可持续发展是当今世界各国经济和社会发展过程中普遍关心的问题，可持续发展通常涉及资源、环境、人口、资本和技术等方面。综合研究各国家（或地区）在各历史发展时期的资源、环境、人口、资本和技术等方面的有关情况，就会发现，在人类历史上，资源的永续利用、生态环境平衡的维持、"适度"人口的控制、资本和技术的投入在总体上是相互关联的，共同影响可持续发展的状况和水平。这个结论为人类正确制订和实施重大议程、实现社会可持续发展提供重要的参考依据。

在信息分析中，常用的综合方法主要有简单综合、系统综合和分析综合。

1) 简单综合

简单综合是对与研究课题有关的信息（情况、数据、素材等）进行汇集、归纳和整理。例如，将当前世界各国有关"三废"物质污染、噪声污染、水资源枯竭、土地沙漠化、温室效应、大气臭氧层破坏、核污染、雾霾天气等方面的有关情况集中起来，进行归纳整理，就可形成当前全球生态环境正在遭受严重破坏并直接威胁人类生存和社会经济发展的结论。

2) 系统综合

系统综合是从系统论的观点出发，对与研究课题有关的大量信息进行时间与空间、纵向与横向等方面的综合研究。系统综合不是简单的信息搜集、归纳和整理，而是一个创造性地深入认识研究课题的过程。例如，在进行企业竞争情报研究时，既要从纵向综合企业自身、竞争对手、竞争环境、竞争战略等因素的历史、现状和未来趋势，又要从横向对与企业竞争有关的这些因素之间的相互关系进行通盘的研究和把握。这样才能为企业竞争战略的制订和实施提供可靠的依据。

3）分析综合

分析综合是对搜集到的与研究课题有关的原生信息，在进行对比、分析和推理的基础上进行综合，以认识课题的本质、全貌和动向，获得新的知识和结论。在进行具体分析综合时，有三种方法可供选择：存优、浓缩和化合。所谓存优，就是将各种信息进行对比分析，去伪存真，去粗取精，然后将"真""精"等优质内容综合起来。所谓浓缩或化合，是借用化学上的名字，表示在思维活动中将各种信息进行浓缩或化合形成新的知识或结论。

分析综合在信息分析中应用广泛。例如，在为新产品开发提供服务时，信息人员可以在大量搜集同类产品、可替代产品以及其他有启迪作用的相关产品的性能、结构、组成、规格、质量、用途、开发和生产条件、市场前景、效益等信息的基础上，通过对比、分析和推理，博采众长，提出最优的综合性的新产品设计方案。

3．分析与综合的关系

分析与综合是辩证统一的关系，具体体现如下。

1）两者既相互矛盾又相互联系

分析是把原本是一个整体的复杂事物分解为简单要素及其联系，即化整为零；综合与此相反，是将构成事物整体的各要素按照其间本质的、固有的联系重新综合为一个整体，即积零为整。综合必须以分析为基础，没有分析，认识就不能深入，对事物整体的认识只能是抽象的、空洞的；只有分析而没有综合，认识就可能囿于枝节之见，不能统观全局。事实上，任何分析总要从某种整体性出发，离不开关于对象整体性认识的指导，否则分析就会有很大的盲目性；同样，任何综合离开了分析这个基础，就无法进行概括和提炼。只有将分析和综合这两种方法结合起来使用，才能达到较全面的认识。

2）两者在一定的条件下可以相互转化

人们对事物的认识是一个由现象到本质、由局部到全局、由个别到一般的过程。这里，现象与本质、局部与全局、个别与一般本身是相对的。就某层次来说，对该层次事物的认识，相对其上一层次而言，是现象、局部、个别，相对其下一层次又是本质、全局和一般。可见，人们对某层次的研究于其上一层次来说是分析，但于其下一层次来说是综合。这种转化关系体现了人们对客观事物的认识是一个不断深化和提高的过程。

在信息分析中，分析和综合总是结合在一起使用的。没有分析的综合，或者没有综合的分析，都很难保证信息分析产品的质量。

3.1.3 推理

推理是由一个或几个已知的判断推出一个新判断的思维形式。具体来说，就是在掌握一定的已知事实、数据或因素相关性的基础上，通过因果关系或其他相关关系顺次、逐步地推论，最终得出新结论的一种逻辑方法。任何推理都包含三个要素：一是前提，即推理依据的一个或几个判断；二是结论，即由已知判断推出的那个新判断；三是推理过程，即由前提到结论的逻辑关系形式。推理的语言形式就是由前提、结论、逻辑过程三要素构成的复合句。

推理是一种由此及彼、由已知到未知或未来的研究方法。通过推理，可以认识客观事物，获得新知识。在推理时，要想获得正确的结论，必须注意两点：推理的前提必须是准确无误的，推理的过程必须是合乎逻辑思维规律的。

推理类型的划分角度很多，如根据前提的数量，推理分为直接推理和间接推理。其中，由一个判断推出结论的推理称为直接推理，由两个或两个以上的判断推出结论的推理称为间接推理；根据组成推理的判断的类别，推理可以分为直言推理、假言推理、选言推理、联言推理、关系判断推理和模态判断推理，分别以直言、假言、选言、联言、关系和模态判断为基础；根据推理的思维方向，推理分为演绎推理、归纳推理和类比推理，分别是由一般到个别、由特殊到一般、由个别到个别或由一般到一般的逻辑思维方向。

在信息分析中，经常使用的推理主要有以下几种形式。

1．常规推理

常规推理是借助一个共同的概念把两个直言判断联系起来，从而推出一个新结论的演绎推理。常规推理是由一般到个别的推理方法，以普遍性的事实或数据为前提，通过一定程式的严密推论，最后得出新的、个别的结论，因而是一种典型的必然性推理。这种推理只要前提准确无误，推理过程严格合乎逻辑，所推出的结论必然是正确、可信的。

常规推理由大前提（一般原理或原则）、小前提（个别对象）和结论组成，其基本的推理程式为：

大前提： $M \rightarrow P$
小前提： $S \rightarrow M$
结　论： $S \rightarrow P$

例如，人类社会发展的大量事实表明，控制人口增长，保持"适度"人口规模是实现社会可持续发展的重要条件。根据常规推理，实行计划生育和优生优育的政策有利于控制人口增长、保持"适度"人口规模，因而也有利于实现社会可持续发展。其推理程式为：

大前提：控制人口增长、保持"适度"人口有利于实现社会可持续发展。
小前提：实行计划生育和优生优育政策有利于控制人口增长、保持"适度"人口规模。
结　论：实行计划生育和优生优育政策有利于实现社会可持续发展。

2．归纳推理

归纳推理是由个别到一般的推理，即由关于特殊对象的知识得出一般性的知识。在信息分析中，简单枚举推理是最常见的一种推理形式。归纳推理是通过简单枚举某类事物的部分对象的某种情况，在枚举中没有遇到与此相矛盾的情况，从而得出这类事物的所有对象都具有此种情况的归纳推理。其基本的推理程式为：

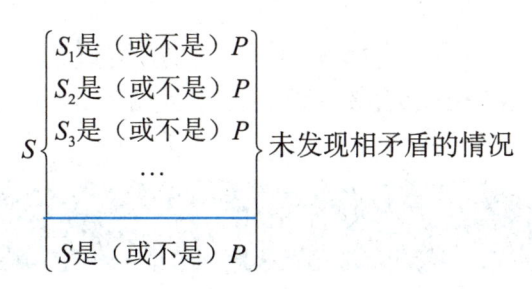

$$S\begin{cases}S_1\text{是（或不是）}P\\S_2\text{是（或不是）}P\\S_3\text{是（或不是）}P\\\cdots\\\hline S\text{是（或不是）}P\end{cases}\text{未发现相矛盾的情况}$$

简单枚举归纳推理是一种或然性推理，推理形式的正确性并不一定能保证由真的前提得出真的结论，只能肯定由真的前提得出的结论有一定程度的可靠性。在运用这种推理形式时，要注意不能有矛盾的情况，只要发现有一个矛盾的情况，结论"S 是（或不是）P"就不能成立。由此可见，用简单枚举归纳推理得出的结论的可靠性是薄弱的，必须不断经受实践的检验。尽管如此，这种方法在信息分析实践中还是经常地被使用，而且常常发挥重要的作用。

在信息分析中，特别是在开始阶段，由于人们往往并不能立即找到全部的根据，因此很难采用其他推理方式。但是，借助简单枚举归纳推理，人们可以在已有材料的基础上做出初步的概括或推论。这些初步的概括或推论尽管带有或然性，却可以作为进一步研究的出发点，给人们提供方向和线索。

20 世纪 70 年代初期，当人们对公害的严重性还缺乏认识的时候，中国科学技术信息研究所及时发表了一份关于环境污染公害的研究报告。该报告分析列举了国外几大公害典型事件，如 1951 年美国多诺拉地区和 1952 年比利时马斯河谷工业生产中二氧化硫排放引起人员中毒的烟害事件、1952 年伦敦燃煤污染导致 4000 人死亡的烟雾事件、1960 年日本富士山镉中毒造成的人员患骨痛病事件、1960 年日本汞污染造成的人员患水俣病事件、1962 年日本多氯联苯污染造成的米糠油事件等，并得出了"工业发展会带来环境污染，必须及早防治"的结论。该结论就是运用简单枚举归纳推理从上述公害事件中归纳出来的。

由于简单枚举归纳推理是一种或然性推理，前提和结论之间没有必然性联系，因此正确估计结论的可靠程度，并设法增强结论的可靠性具有非常重要的意义。常用的办法有：尽可能多地枚举某类事物的单个对象的数量；注意所枚举的某类事物的各对象的典型性和代表性；仔细观察和研究对象的各种可能的情况，防止矛盾情况的出现。

3．假言推理

假言推理是从一个假言判断的结论出发，顺次推出其后件或逆向推出其前件，进而通过肯定它的后件或前件，来论证、检验原先假言判断结论的正确性的一种推理方法。例如：

假言判断：某竞争对手正在推行专利竞争战略。

大前提：推行专利竞争战略与加强研究与开发、专利申请活动有关。

小前提：大量调查发现上述事实确凿。

肯定原先假言判断：所以，该竞争对手正在推行专利竞争战略是确凿的。

这种推理方法中所说的"结论"实际上并非真正的结论，而是一种设想或假说，并且有待于推理者通过调查研究和推理予以证实或证伪。在信息分析中，这种方法有着非常广泛的应用，特别是对于一些捉摸不定、含义不清、边界不明的论断，皆可方便地判断其真伪。

3.2 回归分析

回归分析是处理两个或两个以上变量之间依赖关系的一种数学方法，不但提供了建立变量之间依赖关系的数学表达式（通常称为经验公式）的一般途径，而且通过计算对所建立的经验公式的有效性进行分析，使之能有效地用于预测和控制。目前，回归分析已在信息分析领域获得广泛的应用。

3.2.1 一元线性回归分析

1. 一元线性回归方程参数的求解

信息分析的对象及其影响因素通常牵涉到许多变量，这些变量之间常常存在各种各样的相关关系，如价格与需求、收入与支出、投资与收益等。一元线性回归分析法主要用于研究两个变量之间的线性相关关系。

对于有一定联系的两个变量 x 和 y，若通过观测或实验得到 n 组样本数据：(x_1,y_1)，$(x_2,y_2),\cdots,(x_n,y_n)$，将以上数据在同一平面上画散点图，发现这些点虽然是散乱的，但大体上散布在某条直线的周围（如图 3-1 所示），则表明这两个变量之间大致呈线性关系。其数学表达式为：$\hat{y}=a+bx$，代表平面上任意一条直线 l。

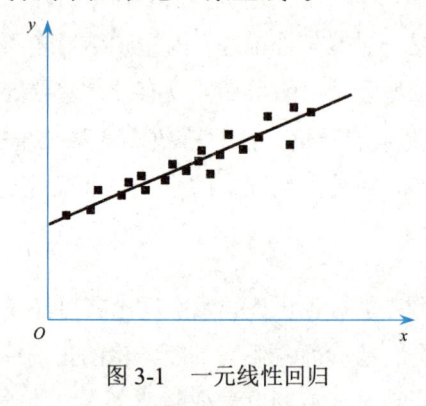

图 3-1 一元线性回归

设

$$Q(a,b)=\sum_{t=1}^{n}[y_t-(a+bx_t)]^2$$

为了书写方便，$\sum_{t=1}^{n}$ 可以简化为 $\sum$。

$Q(a,b)$ 定量描述了直线 l 与以上 n 个点的总的远近程度，随不同的 a 和 b 而变化，是 a、b 的二元函数，即

$$\frac{\partial Q}{\partial a} = -2\sum[y_t - (a + bx_t)] = 0 \tag{3-1}$$

$$\frac{\partial Q}{\partial b} = -2\sum[y_t - (a + bx_t)] \cdot x_t = 0 \tag{3-2}$$

求解得

$$a = \bar{y} - b\bar{x} \tag{3-3}$$

$$b = \frac{\sum(x_t - \bar{x})(y_t - \bar{y})}{\sum(x_t - \bar{x})^2} = \frac{l_{xy}}{l_{xx}} \tag{3-4}$$

数学上可以证明，式(3-3)和式(3-4)确定的 a、b 确实使 $Q(a,b)$ 达到最小。由于 $Q(a,b)$ 是 n 个平方之和，因此使 $Q(a,b)$ 最小的方法被称为最小二乘法。

求出了 a、b，也就求出了直线 $l: \hat{y} = a + bx$。这便是 x、y 之间的经验公式，即回归方程，a、b 为回归系数。

2．回归方程效果的检验

在求出回归方程后，是不是就可用它来进行预测和控制了呢？要注意的是，从任意一组数据 $(x_1, y_1), (x_2, y_2), \cdots, (x_n, y_n)$ 出发，按式(3-3)和式(3-4)都可建立起上述回归方程，但 y 与 x 是否真的有近似的线性相关关系？这有待进一步检验和判明。

1）平方和分解公式

对于任意 n 组数据 $(x_1, y_1), (x_2, y_2), \cdots, (x_n, y_n)$，容易证明：

$$\sum(y_t - \bar{y})^2 = \sum(y_t - \hat{y}_t)^2 + \sum(\hat{y}_t - \bar{y})^2 \tag{3-5}$$

其中，$\sum(y_t - \bar{y})^2$ 是 $y_1, y_2, \cdots, y_n$ 这 n 个数据的偏差平方和，其值描述了这 n 个数据的分散程度，记为 l_{yy}。

容易证明，$\hat{y}_1, \hat{y}_2, \cdots, \hat{y}_n$ 的平均数也是 $\bar{y}$，所以 $\sum(y_t - \bar{y})^2$ 就是这 n 个数的偏差平方和，记作 U，描述了 $\hat{y}_1, \hat{y}_2, \cdots, \hat{y}_n$ 的分散程度。$\sum(y_t - \hat{y}_t)^2$ 是 $Q(a,b)$ 的最小值，记作 Q。Q 是除 x 对 y 的线性影响之外的剩余因素对 y 的分散性作用，这些剩余因素包括 x 对 y 的非线性影响及试验误差等，所以 Q 又称为剩余平方和。

通过以上分析，式(3-5)可表示为

$$l_{yy} = Q + U$$

其含义为，$y_1, y_2, \cdots, y_n$ 的分散程度 l_{yy} 可以分解为两部分：一是（来源于 $x_1, x_2, \cdots, x_n$ 的分散性）通过 x 对 y 的线性相关关系而引起的分散性 U，二是剩余部分引起的 y 的分散性 Q。

2）F 检验

在一般分析中，通常选用量 F 进行回归方程效果的检验。F 为

$$F = \frac{U}{Q/(n-2)}$$

F 体现了 x 与 y 的线性相关关系的相对大小：若 F 值相当大，则表明 x 对 y 的线性影响较大，就可以认为 x 与 y 有线性相关关系；若 F 的值较小，则没有理由认为 x 与 y 有线性相关关系。

那么，F 值究竟多大，才认为 x 与 y 间具有线性相关关系呢？

数学上可证明，在假设 $H_0: b=0$ 的前提下，F 服从自由度为 $(1, n-2)$ 的 F 分布。这样可以得到关于 F 检验的一般程序：

① 计算 U 和 Q，从而得 F 值。

② 对于给定的检验标准 α，查自由度为 $(1, n-2)$ 的 F 分布临界值表（F 分布临界值表和后面将涉及的 t 分布临界值表、R 分布临界值表可参看数理统计学方面的文献），得到临界值 λ：$P(F > \lambda) = \alpha$。

③ 比较 F 值与 λ 值的大小。若 $F > \lambda$，则否定假设 H_0，可认为 x、y 间具有线性相关关系，否则没有理由认为 x、y 间存在线性相关关系。

3）t 检验

t 检验是指 t 服从自由度为 $n-2$ 的 t 分布：

$$t = \frac{b\sqrt{l_{xx}}}{\sqrt{Q/(n-2)}}$$

t 检验的一般程序如下：

① 计算 t 值。

② 对于给定的检验标准 α，查自由度为 $n-2$ 的 t 分布临界值表，得到临界值 λ：$P(t > \lambda) = \alpha$。

③ 比较 t 值与 λ 值。若 $t > \lambda$，则认为 x、y 间存在线性相关关系，否则没有理由认为 x、y 间存在线性相关关系。

4）R^2 检验

令 $R^2 = U/l_{yy}$，则

$$R = \sqrt{\frac{U}{l_{yy}}} = \sqrt{\frac{b^2 l_{xx}}{l_{yy}}}$$

因为 $b = l_{xy}/l_{yy}$，所以

$$R = l_{xy}/\sqrt{l_{xx} l_{yy}}$$

R 即相关系数。

事实上，R^2 检验与 t 检验、F 检验间具有一定的联系。

$$F = (n-2)\frac{U}{Q} = (n-2)\frac{R^2 l_{yy}}{l_{yy} - U}$$

$$= (n-2)\frac{R^2 l_{yy}}{l_{yy} - R^2 l_{yy}} = (n-2)\frac{R^2}{1-R^2}$$

从而可求出

$$R^2 = \frac{F}{F+(n-2)} \tag{3-6}$$

又

$$t = \frac{b\sqrt{l_{xx}}}{\sqrt{Q/(n-2)}} = \sqrt{F}$$

因此用 t 检验、F 检验与 R^2 检验实质上是一回事。

由 R 分布临界值表可直接查出在给定的检验标准 α 下的临界值 λ。若 $R > \lambda$，则认为在给定的检验标准 α 下回归方程效果显著。

3．可线性化的非线性回归

对于回归方程的模式是线性的情况，可直接根据式(3-3)和式(3-4)求得 a、b。然而，大量的实际情况并不总是属于线性的模式，怎么办？一个常用而简便的方法是尽可能将它们变为线性的模式。现将可线性化的几类非线性回归问题论述如下。

1) 指数函数模式

指数函数模式的公式为

$$\hat{y} = ae^{bx} \tag{3-7}$$

线性化的方法是对式(3-7)两边取对数，并令 $\hat{y}' = \ln \hat{y}$，$a' = \ln a$，$b' = b$，则式(3-7)可化为

$$\hat{y}' = a' + b'x$$

2) 幂函数模式

幂函数模式的公式为

$$\hat{y} = ax^b \tag{3-8}$$

将式(3-8)两边取对数，并令 $\hat{y}' = \ln \hat{y}$，$a' = \ln a$，$x' = \ln x$，则式(3-8)可化为

$$\hat{y}' = a' + bx'$$

3) 双曲线模式

双曲线模式的公式为

$$\frac{1}{\hat{y}} = a + \frac{b}{x} \tag{3-9}$$

令

$$\hat{y}' = \frac{1}{\hat{y}}, \ x' = \frac{1}{x}$$

则式(3-9)可化为

$$\hat{y}' = a + bx'$$

4) 对数函数模式

对数函数模式的公式为

$$\hat{y} = a + b\ln x \tag{3-10}$$

令 $x' = \ln x$，则式(3-10)可化为

$$\hat{y} = a + bx'$$

3.2.2 多元线性回归分析

在信息分析中,由于客观事物的复杂性,在很多情况下要采用多元回归方法。就方法的实质来说,多元回归与一元回归在很多方面是相同的,只是多元回归涉及的变量更多,方法更复杂,且计算量相当大。

1. 多元线性回归方程参数的求解

设 y 与 $x_1, x_2, \cdots, x_k$ 有线性关系,通过观测或实验得到 n 组数据:

$$(x_{11}, x_{21}, \cdots, x_{k1}, y_1)$$
$$(x_{12}, x_{22}, \cdots, x_{k2}, y_2)$$
$$\cdots$$
$$(x_{1n}, x_{2n}, \cdots, x_{kn}, y_n)$$

则它们之间的线性关系可表示为

$$\hat{y} = b_0 + b_1 x_1 + \cdots + b_k x_k \tag{3-11}$$

某些非线性的关系可通过适当的变换化为形式上的线性模式。例如,对于一元多项式回归问题

$$\hat{y} = b_0 + b_1 x + b_2 x^2 + \cdots + b_k x^k$$

可通过变换化为多元线性回归问题(令 $x_1 = x, x_2 = x^2, \cdots, x_k = x^k$),即

$$\hat{y} = b_0 + b_1 x_1 + \cdots + b_k x_k$$

设 $Q(b_0, b_1, \cdots, b_k) = \sum [yt - (b_0 + b_1 x_{1t} + \cdots + b_k x_{xt})]$,为了使 Q 达到最小值,应满足

$$\begin{cases} \dfrac{\partial Q}{\partial b_0} = 0 \\ \dfrac{\partial Q}{\partial b_1} = 0 \\ \cdots \\ \dfrac{\partial Q}{\partial b_k} = 0 \end{cases} \tag{3-12}$$

进一步得到

$$\begin{cases} l_{11} b_1 + l_{12} b_2 + \cdots + l_{1k} b_k = l_{1y} \\ l_{21} b_1 + l_{22} b_2 + \cdots + l_{2k} b_k = l_{2y} \\ \cdots \\ l_{k1} b_1 + l_{k2} b_2 + \cdots + l_{kk} b_k = l_{ky} \\ b_0 = \bar{y} - b_1 \bar{x}_1 - \cdots - b_k \bar{x}_k \end{cases} \tag{3-13}$$

其中:

$$\bar{y} = \frac{1}{n}\sum y_t$$

$$\bar{x}_i = \frac{1}{n}\sum x_{it} \qquad (i=1,2,\cdots,k)$$

$$l_{ij} = l_{ji} = \sum(x_{it}-\bar{x}_i)(x_{jt}-\bar{x}_j) \qquad (i,j=1,2,\cdots,k)$$

$$\bar{x}_i = \frac{1}{n}\sum x_{it} \qquad (i=1,2,\cdots,k)$$

$$l_{ij} = l_{ji} = \sum(x_{it}-\bar{x}_i)(x_{jt}-\bar{x}_j) \qquad (i,j=1,2,\cdots,k)$$

$$l_{iy} = \sum(x_{it}-\bar{x}_i)(y_t-\bar{y}) \qquad (i=1,2,\cdots,k)$$

数学上可证明，由式(3-13)确定的 $b_0,b_1,\cdots,b_k$ 确实使 Q 达到最小。

2．回归方程效果的检验

1）平方和分解公式

与一元回归的情形类似，多元回归的平方和分解公式为

$$l_{yy} = Q + U$$

其中

$$l_{yy} = \sum(y_t-\bar{y})^2$$

$$Q = \sum(y_t-\hat{y}_t)^2$$

$$U = \sum(\hat{y}_t-\bar{y})^2$$

2）F 检验

在多元回归中，F 检验为

$$F = \frac{U/K}{Q/(n-k-1)}$$

服从自由度为 $(k,n-k-1)$ 的 F 分布。F 检验的一般步骤如下。

① 计算 F 值。

② 对于给定的检验标准 α，查自由度为 $(k,n-k-1)$ 的 F 分布临界值表，得临界值 λ：$P(F>\lambda)=\alpha$。

③ 比较 F 与 λ 的大小。若 $F>\lambda$，则认为线性回归方程效果是显著的，否则认为是不显著的。

3）各自变量影响程度大小的判别

在实际的信息分析工作中，我们还经常关心在 y 对 $x_1,x_2,\cdots,x_k$ 的线性回归中哪些因素很重要，哪些因素不太重要。这就需要对回归方程的每个自变量都进行显著性检验，选用的统计量为

$$t_i = \frac{b_i}{\sqrt{c_{ii}[Q/(N-K-1)]}}$$

服从自由度为 $n-k-1$ 的 t 分布。

这里，c_{ii} 为矩阵 L 的逆矩阵 L^{-1} 的对角线的第 i 个元素。

$$L = \begin{vmatrix} l_{11} & l_{12} & \cdots & l_{1k} \\ l_{21} & l_{22} & \cdots & l_{2k} \\ & & \cdots & \\ l_{k1} & l_{k2} & \cdots & l_{kk} \end{vmatrix}$$

于是，关于 x_i 变量显著性检验的一般步骤如下。

① 计算 t_i 值。

② 对于给定的检验标准 α，查自由度为 $n-k-1$ 的 t 分布临界值表，得到临界值 λ：$P(t > \lambda) = \alpha$。

③ 比较 t_i 与 λ 的大小。若 $t_i > \lambda$，则说明 x_i 对 y 的影响显著，必须保留 x_i 在回归方程中；否则应去掉 x_i，重新建立回归方程。

3.2.3 回归分析的实际应用

回归分析在信息分析中应用广泛。以一元回归分析为例，对于两个变量 x 和 y，若通过观测或实验可得到 n 组样本数据，则可将回归分析应用于如下两种情形：一是这两个变量本身就具有某种相关关系（如线性关系），但由于存在各种观测或实验误差，使之不具备这种关系，通过回归分析的应用，可使该关系得到恢复和体现，从而用于预测和控制；二是这两个变量本身不具有某种相关关系，此时可尝试借助回归分析的应用，通过抓主要矛盾和矛盾主要方面的做法，使这两个变量近似地具有某种关系，以便进行预测和控制（当然，对于任意两个变量，并非总能尝试成功）。下面以某年相关省份（不含港澳台）城镇居民平均每人全年可支配收入 x_i（单位：元）和消费性支出 y_i（单位：元）两个变量（如表 3-1 所示）为例，说明回归分析的实际应用。

下面利用社会科学统计分析软件 SPSS 对表 3-1 中的数据进行回归分析。

1．作散点图

通过散点图（如图 3-2 所示）进行观察，可支配收入与消费性支出间应该存在线性关系。

2．方差分析

方差分析的结果如表 3-2 所示（单位：元）。查自由度为 (1, 29) 的 F 分布临界值表，得 $\lambda = 7.60$（$\alpha = 0.01$），$F = 862.501 > 7.60$，所以可支配收入与消费性支出之间有强线性相关关系。

回归方程为：消费性支出 $= 0.772 \times$ 可支配收入 $+ 126.005$。

3．预测值与残差

通过 SPSS，可以按要求输出消费性支出的预测值、残差和标准化残差，如表 3-3 所示。其中，标准化残差 $=$ 残差 $/\sqrt{55521.451}$。

表 3-1　城镇居民（不含港澳台）平均每人全年可支配收入和消费性支出

省　份	可支配收入	消费性支出	省　份	可支配收入	消费性支出
北京	9182.76	7498.48	湖北	5212.82	4340.55
天津	7649.83	5851.53	湖南	5815.37	4799.51
河北	5365.03	4026.30	广东	9125.92	7517.81
山西	4342.61	3492.98	广西	5619.54	4587.22
内蒙古	4770.53	3468.99	海南	5338.31	4017.75
辽宁	4898.61	3989.93	重庆	5895.97	5444.23
吉林	4480.01	3661.68	四川	5477.89	4499.19
黑龙江	4595.14	3481.74	贵州	4934.02	3964.35
上海	10931.64	8247.69	云南	6178.68	4941.26
江苏	6538.20	5010.91	西藏	6908.67	5309.12
浙江	8427.95	6521.54	陕西	4654.06	3953.25
安徽	5064.60	3901.81	甘肃	4475.23	3681.50
福建	6859.81	5266.69	青海	4703.44	3903.76
江西	4720.58	3482.33	宁夏	4472.91	3547.99
山东	5808.96	4515.05	新疆	5319.76	4163.98
河南	4532.36	3497.53			/

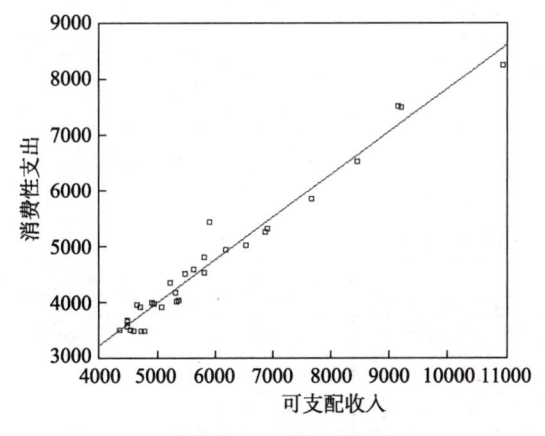

图 3-2　散点图

表 3-2　方差分析 SPSS 输出结果

方差来源	平方和	自由度	均方	F 值
回归	47887289	1	47887288.98	
剩余	1610122.1	29	55521.451	862.501
总和	49497411	30		

表 3-3　消费性支出的预测值及残差

编号	省　份	消费性支出	预测值	残差	标准化残差
1	北京	7498.48	7212.2730	286.2070	1.215
2	天津	5851.53	6029.3223	-177.7923	-0.755

(续)

编号	省 份	消费性支出	预测值	残差	标准化残差
3	河北	4026.30	4266.1589	−239.8589	−1.018
4	山西	3492.98	3477.1650	15.8150	0.067
5	内蒙古	3 468.99	3807.3877	−338.3977	−1.436
6	辽宁	3 989.93	3906.2261	83.7039	0.355
7	吉林	3 661.68	3583.1955	78.4845	0.333
8	黑龙江	3 481.74	3672.0405	−190.3005	−0.808
9	上海	8 247.69	8561.8708	−314.1808	−1.333
10	江苏	5 010.91	5171.4856	−160.5756	−0.681
11	浙江	6 521.54	6629.7917	−108.2517	−0.459
12	安徽	3 901.81	4034.3193	−132.5093	−0.562
13	福建	5 266.69	5419.6696	−152.9796	−0.649
14	江西	3482.33	3768.8416	−286.5116	−1.216
15	山东	4515.05	4608.7365	−93.6865	−0.398
16	河南	3497.53	3623.5937	−126.0637	−0.535
17	湖北	4340.55	4148.6996	191.8504	0.814
18	湖南	4799.51	4613.6830	185.8270	0.789
19	广东	7517.81	7168.4100	349.4000	1.483
20	广西	4587.22	4462.5624	124.6576	0.529
21	海南	4017.75	4245.5393	−227.7893	−0.967
22	重庆	5444.23	4675.8814	768.3486	3.261
23	四川	4499.19	4353.2522	145.9378	0.619
24	贵州	3964.35	3933.5517	30.7983	0.131
25	云南	4941.26	4894.0466	47.2134	0.200
26	西藏	5309.12	5457.3745	−148.2545	−0.629
27	陕西	3953.25	3717.5086	235.7414	1.000
28	甘肃	3681.50	3579.5069	101.9931	0.433
29	青海	3903.76	3755.6148	148.1452	0.629
30	宁夏	3547.99	3577.7165	−29.7265	−0.126
31	新疆	4163.98	4231.2244	−67.2444	−0.285

4．多元线性回归

上面例子探讨的是城镇居民平均每人全年可支配收入与消费性支出这两个变量是否有联系，当自变量超过一个时，就需要用到多元线性回归分析。多元线性回归与一元线性回归类似，只是增加了若干自变量。下面以某校学生肺活量 y_{1i}（单位：L）和身高 x_{1i}（单位：cm）、体重 x_{2i}（单位：kg）的三个变量（如表 3-4 所示）为例，说明多元线性回归分析的应用。

使用 SPSS 计算，可得：$a = -3.97$，$b_1 = 0.027$，$b_2 = 0.049$，$F = 17.034$。查自由度为 (2,12) 的 F 分布临界值表，得 $\lambda = 6.93$（$\alpha = 0.01$）。

$F = 17.034 > 6.93$，所以两个自变量身高和体重与因变量肺活量之间有线性相关关系。回归方程为 $\hat{y} = -3.97 + 0.027x_1 + 0.049x_2$。

表 3-4　某校学生身高、体重和肺活量

序号	身高	体重	肺活量	序号	身高	体重	肺活量	序号	身高	体重	肺活量
1	161	42	2.55	6	165	52	2.85	11	167	50	2.81
2	168	58	3.00	7	162	46	2.40	12	165	50	3.41
3	162	42	2.20	8	168	52	3.46	13	150	36	1.75
4	170	58	3.50	9	166	46	2.80	14	155	45	2.75
5	165	46	2.75	10	166	50	3.10	15	158	43	2.25

$b_1 = 0.027$，表示在体重不变时，身高每增加 1 cm，肺活量增加 0.027 L；$b_2 = 0.049$，表示在身高不变时，体重每增加 1 kg，肺活量增加 0.049 L。利用得到的多元线性回归方程，我们还可以预测。例如，一名学生的身高为 160 cm，体重 45 kg，代入方程，就可以得出 $\hat{y} = 2.555$，即这名学生的肺活量约为 2.555 L。

3.3　聚类分析

3.3.1　聚类分析概述

人类有一种本能的分类倾向，能够根据相似的特征而对事物进行分组。人类的大脑在处理一个复杂的问题时，往往首先对被认识的对象进行分类，通过将问题分解为大量的小问题而使问题容易解决。例如，当人们利用计算机组织信息的时候，会事先建立不同的文件夹，并利用分类能力将不同的信息存放在不同的文件夹中，极大地提高了信息的检索和利用效率。尽管分类是人类的本能，并且人类具有较强的基于综合分析的分类能力，但是面对错综复杂的现实世界，面对庞大的变量和数据量，人们还是会感到束手无策。随着人类社会的发展与科学技术的进步，对分类的要求越来越高，只凭经验或专业知识对研究对象进行定性分类，已远远落后于人们在处理问题时的需求。为了进行确切的分类，为了揭示客观事物内在本质的分类规律，数学被引入分类学，形成了数值分类学。随着多元数据分析方法研究的拓展和深入，数值分类学又形成了聚类分析的分支，聚类分析日益成为多元数据分析的重要组成部分。

1．聚类的概念

聚类是把一组个体按照相似性归成若干类别，即物以类聚，目的是使得属于同一类别的个体之间的距离尽可能得小，而不同类别的个体间的距离尽可能得大。聚类分析的基本思想是在样品之间定义距离，在变量之间定义相似系数。距离或相似系数代表样品或变量之间的相似程度。例如，在分层聚类中，按相似程度的大小，将样品或变量逐一归类，关系密切的样品或变量聚集到一个小的分类单位，然后逐步扩大，使得关系疏远的样品或变量聚集到一个大的分类单位,直到所有样品或变量都聚集完毕,形成一个表示亲疏关系的谱系图,再对谱系图进行分析,并按照要求对样品或变量进行分类。

聚类分析并不是直观地使用独立的变量去得到指定的输出。在进行聚类分析以前,对总体到底有多少个类并不知道;聚类分析中具体的计算方法很多,不同问题下的数据对象应该采取哪种方法需要根据计算和分析进行不断探索和调整。在计算机等技术协助下,聚类分析看起来只是简单地将所有数据提交给系统,并让其"魔术"般地将数据进行整齐的堆积,但事实上,聚类分析是一个复杂的过程,具有完备的理论基础,旨在寻求现实世界中客观的分类规律。本节重点介绍分层聚类和快速聚类。

2.相似性度量

在聚类分析时可以利用 n 维空间概念,该空间用来定义聚类涉及的相似性度量。相似性程度是聚类所依据的标准,样品间的相似性通常用距离进行度量,而变量间的相似性通常用相似系数进行度量。下面对这两类度量分别进行分析。

1) 距离

设有 n 个样品的多元观测数据:

$$x_i = (x_{i1}, x_{i2}, \cdots, x_{ip})^{\mathrm{T}} \quad (i=1,2,\cdots,n)$$

这时,每个样品可看成 p 维空间的一个点,n 个样品组成 p 维空间的 n 个点。设 $d(x_i, x_j)$ 是样品 x_i 与 x_j 之间的距离,一般要求它满足下列条件:① $d(x_i, x_j) \geq 0$,当且仅当 $x_i = x_j$ 时,$d(x_i, x_j) = 0$;② $d(x_i, x_j) = d(x_j, x_i)$;③ $d(x_i, x_j) \leq d(x_i, x_k) + d(x_k, x_j)$。

下面给出几种距离的定义。令

$$d(x_i, x_j) = \left(\left| x_{i1} - x_{j1} \right|^m + \left| x_{i2} - x_{j2} \right|^m + \cdots + \left| x_{ip} - x_{jp} \right|^m \right)^{\frac{1}{m}}$$

其中,$m \geq 1$ 时,$d(x_i, x_j)$ 是 Minkowski 距离;$m=1$ 时,$d(x_i, x_j)$ 又称为绝对距离;$m=2$ 时,$d(x_i, x_j)$ 又称为欧氏距离。

Minkowski 距离也称为 L_m 距离,则绝对距离即 L_1 距离,欧氏距离即 L_2 距离。

2) 相似系数

当对 p 个指标变量进行聚类时,用相似系数来衡量变量之间的相似性程度。一般情况下,若 c_{jk} 表示变量 x_j 与 x_k 之间的相似系数,则应满足下列条件:① $|c_{jk}| \leq 1$ 且 $c_{jj} = 1$;② 当且仅当 $x_j = bx_k (b \neq 0)$ 时,$c_{jk} = \pm 1$;③ $c_{jk} = c_{kj}$。c_{jk} 的绝对值越接近于 1,说明变量 x_j 与 x_k 的关联性越大。相似系数中最常用的是相关系数和夹角余弦。

(1) 相关系数

基于样品 $x_1, x_2, \cdots, x_n$,计算 p 个指标变量的协方差矩阵 S 和相关矩阵 R,设

$$S = (s_{jk})_{p \times p} \qquad R = (r_{jk})_{p \times p}$$

则变量 x_j 与 x_k 的相关系数为

$$r_{jk} = \frac{s_{jk}}{\sqrt{s_{jj}s_{kk}}} = \frac{\sum_{i=1}^{n}(x_{ij}-\bar{x}_j)(x_{ik}-\bar{x}_k)}{\sqrt{\sum_{i=1}^{n}(x_{ij}-\bar{x}_j)^2 \sum_{i=1}^{n}(x_{ik}-\bar{x}_k)^2}}$$

(2) 夹角余弦

设变量 x_j 与 x_k 的观测值各为 $(x_{1j}, x_{2j}, \cdots, x_{nj})$、$(x_{1k}, x_{2k}, \cdots, x_{nk})$，其夹角余弦为

$$c_{jk} = \frac{\sum_{i=1}^{n} x_{ij} x_{ik}}{\sqrt{\sum_{i=1}^{n} x_{ij}^2 \sum_{i=1}^{n} x_{ik}^2}}$$

c_{jk} 越大，表明变量 x_j 与 x_k 的夹角越小，则关联性越强。

3.3.2 分层聚类

分层聚类一开始将每个样品看成一类或一簇（Cluster），然后从低到高构建一个聚类的层次。其中，最低层次的簇合并在一起创建下一个较高层次的簇，该层次的簇再合并在一起，进一步创建更高层次的簇。聚类时存在一种极端情况。以样品聚类为例，聚类后可能形成与样品数量一样多的簇，在这种情况下，簇内的样品之间极为相似（因为簇内只有一个样品），并且一个簇确实不同于其他簇。然而，这种聚类没有任何意义，因为聚类的目的是发现样品中有用的模式并对这个模式进行概括，使分析对象更容易理解。任何形成与样品数一样多的簇的聚类算法对解决问题没有任何帮助，聚类重要的是形成比原先样品数量更少的簇。在分层聚类中，采用不同的类间距离对同样的样品对象进行聚类会形成不同的聚类效果；应当恰好形成多少簇还依赖于对分层聚类图（谱系图）的分析和解释，这是一个主观的过程。分层聚类适合样品或变量较少的环境，其优势在于，它们允许最终用户从许多簇或某些簇中做出选择，形成对分析问题有益的模式。

下面重点讨论样品的聚类，即 Q 型聚类，关于变量的分层聚类可类似讨论。Q 型聚类是按照类间距离从小到大进行聚类的，因此 Q 型聚类的关键是要定义类与类之间的距离。

1．类间距离

为简单起见，以 i、j 分别表示样品 x_i 和 x_j，以 d_{ij} 代表距离 $d(x_i, x_j)$。设 G_p、G_q 分别表示两个类，分别含有 n_p 和 n_q 个样品。若类 G_p 中有样品 $x_1, x_2, \cdots, x_{n_p}$，则其均值为

$$\bar{x}_p = \frac{1}{n_p} \sum_{i=1}^{n_p} x_i$$

称为类 G_p 的重心。

类的形式和形状多种多样，因而类与类间的距离比样品间的距离复杂。下面分别介绍几

种类间距离的定义与计算方法。类 G_p、G_q 之间的距离记为 D_{pq}。

1) 最短距离

$$D_{pq} = \min_{i \in G_p, j \in G_q} d_{ij}$$

即用两类中样品之间的距离最短者作为两类距离。

2) 最长距离

$$D_{pq} = \max_{i \in G_p, j \in G_q} d_{ij}$$

即用两类中样品之间的距离最长者作为两类距离。

3) 类平均距离

$$D_{pq} = \frac{1}{n_p n_q} \sum_{i \in G_p} \sum_{j \in G_q} d_{ij}$$

即用两类中所有两两样品之间的距离平均作为两类之间的距离，还可用下式定义：

$$D_{pq}^2 = \frac{1}{n_p n_q} \sum_{i \in G_p} \sum_{j \in G_q} d_{ij}^2$$

即用两类中所有两两样品之间的平方距离的平均作为两类之间的平方距离。

4) 重心距离

$$D_{pq} = d(\bar{x}_p, \bar{x}_q)$$

其中，$\bar{x}_p$、$\bar{x}_q$ 分别是 G_p、G_q 的重心，这是用两类的重心之间的距离作为两类距离。

5) 离差平方和距离

离差平方和距离是由 Ward 提出的，其思想来源于方差分析，即

$$D_{pq}^2 = \frac{n_p n_q}{n_p + n_q} (\bar{x}_p - \bar{x}_q)^{\mathrm{T}} (\bar{x}_p - \bar{x}_q)$$

2．分层聚类法的步骤

① 各样品单独自成一类，则 n 个样品开始时作为 n 个类，计算两两之间的距离，构成一个对称距离矩阵

$$\boldsymbol{D}_{(0)} = \begin{vmatrix} 0 & d_{12} & \cdots & d_{1n} \\ d_{21} & 0 & \cdots & d_{2n} \\ \vdots & \vdots & & \vdots \\ d_{n1} & d_{n2} & \cdots & 0 \end{vmatrix}$$

此时

$$D_{pq} = d_{pq}$$

② 选择 $\boldsymbol{D}_{(0)}$ 中的非对角线上的最小元素，设为 D_{pq}。此时，$G_p = \{x_p\}$，$G_q = \{x_q\}$。将 G_p、G_q 合并成一个新类 $G_r = \{G_p, G_q\}$。在 $\boldsymbol{D}_{(0)}$ 中消去 G_p、G_q 对应的行和列，并加入由新类 G_r 与剩下的其他未聚合的类间的距离所组成的一行和一列，得到一个新的距离矩阵 $\boldsymbol{D}_{(1)}$，这是一个 $n-1$ 阶方阵。

③ 从 $D_{(1)}$ 出发，重复步骤②，得到 $D_{(2)}$。此时可能存在两种情况：或者是第三个样品加入已有两个样品的类，或者是另两个样品合并成一个新类。

④ 再由 $D_{(2)}$ 出发，重复上述步骤。在其间的每个步骤中，或者是一个样品加入已存在的类，或者是两个样品合并成一个新类，或者是两个已存在的类合并成一个新类。一旦一个类形成，不能再划分而只能与其他类合并，直到 n 个样品聚为一个大类为止。

⑤ 在合并过程中，要记下合并样品的编号及两类合并时的水平（距离），并绘制分层聚类图。

3．分层聚类法应用分析

用分层聚类法聚类时，聚多少类为合适是一个很实际的问题。一个较好的聚类应该在类内各样品尽可能相似的前提下，使得类的个数尽可能少。对于相同的样品对象，分层聚类在具体操作中可采取不同的类间距离进行计算，并得到不同的分类结果。哪个结果更能反映样品对象本身的客观分类，这种判断的正确或错误将直接决定分层聚类法在实际应用中的价值。下面举一个实际应用的例子。

表 3-5 是某年 20 个省份农村居民家庭平均每人生活消费现金支出情况。

表 3-5 农村居民家庭平均每人生活消费现金支出

省 份	食品	衣着	居住	家庭设备及服务	医疗保健	交通和通信	文教娱乐用品及服务	其他商品及服务
北京	1048.05	228.33	425.74	249.35	228.91	215.58	467.89	73.21
天津	653.76	167.35	228.45	101.13	118.69	80.12	203.80	80.86
河北	325.34	105.44	261.70	61.17	68.72	72.37	136.10	27.43
内蒙古	320.29	108.10	161.83	64.54	95.19	68.03	170.35	23.60
辽宁	450.50	144.87	168.79	71.76	81.12	81.23	172.65	37.71
上海	1294.85	202.44	674.21	388.64	160.00	196.98	474.46	94.47
江苏	601.40	119.43	425.99	153.07	107.78	130.34	252.69	51.21
浙江	928.75	151.98	436.35	166.98	160.84	198.34	288.49	97.87
安徽	350.10	69.15	143.79	64.72	51.65	38.10	146.33	30.12
福建	726.40	111.76	267.49	102.71	61.30	128.29	217.51	63.21
山东	439.23	111.92	242.90	106.71	89.64	90.33	182.09	24.06
湖北	338.84	72.83	149.81	74.76	55.38	69.10	212.88	24.71
湖南	532.17	78.75	247.44	76.26	61.90	57.87	204.66	36.37
广东	860.42	98.70	389.89	153.10	98.68	147.58	317.29	73.65
重庆	282.83	62.61	134.42	61.54	47.82	37.16	111.05	15.37
贵州	211.06	48.55	95.37	44.97	23.62	24.69	83.81	15.31
西藏	311.76	99.27	26.47	52.54	17.02	10.24	7.78	11.70
陕西	278.96	77.84	151.85	58.81	64.93	36.18	171.04	24.93
甘肃	150.53	45.82	82.98	39.85	41.22	25.69	97.83	17.27
青海	214.86	97.63	81.93	46.01	56.94	35.38	50.17	23.50

为了分析这个多变量问题，下面利用 SPSS 的聚类分析对各地区进行分类。在层次聚类的参数选择中，选择按样品聚类；聚类指标为食品、衣着、居住、家庭设备及服务、医疗保健、交通和通信、文教娱乐用品及服务、其他商品及服务；样品间的距离采用欧式距离；类间距离分别采用最短距离、最长距离和重心距离，不同的类间距离算法适合不同的聚类形状，在不了解聚类形状前，可尝试多种类间距离算法，并对不同的分类效果进行比较分析。

1）最短距离法

谱系图是一个形象地表达聚类过程的可视化层次图，能够容易地观察出不同样品间的聚类。例如，在图 3-3 中，样品"上海"与前面 19 个样品聚成的簇在最后一步形成最高层次的簇，图中的竖线表示聚类时的距离，最上面显示比例调整后距离的大小。相邻两次聚类距离的差值越大，则说明前一次聚类后没有必要再进行聚类，这是根据谱系图进行主观分类的依据。图 3-3 左边显示了样品的标签和编号。

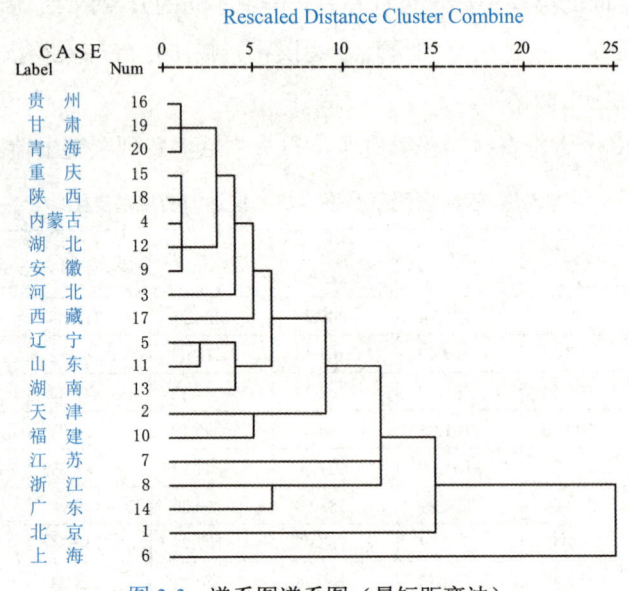

图 3-3　谱系图谱系图（最短距离法）

为了掌握更详细的聚类过程，可参考图 3-4。Stage 代表聚类的步骤，20 个样品聚类共用了 19 步；Cluster Combined 代表每个聚类步骤中合并的两类，如第 1 步代表编号 16（贵州）与 19（甘肃）进行聚类，聚类后的类用编号 16 表示；Coefficients 代表最短距离算法下类间的欧式距离，如 16 与 19 的欧式距离为 66.047；右边几列的信息代表相应类第 1 次出现和下一次出现的步骤。从第 18 次到第 19 次聚类，Coefficients 具有最大的跨越，这对应图 3-3 中样品"上海"与前面 19 个样品聚成的簇最后形成最高层次的簇。因为距离相差最大，可先从这里开始将原样品分成两类："上海"为一类，其余所有样品为一类。是否还要继续分类依赖实际的应用环境，最终形成的分类是一个主观分析的结果。另外，在不了解聚类形状的情况下，这样的分类是否反映了样品分类的客观本质，还应对其他类间距离算法下的分类结果进行分析和比较，才能做出最后决定。

Agglomeration Schedule

Stage	Cluster Combined Cluster1	Cluster Combined Cluster2	Coefficients	Stage Cluster First Appears Cluster1	Stage Cluster First Appears Cluster2	Next Stage
1	16	19	66.047	0	0	4
2	15	18	67.395	0	0	3
3	4	15	68.473	0	2	5
4	16	20	70.910	1	0	8
5	4	12	72.340	3	0	6
6	4	9	75.568	5	0	8
7	5	11	90.419	0	0	10
8	4	16	92.904	6	4	9
9	3	4	109.202	0	8	12
10	5	13	114.761	7	0	14
11	2	10	126.518	0	0	15
12	3	17	129.122	9	0	14
13	8	14	133.099	0	0	17
14	3	5	135.377	12	10	15
15	2	3	171.212	11	14	16
16	2	7	216.537	15	0	17
17	2	8	217.916	16	13	18
18	1	2	254.327	0	17	19
19	1	0	385.109	18	0	0

图 3-4　聚类过程（最短距离法）

2）最长距离法

在最长距离算法下的谱系图和聚类过程分别如图 3-5 和图 3-6 所示。通过同样的分析，可先将原样品分成两类：一类是农村居民家庭平均每人生活消费现金支出较高的省份，它们是浙江、广东、北京、上海；另一类是农村居民家庭平均每人生活消费现金支出较低的省份，它们是除以上四个地区以外的所有省份（不含港澳台）。

3）重心距离法

在重心距离算法下的谱系图分别如图 3-7 和图 3-8 所示。同样，先将原样品分成两类：一类是农村居民家庭平均每人生活消费现金支出较高的省份，即北京、上海；另一类是农村居民家庭平均每人生活消费现金支出较低的省份，它们是除以上两个省份以外的所有省份。

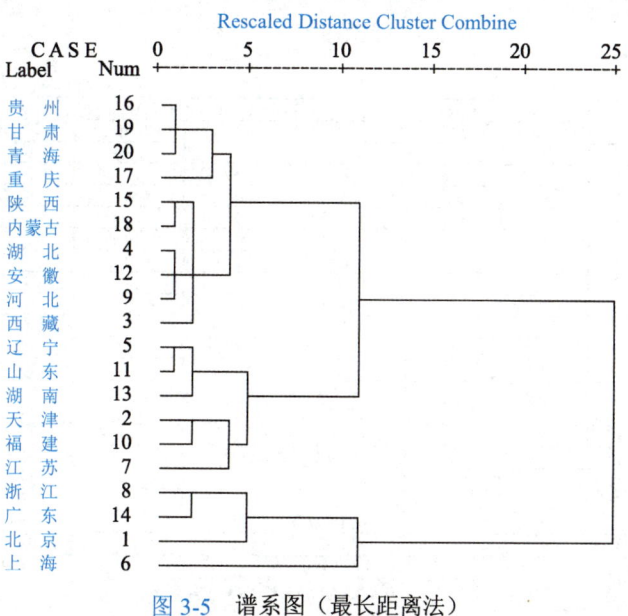

图 3-5　谱系图（最长距离法）

Agglomeration Schedule

Stage	Cluster Combined Cluster1	Cluster Combined Cluster2	Coefficients	Stage Cluster First Appears Cluster1	Stage Cluster First Appears Cluster2	Next Stage
1	16	19	66.047	0	0	6
2	15	18	67.395	0	0	7
3	4	12	72.340	0	0	4
4	4	9	78.372	3	0	7
5	5	11	91.419	0	0	10
6	16	20	97.534	1	0	12
7	4	15	123.236	4	2	11
8	2	10	126.518	0	0	13
9	8	14	133.099	0	0	16
10	5	13	138.526	5	0	15
11	3	4	149.303	0	7	14
12	16	17	202.906	6	0	14
13	2	7	229.495	8	0	15
14	3	16	280.850	11	12	18
15	2	5	325.411	13	10	18
16	1	8	326.837	0	9	17
17	1	6	605.925	16	0	19
18	2	3	633.509	15	14	19
19	1	2	1412.963	17	18	0

图 3-6　聚类过程（最长距离法）

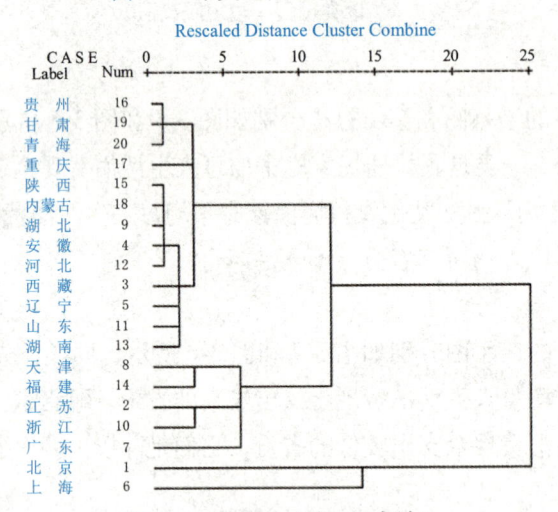

图 3-7　谱系图（重心距离法）

Agglomeration Schedule

Stage	Cluster Combined Cluster1	Cluster Combined Cluster2	Coefficients	Stage Cluster First Appears Cluster1	Stage Cluster First Appears Cluster2	Next Stage
1	16	19	66.047	0	0	6
2	15	18	67.395	0	0	3
3	9	15	72.340	0	2	4
4	4	9	78.372	0	3	5
5	4	12	91.419	4	0	8
6	16	20	97.534	1	0	13
7	5	11	123.236	0	0	9
8	3	4	126.518	0	5	10
9	5	13	133.099	7	0	10
10	3	5	138.526	8	9	14
11	2	10	149.303	0	0	15
12	8	14	202.906	0	0	16
13	16	17	229.495	6	0	14
14	3	16	280.850	10	13	17
15	2	7	325.411	11	0	16
16	2	8	326.837	15	12	17
17	2	3	605.925	16	14	19
18	2	6	633.509	0	0	19
19	1	2	1412.963	18	17	0

图 3-8　聚类过程（重心距离法）

3.3.3 快速聚类

在分层聚类中，样品一旦被归入某类就不变了，这要求分类方法比较准确，而这在不清楚各类的形状之前是比较难以做到的。另外，样品容量较大时，分层聚类法的计算量过大，一般情况下，分层聚类要求样品数量不超过 200。在数据分析中，通常数据量越大，分析效果越好，并且数据仓库技术为提供大批量数据打下了基础。因此，分层聚类在样品数量上的限制将日益显示出其不足。为了弥补分层聚类的不足，产生了快速聚类法。快速聚类法已成为生成一组聚类的最常用方法之一，几乎任何商业数据挖掘应用程序都在不同程度上集成了这种聚类分析算法。

1．快速聚类法概述

快速聚类法的主要特征是可以根据需要预先确定 k 个聚类。根据选定的 k 值，聚类可以产生两个完全极端的结果。如果设 $k = 1$，就可能得到一个没有意义的结果，因为所有数据会归类到一个节点中。另一个极端是设 k 等于样品数，同样会得到一个毫无意义的结果。任何其他聚类个数取决于 k 值。对于 k 值的选取没有一个固定的规则，常常需要对各种取值进行反复试验。快速聚类示意如图 3-9 所示。

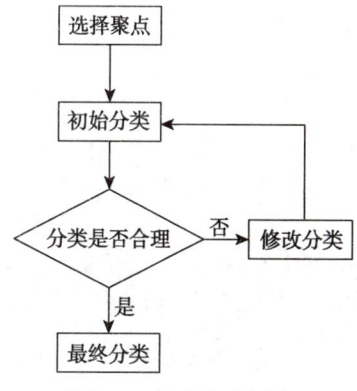

图 3-9 快速聚类示意

2．快速聚类法的具体步骤

1）选择聚点

聚点（种子）是一批有代表性的样品，它的选择决定了初始分类，对最终分类也有较大影响。当数据对象确定后，算法首先确定可能存在的聚点。选择聚点有多种方法。一是凭经验进行选择。如果对研究对象比较了解，从以往经验出发，基于某特征确定 k 个明显不同的样品作为聚点。二是随机法。将 n 个样品人为地（或随机地）分成 k 类，以每类的重心作为聚点。三是最小最大原则。要将 n 个样品分成 k 类，先选择所有样品中相距最远的两个样品 x_{i_1}, x_{i_2} 作为前两个聚点，即选择 x_{i_1}, x_{i_2} 使

$$d(x_{i_1}, x_{i_2}) = d_{i_1 i_2} = \max\{d_{ij}\}$$

然后，选择第 3 个聚点 x_{i_3}，使得 x_{i_1} 与 x_{i_2} 的距离最小者等于 x_{i_1}、x_{i_2} 以外所有样品与 x_{i_1}、x_{i_2} 的距离最小者中的最大者，即

$$\min\{d(x_{i_3}, x_{i_r}), r=1,2\} = \max\{\min[d(x_j, x_{i_r}), r=1,2], j \neq i_1, i_2\}$$

再按相同的原则选取 x_{i_4}，依次下去，直至选定 k 个聚点 $x_{i_1}, x_{i_2}, \cdots, x_{i_k}$。

一般，若已选了 l（$l<k$）个聚点，则第 $l+1$ 个聚点选取的原则为

$$\min\{d(x_{i_{l+1}}, x_{i_r}), r=1,2,\cdots l\} = \max\{\min[d(x_j, x_{i_r}), r=1,2,\cdots,l], j \neq i_1, i_2, \cdots, i_l\}$$

2）初始分类

设 k 个初始聚点的集合是

$$\boldsymbol{L}^{(0)} = \left\{\boldsymbol{x}_1^{(0)}, \boldsymbol{x}_2^{(0)}, \cdots, \boldsymbol{x}_k^{(0)}\right\}$$

用下列原则实施初始分类：

$$\boldsymbol{G}_i^{(0)} = \left\{x : d(\boldsymbol{x}, \boldsymbol{x}_i^{(0)}) \leqslant d(\boldsymbol{x}, \boldsymbol{x}_j^{(0)}), j=1,2,\cdots,k, j \neq i\right\} \quad (i=1,2,\cdots,k)$$

即，初始分类的原则是每个样品以最靠近的初始聚点 $\boldsymbol{L}^{(0)}$ 归类，最后将所有样品分成不相交的 k 个初始类：

$$\boldsymbol{G}^{(0)} = \left\{\boldsymbol{G}_1^{(0)}, \boldsymbol{G}_2^{(0)}, \cdots, \boldsymbol{G}_k^{(0)}\right\}$$

3）从 $\boldsymbol{G}^{(0)}$ 出发，计算新的聚点集合 $\boldsymbol{L}^{(1)}$

以 $\boldsymbol{G}^{(0)}$ 的重心作为新的聚点：

$$\boldsymbol{x}_i^{(1)} = \frac{1}{n_i} \sum_{x_l \in G_i^{(0)}} x_l \quad (i=1,2,\cdots,k)$$

其中，n_i 是类 $\boldsymbol{G}^{(0)}$ 中的样品数。这样，得到新的聚点集合：

$$\boldsymbol{L}^{(1)} = \left\{\boldsymbol{x}_1^{(1)}, \boldsymbol{x}_2^{(1)}, \cdots, \boldsymbol{x}_k^{(1)}\right\}$$

从 $\boldsymbol{L}^{(1)}$ 出发，对样品进行新的分类：

$$\boldsymbol{G}_i^{(1)} = \left\{x : d(\boldsymbol{x}, \boldsymbol{x}_i^{(1)}) \leqslant d(\boldsymbol{x}, \boldsymbol{x}_j^{(1)}), j=1,2,\cdots,k, j \neq i\right\} \quad (i=1,2,\cdots,k)$$

同样，此次分类的原则是每个样品以最靠近的聚点 $\boldsymbol{L}^{(1)}$ 归类，最后将所有样品分成不相交的 k 类：

$$\boldsymbol{G}^{(1)} = \left\{\boldsymbol{G}_1^{(1)}, \boldsymbol{G}_2^{(1)}, \cdots, \boldsymbol{G}_k^{(1)}\right\}$$

按照这种方法，依次迭代计算。

4）迭代

设在第 m 步得到分类

$$\boldsymbol{G}^{(m)} = \left\{\boldsymbol{G}_1^{(m)}, \boldsymbol{G}_2^{(m)}, \cdots, \boldsymbol{G}_k^{(m)}\right\}$$

在以上迭代计算过程中，$\boldsymbol{x}_i^{(m)}$ 是类 $\boldsymbol{G}_i^{(m-1)}$ 的重心。$\boldsymbol{x}_i^{(m)}$ 不一定是样品，通常也不是 $\boldsymbol{G}^{(m)}$ 的重心。当 m 逐渐增大时，分类趋于稳定。此时，$\boldsymbol{x}_i^{(m)}$ 就会近似为 $\boldsymbol{G}^{(m)}$ 的重心，从而

$$\boldsymbol{x}_i^{(m+1)} \approx \boldsymbol{x}_i^{(m)} \qquad \boldsymbol{G}_i^{(m+1)} \approx \boldsymbol{G}_i^{(m)}$$

算法即可结束。理论上，从某步 m 开始，分类

$$G^{(m+1)} = \left\{ G_1^{(m+1)}, G_2^{(m+1)}, \cdots, G_k^{(m+1)} \right\}$$

$$G^{(m)} = \left\{ G_1^{(m)}, G_2^{(m)}, \cdots, G_k^{(m)} \right\}$$

达到完全相同，计算即告结束。实际计算时，设

$$d^{(m)} = \max \left\{ d(\boldsymbol{x}_i^{(m)}, \boldsymbol{x}_i^{m+1}), i = 1, 2, \cdots, k \right\}$$

$$d^{(0)} = \min \left\{ d(\boldsymbol{x}_i^{(0)}, \boldsymbol{x}_j^{(0)}), i, j = 1, 2, \cdots, k, i \neq j \right\}$$

给定 $\varepsilon > 0$，若 $d^{(m)} \leqslant \varepsilon d^{(0)}$，则迭代计算过程结束。

实际计算中，可事先确定一个迭代次数，可能在迭代次数内达到 $G_i^{(m+1)} = G_i^{(m)}$，也可能以迭代次数作为计算结束的标志，此时 $G_i^{(m+1)} \approx G_i^{(m)}$。

3．快速聚类法应用分析

对于表 3-5，下面利用 SPSS 的快速聚类法对这些地区进行分类。在参数选择中，$k = 2$。

图 3-10 是初始聚点，对照表 3-5，第 1 个聚点是上海，第 2 个聚点是甘肃。这两个聚点是所有样品中距离最远的两点。图 3-11 显示了迭代过程，一共进行了 2 次迭代。两类的第 1 次聚点变化分别为 369.780 和 271.320；两类的第 2 次聚点变化分别为 0，聚类即告结束。

Initial Cluster Centers

	Cluster 1	Cluster 2
食品	1294.85	150.53
衣者	202.44	45.82
居住	674.21	82.98
家庭设备及服务	388.64	39.85
医疗保健	160.00	41.22
交通和通信	196.98	25.69
文教娱乐用品及服务	474.46	97.83
其他商品及服务	94.47	17.27

图 3-10 初始聚点

Iteration History

Iteration	Change in Cluster Centers 1	2
1	369.780	271.320
2	.000	.000

图 3-11 迭代过程

Cluster Membership

Case Number	省份	Cluster	Distance
1	北京	1	136.404
2	天津	2	296.722
3	河北	2	105.741
4	内蒙古	2	79.709
5	辽宁	2	88.277
6	上海	1	369.780
7	江苏	2	361.855
8	浙江	1	168.740
9	安徽	2	64.272
10	福建	2	366.155
11	山东	2	102.856
12	湖北	2	87.548
13	湖南	2	170.105
14	广东	1	248.140
15	重庆	2	129.676
16	贵州	2	221.006
17	西藏	2	235.473
18	陕西	2	118.249
19	甘肃	2	271.320
20	青海	2	225.572

图 3-12 各类成员

图 3-12 显示了各类的成员，第 1 类包括北京、上海、浙江和广东，属农村居民家庭平均每人生活消费现金支出较高的地区；第 2 类包括剩余的地区，属农村居民家庭平均每人生活消费现金支出较低的地区。可见，用快速聚类法将样品分成两类的分类结果与采用最长距离算法的层次聚类的分类结果相同。图 3-13 是快速聚类最后的聚点，图 3-12 最右边一列显示的是各样品与最后聚点之间的欧式距离。

Final Cluster Centers

	Cluster 1	Cluster 2
食品	1033.02	386.75
衣着	170.36	95.08
居住	481.55	179.45
家庭设备及服务	239.52	73.78
医疗保健	162.11	65.18
交通和通信	189.62	61.57
文教娱乐用品及服务	387.03	151.30
其他商品及服务	84.80	31.71

图 3-13 最后的聚点

3.4 时间序列分析

时间序列是指具有均匀时间间隔的各种社会、自然现象的数量指标依时间次序排列起来的统计数据。时间序列分析是通过对历史数据变化的分析，来评价事物的现状和估计事物的未来变化。这种方法在科学决策、研究与开发、市场开拓活动中的许多场合有广泛的应用，如市场行情分析、产品销售趋势预测等。

根据对历史数据处理方法的不同，时间序列分析法可分为如图 3-14 所示的几种。

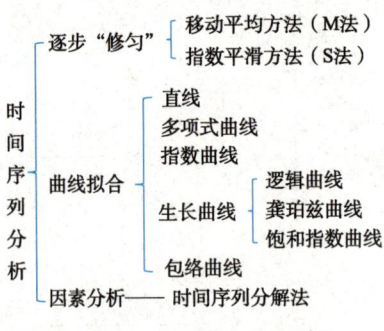

```
                  ┌ 移动平均方法（M法）
         逐步"修匀" ┤
                  └ 指数平滑方法（S法）
                  ┌ 直线
                  │ 多项式曲线
时间             │ 指数曲线                ┌ 逻辑曲线
序列  曲线拟合 ─┤                生长曲线 ─┤ 龚珀兹曲线
分析             │                        └ 饱和指数曲线
                  └ 包络曲线
         因素分析 ── 时间序列分解法
```

图 3-14 时间序列分析方法

时间序列分析法的比较如表 3-6 所示。

表 3-6 时间序列分析法的比较

方法思想	方法分类	主要适用对象	主要特征及参数	主要适用范围
修匀	M 方法	波动的时间序列	n：移平跨度	短期市场预测；对波动数列的加工处理
	S 方法		a：平滑常数	
拟合	指数增长模型	拟合发展中的加速度阶段	高速增长、没有极限	技术的扩散、经济的起飞、产品畅销等阶段的预测
	生长模型	拟合单个有极限发展全过程	有上限、分阶段	技术和商品等的寿命分析和预测
	包络曲线模型	拟合依次替代的连续增长过程	由多个 S 曲线构成一个大的 S 曲线	技术发展的长期预测
还原	分解法	经济活动中的不规则时间序列	分解为 4 个基本因素：T、C、S、I，各有其特征	短期的市场分析和长期经济问题分析。特别是用季节指数辅助模型进行短期预测

3.4.1 移动平均法

移动平均法的处理对象是一组无规则波动的数据，基本思路是每次在时间序列上移动一步求平均值（去掉一个头部的数据，加入一个新的数据）。这样的处理可对原始的无规则数据进行"修匀"，消除掉样本序列中的随机干扰成分，突出序列本身的固有规律，从而为进一步的建模和参数估计打下基础。

1．一次移动平均

一次移动平均是指对原始时间序列数据进行移动平均，其计算公式如下：

$$M_t^{[1]} = \frac{y_t + y_{t-1} + \cdots + y_{t-n+1}}{n} \tag{3-15}$$

其中，t 为周期次第数；$M_t^{[1]}$ 为第 t 周期的一次移动平均值；y_t 为第 t 周期原始时间序列数据；n 为每个时间段的数据个数，称为移平跨度。

n 的取值有两种特殊情况：① 当 $n = t$ 时，则 $M_t^{[1]} = \bar{y}_t$，即一次移动平均值等于总体数据的平均值；② 当 $n = 1$ 时，则 $M_t^{[1]} = y_t$，即一次移动平均值等于原始统计数据。

式(3-15)稍作改进，即可得递推公式：

$$M_t^{[1]} = M_{t-1}^{[1]} + \frac{y_t - y_{t-n}}{n} \tag{3-16}$$

所以，当计算出 $M_{t-1}^{[1]}$ 后，只需计算 $(y_t - y_{t-n})/n$，就可求得 $M_t^{[1]}$。如果时间序列数据很长，n 的取值又较大，用递推公式可大大减少计算量。

2．二次移动平均

二次移动平均的基本公式和递推公式分别如下：

$$M_t^{[2]} = \frac{M_t^{[1]} + M_{t-1}^{[1]} + \cdots + M_{t-n+1}^{[1]}}{n} \tag{3-17}$$

$$M_t^{[2]} = M_{t-1}^{[2]} + \frac{M_t^{[1]} - M_{t-n}^{[1]}}{n} \tag{3-18}$$

例如，根据表 3-7 所列的一组时间序列数据 y_t，取移平跨度 $n=5$，计算一次、二次移动平均值。

解：先从第 5 周期开始，由式(3-15)计算出第 5 周期的一次移动平均值 $M_5^{[1]}$，然后由式(3-16)继续求出各周期的一次移动平均值，填入表中相应的位置。

具体计算过程如下：

$$M_5^{[1]} = \frac{y_1 + y_2 + y_3 + y_4 + y_5}{5} = \frac{61+60+64+63+65}{5} = 62.6$$

$$M_6^{[1]} = M_5^{[1]} + \frac{y_6 - y_1}{5} = 62.6 + \frac{67-61}{5} = 63.8$$

……

表 3-7 原始数据及一次、二次移动平均值计算结果

周期数 t	原始数据 y_t	$M_t^{[1]}$（$n=5$）	$M_t^{[2]}$（$n=5$）	周期数 t	原始数据 y_t	$M_t^{[1]}$（$n=5$）	$M_t^{[2]}$（$n=5$）
1	61			9	74	68.8	65.52
2	60			10	77	71.2	67.24
3	64			11	76	73.0	69.08
4	63			12	80	75.0	70.92
5	65	62.6		13	86	78.6	73.32
6	67	63.8		14	90	81.8	75.92
7	70	65.8		15	92	84.8	78.64
8	68	66.6				/	

$$M_9^{[2]} = \frac{M_5^{[1]} + M_6^{[1]} + M_7^{[1]} + M_8^{[1]} + M_9^{[1]}}{5} = \frac{62.6 + 63.8 + 65.8 + 66.6 + 68.8}{5} = 65.52$$

$$M_{10}^{[2]} = M_9^{[2]} + \frac{M_{10}^{[1]} - M_5^{[1]}}{5} = 65.52 + \frac{71.2 - 62.6}{5} = 67.24$$

……

3．模型建立和预测

移动平均并不适用于有线性趋势的时间序列数据的预测。因为一次移动平均值 $M_t^{[1]}$ 是每个时间段 y_t 的平均值。当 y_t 为线性增长趋势时，$M_t^{[1]}$ 必然小于 y_t；反之，当 y_t 为线性下降趋势时，$M_t^{[1]}$ 必然大于 y_t。同理，$M_t^{[2]}$ 对 $M_t^{[1]}$ 也有类似的滞后偏差。

因此，$M_t^{[2]}$ 和 $M_t^{[1]}$ 只能用于简易预测。为了改善预测效果，我们可以利用 $M_t^{[2]}$ 和 $M_t^{[1]}$ 求出平滑系数，建立线性移动平均模型，再进行预测。

设已观察到时间 t 以前的序列值 y_t，现要预测未来时刻 $t+T$ 的序列值。由于序列具有线性趋势，因此可假定线性移动平均模型的一般形式为

$$\hat{y}_{t+T} = a_t + b_t T \tag{3-19}$$

其中，T 为由目前周期 t 到需要预测的周期之间的周期个数；$\hat{y}_{t+T}$ 为第 $t+T$ 周期的预测值；a_t 为截距，b_t 为斜率，均为平滑系数，依赖于 t 以前的 y_t 观察值。

a_t、b_t 的计算公式分别为

$$a_t = y_t = 2M_t^{[1]} - M_t^{[2]} \tag{3-20}$$

$$b_t = \frac{2}{n-1}\left(M_t^{[1]} - M_t^{[2]}\right) \tag{3-21}$$

将 a_t、b_t 代入式(3-19)，求得预测方程为

$$\hat{y}_{t+T} = 2M_t^{[1]} - M_t^{[2]} + \frac{2}{n-1}\left(M_t^{[1]} - M_t^{[2]}\right)T$$

在移动平均方法中，n 值是关键参数，n 值越大，对波动曲线的"修匀"效果越显著，但对变化反映的灵敏度降低，对趋势反映滞后大；反之，则相反。

3.4.2 指数平滑法

指数平滑法是对移动平均法的改进。我们进一步考察移动平均法，可以看出，在式(3-15)中，每个数据权重相等，均为 $1/n$，意味着不同时间上的数据具有相同的价值，这在一般的预测中显然是不合理的。如果认为参加计算的每个数据对预测结果的影响程度不同，就应该对这些数据分别给予不同的权值。指数平滑法正是基于这一思想，权值的选择取决于信息分析人员的预测经验。由于近期数据的影响较大，通常可赋予较大权值。本节讨论的指数平滑法实质上是指数加权移动平均法。

1．一次指数平滑

1）基本公式

若以 α 代表权数，则原始时间序列数据的加权移动平均值可表示为

$$S_t^{[1]} = \alpha_1 y_t + \alpha_2 y_{t-1} + \cdots + \alpha_n y_{t-n+1}$$

其中，$\alpha_1 > \alpha_2 > \cdots > \alpha_n$，且 $\sum_{i=1}^{n} \alpha_i = 1$。

若 $\alpha_1, \alpha_2, \cdots, \alpha_n$ 为等比数列，公比 $\gamma = 1-\alpha$，则权数数列为 $\alpha, \alpha(1-\alpha), \alpha(1-\alpha)^2, \cdots$，那么

$$S_t^{[1]} = \alpha y_t + \alpha\gamma y_{t-1} + \cdots + \alpha\gamma^{n-1} y_{t-n+1} \qquad (3\text{-}22)$$

类似地，有

$$S_{t-1}^{[1]} = \alpha y_{t-1} + \alpha\gamma y_{t-2} + \cdots + \alpha\gamma^{n-1} y_{t-n} \qquad (3\text{-}23)$$

由式(3-22)和式(3-23)，得

$$S_t^{[1]} = \alpha y_t + \gamma S_{t-1}^{[1]} - \alpha\gamma^n y_{t-n}$$

由于 $\alpha\gamma^n y_{t-n}$ 很小，可忽略不计，于是

$$S_t^{[1]} = \alpha y_t + (1-\alpha) S_{t-1}^{[1]} \qquad (3\text{-}24)$$

2）平滑常数 α 的含义及取值

（1）预测结果对 α 的依赖性

α 的取值反映了新旧数据所占的分配比例，对预测结果直接产生影响。因此，预测的结果依赖于 α 的选择。α 的取值有两种极端情况：① 当 $\alpha = 0$ 时，$S_t^{[1]} = S_{t-1}^{[1]}$，即平滑值维持不变；② 当 $\alpha = 1$ 时，$S_t^{[1]} = y_t$，即平滑值等于最新的观察值。

一般，α 选得小一些，预测值趋向就较平稳，"修匀"效果越显著；α 选得大一些，近期数据所占的比重越大，对变化的反映越灵敏，但"修匀"的效果越不明显。

（2）α 值与 n 值的关系

在对波动曲线的"修匀"作用上，α 值与 n 值的取值方向正好相反。在移动平均法中，n 值越大，"修匀"效果越显著；而在指数平滑法中，α 值越小，"修匀"效果越显著，即 $\alpha \propto 1/n$。在实际应用中，一般取

$$\alpha = \frac{2}{n+1} \qquad (3\text{-}25)$$

(3) α取值的经验选择

如果希望选取的α值使预测误差的方差尽可能小，那么α值的选择应以残差平方和最小为标准，即α值应使

$$Q = \sum \left(y_t - S_{t-1}^{[1]} \right)^2 = \min$$

这里Q是α的函数，一般可采用0.618法求出使Q达到最小值的α值。

根据一般经验，α的取值范围通常是[0.01, 0.3)。

3) 计算实例

根据表3-8中所列的一组时间序列数据y_t，分别取加权系数α = 0.3和α = 0.1，计算其一次指数平滑值。

表3-8 原始数据及一次、二次、三次指数平滑值计算结果

周期数 t	原始数据 y_t	$S_t^{[1]}$ (α=0.3)	$S_t^{[2]}$ (α=0.3)	$S_t^{[3]}$ (α=0.3)	$S_t^{[1]}$ (α=0.1)	$S_t^{[2]}$ (α=0.1)	$S_t^{[3]}$ (α=0.1)
0		61	61	61	61	61	61
1	61	61	61	61	61	61	61
2	60	60.7	60.9	61.0	60.9	61.0	61.0
3	64	61.7	61.1	61.0	61.2	61.0	61.0
4	63	62.1	61.4	61.1	61.4	61.0	61.0
5	65	63.0	61.9	61.3	61.8	61.1	61.0
6	67	64.2	62.6	61.7	62.3	61.2	61.0
7	70	65.9	63.6	62.3	63.1	61.4	61.0
8	68	66.5	64.5	63.0	63.6	61.6	61.1
9	74	68.8	65.8	63.8	64.6	61.9	61.2
10	77	71.3	67.5	64.9	65.8	62.3	61.3
11	76	72.7	69.1	66.2	66.8	62.8	61.5
12	80	74.9	70.8	67.6	68.1	63.3	61.7
13	86	78.2	73.0	69.2	69.9	64.0	61.9
14	90	81.7	75.6	71.1	71.9	64.8	62.2
15	92	84.8	78.4	73.3	73.9	65.7	62.6

解：设初始值$S_0^{[1]} = y_1 = 61$，按式(3-24)计算α = 0.3的一次指数平滑值，并填入表3-8。

$$S_1^{[2]} = \alpha S_1^{[1]} + (1-\alpha) S_0^{[2]} = 0.3 \times 61 + (1-0.3) \times 61 = 61$$

$$S_2^{[2]} = \alpha S_2^{[1]} + (1-\alpha) S_1^{[2]} = 0.3 \times 60.7 + (1-0.3) \times 61 = 60.9$$

……

以同样方法逐项计算α = 0.1时的$S_t^{[1]}$，并填入表3-8。

2．二次指数平滑

二次指数平滑是对一次指数平滑值$S_t^{[1]}$再进行一次平滑，计算公式如下：

$$S_t^{[2]} = \alpha S_t^{[1]} + (1-\alpha) S_{t-1}^{[2]} \tag{3-26}$$

例如，根据表3-8中的计算数据$S_t^{[1]}$，分别取加权系数α = 0.3和α = 0.1，计算二次指数平滑值。

解：设初始值 $S_0^{[2]} = y_1 = 61$，按式(3-26)计算 $\alpha = 0.3$ 的二次指数平滑值，并填入表3-8。

$$S_1^{[2]} = \alpha S_1^{[1]} + (1-\alpha)S_0^{[2]} = 0.3 \times 61 + (1-0.3) \times 61 = 61$$

$$S_2^{[2]} = \alpha S_2^{[1]} + (1-\alpha)S_1^{[2]} = 0.3 \times 60.7 + (1-0.3) \times 61 = 60.9$$

......

以同样方法逐项计算 $\alpha = 0.1$ 时的 $S_t^{[2]}$，并填入表3-8。

3．模型和计算

与移动平均法相似，当时间序列数据有线性趋势时，$S_t^{[1]}$ 对 y_t、$S_t^{[2]}$ 对 $S_t^{[1]}$ 也存在滞后偏差的问题。因此，$S_t^{[1]}$ 和 $S_t^{[2]}$ 只能用于简易预测。为了改善预测效果，我们可以利用 $S_t^{[1]}$ 和 $S_t^{[2]}$ 求出平滑系数，建立线性指数平滑模型，再进行预测。

设已观察到时间 t 以前的序列值 y_t，现要预测未来时刻 $t+T$ 的序列值。由于序列具有线性趋势，因此可假定线性指数平滑模型的一般形式为

$$\hat{y}_{t+T} = a_t + b_t T \tag{3-27}$$

其中，T 为由目前周期 t 到需要预测的周期之间的周期个数；$\hat{y}_{t+T}$ 为第 $t+T$ 周期的预测值；a_t 为截距，b_t 为斜率，均为平滑系数，依赖于 t 以前的 y_t 观察值。

a_t、b_t 的计算公式分别如下：

$$a_t = 2S_t^{[1]} - S_t^{[2]} \tag{3-28}$$

$$b_t = \frac{\alpha}{1-\alpha}\left(S_t^{[1]} - S_t^{[2]}\right) \tag{3-29}$$

例如，根据表3-8中的计算数据，建立线性指数平滑模型并计算未来2期的预测值。

解：取 $\alpha = 0.3$，由表3-8查得 $S_{15}^{[1]} = 84.8$，$S_{15}^{[2]} = 78.4$，代入式(3-28)，得

$$a_t = 2 \times 84.8 - 78.4 = 91.2$$

代入式(3-29)，得

$$a_t = \frac{0.3}{0.7}(84.8 - 78.4) = 2.7$$

所以预测模型为

$$\hat{y}_{15+T} = 91.2 + 2.7T$$

以 $T=1, 2$ 分别代入上式，得到未来2期的预测值为

$$\hat{y}_{16} = 91.2 + 2.7 \times 1 = 93.6$$
$$\hat{y}_{17} = 91.2 + 2.7 \times 2 = 96.6$$

4．三次指数平滑

非线性指数平滑模型一般采用三次指数平滑法，几乎适用于所有的应用问题，因而使用比较广泛。

三次指数平滑法的基本公式为

$$S_t^{[3]} = \alpha S_t^{[2]} + (1-\alpha)S_{t-1}^{[3]} \tag{3-30}$$

非线性指数平滑模型的一般形式为

$$\hat{y}_{t+T} = a_t + b_t T + c_t T^2$$

这三个平滑系数的计算公式如下：

$$a_t = 3S_t^{[1]} - 3S_t^{[2]} + S_t^{[3]} \tag{3-31}$$

$$b_t = \frac{\alpha}{2(1-\alpha)^2}\left[(6-5\alpha)S_t^{[1]} - 2(5-4\alpha)S_t^{[2]} + (4-3\alpha)S_t^{[3]}\right] \tag{3-32}$$

$$c_t = \frac{\alpha^2}{2(1-\alpha)^2}\left(S_t^{[1]} - 2S_t^{[2]} + S_t^{[3]}\right) \tag{3-33}$$

例如，根据表 3-8 中的计算数据，建立非线性指数平滑模型，并计算未来 2 期的预测值。

解：计算三次指数平滑值，计算方法与一次、二次指数平滑值的计算方法相似，分别取 $\alpha = 0.3$，$\alpha = 0.1$，按式(3-30)计算结果，并填入表 3-8。

计算平滑系数并求出平滑模型。取 $\alpha = 0.3$，由表 3-8 得，$S_{15}^{[1]}=84.8$，$S_{15}^{[2]}=78.4$，$S_{15}^{[3]}=73.3$。代入式(3-31)、式(3-32)和式(3-33)，可得

$$a_t = 3 \times 84.8 - 3 \times 78.4 + 73.3 = 92.5$$

$$b_t = \frac{0.3}{2 \times 0.7^2}\left[(6-1.5) \times 84.8 - 2 \times (5-1.2) \times 78.4 + (4-0.9) \times 73.3\right] = 3.977$$

$$c_t = \frac{0.3^2}{2 \times (1-0.3)^2} \times (84.8 - 2 \times 78.4 + 73.3) = 0.119$$

所以预测模型为

$$\hat{y}_{15+T} = 92.5 + 3.977T + 0.119T^2$$

计算未来 2 期的预测值。以 $T=1, 2$ 代入上式，得

$$\hat{y}_{16} = 92.5 + 3.977 \times 1 + 0.119 \times 1^2 = 96.60$$

$$\hat{y}_{17} = 92.5 + 3.977 \times 2 + 0.119 \times 2^2 = 100.93$$

3.4.3 生长曲线法

生长曲线是增长曲线的一大类，是描绘各种社会、自然现象的数量指标依时间变化而呈现某种规律性的曲线。由于生长曲线形状大致呈 S 型，故又称 S 曲线。在信息分析中，利用生长曲线模型来描述事物发生、发展和成熟的全过程的方法就是生长曲线法。

生长曲线法是基于对事物发展全过程的认识而发展起来的。事物的发展(如人口的增长、信息量的增长、技术的发展等)，开始几乎都是按指数函数的规律增长，在达到一定程度后，由于自身和环境的制约作用，逐渐趋于一种稳定状态。生长曲线较好地描述了事物的这种发生、发展和成熟的全过程。生长曲线有两种，一种是对称型的生长曲线 (如图 3-15 (a) 所示)，又称逻辑 (Logistic) 曲线或珀尔 (Pearl) 曲线；另一种是不对称型的生长曲线 (如图 3-15 (b) 所示)，又称龚珀兹 (Gompertz) 曲线。

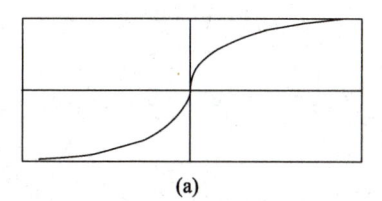

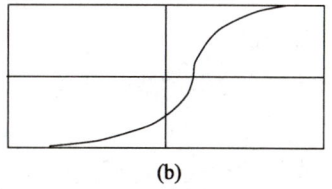

图 3-15　生长曲线

1．逻辑曲线

1）数学模型

美国统计学家珀尔（Pearl）通过对生物繁殖和生长过程的大量研究，提出了一个模拟生物生长过程的逻辑曲线模型。其数学表达式为

$$y = \frac{k}{1 + a\mathrm{e}^{-bt}} \tag{3-34}$$

其中，$k>0$，$a>0$，$b>0$。这个模型同样适用于人口增长、信息量的增长、技术的发展等过程，因而在信息分析中应用广泛。

逻辑曲线具有以下数学特征：

① 当 $t \to \infty$ 时，$y \to k$，即 k 是 y 值变化的上限。

② 将 y 对 t 求一阶导数，得

$$y' = by - \frac{by^2}{k}$$

所以在 $(-\infty, +\infty)$ 上，$y' > 0$，该曲线单增，无极值。

③ 将 y 对 t 求二阶导数，得

$$y'' = b^2 y \left(1 - \frac{y}{k}\right)\left(1 - \frac{2y}{k}\right)$$

当 $y = 0, k/2, k$ 时，$y'' = 0$，这表明该曲线在其单增区间内，$y = k/2$ 是唯一拐点，拐点的上下两部分相对于拐点是对称的。

将 $y = k/2$ 代入式 (3-34)，得 $t = \ln a / b$，所以该曲线的拐点为 $(\ln a / b, k/2)$。

④ 通过改变 a 或 b 的数值，可以对它的形状和位置独立地进行控制。改变 a 只影响曲线位置，而不改变其形状；相反，改变 b 只影响形状而不改变其位置。

2）模型系数的确定

确定系数 k、a、b 的方法有多种，具有代表性的如下。

（1）线性回归法

通过定性分析的方法，根据事物发展规律确定上限 k 值。对曲线进行线性化变换：令 $\hat{y} = \ln(k/y - 1), A = \ln a$，则

$$\hat{y} = A - bt$$

根据第 2 章介绍的回归分析法，用最小二乘法求出系数。

(2) 三段和值法

对式(3-34)两边取倒数，并令 $y^{-1}=Y$，$k^{-1}=K$，$a/k=-A$，$\mathrm{e}^{-b}=B$，则
$$Y = K - AB^t \tag{3-35}$$
即修正指数曲线的形式，可通过三段和值法来求系数。

三段和值法解决问题的基本出发点是将整个序列分为三个相等的时间周期。假定有 $3n$（n 为任意整数）组数据

$$(t_0, Y_0), (t_1, Y_1), \cdots, (t_{n-1}, Y_{n-1})$$
$$(t_n, Y_n), (t_{n+1}, Y_{n+1}), \cdots, (t_{2n-1}, Y_{2n-1})$$
$$(t_{2n}, Y_{2n}), (t_{2n+1}, Y_{2n+1}), \cdots, (t_{3n-1}, Y_{3n-1})$$

一般，n 值越大，估计的精度就越高。

上述 $3n$ 组数据应分别满足式(3-35)。若以 i 代 t_i（$i=0,1,\cdots,3n-1$），则可得下述三组方程组：

$$\left. \begin{array}{l} Y_0 = K - AB^0 \\ Y_1 = K - AB^1 \\ \cdots\cdots \\ Y_{n-1} = K - AB^{n-1} \end{array} \right\} \text{（Ⅰ）}$$

$$\left. \begin{array}{l} Y_n = K - AB^n \\ Y_{n+1} = K - AB^{n+1} \\ \cdots\cdots \\ Y_{2n-1} = K - AB^{2n-1} \end{array} \right\} \text{（Ⅱ）}$$

$$\left. \begin{array}{l} Y_{2n} = K - AB^{2n} \\ Y_{2n+1} = K - AB^{2n+1} \\ \cdots\cdots \\ Y_{3n-1} = K - AB^{3n-1} \end{array} \right\} \text{（Ⅲ）}$$

将上述方程组左右两边分别相加，求解得

$$B = \left[\frac{\sum Y_i(\text{Ⅱ}) - \sum Y_i(\text{Ⅲ})}{\sum Y_i(\text{Ⅰ}) - \sum Y_i(\text{Ⅱ})} \right] \tag{3-36}$$

$$A = \left[\sum Y_i(\text{Ⅰ}) - \sum Y_i(\text{Ⅱ}) \right] \frac{B-1}{(B^n-1)^2} \tag{3-37}$$

$$K = \frac{1}{n} \left[\sum Y_i(\text{Ⅰ}) + A \times \frac{1-B^n}{1-B} \right] \tag{3-38}$$

从而可以求出 K、A、B 后，即可得逻辑曲线模型的系数 k、a、b。

例如，根据表 3-9 列出的某种技术参数的时间序列数据预测未来一期参数值。

解：

先求 $Y_t = (y_t)^{-1}$，并填入表 3-9。

将 Y_t 分为 3 组：

表 3-9　原始时间序列数据及其倒数

时间 t	原始数据 y_t	y_t 的倒数 Y_t	时间 t	原始数据 y_t	y_t 的倒数 Y_t
0	19.6	0.051	8	40.1	0.025
1	21.5	0.047	9	42.2	0.024
2	24.0	0.042	10	44.0	0.023
3	26.8	0.037	11	45.5	0.022
4	30.2	0.033	12	46.9	0.021
5	33.4	0.030	13	48.3	0.021
6	35.7	0.028	14	48.9	0.021
7	37.8	0.027	/		

$$\sum Y_i(\text{I}) = 0.051 + 0.047 + 0.042 + 0.037 + 0.033 = 0.21$$
$$\sum Y_i(\text{II}) = 0.030 + 0.028 + 0.027 + 0.025 + 0.024 = 0.134$$
$$\sum Y_i(\text{III}) = 0.023 + 0.022 + 0.021 + 0.021 + 0.021 = 0.108$$

从而

$$B = \left(\frac{0.134 - 0.108}{0.21 - 0.134}\right)^{\frac{1}{5}} = 0.807$$

$$A = (0.21 - 0.134) \times \frac{0.807 - 1}{(0.807^5 - 1)^2} = -0.034$$

$$K = \frac{1}{5}\left[0.21 + (-0.034) \times \frac{1 - 0.807^5}{1 - 0.807}\right] = 0.019$$

进而

$$k = \frac{1}{K} = 52.63$$
$$a = -kA = 52.63 \times (-0.034) = 1.789$$
$$b = -\ln B = -\ln 0.807 = 0.214$$

所以逻辑曲线模型为

$$\hat{y}_t = \frac{52.63}{1 + 1.789 e^{-0.214 t}}$$

由此得下一期参数预测值为

$$\hat{y}_{15} = \frac{52.63}{1 + 1.789 e^{-0.214 \times 15}} = 49.086$$

2．龚珀兹曲线

1）数学模型

英国统计学家和数学家龚珀兹（B. Gompertz）提出了另一个生长曲线模型，即龚珀兹曲线模型。其数学表达式为

$$y = ka^{b^t} \tag{3-39}$$

其中，$k > 0$，$0 < a, b < 1$。

龚珀兹曲线具有以下数学特征：

① 当 $t\to -\infty$ 时，$y\to 0$；当 $t\to +\infty$ 时，$y\to k$，即 y 值在 $0\sim k$ 之间变化，k 为上限。

② 将 y 对 t 求一阶导数，得

$$y' = y\ln a \cdot \ln b \cdot b^t \tag{3-40}$$

将式(3-39)两边取自然对数，得

$$b^t = \frac{\ln\left(\dfrac{y}{k}\right)}{\ln a}$$

将 b^t 代入式(3-40)，得

$$y' = y\ln b \cdot \ln\left(\frac{y}{k}\right)$$

由上式可知，除了 $y=0$ 和 $y=k$，$0\sim k$ 之间的一切 y 值均不能使 y' 等于 0，即该曲线是单调的，无极值。

③ 将 y 对 t 求二阶导数，得

$$y'' = y(\ln b)^2 \cdot \ln\left(\frac{y}{k}\right) \cdot \left[\ln\left(\frac{y}{k}\right) + 1\right] \tag{3-41}$$

由上式可知，除 $y=0$ 和 $y=k$，只有当 $\ln(y/k)+1=0$ 时，$y''=0$，所以龚珀兹曲线在单调区间内存在唯一的拐点。可以算出该曲线的拐点为

$$\left(-\frac{\ln(-\ln a)}{\ln b}, \frac{k}{e}\right)$$

由于 $k/e < k/2$，因此龚珀兹曲线的拐点位置比逻辑曲线的拐点更低，龚珀兹曲线拐点前后两部分是不对称的。

④ $t=0$ 时，$y=ka$，即曲线与 Y 轴相交点为 $(0, ka)$。

2） 模型系数的确定

具有代表性的模型系数确定方法如下。

(1) 线性回归法

通过定性分析的方法，根据事物发展规律确定上限 k 值。对曲线进行线性化变换：将式(3-39)变形后，两边取自然对数，并令 $Y = \ln(\ln(y/k))$，则
$$Y = \ln(\ln a) + t(\ln b)$$

根据第 3 章介绍的回归分析法，用最小二乘法求出系数。

(2) 三段和值法

对式(3-39)两边取常用对数，并令 $\lg y = Y$，$\lg k = K$，$\lg a = -A$，$b = B$，则 $Y = K - AB^t$。具体计算与逻辑曲线模型系数的三段和值求法完全相同。在求出 A、B、K 后，即可得龚珀兹曲线模型系数 a、b、k。

例如，表 3-9 是某商品 2014—2022 年的销售额，我们使用龚伯兹曲线对其进行预测。

表 3-9　某商品 2014—2022 年的销售额

年份	时间序次 t	销售额 y_t（万元）	Y_t	$\sum Y_t$
2014	0	25850	4.412	
2015	1	32800	4.516	$\sum Y_t(\mathrm{I}) = 13.576$
2016	2	44480	4.648	
2017	3	56000	4.748	
2018	4	64960	4.813	$\sum Y_t(\mathrm{II}) = 14.419$
2019	5	72080	4.858	
2020	6	80280	4.905	
2021	7	85840	4.934	$\sum Y_t(\mathrm{III}) = 14.793$
2022	8	89900	4.954	

令 $\lg y = Y$，$\lg k = K$，$\lg a = -A$，$b = B$，先求 $Y_t = \lg y_t$，并将 Y_t 分为 3 组，求 $\sum Y_t(\mathrm{I})$、$\sum Y_t(\mathrm{II})$、$\sum Y_t(\mathrm{III})$，填入表 3-9。所以

$$B = \sqrt[3]{\frac{14.419 - 14.793}{13.576 - 14.419}} = 0.763$$

$$A = (13.576 - 14.419) \times \frac{0.763 - 1}{(0.763^3 - 1)^2} = 0.647$$

$$K = \frac{1}{3} \times \left(13.576 + 0.647 \times \frac{1 - 0.762^3}{1 - 0.762}\right) = 5.0311$$

则 $b = 0.763$，$a = 0.225$，$k = 107423.674$，龚伯兹曲线模型为

$$y_t = 107423.647 \times 0.225^{0.763^t}$$

由此可以预测 2023 年的销售额为 94259 万元。

3.4.4　时间序列分解法

时间序列分解法的基本思想是将时间序列上构成波动的不同因素分离开来，对各因素分别进行分析。这种方法有助于说明各种社会经济活动中的数量指标发生变动的分量原因，既有利于准确预测，又有利于有的放矢地进行控制和管理。

1．时间序列的结构形式

在社会经济活动中，时间序列值依时间波动通常是由于受到下列因素的影响。

① 趋势（Trend，T）因素：当时间序列值依时间变化时，表现出某种倾向（如线性、指数曲线或 S 型曲线趋势），是影响时间序列值的主导因素。

② 循环（Circle，C）因素：周期不固定的波动变化（如经济危机）产生的原因。

③ 季节变动（Season，S）因素：周期相对固定（如一年四季）的波动变化产生的原因。

④ 不规则变动（Irregular，I）因素：指许多外生的不易控制的因素。这些因素的出现带有很大的随机性。一般假定 $E(I) = 0$，$D(I) = \sigma^2$。

若以 Y_t 表示时间序列值，T_t、C_t、S_t、I_t 分别表示趋势、周期、季节变动和不规则变动，则时间序列值可分解为以下3种模式。

① 加法模式：
$$Y_t = T_t + C_t + S_t + I_t$$

② 乘法模式：
$$Y_t = T_t C_t S_t I_t \tag{3-42}$$

③ 混合模式：
$$Y_t = T_t C_t S_t + I_t$$

2．时间序列的传统分解

在以上各种模式中，实际常用的是乘法模式。在乘法模式中，各变量的单位是：T_t 与 Y_t 的单位相同，其他因素的变化均是比例值。为了求出各因素对时间序列值影响的大小，下面介绍各因素的分解方法。

1）分解出 T_t 和 C_t

假定季节长度为4（一年分为4季）。由 $E(I) = 0$ 可知，只要将序列 Y_t 作移平跨度为4的移动平均，就可消除季节变动和不规则变动的影响。记移动平均值为 M_t，则

$$M_t = \frac{Y_t + Y_{t-1} + Y_{t-2} + Y_{t-3}}{4} \tag{3-43}$$

2）分解出 S_t 和 I_t

将式(3-42)两边除以 M_t，得

$$\frac{Y_t}{M_t} = \frac{T_t C_t S_t I_t}{T_t C_t} = S_t I_t \tag{3-44}$$

3）从 $S_t I_t$ 中分解出 S_t

式(3-44)中的 $S_t I_t$ 包含季节变动因素和不规则变动因素，因此要设法排除掉不规则变动因素。式(3-43)的移平法虽然可消除不规则变动因素，但也消除了季节变动因素。为了消除不规则变动因素而保留季节变动因素，我们采用按季节平均的方法。例如，将式(3-44)所得的序列 $S_t I_t$ 逐年逐季排列起来，然后将各年的相同季节的 $S_t I_t$ 相加进行平均，这就达到了消除不规则变动因素而保留季节变动因素的目的。详见下面的同季平均法。

4）从 $T_t C_t$ 序列中分解出 C_t

$T_t C_t$ 包含了趋势因素与周期因素，要把这两者分离出来，先要确定一种能最好地描述数据的趋势变化的曲线类型，曲线的模型建立和参数估计与前面章节中论述的方法相同。由曲线方程估算出 T_t，以 T_t 除 M_t，得

$$\frac{M_t}{T_t} = \frac{T_t C_t}{T_t} = C_t$$

3．常用时间序列分解预测法

利用时间序列分解法进行预测的常用方法主要有同季（月）平均法、季节系数法等。同

季平均法是分析具有季节变化的时间序列并在此基础上进行预测的最简单的方法,主要适用于受季节变化影响而无明显趋势变化的时间序列。它包括两个步骤:一是将历年同季数据的平均值与各季总平均值相比,求得季节系数;二是以最近一年的各季平均值分别乘以各季系数,即得来年各季的预测值。季节系数法是分析具有趋势变化和季节变化的时间序列并在此基础上进行预测的一种方法。时间序列分解法通过分析数据的趋势变化和季节波动规律,建立趋势变动模型,求出季节系数,再用季节系数去修正反映趋势变化的模型。时间序列分解法主要基于这样一种思想:趋势是时间序列在整个长时期内的平均运动,是制约时间序列波动的主导因素,而其他各因素引起的波动只能算是对趋势的偏离。

例如,根据表 3-10 中历年数据预测某电器的销售量。

表 3-10 某电器的销售量(台)

年 度	一季度	二季度	三季度	四季度	合 计	各季平均
第 1 年	4123	3654	3542	4060	15379	3845
第 2 年	4314	3910	3750	4292	16266	4067
第 3 年	4506	4145	4043	4513	17207	4302
第 4 年	4724	4364	4264	4747	18099	4525
合 计	17667	16073	15599	17612	66951	
同季平均	4417	4018	3900	4403		
各季总平均	4184					
季节系数	1.056	0.960	0.932	1.052		

解:① 计算同季平均值和各季总平均值。同季平均值是历年同季数据之和除以总年数;各季总平均值是历年全部季度总销售数除以总的季数。其结果列入表 3-10。

② 计算季节系数。季节系数 f_i 等于同季平均值与各季总平均值之比:
$$f_1 = 4417/4184 = 1.056, \quad f_2 = 4018/4184 = 0.960$$
$$f_3 = 3900/4184 = 0.932, \quad f_4 = 4403/4184 = 1.052$$

③ 计算预测值。以第 4 年的季平均值分别乘以各季节系数 f_i,即得第 5 年各季度的预测值:

第 1 季度: $\hat{y}_{第5年,1} = 4525 \times 1.056 = 4778$(台)
第 2 季度: $\hat{y}_{第5年,2} = 4525 \times 0.960 = 4344$(台)
第 3 季度: $\hat{y}_{第5年,3} = 4525 \times 0.932 = 4217$(台)
第 4 季度: $\hat{y}_{第5年,4} = 4525 \times 1.052 = 4760$(台)

3.5 主成分分析

主成分分析是在降维的思想指导下产生的一种有效的处理高维数据的方法,在实际问题研究中，往往涉及众多相关的变量。例如，对全国省会城市和计划单列市发展水平进行比较，必须选取合适的可直接测量的指标，以综合反映一个城市的综合发展水平。如果从规模、结构、效益、基础设施、城镇化水平、居民消费水平等方面考虑，可选取 23 项指标，其指标体系构成如下：市区人口密度、年末总人口、非农业人口、建成区面积、人均园林绿地面积、全部就业人口、第三产业从业人员比重、国内生产总值、农牧渔业生产值、工业总产值、产品销售收入、利税总额、100 元资金实现利税、固定资料投资总额、社会消费品零售总额、人均地方财政收入、人均地方财政支出、人均教育事业费支出、人均储蓄年末余额、职工平均工资、客运总量、货运总量、人均邮电业务总量。但是，变量太多不仅会增加计算的复杂性，也会给合理地分析和预测带来困难。在一般的实际问题研究中，虽然所涉及的每个变量都提供了一定的信息，但重要性有所不同，且在很多情况下，变量间有一定的相关性，从而使得这些变量提供的信息在一定程度上有所重叠。信息的重叠越大，变量间的相关性也越大。如何对这些变量加以"改造"，用为数较少的、互不相关的、不可直接测量的新变量来反映原变量所提供的绝大部分信息，并通过对新变量的分析达到解决问题的目的，这正是主成分分析法核心思想之体现。

3.5.1 主成分分析法思想

下面以二元变量 $X = (X_1, X_2)$ 为例说明主成分分析法的思想。对此二维变量进行了 n 次观测，得到数据 $x_i = (x_{i1}, x_{i2})$（$i = 1, 2, \cdots, n$），假设它们在二维平面 X_1OX_2 上的分布如图 3-16 所示。

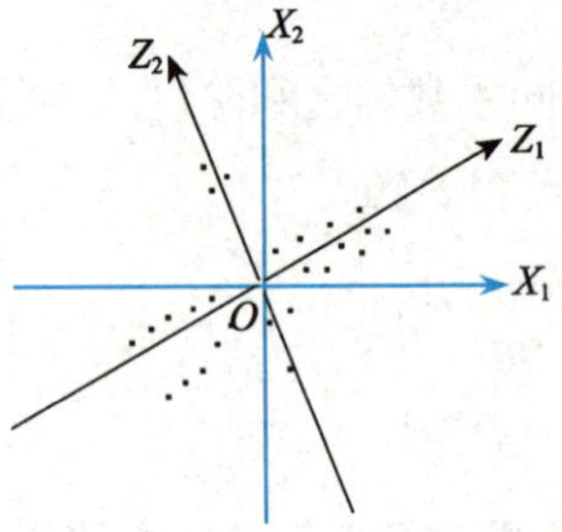

先考虑如下一种极端情形，X_1 和 X_2 的相关系数的绝对值为 1，即 (x_{i1}, x_{i2}) 分布在一条直线 l 上。若将原坐标系沿逆时针方向旋转一个角度 θ，得新的直角坐标系 Z_1OZ_2，使坐标轴 OZ_1 与直线 l 重合，这时观测点 (x_{i1}, x_{i2}) 可由它们在 OZ_1 轴上的坐标确定，即原来的二元变量表达的信息等同于转化后一元变量

图 3-16 主成分分析示意

（主成分）表达的信息。由解析几何可知，这些观测点在 OZ_1 上的坐标为

$$z_{i1} = x_{i1} \cos\theta + x_{i2} \sin\theta \quad (i = 1, 2, \cdots, n)$$

它们是原观测数据的线性组合且在 OZ_1 轴上的分散性（样本方差 Var）达到最大。因此，对原变量 (X_1, X_2) 作适当的线性变换可得新的变量 Z_1，即

$$Z_1 = X_1 \cos\theta + X_2 \sin\theta$$

其中，θ 的选择使 $\text{Var}(Z_1)$ 最大且 Z_1 的相应值完全可以反映原二元变量 (X_1, X_2) 的观测值的分布状况。

一般情况下，将 OX_1 轴沿逆时针方向旋转一个角度 θ 到 OZ_1 轴，使得原观测数据 (x_{i1}, x_{i2}) 经过线性组合后所得的新变量 Z_1 具有最大的分散性，即该方向所含的数据间差异的信息最多。相应地，OX_2 转至 OZ_2 方向。在现实世界中，原变量 (X_1, X_2) 是可直接观测的变量，变

量 (Z_1, Z_2) 是不可直接观察和测量的，它们通过原变量的线性变换而得到。设转过角度为 θ，则观测点 (x_{i1}, x_{i2}) 在新坐标系下的坐标为

$$\begin{cases} z_{i1} = x_{i1}\cos\theta + x_{i2}\sin\theta \\ z_{i2} = x_{i1}\sin\theta + x_{i2}\cos\theta \end{cases}$$

这时，(z_{i1}, z_{i2})（$i=1,2,\cdots,n$）均是相应的原数据的线性变换，且线性变换系数满足条件：$\sin^2\theta + \cos^2\theta = 1$。$(z_{i1}, z_{i2})$ 完全反映了原始数据的分布情况，并且各自反映的是彼此不相关的两个方向上的分散性。相应的变量

$$Z_1 = X_1\cos\theta + X_2\sin\theta$$
$$Z_2 = X_1\sin\theta + X_2\cos\theta$$

分别称为 X_1 和 X_2 的第一主成分和第二主成分。如果数据在 OZ_2 方向上的分散性很小，那么可用一元数据 z_{i1} 反映原二元数据的绝大部分信息，即可近似地用 Z_1 的分布信息代替原二维变量 (X_1, X_2) 的分布信息。

3.5.2 主成分分析法机理

设 $X_1, X_2, \cdots, X_p$ 为某实际问题涉及的 p 个随机变量，记 $\boldsymbol{X} = (X_1, X_2, \cdots, X_p)^\mathrm{T}$，其协方差矩阵为 $\boldsymbol{\Sigma} = (\sigma_{ij})_{p\times p}$。这是一个 p 阶矩阵，设 $\boldsymbol{l}_i = (l_{i1}, l_{i2}, \cdots, l_{ip})^\mathrm{T}$（$i=1,2,\cdots,n$）为 p 个常数向量，考虑如下线性变换：

$$\begin{cases} \boldsymbol{Z}_1 = \boldsymbol{l}_1^\mathrm{T}\boldsymbol{X} = l_{11}X_1 + l_{12}X_2 + \cdots + l_{1p}X_p \\ \boldsymbol{Z}_2 = \boldsymbol{l}_2^\mathrm{T}\boldsymbol{X} = l_{21}X_1 + l_{22}X_2 + \cdots + l_{2p}X_p \\ \quad\vdots \\ \boldsymbol{Z}_p = \boldsymbol{l}_p^\mathrm{T}\boldsymbol{X} = l_{p1}X_1 + l_{p2}X_2 + \cdots + l_{pp}X_p \end{cases}$$

设 $\mathrm{Var}(Z_i)$ 为 Z_i 的方差，$\mathrm{Cov}(Z_i, Z_j)$ 为 Z_i 和 Z_j 的协方差，根据方差和协方差的性质可知：

$$\mathrm{Var}(\boldsymbol{Z}_i) = \mathrm{Var}(\boldsymbol{l}_i^\mathrm{T}\boldsymbol{X}) = \boldsymbol{l}_i^\mathrm{T}\boldsymbol{\Sigma}\boldsymbol{l}_i$$
$$\mathrm{Cov}(\boldsymbol{Z}_i, \boldsymbol{Z}_j) = \mathrm{Cov}(\boldsymbol{l}_i^\mathrm{T}\boldsymbol{X}, \boldsymbol{l}_j^\mathrm{T}\boldsymbol{X}) = \boldsymbol{l}_i^\mathrm{T}\boldsymbol{\Sigma}\boldsymbol{l}_j$$

如果希望用 Z_1 代替原来 p 个变量 $X_1, X_2, \cdots, X_p$，这就要求 Z_1 尽可能地反映原 p 个变量的信息。这里"信息"用 Z_1 的方差来度量，即要求 $\mathrm{Var}(Z_1)$ 达到最大。但是，变量方差的大小受其平均值大小的影响，对任意常数 k，若取 $\tilde{\boldsymbol{l}}_1 = k\boldsymbol{l}_1$，则

$$\mathrm{Var}(\tilde{\boldsymbol{l}}_1^\mathrm{T}\boldsymbol{X}) = k^2\mathrm{Var}(\boldsymbol{l}_1^\mathrm{T}\boldsymbol{X}) = k^2\boldsymbol{l}_1^\mathrm{T}\boldsymbol{\Sigma}\boldsymbol{l}_1$$

这表明若不对 $\boldsymbol{l}_1$ 加以限制，$\mathrm{Var}(Z_1)$ 将无界；并且，这样变换所得的新变量值无法反映原始数据的分布状况。在前面二元变量坐标轴旋转的例子中，变换系数满足条件 $\sin^2\theta + \cos^2\theta = 1$。同样，为了保证变换后的新变量值能够反映原始数据的分布状况，这里须提出约束条件：$\boldsymbol{l}_1^\mathrm{T}\boldsymbol{l}_1 = 1$，然后求 $\boldsymbol{l}_1$，使 $\mathrm{Var}(Z_1)$ 达到最大，此时 $\boldsymbol{l}_1$ 确定的随机变量 Z_1 称为 $X_1, X_2, \cdots, X_p$ 的第一主成分。

如果第一主成分 Z_1 还不足以完全反映原变量的信息，进一步求 Z_2。为了使 Z_1 和 Z_2 反映

原变量的信息不相重叠，要求 Z_1 与 Z_2 不相关，即
$$\mathrm{Cov}(Z_1, Z_2) = \boldsymbol{l}_1^\mathrm{T} \boldsymbol{\Sigma} \boldsymbol{l}_2 = 0$$

于是，在约束条件 $\boldsymbol{l}_1^\mathrm{T} \boldsymbol{l}_1 = 1$ 及 $\boldsymbol{l}_1^\mathrm{T} \boldsymbol{\Sigma} \boldsymbol{l}_2 = 0$ 之下，求 $\boldsymbol{l}_2$，使 $\mathrm{Var}(Z_2)$ 在 $\mathrm{Var}(Z_1)$ 之外达到最大，此时 $\boldsymbol{l}_2$ 确定的随机变量 Z_2 称为 $X_1, X_2, \cdots, X_p$ 的第二主成分。

一般，若已求出 k 个主成分，在如下约束条件下求 $\boldsymbol{l}_i$
$$\begin{aligned}\boldsymbol{l}_i^\mathrm{T} \boldsymbol{l}_i &= 1 \\ \mathrm{Cov}(Z_i, Z_k) = \boldsymbol{l}_k^\mathrm{T} \boldsymbol{\Sigma} \boldsymbol{l}_i &= 0\end{aligned} \quad (k = 1, 2, \cdots, n-1)$$

使 $\mathrm{Var}(Z_i)$ 在前面的 k 个主成分之外达到最大。此时，$\boldsymbol{l}_i$ 确定的 Z_i 称为 $X_1, X_2, \cdots, X_p$ 的第 i 个主成分。

3.5.3 主成分的计算方法

$\boldsymbol{\Sigma}$ 是 $\boldsymbol{X} = (X_1, X_2, \cdots, X_p)^\mathrm{T}$ 的协方差矩阵，是一个实对称矩阵。设 $\boldsymbol{\Sigma}$ 的特征值及相应的正交单位化特征向量分别为 $\lambda_1 \geq \lambda_2 \geq \cdots \geq \lambda_p \geq 0$ 及 $\boldsymbol{e}_1, \boldsymbol{e}_2, \cdots, \boldsymbol{e}_p$。

设 λ_i 和 λ_j 是实对称矩阵的两个特征值，$\boldsymbol{e}_i$ 和 $\boldsymbol{e}_j$ 是对应的特征向量。可以证明，若 $\lambda_i \neq \lambda_j$，则 $\boldsymbol{e}_i$ 与 $\boldsymbol{e}_j$ 正交。

令 $\boldsymbol{e}_i = (e_{i1}, e_{i2}, \cdots, e_{ip})^\mathrm{T}$，$\boldsymbol{P} = (\boldsymbol{e}_1, \boldsymbol{e}_2, \cdots, \boldsymbol{e}_p)$，则 $\boldsymbol{P}$ 为一正交矩阵，满足 $\boldsymbol{P}\boldsymbol{P}^\mathrm{T} = \boldsymbol{E}$（$\boldsymbol{P}^{-1} = \boldsymbol{P}^\mathrm{T}$），则
$$\boldsymbol{P}^\mathrm{T} \boldsymbol{\Sigma} \boldsymbol{P} = \mathrm{Diag}(\lambda_1, \lambda_2, \cdots, \lambda_p) = \Lambda$$

其中，$\mathrm{Diag}(\lambda_1, \lambda_2, \cdots, \lambda_p)$ 表示对角矩阵。

设 $Z_1 = \boldsymbol{l}_1^\mathrm{T} \boldsymbol{X}$ 为 $\boldsymbol{X}$ 的第一主成分，其中 $\boldsymbol{l}_1^\mathrm{T} \boldsymbol{l}_1 = 1$。令 $\boldsymbol{z}_1 = (z_{11}, z_{12}, \cdots, z_{1p})^\mathrm{T} = \boldsymbol{P}^\mathrm{T} \boldsymbol{l}_1$，则
$$\begin{aligned}\mathrm{Var}(Z_1) &= \boldsymbol{l}_1^\mathrm{T} \boldsymbol{\Sigma} \boldsymbol{l}_1 = \boldsymbol{z}_1^\mathrm{T} \boldsymbol{P}^\mathrm{T} \boldsymbol{\Sigma} \boldsymbol{P} \boldsymbol{z}_1 = \lambda_1 z_{11}^2 + \lambda_2 z_{12}^2 + \cdots + \lambda_p z_{1p}^2 \\ &\leq \lambda_1 \boldsymbol{z}_1^\mathrm{T} \boldsymbol{z}_1 = \lambda_1 \boldsymbol{l}_1^\mathrm{T} \boldsymbol{P} \boldsymbol{P}^\mathrm{T} \boldsymbol{l}_1 = \lambda_1\end{aligned}$$

并且当 $\boldsymbol{z}_1 = (1, 0, \cdots, 0)^\mathrm{T}$ 时，等号成立，这时 $\boldsymbol{l}_1 = \boldsymbol{P} \boldsymbol{z}_1 = \boldsymbol{e}_1$。

由此可见，在约束条件 $\boldsymbol{l}_1^\mathrm{T} \boldsymbol{l}_1 = 1$ 下，当 $\boldsymbol{l}_1 = \boldsymbol{e}_1$ 时，$\mathrm{Var}(Z_1)$ 达到最大，且
$$\max\{\mathrm{Var}(Z_1)\} = \mathrm{Var}(\boldsymbol{e}_1^\mathrm{T} \boldsymbol{X}) = \boldsymbol{e}_1^\mathrm{T} \boldsymbol{\Sigma} \boldsymbol{e}_1 = \lambda_1$$

设 $Z_2 = \boldsymbol{l}_2^\mathrm{T} \boldsymbol{X}$ 为 $\boldsymbol{X}$ 的第二主成分，令 $\boldsymbol{l}_1^\mathrm{T} \boldsymbol{l}_1 = 1$ 且
$$\mathrm{Cov}(Z_2, Z_1) = \mathrm{Cov}(\boldsymbol{l}_2^\mathrm{T} \boldsymbol{X}, \boldsymbol{l}_1^\mathrm{T} \boldsymbol{X}) = \boldsymbol{l}_2^\mathrm{T} \boldsymbol{\Sigma} \boldsymbol{e}_1 = \lambda_1 \boldsymbol{l}_2^\mathrm{T} \boldsymbol{e}_1 = 0$$

即 $\boldsymbol{l}_1^\mathrm{T} \boldsymbol{l}_1 = 1$ 且 $\boldsymbol{l}_2^\mathrm{T} \boldsymbol{e}_1 = 0$。令 $\boldsymbol{z}_2 = (z_{21}, z_{22}, \cdots, z_{2p})^\mathrm{T} = \boldsymbol{P}^\mathrm{T} \boldsymbol{l}_2$，则
$$\boldsymbol{l}_2^\mathrm{T} \boldsymbol{e}_1 = \boldsymbol{z}_2^\mathrm{T} \boldsymbol{P}^\mathrm{T} \boldsymbol{e}_1 = z_{21} \boldsymbol{e}_1^\mathrm{T} \boldsymbol{e}_1 + z_{22} \boldsymbol{e}_2^\mathrm{T} \boldsymbol{e}_1 + \cdots + z_{2p} \boldsymbol{e}_p^\mathrm{T} \boldsymbol{e}_1 = z_{21} = 0$$

从而
$$\begin{aligned}\mathrm{Var}(Z_2) &= \boldsymbol{l}_2^\mathrm{T} \boldsymbol{\Sigma} \boldsymbol{l}_2 = \boldsymbol{z}_2^\mathrm{T} \boldsymbol{P}^\mathrm{T} \boldsymbol{\Sigma} \boldsymbol{P} \boldsymbol{z}_2 = \boldsymbol{z}_2^\mathrm{T} \Lambda \boldsymbol{z}_2 \\ &= \lambda_1 z_{21}^2 + \lambda_2 z_{22}^2 + \cdots + \lambda_p z_{2p}^2 = \lambda_2 z_{22}^2 + \cdots + \lambda_p z_{2p}^2 \\ &\leq \lambda_2 \boldsymbol{z}_2^\mathrm{T} \boldsymbol{z}_2 = \lambda_2 \boldsymbol{l}_2^\mathrm{T} \boldsymbol{P} \boldsymbol{P}^\mathrm{T} \boldsymbol{l}_2 = \lambda_2 \boldsymbol{l}_2^\mathrm{T} \boldsymbol{l}_2 = \lambda_2\end{aligned}$$

并且当 $z_2 = (0,1,0,\cdots,0)^{\mathrm{T}}$ 即 $l_2 = Pz_2 = e_2$ 时，$\mathrm{Var}(Z_2)$ 达到最大，且
$$\max\{\mathrm{Var}(Z_2)\} = \mathrm{Var}(e_2^{\mathrm{T}} X) = e_2^{\mathrm{T}} \Sigma e_2 = \lambda_2$$

类似可证明，对所有 p 个主成分，上述结论均成立。

根据以上论证，X 的第 i 个主成分为
$$Z_i = e_i^{\mathrm{T}} X = e_{i1} X_1 + e_{i2} X_2 + \cdots + e_{ip} X_p \quad (i=1,2,\cdots,p)$$

并且存在以下结论：
$$\mathrm{Var}(Z_i) = e_i^{\mathrm{T}} \Sigma e_i = \lambda_i, \qquad i = 1,2,\cdots,p$$
$$\mathrm{Cov}(Z_k, Z_i) = e_k^{\mathrm{T}} \Sigma e_i = \lambda_i e_k^{\mathrm{T}} e_i = 0 \quad i \neq k$$

因此，求 X 的各主成分等价于求它的协方差矩阵的各特征值及相应的正交单位化特征向量。按照特征值由大到小对应的正交单位化特征向量为组合系数的 $X_1, X_2, \cdots, X_p$ 的线性组合分别为 X 的第 $1\sim p$ 个主成分，且各主成分的方差等于相应的特征值。

3.5.4　主成分的贡献率和累计贡献率

记 $Z = (Z_1, Z_2, \cdots, Z_p)^{\mathrm{T}}$ 为主成分向量，则 $Z = P^{\mathrm{T}} X$，且
$$\mathrm{Cov}(Z) = \mathrm{Cov}(P^{\mathrm{T}} X) = P^{\mathrm{T}} \Sigma P = \Lambda = \mathrm{Diag}(\lambda_1, \lambda_2, \cdots, \lambda_p)$$

因为相似矩阵主对角线上元素之和相等，所以
$$\sum_{i=1}^{p} \mathrm{Var}(Z_i) = \sum_{i=1}^{p} \lambda_i = \mathrm{tr}(P^{\mathrm{T}} \Sigma P) = \mathrm{tr}(\Sigma) = \sum_{i=1}^{p} \mathrm{Var}(X_i)$$

即：主成分分析是把 p 个原始变量 $X_1, X_2, \cdots, X_p$ 重新进行改造，得到 p 个不相关变量 $Z_1, Z_2, \cdots, Z_p$，并保证原始变量的总方差
$$\sum_{i=1}^{p} \mathrm{Var}(X_i)$$

与改造后变量的总方差
$$\sum_{i=1}^{p} \mathrm{Var}(Z_i)$$

相等。或者说，改造后的变量完全反映了原始变量的分布情况，不存在信息丢失现象。因此
$$\lambda_k / \sum_{i=1}^{p} \lambda_i$$

描述了第 k 个主成分提取的信息占总信息的份额，被称为第 k 个主成分 Z_k 的贡献率。第一主成分的贡献率最大，表明 $Z_1 = e_1^{\mathrm{T}} X$ 综合原始变量 $X_1, X_2, \cdots, X_p$ 所含信息的能力最强，并且 $Z_1, Z_2, \cdots, Z_p$ 的综合能力依次减弱。前 m 个主成分的贡献率之和
$$\sum_{i=1}^{m} \lambda_i / \sum_{i=1}^{p} \lambda_i$$

称为 $Z_1, Z_2, \cdots, Z_m$ 的累计贡献率，表明前 m 个主成分综合提供 $X_1, X_2, \cdots, X_p$ 中信息的能力。

实践中反映某问题的可直接测量的变量很多，并且这些变量之间存在相关性。因此，主

成分分析法的应用极其广泛。通常，在主成分分析中，选取 m（$m<p$）个主成分，使前 m 个主成分的累计贡献率达到较高的比例(如 80%~90%)。这样，用前 m 个主成分 $Z_1, Z_2, \cdots, Z_m$ 代替原始变量 $X_1, X_2, \cdots, X_p$，不但使变量维数降低（在原始变量反映信息重叠较多的情况下，主成分分析往往可以只取 1~3 个主成分来代替十多个甚至数十个原始变量），而且不致损失原始变量中太多的信息。

3.5.5 标准化变量的主成分

在实际问题中，不同的变量往往存在不同的量纲，而主成分分析没有考虑量纲的区别，只分析实际数据的分布情况。不同的量纲必然造成各变量分散程度的差异较大，这时，协方差矩阵主要受方差较大的变量的控制。因此，如果用协方差矩阵求主成分，就优先照顾了方差较大的变量，在变量方差相差很大的时候，往往会造成很不合理的结果。为了消除由于量纲的不同可能带来的影响，需要对原始变量 $X = (X_1, X_2, \cdots, X_p)^T$ 进行标准化处理。

在标准化处理中，令

$$X_i^* = \frac{X_i - E(X_i)}{\sqrt{\sigma_{ii}}} \quad (i = 1, 2, \cdots, p)$$

容易证明，经过标准化处理后，新变量的均值为 0，即 $E(X_i^*) = 0$。此时，$X^* = (X_1^*, X_2^*, \cdots, X_p^*)^T$ 的协方差矩阵为 $\text{Cov}(X^*)$，其中的元素为

$$\rho_{ij} = E(X_i^* X_j^*) = E\left(\frac{X_i - E(X_i)}{\sqrt{\sigma_{ii}}} \times \frac{X_j - E(X_j)}{\sqrt{\sigma_{jj}}}\right) = \frac{\text{Cov}(X_i, X_j)}{\sqrt{\sigma_{ii}\sigma_{jj}}}$$

可见，ρ_{ij} 为 X_i 和 X_j 的相关系数。

因此，$X^* = (X_1^*, X_2^*, \cdots, X_p^*)^T$ 的协方差矩阵便是 $X = (X_1, X_2, \cdots, X_p)^T$ 的相关矩阵 ρ。

下面利用 X 的相关矩阵 ρ 作主成分分析。设 $X^* = (X_1^*, X_2^*, \cdots, X_p^*)^T$ 为标准化的随机向量，其协方差矩阵（X 的相关矩阵）为 ρ，则 $X^* = (X_1^*, X_2^*, \cdots, X_p^*)^T$ 的第 i（$i = 0, 1, \cdots, p$）个主成分为

$$Z_i^* = (e_i^*)^T X^* = e_{i1}^* \frac{X_1 - E(X_1)}{\sqrt{\sigma_{11}}} + e_{i2}^* \frac{X_2 - E(X_2)}{\sqrt{\sigma_{22}}} + \cdots + e_{ip}^* \frac{X_p - E(X_p)}{\sqrt{\sigma_{pp}}}$$

并且

$$\sum_{i=1}^{p} \text{Var}(Z_i^*) = \sum_{i=1}^{p} \lambda_i^* = \sum_{i=1}^{p} \text{Var}(X_i^*)$$

其中，$\lambda_1^* \geq \lambda_2^* \geq \cdots \geq \lambda_p^* \geq 0$ 为 ρ 的特征值，$e_i^* = (e_{i1}^*, e_{i2}^*, \cdots, e_{ip}^*)^T$ 为相应特征值 λ_i^* 的正交单位化特征向量。这时，第 i 个主成分的贡献率为

$$\lambda_i^* \bigg/ \sum_{i=1}^{p} \lambda_i^*$$

前 m 个主成分的累计贡献率为

$$\sum_{i=1}^{m}\lambda_i^* \Big/ \sum_{i=1}^{p}\lambda_i^*$$

3.5.6 主成分分析法的实际应用

前面讨论的是总体主成分，在实际问题中，一般 Σ 和 ρ 是未知的，需要通过样本来进行估计，即用 S 来估计 Σ，用 R 来估计 ρ。

表 3-11 显示了某年省会城市和计划单列市的主要经济指标，下面通过社会科学统计分析软件 SAS 作主成分分析，试图得出各城市的综合经济得分并排列名次。在 SAS 的主成分分析中，选择的变量为 x_1（年底总人口：万人）、x_2（非农业人口：万人）、x_3（农业总产值：万元）、x_4（工业总产值：万元）、x_5（客运总量：万人）、x_6（货运总量：万吨）、x_7（地方财政预算内收入：万元）、x_8（城乡居民年底储蓄余额：万元）、x_9（在岗职工人数：万人）、x_{10}（在岗职工工资总额：万元），共 10 个变量。默认情况下，系统基于原变量的相关矩阵进行主成分分析。

表 3-11 省会城市和计划单列市主要经济指标

城市	年底总人口	非农业人口	农业总产值	工业总产值	客运总量	货运总量	地方财政预算内收入	城乡居民年底储蓄余额	在岗职工人数	在岗职工工资总额
北京	1249.90	747.20	1843427	19999706	20323	45562	2790863	26806646	410.80	5773301
天津	910.17	528.68	1501136	22645502	3259	26317	1128073	11301931	202.68	2254343
石家庄	875.40	204.15	2918680	6885768	2929	1911	352348	7095875	95.60	758877
太原	299.92	196.84	236038	2737750	1937	11895	203277	3943100	88.65	654023
呼和浩特	207.78	91.67	365343	816452	2351	2623	105783	1396588	42.11	309337
沈阳	677.08	426.52	1295418	5826733	7782	15412	567919	9016998	135.45	1152811
大连	545.31	269.70	1879739	8426385	10780	19187	709227	7556796	94.15	965922
长春	691.23	281.20	1853210	5966343	4810	9532	357096	4803744	102.63	884447
哈尔滨	927.09	428.98	2663855	4186123	6720	7520	481443	6450020	172.79	1309151
上海	1313.12	969.63	2069019	54529098	6406	44485	4318500	25971200	336.84	5605445
南京	537.44	287.03	989199	13072737	14269	11193	664299	5680472	113.81	1357861
杭州	616.05	219.05	1414737	12000796	17883	11684	449593	7425967	96.90	1180947
宁波	538.41	137.12	1428235	10622866	22215	10298	501723	5246350	62.15	824034
合肥	429.95	136.91	628764	2514125	4893	1517	233628	1622931	47.27	369577
福州	583.13	159.38	2152288	6555351	8851	7190	467524	5030200	69.59	680607
厦门	128.99	62.75	333374	5751124	3728	2570	418758	2108331	46.93	657484
南昌	424.20	169.16	688289	2305881	3674	3189	167714	2640460	62.08	479555
济南	557.63	227.81	1486302	6285882	5915	11775	460690	4126970	83.31	756696
青岛	702.97	259.60	2382320	11492036	13408	17038	658435	4978045	103.52	961704
郑州	615.36	210.72	677425	5287601	10433	6768	387252	5135338	84.66	696848

(续)

城市	年底总人口	非农业人口	农业总产值	工业总产值	客运总量	货运总量	地方财政预算内收入	城乡居民年底储蓄余额	在岗职工人数	在岗职工工资总额
武汉	740.20	434.46	1211291	7506085	9793	15442	604658	5748055	149.20	1314766
长沙	582.47	180.98	1146367	3098179	8706	5718	323660	3461244	69.57	596986
广州	685.00	425.63	1600738	23348139	22007	23854	1761499	20401811	182.81	3047594
深圳	119.85	95.05	299662	20368295	8754	4274	1847908	9519900	91.26	1890338
南宁	285.87	116.18	720486	1149691	5130	3293	149700	2190918	45.09	371809
海口	54.38	45.43	44815	717461	5345	2356	115174	1626800	19.01	198138
重庆	3072.34	635.16	4168780	8585525	52441	25124	898912	9090969	223.73	1606804
成都	1003.56	336.15	1935590	5894289	40140	19632	561189	7479684	132.89	1200671
贵阳	321.50	146.52	362061	2247934	15703	4143	197908	1787748	55.28	419681
昆明	473.39	182.95	793356	3605729	5604	12042	524216	4127900	88.11	842321
西安	674.50	276.14	739905	3665942	10311	9766	408896	5863980	114.01	885169
兰州	287.59	156.58	259444	2940884	1832	4749	169540	2641568	65.83	550890
西宁	133.95	70.02	65848	711310	1746	1469	49134	855051	27.21	219251
银川	95.38	54.45	171603	661226	2106	1193	74758	814103	23.72	178621
乌鲁木齐	158.92	131.01	78513	1847241	2668	9041	254870	2365508	55.27	517622

通过 SAS 进行计算，可得样本相关矩阵，如图 3-17 所示。其特征值、各标准化主成分的贡献率及累计贡献率如表 3-12 所示，标准化特征向量如表 3-13 所示。

	x_1	x_2	x_3	x_4	x_5	x_6	x_7	x_8	x_9	x_{10}
x_1	1.0000	0.7427	0.8425	0.3603	0.7390	0.6215	0.4039	0.4967	0.6761	0.4689
x_2	0.7427	1.0000	0.6155	0.7538	0.3939	0.9177	0.8025	0.8554	0.9514	0.8652
x_3	0.8425	0.6155	1.0000	0.3358	0.5891	0.5056	0.3236	0.4456	0.5575	0.3742
x_4	0.3603	0.7538	0.3358	1.0000	0.1507	0.7664	0.9412	0.8480	0.7320	0.8614
x_5	0.7390	0.3939	0.5891	0.1507	1.0000	0.4294	0.1971	0.3182	0.3893	0.2595
x_6	0.6215	0.9177	0.5056	0.7664	0.4294	1.0000	0.8316	0.8966	0.9302	0.9027
x_7	0.4039	0.8025	0.3236	0.9412	0.1971	0.8316	1.0000	0.9233	0.8376	0.9527
x_8	0.4967	0.8554	0.4456	0.8480	0.3182	0.8966	0.9233	1.0000	0.9201	0.9731
x_9	0.6761	0.9514	0.5575	0.7320	0.3893	0.9302	0.8376	0.9201	1.0000	0.9396
x_{10}	0.4689	0.8652	0.3742	0.8614	0.2595	0.9027	0.9527	0.9731	0.9396	1.0000

图 3-17 样本相关矩阵

从表 3-12 可知，第一主成分贡献率为 71.40%，前两个主成分的累积贡献率为 89.03%。表 3-13 中的 x_i^* 为原变量 x_i 标准化后的新变量，则第一标准化样本主成分为

$$z_1 = 0.268027 x_1^* + 0.357140 x_2^* + 0.233390 x_3^* + 0.313466 x_4^* + 0.176871 x_5^* + \\ 0.354575 x_6^* + 0.335257 x_7^* + 0.352878 x_8^* + 0.360825 x_9^* + 0.351793 x_{10}^*$$

z_1 近似为 10 个标准化变量 x_i^*（$i = 0,1,\cdots,10$）的等权重之和（x_5^* 权重稍小一些），是反映各城市经济实力的综合指标。z_1 的值越大，则该城市的综合经济实力越强，由于 z_1 的贡献率高达 71.40%，因此基本上可用 z_1 的得分值对各城市进行排序。

通过 SAS 进行计算，各样本按第一主成分得分及排序如表 3-14 所示。

表 3-12 相关矩阵的特征值及贡献率

I	特征值	特征值差异	贡献率	累积贡献率
1	7.13950392	5.37622957	0.7140	0.7140
2	1.76327436	1.32690415	0.1763	0.8903
3	0.43637020	0.12242976	0.0436	0.9339
4	0.31394044	0.15738279	0.0314	0.9653
5	0.15655765	0.05498746	0.0157	0.9810
6	0.10157019	0.06300175	0.0102	0.9911
7	0.03856844	0.00955940	0.0039	0.9950
8	0.02900904	0.01080577	0.0029	0.9979
9	0.01820327	0.01520078	0.0018	0.9997
10	0.00300249		0.0003	1.0000

表 3-13 标准化特征向量

标准化变量	e_1^*	e_2^*	e_3^*	e_4^*	e_5^*
x_1^*	0.268027	0.486921	−0.150573	−0.064135	−0.462917
x_2^*	0.357140	0.029183	−0.218872	−0.284730	−0.387889
x_3^*	0.233390	0.476262	−0.555029	0.353022	0.460403
x_4^*	0.313466	−0.284535	−0.018068	0.636597	−0.344446
x_5^*	0.176871	0.540392	0.757038	0.165745	0.056359
x_6^*	0.354575	−0.041584	0.114812	−0.301894	−0.036035
x_7^*	0.335257	−0.282771	0.093322	0.299741	−0.082863
x_8^*	0.352878	−0.171628	0.104210	−0.005997	0.474267
x_9^*	0.360825	−0.025951	−0.068927	−0.406699	0.127762
x_{10}^*	0.351793	−0.224562	0.102135	−0.105070	0.228129
x_1^*	0.384101	0.293623	−0.443107	0.128997	0.057096
x_2^*	−0.101191	−0.560969	0.208276	−0.432513	0.191815
x_3^*	−0.178615	0.047560	0.188700	−0.049800	0.042402
x_4^*	−0.196320	−0.243698	−0.065117	0.433418	−0.080820
x_5^*	−0.041344	−0.177343	0.196531	−0.031524	−0.012642
x_6^*	−0.749980	0.424294	−0.155835	0.009976	−0.006932
x_7^*	0.274201	0.463211	0.261609	−0.546222	−0.213716
x_8^*	0.137035	−0.302606	−0.663796	−0.208906	−0.124822
x_9^*	0.222425	−0.067109	0.335228	0.423098	−0.580765
x_{10}^*	0.253308	0.123830	0.189943	0.289578	0.743550

表 3-14 按第一主成分得分及排序

城市	第一主成分	排名	城市	第一主成分	排名	城市	第一主成分	排名
上海	8.980141	1	沈阳	0.544098	9	宁波	−0.42940	17
北京	7.515474	2	青岛	0.469161	10	西安	−0.47423	18
重庆	4.606392	3	大连	0.342333	11	济南	−0.60659	19
广州	3.517499	4	南京	0.158546	12	福州	−0.66852	20
天津	2.637904	5	杭州	0.118499	13	昆明	−0.90741	21
成都	1.292548	6	深圳	0.086776	14	郑州	−0.90890	22
哈尔滨	0.712837	7	石家庄	−0.30660	15	长沙	−1.20509	23
武汉	0.588611	8	长春	−0.33993	16	太原	−1.38722	24

(续)

城市	第一主成分	排名	城市	第一主成分	排名	城市	第一主成分	排名
南昌	-1.78136	25	乌鲁木齐	-1.97243	28	海口	-2.73464	33
贵阳	-1.80886	26	合肥	-2.00380	29	西宁	-2.76295	34
兰州	-1.90112	27	厦门	-2.06429	30	银川	-2.80672	35
乌鲁木齐	-1.97243	28	南宁	-2.08032	31	/		

第二个主成分 z_2 的系数表明,主要反映的是第 1、3、5 个变量的信息。

主成分的实际意义要结合具体问题和相关专业知识给予合理的解释。

3.6 决策树

3.6.1 决策树的基本思路

作为数据挖掘的核心算法之一,决策树技术经常被用于在海量信息中挖掘出有用的模式和规则,并利用这些模式和规则对其他未知或未来情况进行研究和预测。正如它的名字,决策树是一个树型的预测模型(如图 3-18 所示)。

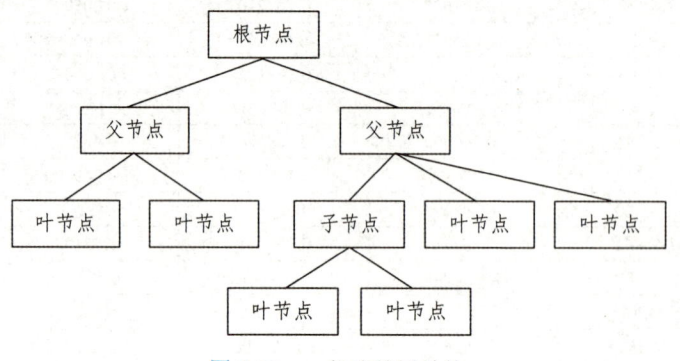

图 3-18 一般决策树结构

树中的每个元素事实上就是一个节点,每棵树都是由最上端的根节点开始,与真正的树一样,其余节点和分支都源于根节点。树的每个分枝都是一个分类问题。分类是为了对某些重要的信息做出预测,同一个分类中的样品之所以会落在一起,是因为它们对于要预测的信息(输出变量)来说是相似的——不仅是简单的相似。通过输入变量和值的选择,一个好的分类问题能够最大限度地降低分类前的"无序性"。内部节点表示在一个属性(输入变量)上的测试。叶节点位于树枝的末端,是树的最后节点,也是包含最终用户用于预测的分类或取值的节点。决策树的生长是基于训练样品集,通过已知的训练样品集,建立输出(目标)变量关于各输入变量的分类预测模型(决策树),进而利用决策树对新数据对象进行分类和预测。当利用所建决策树对一个新数据对象进行分析时,决策树能够依据该数据输入变量的取值，推断出相应输出变量的分类或取值。决策树的核心是尽量消除输出变量的不确定性，利用研究对象容易获取的已知的属性（输入变量）来预测其未知的属性（输出变量或目标变量）。例如，在客户研究中，可以根据客户的姓名、年龄、婚姻状况、教育程度、职业、收入、消费习惯等来确定哪些客户盈利能力高、哪些客户盈利能力低。

决策树技术中有各种各样的算法，都存在各自的优势和不足。目前，专家们仍在潜心研究对现有算法的改进，或研究更有效的新算法。决策树算法主要围绕两大核心问题展开：一是决策树的生长问题，即利用训练样品集完成决策树的建立过程；二是决策树的剪枝问题，即利用检验样品集对形成的决策树进行优化处理。

3.6.2　决策树的生长

决策树的生长过程本质是对训练样品集的不断分割过程。决策树上的各分枝是在数据不断分割的过程中逐渐生长出来的。当对某组数据的继续分割不再有意义时，决策树对应的分枝便不再生长；当所有数据组的继续分割均不再有意义时，决策树便停止生长，此时一棵完整的决策树便形成了。决策树分割不再有意义具有以下标准：① 分割中仅包含一个样品；② 分割中所有样品的预测属性取值都相同；③ 没有剩余的输入属性可以用来进一步分割；④ 继续分割得到的改进不明显。

决策树算法是在所有可能的决策树空间中进行自顶向下的贪婪的搜索，以便生成对预测属性来说最优的分枝。决策树生长的核心算法是确定一个决策树分枝准则，涉及两方面：一是如何从众多的输入变量中选择一个最佳的分割变量，二是如何从分割变量的众多取值中找到一个最佳的分割值。有很多算法在进行这方面的研究，如著名的 ID3、C4.5/C5.0、CHAID、CART 等。目前，这些算法大都能够在数据挖掘软件中找到。用户在使用时，只需设置或调整几个简单的参数，便可方便实现决策树的生长，并完成决策树优化过程。

在商业竞争中，如果不清楚不同客户的价值差异，就很难针对性地制订市场营销和客户服务策略。企业如果不知道能从客户那里获取多少利润，就有可能正在浪费投资。一般情况下，在客户身上的花费越多（如物流服务水平较高），他们保持更高的忠诚度和购买更多产品的可能性就越大。为了预测不同市场活动情况下客户盈利能力的变化，下面根据已有的样品数据构建一个客户盈利能力决策树预测模型，由此阐明决策树的生长原理。设输出变量客户盈利能力只有两类取值（客户盈利能力高和客户盈利能力低）。

1．差异指数

在决策树中，测度输出变量值差异程度的指标通常称为差异指数（Diversity Index）。差异指数越小，说明类内输出变量的取值越集中，分割属性及其值也越理想。差异指数可采用信息熵（Entropy）和基尼指数（Gini Index）。

对于某训练样品集 E_s，设输出变量可能的取值为 $E_1, E_2, \cdots, E_k$，这些取值出现的概率分别为 $p_1, p_2, \cdots, p_k$，则该训练样品集的信息熵为

$$\text{Entropy}(E_s) = -\sum_{i=1}^{k} p_i \log p_i$$

信息熵也称为平均信息量，是不确定性和无知状态的尺度。熵最大时，则认识不确定性最大。如果一个训练样品集取 k 个独立的值，当这些取值出现的概率彼此相等为 $1/k$ 时，该训练样品集的熵最大为 $\log k$。

对于某训练样品集 E_s，设输出变量可能的取值为 $E_1, E_2, \cdots, E_k$，这些取值出现的概率分别为 $p_1, p_2, \cdots, p_k$，则该训练样品集的基尼指数为

$$\text{Gini}(E_s) = 1 - \sum_{i=1}^{k} p_i^2$$

其中，p_i（$i=1,2,\cdots,k$）是从训练样品集中随机抽取一个数据、其输出变量取值为 E_i 的概率；p_i^2 是从训练样品集中有放回地随机抽取第二个数据，其输出变量取值仍为 E_i 的概率。

2．确定最佳分割属性

决策树算法的重要问题是在树的各节点处试图寻找一个属性，该属性能对训练样品集进行最好的分割。ID3 算法是一个重要的最早的决策树算法，利用信息熵作为差异指数。不难看出，训练样品集在目标分类方面越模糊越杂乱无序，信息熵就越高；训练样品集在目标分类方面越清晰越有序，信息熵越低。设训练样品集 E_s 当前的信息熵为 Entropy(E_s)，若用属性 A 将训练样品集 E_s 进行分割（属性 $A=v$ 的样品分在同一个组 E_{sv}），Entropy(E_s) 将降低（一个从无序到有序的转变过程），新的期望信息量设为 New_Entropy(E_{sv}, A)，其值为

$$\text{New\_Entropy}(E_{sv}, A) = \sum_{v \in \text{Value}(A)} \frac{|E_{sv}|}{|E_s|} \text{Entropy}(E_{sv})$$

预计 Entropy(E_s) 降低的数量称为属性 A 相对于训练样品集 E_s 的信息增益 Gain(E_s, A)，其表达式为

$$\text{Gain}(E_s, A) = \text{Entropy}(E_s) - \text{New\_Entropy}(E_{sv}, A)$$

信息增益越大的属性对训练样品集越有利，信息增益越大，则分割后预测所需的信息越少，这表明较好地降低了分割前的无序度。因此，在待选的测试属性中，应选择使决策树获得最大信息增益的属性，即选取 Gain(E_s, A) 为最大值的属性。

ID3 算法就是根据"信息增益越大的属性对训练样品集的分类越有利"的原则在算法中选取"属性表 A_s 中可对训练样品集 E_s 进行最佳分类的属性"。因此，计算各属性的信息增益并加以比较是 ID3 算法的关键操作。

决策树的生长应基于大量的训练样品数据，为了分析生长过程，下面举一个简单的例子。

表 3-15 中的样品一开始全部包含在根节点中，为了找出当前的最佳分割属性，先根据前述公式计算训练样品集 E_s 的信息熵值为

$$\text{Entropy}(E_s) = -\frac{6}{12}\log_2\frac{6}{12} - \frac{6}{12}\log_2\frac{6}{12} = 1$$

表 3-15 客户盈利能力分析训练样品集

婚姻状况	教育程度	收入	客户盈利能力	婚姻状况	教育程度	收入	客户盈利能力
未婚	低	高	高	已婚	低	低	高
未婚	高	低	低	未婚	低	高	低
已婚	低	低	低	未婚	低	低	低
已婚	高	高	高	已婚	低	高	高
未婚	高	高	高	已婚	高	低	低
已婚	高	高	高	未婚	高	低	低

下面分别计算样品集中各属性的信息增益值。对属性"婚姻状况"来说，分已婚和未婚两个分支，当 $v=$'已婚'时，有 4 个客户具有高盈利能力，有 2 个客户具有低盈利能力，则

$$\text{Entropy}(E_s=\text{已婚},\text{婚姻状况}) = -\frac{4}{2+4}\log_2\frac{4}{2+4} - \frac{2}{2+4}\log_2\frac{2}{2+4} = 0.9183$$

当 $v=$'未婚'时，有 2 个客户具有高盈利能力，有 4 个客户具有低盈利能力，则

$$\text{Entropy}(E_s=\text{未婚},\text{婚姻状况}) = -\frac{2}{2+4}\log_2\frac{2}{2+4} - \frac{4}{2+4}\log_2\frac{4}{2+4} = 0.9183$$

所以，根据"婚姻状况"属性来进行样品集的分类的信息增益值为

$$\text{Gain}(E_s,\text{婚姻状况}) = \text{Entropy}(E_s) - \text{New\_Entropy}(E_{sv},\text{婚姻状况})$$

$$= 1 - \left(\frac{1}{2}\times 0.9183 + \frac{1}{2}\times 0.9183\right) = 0.0817$$

同样，根据"教育程度"属性对样品集进行分割的信息增益值为

$$\text{Gain}(E_s,\text{教育程度}) = 1 - \left(\frac{1}{2}\times 1 + \frac{1}{2}\times 1\right) = 0$$

根据"收入"属性对样品进行分割的信息增益值为

$$\text{Gain}(E_s,\text{收入}) = 1 - \left(\frac{1}{2}\times 0.65 + \frac{1}{2}\times 0.65\right) = 0.35$$

因为 $\text{Gain}(E_s,\text{收入}) > \text{Gain}(E_s,\text{婚姻状况}) > \text{Gain}(E_s,\text{教育程度})$，所以根据"收入"属性进行样品集分类的信息增益最大，于是"收入"被选为用于分割的属性。这样，决策树生出一个分枝，将原样品集分为收入高和收入低的两类。对于新生的两类，可以分别用上述方法进一步进行分割。

3．确定最佳分割值

在以上分析中，样品中的所有属性都可看成离散属性，且属性值个数较少。在选择最佳分割属性时，通常取属性的所有可能值进行比较计算。对于属性值个数较多或非离散型属性，分割中还应确定分割属性的最佳分割值。

例如，对于如表 3-16 所示的训练样品集。"收入"的取值很多，在计算根据"收入"属性对样品进行分割的差异指数时，可先找到该变量的一个分割值。如以 50000 元作为分割值，就会将客户分成"低于 50000 元"和"高于等于 50000 元"两组，然后进行相应的计算。

表 3-16 客户盈利能力分析样品集

婚姻状况	教育程度	收入	客户盈利能力	婚姻状况	教育程度	收入	客户盈利能力
未婚	高	50000	高	已婚	低	55000	高
未婚	低	20000	低	未婚	高	30000	低
已婚	低	40000	低	未婚	低	15000	低
已婚	高	60000	高	已婚	高	30000	高
未婚	高	70000	高	已婚	低	20000	低
已婚	高	35000	高	未婚	低	10000	低

下面计算根据"收入"属性对样品进行分割的差异指数及其与根节点差异指数的差值，计算中差异指数采用基尼指数，具体步骤如下。

① 计算根节点的基尼指数。在训练样品集 E_s 中有 6 名客户盈利能力高的客户和 6 名客户盈利能力低的客户，则

$$p_1 = \frac{6}{12} = 0.5, \quad p_2 = \frac{6}{12} = 0.5$$

$$\text{Gini}(E_s) = 1 - (0.5^2 + 0.5^2) = 0.5$$

② 指定分割变量"收入"的某个取值为分割值。在依次完成对样本数据的分割后，分别计算各组的基尼指数，并计算各基尼系数的加权平均值得到分割后总的基尼指数。例如，指定分割值"收入"等于 50000 元，将 12 名客户分成两组。第一组有 4 人，全部为客户盈利能力高的客户；第二组有 8 人，其中有 6 名客户盈利能力低的客户和 2 名客户盈利能力高的客户。分别计算两组的基尼指数为 0 和 0.375。于是，分割后总的基尼指数为

$$\text{Gini}(E_s = 50000, 收入) = \frac{4}{12} \times 0 + \frac{8}{12} \times 0.375 = 0.25$$

③ 计算分割前后的基尼指数间的差值。根据以上计算，差值为 0.5-0.25 = 0.25。
④ 重新返回第②步，直到分割值取尽所有可能值为止。
⑤ 选择差值最大的分割值为该分割变量的最佳分割值。

从上面的计算中可以总结出这样的结论：最佳分割值是使差异指数下降最快的分割值，它保证了在同一组内目标变量的取值具有最小的差异性。由此可见，选择最佳分割值的原则与确定最佳分割属性的原则是相同的。

3.6.3 决策树的修剪

1. 完整决策树的形成及问题分析

当确定了决策树分枝准则后，即确定了最佳分割属性和相应的最佳分割值后，训练样品集中的数据就被分成多组，形成决策树树根下的第一层树枝。此时，如果各分割下的数据有相同的目标变量值，决策树就达到了叶节点；否则，在各分割内再次确定分枝准则，继续决策树的下一层分枝的生长。如此循环，直到决策树所有分枝的继续分枝不能再使差异指数有

显著降低时为止，此时所有叶节点都形成，一棵完整的决策树生长过程宣告结束。完整的决策树形成以后，一般不能立即用于对新数据的分类或预测。因为此时的这棵完整的决策树并不是一棵分析新数据对象的最佳决策树，主要原因是：完整的决策树对训练样品属性特征的描述"过于精确"，无法实现对新数据对象的合理分析。

从决策树建立过程看，随着决策树的生长，决策树对总体数据的代表性在不断降低。在根节点时，分枝准则的处理对象是训练样品集中的全体数据，数据量最大；当第二层分枝形成后，分枝准则处理的对象是训练样品集中的部分数据，数据量相对第一层根结点要少许多；当在形成决策树的叶节点时，分枝准则处理的对象有时是训练样品集中极少量的数据，叶节点所呈现的只是极少数具有特定特征的数据的特点，因而在很大程度上失去了一般代表性。因此，随着决策树的生长和样品数量的不断减少，样品对总体的代表性不断降低，越深处的节点体现出的数据特征就越具体，一般性就越差，甚至可能出现许多诸如"只有年收入大于50000元、年龄等于27岁且姓名是'张三'的人才是客户盈利能力最高的客户"的没有价值的结论。所以，虽然去除了一般代表性而无法用于对新数据的分类或预测，这种现象一般称为"一棵完整的决策树能够非常准确地反映训练样品集中数据的特征，但因失过适应(Overfitting)"。解决这个问题的主要方法是对决策树进行必要修剪。常用的修剪技术有预修剪（pre-pruning）和后修剪（post-pruning）两种。预修剪技术主要是限制决策树的充分生长（如CHAID和ID3、C4.5算法），后修剪技术则是等决策树充分生长完毕再进行剪枝（如CART算法等）。

2．预修剪

预修剪的最直接的方法是事先指定决策树生长的最大深度，使决策树不能得到充分生长。目前，许多数据挖掘软件都采用了这种解决方案，设置了接受相应参数值的接口。但这种方法要求用户对数据项的取值分布有较为清晰的把握，并且对各种参数值进行反复尝试，否则便无法给出一个较为合理的最大树深度值。如果树深度过浅，就会过于限制决策树的生长，使决策树的代表性过于一般，同样无法实现对新数据的准确分类或预测。

预修剪的其他方法是采用检验技术来阻止决策树的充分生长。检验技术通过对树节点的各种检验，决定是否允许决策树的相应分枝继续生长。较为简单的检验方法是：为防止某节点上的样品数过少，可事先指定一个最小的允许值（如SQL Server 2000的分析服务器，在其决策树算法中默认叶节点的样品数最少为10）。在决策树生长过程中将不断检验树节点上的样品数是否会小于所允许的最小值，若小于，则停止分枝的继续生长，否则继续分枝。

3．后修剪

后修剪是从另一个角度解决过适应问题，在允许决策树得到最充分生长的基础上，根据一定的规则，剪去决策树中的那些不具有一般代表性的叶节点或分枝。后修剪是一个边修剪边检验的过程，一般规则是：在决策树不断剪枝的过程中，利用训练样品集或检验样品集数据，检验决策树对目标变量的预测精度，并计算出相应的错误率。用户可以事先指定一个最大的允许错误率。当剪枝达到某个深度时，计算出的错误率高于允许的最大值，则应立即停止剪枝，否则可以继续剪枝。利用训练样本集进行后修剪时会出现错误率越低，决策树的复杂程度越高的现象。因此，应兼顾错误率和复杂程度。比较合理的做法是利用检验样品集对剪枝效果进行验证，当错误率明显增大时，应停止剪枝。

3.6.4 决策树的应用分析

1．决策树的应用和注意事项

决策树是数据挖掘应用最广的技术之一，一般用于对新数据对象的分类或预测。在实际分析中，决策树可以生成推理规则，寻找最佳变量。决策树可以看成推理规则的一种图形表示，由决策树可以容易得到"IF-THEN"形式的规则。决策树产生的规则是互斥的，并且包含训练集数据库的所有情况，即对于任意给定的样品，决策树有且仅有一条规则覆盖它。另外，由于决策树的建立过程是一个不断选择最佳输入变量的过程，因此在划分数据方面，高层节点上的输入变量比低层节点上的输入变量更有价值。应用决策树技术时应注意以下问题。

① 一般的决策树算法中，决策树的每个分枝判断只能针对单个输入变量值进行，无法同时根据多个输入变量的取值情况进行判断，这种分层次地对多个输入变量分别进行判断会在一定程度上限制决策树的应用范围。这时需要事先对多个变量进行处理，如计算比值，再指定比值变量作为分割变量。

② 决策树应建立在大量的样品数据之上，只有这样，从决策树中得出的规则才更具有一般性，这些规则更有可能应用到其他数据对象，以便对未知或未来的情况进行预测。

③ 在决策树某分枝形成中，某属性的最佳分割值需要进行选择，在确定该属性的最佳分割值后，还要按照"最佳分割属性的选择"确定最佳分割属性。某属性或其某取值在前面的分割中只要没有用到，都可作为决策树新分枝形成过程中候选的最佳分割属性及其最佳分割值。某属性可能由于取值较多，会在不同的树层次中出现多次，但其取值肯定不同。

2．决策树的应用

由于决策树依赖于数量较大的样品数据，实际运作中前面例子中的数据量远远不够，因此下面的应用基于 SQL Server 2000 自带的 FoodMart 2000 数据库，旨在分析决策树的应用过程和可视化显示结果。FoodMart 2000 数据库包含 customer、employee、product、promotion 等 20 多个表，数据量足够大。

1) 准备阶段

准备阶段主要包括数据的选择和预处理。首先需要搜索所有有关的内部和外部数据，从中选出适合决策树分析的数据；在选择数据后，还需要对数据进行处理和清洗，解决数据中的缺值、冗余、数据值的不一致、数据定义的不一致、过时的数据等问题。如果数据是基于数据库（数据仓库），那么数据的选择和预处理将比较简单，因为数据库（数据仓库）已经为决策树分析准备好可用的基本数据。

此处的应用基于 SQL Server 2000 中的分析服务器（如图 3-19 所示）及其已创建好的数据库 FoodMart 2000（可以创建新的数据库）。从图中可看出数据库的文件夹结构，包括数据源、多维数据集、共享维度、挖掘模型和数据库角色。为了创建一个新的挖掘模型，右击挖掘模型文件夹并选择"新挖掘模型"，可以打开挖掘模型向导。FoodMart 2000 数据库已选择了数据源，用户可增加新的数据源。

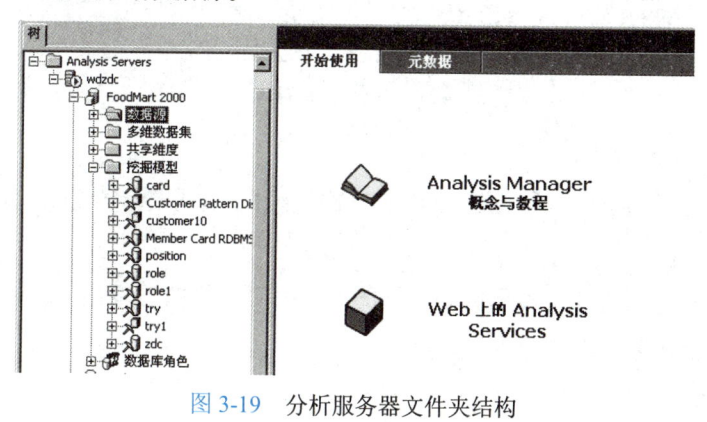

图 3-19　分析服务器文件夹结构

2）选择事例表

如图 3-20 所示，与数据源的连接已建立并显示在选择事例表中。单击"新数据源"，还可创建新的连接。这里选择 employee 表，单击"浏览数据"，可以预览前 1000 行数据，如图 3-21 所示。

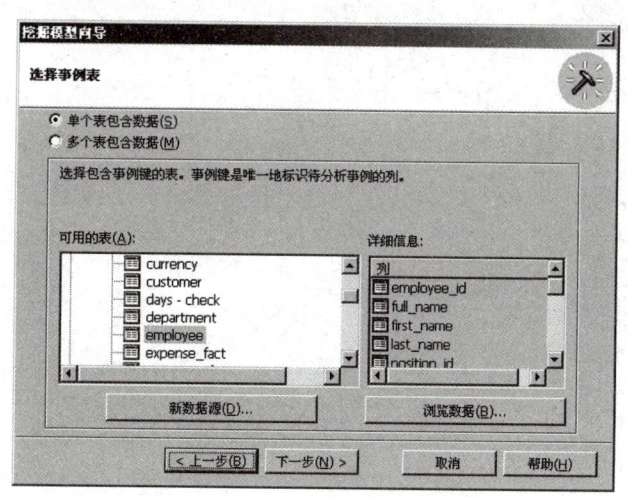

图 3-20　选择实例表

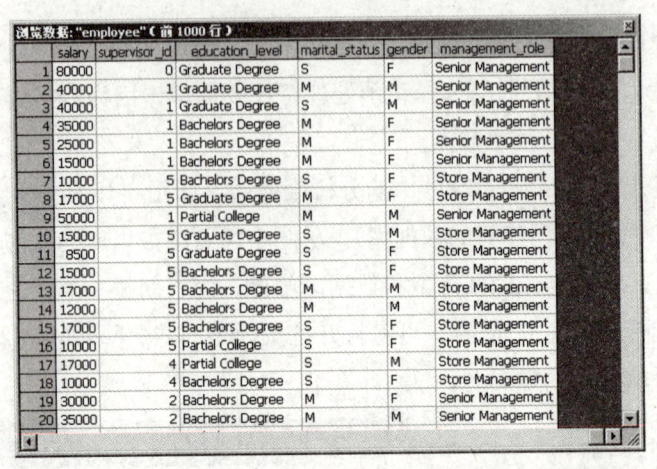

图 3-21　employee 表浏览

3）选择数据挖掘算法

挖掘模型向导提供了两种数据挖掘算法，根据要求，这里选择 Microsoft 决策树。

4）选择事例键

事例键是唯一标识待分析事例的列，它的选择将对决策树的输出产生极为重要的影响，因为事例是靠事例键来加以区分的。

5）选择输入列和可预测列

在图 3-22 中选择输入列和可预测列。这里选择的输入列有 birth_date、hire_date、salary、education_level、marital_status、gender，可预测列为 management_role。

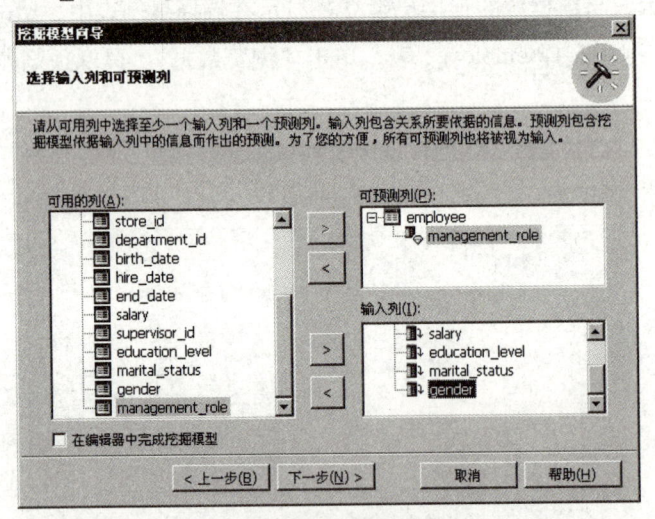

图 3-22　选择输入列和可预测列

6）处理

现在挖掘模型的参数已经定义好了，最后输入数据挖掘模型名称（本例使用 role）。如果选择了"保存但现在不处理"，就保存该数据挖掘模型，待以后进行处理；默认选项为"保存并开始处理"，此时将出现每步训练的详细介绍，处理的起始时间等信息将被记录。

当处理结束并单击关闭按钮时，将出现关系挖掘模型编辑器界面，在编辑器中可以对模型进行修改，修改后必须重新进行处理。

7）模型可视化

在编辑器底部有两个选项，架构页用于改变模型的架构，内容页用于显示数据是如何在树结构里分类和组织的，使用内容页可以快速方便地浏览模型。另一个使模型可视化的办法是进入图 3-19 所示的界面，右击想要可视化的数据挖掘模型（这里选择 Role），选择"浏览"，可以看到决策树的类似视图，如图 3-23 所示。

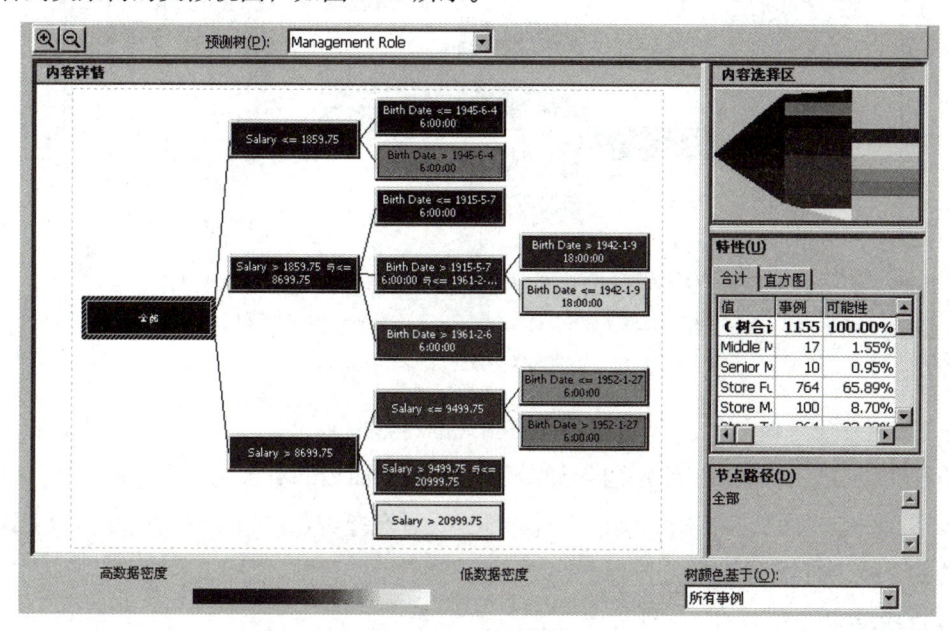

图 3-23　模型的视图

可视化技术是一种良好的结果分析工具，在许多情况下，可将数据挖掘结果表现得更清楚，更有利于对数据挖掘结果的分析。

在窗体的左上角有两个用来调节画面大小的放大镜图标。另外，决策树每次只允许选择一个预测列，因此在利用决策树生成预测模型时，如果有多个预测列，每个预测列都要生成一个新的模型。在窗体的中上部是一个含有模型树结构的下拉列表框，通过选择下拉列表框里不同的预测列，可以查看不同的树模型。在这里的例子中只有一个预测列 Management Role，对应一棵预测树。

决策树最有价值的一个特性是其结构后面隐藏着规则和模式。在图 3-23 中，窗口的整个模型的图形像一棵放倒的树，左边是树根，右边是树枝。决策树中，颜色用来表示一定的含义。在窗体的右下方有一个下拉列表框，下拉列表中含有决策树中预测属性的所有可能取值。缺少情况下该值设为所有事例（见图 3-23），这时节点的颜色反映数据的密度，即节点颜色越深，该节点处的样品数越多。如果想突出显示高级管理员所占比例较高的节点，就可在下拉列表中选择"Senior Management"，然后找到颜色最深的节点，该节点处的高级管理员所占的比例最高，如图 3-24 所示。

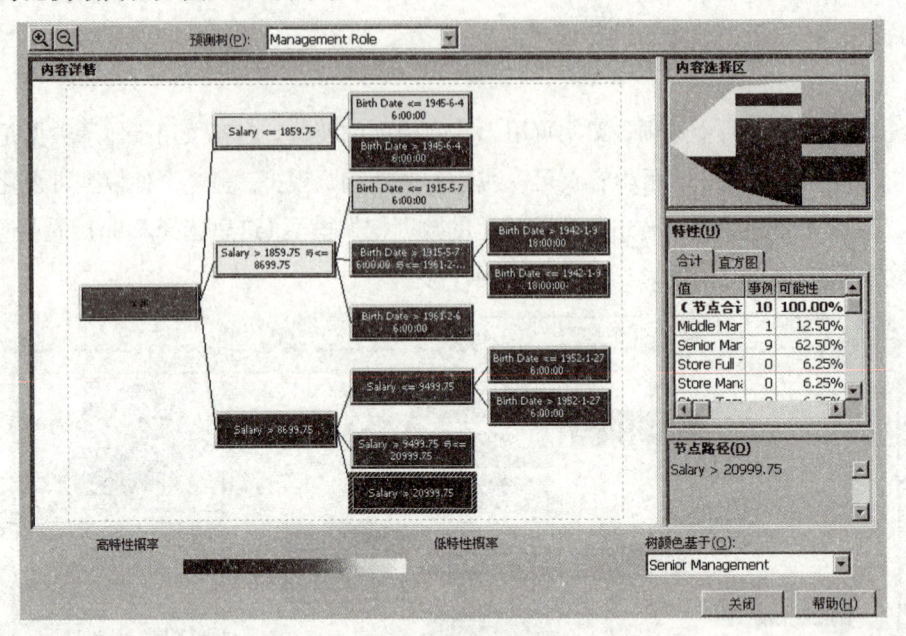

图 3-24 树颜色基于 Senior Management

单击树中的任一个节点，窗口中间靠右出现的特性面板将显示该节点的数据，右下角的节点路径面板将显示包含在节点里样品的规则说明中。面板的右上角的内容选择区显示了树的基本形状，单击面板上树的分支或想看的部分，可选择浏览窗口中的可视化部分，以便对感兴趣的分枝进行仔细分析。

8）结果分析

决策树的利用不能保证每次都获得有用的结果，决策树分析可看成一个探宝的过程，在对结果分析之前，并不知道会得到什么样的结果。当决策树分析出现结果后，要对挖掘结果进行解释并且评估。在对挖掘结果进行评估时，应该考虑这样几个问题：第一，用建立模型相同的数据集在模型上进行操作所获结果要优于用不同的数据集在模型上的操作结果；第二，模型的某些结论可能比其他结论更加准确。

对以上决策树的叶节点进行分析，可能有用的规则如下：

① 如果 Birth Date<=1915-5-7 6:00:00 且 1859.75< Salary <=8699.75，那么该职员有 98.84%的概率是 Store Full Time Staff。

② 如果 Birth Date>1945-6-4 6:00:00 且 Salary<=1859.75，那么该职员有 80.77%的概率是 Store Temp Staff。

③ 如果 Birth Date>1942-1-9 18:00:00 与 Birth Date<=1961-2-6 6:00:00 且 1859.75< Salary <= 8699.75，那么该职员有 89.83%的概率是 Store Full Time Staff。

④ 如果 9499.75< Salary <=20999.75，那么该职员有 84.00%的概率是 Store Manage-ment。

9）知识的应用

决策树分析所得的有用的结果要经过业务决策人员的认可才能投入实际利用，要将预测模式与各领域的专家知识结合在一起，构成一个可供不同类型的人使用的知识。决策人员关心的是决策树结果与其他候选结果在实际应用中的差距。上例是基于职员职务预测的应用，数据来自 FoodMart 2000，在同样环境下（如超市），这个决策树模型可通过工资和出生日期预测某职员的职务。

本章小结

比较、分析、综合和推理是信息分析的基本方法。信息分析工作不仅需要掌握这些基本方法，还需要结合实际案例掌握回归分析、聚类分析、时间序列分析、主成分分析和决策树等常用信息分析方法，了解这些方法的核心思想、基本步骤、主要类型、典型应用和注意事项。同时，读者在掌握本章介绍的信息分析基本方法和常用方法的基础上，还要根据实际业务需要不断学习和掌握其他信息分析方法

思考与练习

3-1　信息分析基本方法有哪些？
3-2　回归分析方法的核心思想是什么？
3-3　聚类分析方法的典型应用案例分析。
3-4　简述时间序列分析方法的主要特点和类型。
3-5　简述主成分分析方法的基本步骤。
3-6　简述决策树方法的主要内容和应用。

第 4 章

信息分析工具

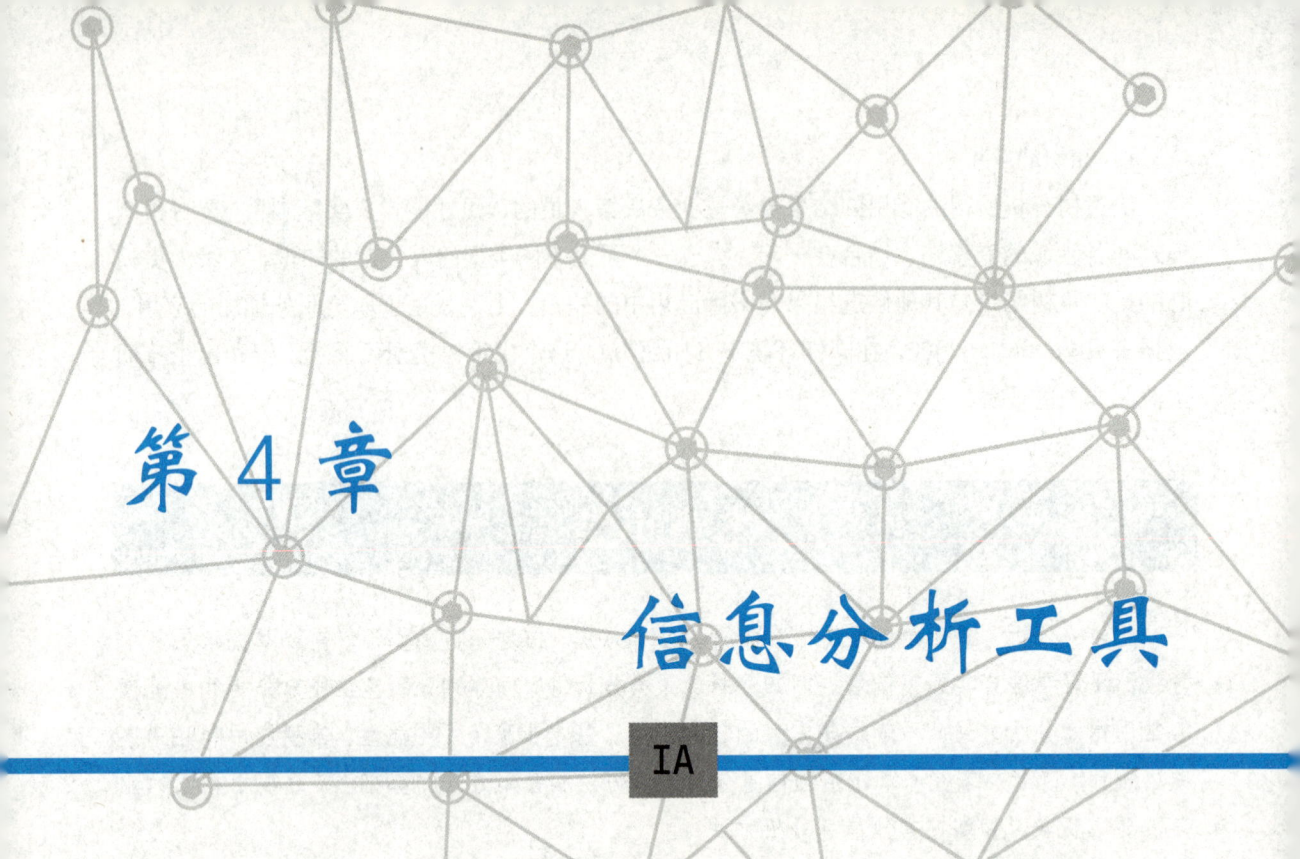

IA

　　数字化、网络化时代的到来，尤其是大数据技术的广泛应用，突显了人类信息分析的局限性，信息分析中的数据量、速度、精度要求已经超出人脑的正常计算能力范围，需要由信息分析工具辅助完成。因此，信息分析工具成为当前信息分析理论研究和实践应用的重要方向之一。

　　本章主要介绍信息分析工具在信息分析工作中的重要作用、信息分析工具的发展史及未来趋势、信息分析工具的类型和信息分析工具的应用案例，读者可以掌握信息分析工具的作用、发展和类型，提高自己的信息分析素质和能力。

本章重点

- 数据挖掘跨行业标准过程 CRISP-DM 模型
- 信息分析工具的三个发展阶段
- 信息分析工具的两种基本类型
- 信息分析工具的具体应用方法

4.1 信息分析工具的使用

信息分析工具泛指支持信息分析流程的各种活动的辅助工具。在信息分析中，信息分析工具扮演着至关重要的角色，发挥着显著的作用，表现如下。

1）提高效率

信息分析工具可以帮助用户更快地收集、整理和处理大量数据，节省了时间和精力。通过自动化和智能化方式，信息分析工具可以减轻人们在数据处理过程中的负担，使信息分析师能够更专注于核心问题和挖掘有价值的信息。

2）增强效度

信息分析工具可有效地减少人为因素对数据处理的影响，降低误差的发生概率。利用先进的算法和模型，这些工具能够提供更为准确和可靠的分析结果，有助于支持更明智的决策。

3）提升信度

信度是指分析结果的稳定性和一致性，即在相似条件下重复进行分析时，结果能够保持一致性。信息分析工具使得分析过程和结果容易被其他人复现和验证，可以在相似条件下重复进行分析，并验证结果的稳定性和一致性。同时，信息分析工具具有良好的跨平台兼容性，可以在不同的操作系统和设备上保持稳定运行。

4）加大深度

借助信息分析工具的强大计算能力，信息分析师可以从海量数据中挖掘出隐藏的模式、关联和趋势，进而为企业提供有益的洞见和策略。这些工具可以帮助用户深入了解数据背后的意义和价值，为决策者提供更全面的依据。

5）多维可视化

信息分析工具中的数据可视化功能可以将复杂数据转化为直观易懂的图表和图像，使分析结果更具可读性和易于理解。通过多维可视化展示，信息分析师可以更容易地发现数据中的规律和异常，从而迅速做出响应和调整。

6）扩大广度

信息分析工具具有很强的通用性和适用性，可以广泛用于各行各业。无论是市场研究、金融风控、社交网络分析还是生物科技等领域，信息分析工具都能发挥关键作用，帮助企业和个人实现数据驱动的决策和创新。

综上所述，信息分析工具在信息分析中具有举足轻重的地位，能够提高分析效率和准确性，深度挖掘数据价值，实现数据可视化，并广泛应用于各领域。在当今数字化社会，掌握和运用这些工具已成为信息分析师必备的能力，有助于更好地应对各种信息分析的挑战。

4.2 信息分析工具的发展

著名管理学家托马斯·达文波特（Thomas H. Davenport）于 2013 年在《哈佛商业评论》（*Harvard Business Review*）上发表了一篇题为《第三代分析工具》（Analytics 3.0）的论文。该论文将信息分析的方法、技术和工具即分析工具的应用时代分为三个，即商务智能时代、大数据时代和数据富足供给时代，如图 4-1 所示。

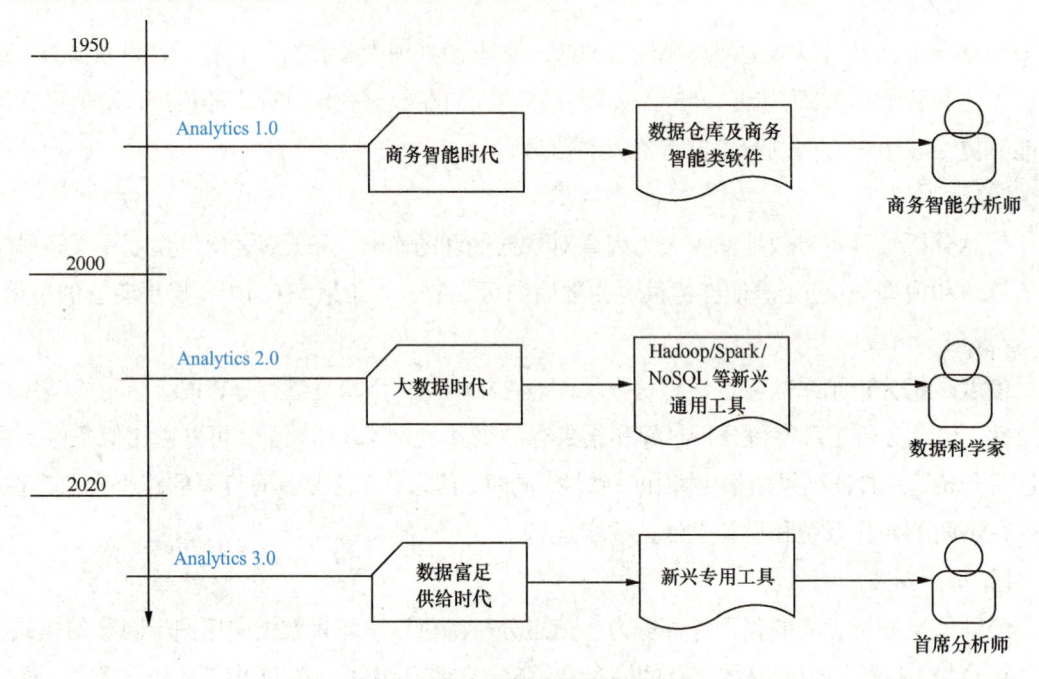

图 4-1 信息分析工具的发展阶段

4.2.1 商务智能时代

商务智能时代（1950—1999 年）的主要信息分析技术、方法和工具是 Analytics 1.0，常用的工具软件为数据仓库及商务智能类软件，供信息分析师或商务智能分析师使用。商务智能时代的主要特点如下。

1）分析活动滞后于数据的生成

分析往往是一种被动的过程，通常在数据已经生成并存储后进行。由于分析的时间滞后性，企业可能难以及时发现问题或抓住商业机会。这种方式限制了企业对数据的实时利用，从而影响了决策的效率。

2）重视结构化数据的分析

Analytics 1.0 主要关注对结构化数据的分析，如关系型数据库的数据。这些数据通常具有明确的格式和结构，易于整理和分析。然而，这种方法忽略了非结构化数据（如文本、图像和音频）的价值，这些数据在当今数据驱动的世界中占据了很大比例。

3）以对历史数据的理解为主要目的

Analytics 1.0 的目标是通过分析过去的数据来了解已发生的事件和趋势。尽管这种方法有助于企业了解历史表现，但不具备预测未来或优化业务流程的能力，限制了企业在竞争中的主动性和灵活性。

4）注重描述性分析

描述性分析是 Analytics 1.0 的主要分析方法，关注对数据的总结和描述，如计算平均值、中位数和众数等统计量，可以帮助企业了解历史数据的基本情况，但缺乏对未来趋势和模式的洞察。这意味着企业在做决策时可能过于依赖过去的经验，而忽略未来的不确定性和变化。

总之，Analytics 1.0 在信息分析的发展历程中是一个重要的阶段。然而，随着数据量的增加和技术的发展，企业需要采用更先进的分析方法来应对不断变化的市场环境，这就催生了 Analytics 2.0 和 Analytics 3.0 等新的分析范式。

4.2.2 大数据时代

大数据时代（2000—2019 年）的主要信息分析技术、方法和工具是 Analytics 2.0，供数据科学家使用。与 Analytics 1.0 不同，Analytics 2.0 采用了一些新兴信息分析技术，如 Hadoop、Spark、NoSQL 等大信息分析技术。Analytics 2.0 的主要特点如下。

1）分析活动与数据的生成几乎同步，强调信息分析的实时性

Analytics 2.0 强调对数据的实时处理和分析，以便更快地发现问题、抓住机会并做出决策。通过实时分析，企业能够及时响应市场变化，提高决策效率和业务敏捷性。

2）重视非结构化数据的分析

Analytics 2.0 认识到非结构化数据（如文本、图像、音频等）的价值，并将其纳入分析范畴。借助大数据技术和新兴的分析方法（如文本分析、情感分析等），企业能够从非结构化数据中挖掘出有价值的信息，为决策提供更全面的依据。

3）以决策支持为主要目的

Analytics 2.0 的核心目标是为企业提供更有效的决策支持。除了对历史数据进行描述性分析，Analytics 2.0 还关注数据的预测性分析和优化建议，以指导企业在面临不确定性和竞争压力时做出更明智的决策。

4）注重解释性分析和预测性分析

Analytics 2.0 强调解释性分析（理解数据背后的原因和影响）和预测性分析（预测未来趋势和结果）。通过建立数据模型、挖掘潜在关系和识别未来趋势，企业能够更好地理解市场、客户和竞争对手，从而制定更有效的战略和计划。

总之，Analytics 2.0 在大数据技术的支持下，突破了传统分析的局限，为企业提供了更

全面、更实时的决策支持。然而，随着信息分析的进一步发展，企业需要将分析与业务更紧密地结合，形成基于数据驱动的产品和服务，这正是 Analytics 3.0 所倡导的理念。

4.2.3　数据富足供给时代

数据富足供给时代（2020 年开始）的主要信息分析技术、方法和工具是 Analytics 3.0。Analytics 3.0 的信息分析更为专业化。从技术实现和常用工具角度，Analytics 3.0 将采用更专业的分析工具，而不再直接采用 Hadoop、Spark、NoSQL 等大信息分析技术。同时，信息分析工作由专业从事信息分析的数据科学家即首席分析师完成，数据科学家的类型将得到进一步细化。Analytics 3.0 的主要特点如下。

1) 引入嵌入式分析

Analytics 3.0 将信息分析嵌入产品和服务，使其成为核心功能的一部分，可以帮助企业实时获取关于产品和服务性能的反馈，为客户提供更好的体验，并在竞争中脱颖而出。

2) 重视行业数据，而不只是企业内部数据

Analytics 3.0 认识到，仅依赖企业内部数据是不够的，还需要关注行业和市场数据，以获得更全面的洞察。通过整合和分析行业数据，企业能够更好地了解市场趋势、竞争态势和客户需求，从而制定更有效的战略和决策。

3) 以产品和服务的优化为主要目的

Analytics 3.0 的核心目标是通过信息分析来优化产品和服务，从而提高客户满意度和企业竞争力。这种方法关注从数据中获取有关产品和服务性能的洞察，以指导改进和创新，更注重为客户创造实际价值。

4) 注重规范性分析

规范性分析是指利用信息分析来生成关于如何优化产品和服务的建议。Analytics 3.0 强调通过规范性分析来指导企业在产品和服务设计、开发和交付过程中做出更明智的决策。这种方法有助于企业在竞争中保持领先地位，并实现可持续增长。

总之，Analytics 3.0 代表了信息分析的新阶段，强调将信息分析与实际业务更紧密地结合，以优化产品和服务并为客户创造更大价值。这要求企业对数据和分析的应用有更高的要求，包括开发新技能、构建更强大的基础设施，并将数据驱动的决策理念融入企业文化。

4.3　信息分析工具的类型

信息分析工具可以分为两大类：开源工具和商业工具。根据开发和维护策略，信息分析平台有开源产品和商业产品两种，甚至有些信息分析平台提供了开源和商业两种版本。例如，

KNIME 平台分为开源 KNIME Analytics Platform 和商业 KNIME Server 两种版本，后者基于前者提供了更多增强或增值服务，如对数据科学自动化的支持。目前，开源技术已成为信息分析平台领域研发的主流策略，而基于开源开发策略的商业化运营成为信息分析平台的未来发展趋势之一。

4.3.1 开源工具

Python 和 R 语言是最常用的信息分析开源工具。其中，Python 语言是一种解释性、交互式、动态类型语言，具有优雅、明确、简单的特点。对于信息分析而言，Python 语言既有优点也有缺点。

Python 作为一种广泛应用于信息分析的编程语言，具有以下优点：

1) 代码简洁易懂

Python 语言的语法简洁明了，使得编写的代码更少、易于编写、阅读、理解和维护。这使得使用 Python 进行信息分析任务可以更快速地实现分析需求，降低了学习和使用的门槛。

2) 丰富的第三方库

Python 拥有大量的用于信息分析的第三方库，如 NumPy、Pandas、SciPy、Scikit-Learn、TensorFlow 等。这些库提供了丰富的功能，如数据处理、可视化、机器学习等，帮助分析师更高效地进行信息分析。

3) 交互式分析支持

Python 是一种解释性语言，支持交互式编程，使得在信息分析过程中可以快速地尝试、验证和调整代码。Jupyter Notebook 等工具进一步提升了 Python 在交互式分析中的体验，使分析师可以轻松地完成复杂的分析任务。

4) 跨平台性和可移植性

Python 语言具有很高的跨平台性，可以在多种操作系统（如 Windows、macOS、Linux 等）上运行。这意味着使用 Python 语言编写的信息分析代码可以在不同环境下方便地移植和运行，提高了代码的可复用性和生产效率。

5) 可扩展性

Python 语言具有很强的可扩展性，可以通过调用 C、C++等其他编程语言的库来提高性能。此外，Python 可以与其他数据分析工具（如 R 语言、Excel 等）进行集成，使得分析师可以在不同的工具之间灵活切换，更好地满足复杂的分析需求。

6) 庞大的社区支持

Python 拥有庞大的开发者和用户社区，提供了丰富的教程、文档和问题解答。这意味着在使用 Python 进行信息分析时，可以更容易地找到学习资源和解决问题，使得信息分析过程更加顺畅。

总之，Python 语言在信息分析领域具有显著的优势，使得越来越多的企业和分析师选择 Python 作为信息分析的主要工具。

尽管 Python 在信息分析领域具有很多优点，但也存在一些缺点。

1）运行速度慢

Python 是一种解释型语言，运行速度通常较慢，尤其在处理大规模数据或进行高性能计算时，与编译型语言如 C、C++等相比，可能出现性能瓶颈。然而，通过使用 NumPy、Cython 等库，或将关键部分的代码用 C、C++语言编写，可以在一定程度上提高整体运行速度。

2）安全性较低

Python 代码通常以源代码形式分发，不能加密，这可能导致代码的保密性和安全性较低。然而，可以采用一些方法来提高 Python 代码的安全性，如使用混淆器（Obfuscator）进行代码混淆，或将关键部分的代码转换为 C、C++等编译型语言编写的库。

3）并行计算能力差

Python 的多线程支持受到全局解释器锁（Global Interpreter Lock，GIL）的限制，这意味着在同一时刻只有一个线程可以执行 Python 代码，一定程度上限制了 Python 在多核处理器上的并行性能。然而，通过使用多进程（multiprocessing）库或其他并行计算库（如 Dask、joblib 等）可以绕过 GIL 的限制，实现并行计算。

4）内存消耗较高

Python 在内存管理方面相较于其他编程语言（如 C、C++）可能消耗较高。在处理大规模数据时，Python 的内存消耗可能成为性能瓶颈。然而，通过使用内存优化的库（如 Pandas、Dask 等）或对数据进行分块处理，可以在一定程度上减轻内存压力。

总之，虽然 Python 在信息分析领域存在一些缺点，但通过使用相应的库和技术，可以在很大程度上解决这些问题。Python 依然是信息分析领域的优秀选择，具有广泛的应用前景。

除了 Python 语言，R 语言也是信息分析中的主流语言工具。表 4-1 给出了 Python 语言和 R 语言的主要区别与联系。

信息分析常用的 Python 工具包如下。

1．NumPy

NumPy（Numerical Python）是 Python 语言的一个重要且广泛使用的库，专门用于处理数值计算任务。NumPy 提供了一种高效的数据结构——n 维数组对象（ndarray），以及大量的函数和操作，为科学计算、数据分析等领域的任务提供了强大的支持。

NumPy 的特点如下。

① 提供高性能的多维阵列对象和与阵列相关的工具。

② NumPy 的主要对象是同构多维数组，是一个由相同数据类型的元素或数字组成的表。

③ 可用于处理、存储相同数据类型值的数组。

④ 简化数组的数学操作，进行数组的向量化，可以大幅提升计算性。

表 4-1 R 语言与 Python 语言的对照

基本信息	Python 语言	R 语言
设计者	计算机科学家 Guido Van Rossum	统计学家 Ross Ihaka 和 Robert Gentleman
设计目的	提升软件开发的效率和源代码的可读性	方便统计处理、信息分析及图形化显示
设计哲学	（源代码层次上）优雅、明确、简单	（功能层次上）简单、有效、完善
发行年	1991	1995
前身	ABC 语言、C 语言和 Modula-3 语言	S 语言
主要维护者	Python Software Foundation（Python 软件基金会）	The R-Core Team（R-核心团队） The R Foundation（R 基金会）
主要用户群	软件工程师/程序员	学术/科学研究/统计学家
可用性	源代码的语法更规范，便于编码和调试	用简单几行代码即可实现复杂的数据统计、机器学习和数据可视化功能
学习成本曲线	入门相对容易，入门后学习难度随着学习内容逐步提升	入门难，入门后相对容易
第三方提供的功能	以"包"的形式存在，可从 PyPi 下载	以"库"的形式存在，可从 CRAN 下载
常用包/库	数据处理：Pandas 科学计算：SciPy，NumPy 可视化：Matplotlib 统计建模：Statsmodels 机器学习：Sckikit-Learn，TensorFlow，Theano	信息分析工具集：Tidyverse 数据处理：Dplyr, Plyr, Data.table, Stringr 可视化：Ggplot2，Ggvis，Lattice 机器学习：Rweka，Caret
常用 IDE（集成开发环境）	Jupyter Notebook(iPython Notebook)/Spyder/Rodeo/Eclipse/PyCharm	RStudio、RGui
R 与 Python 之间的相互调用	可以通过库 RPy2 调用 R 代码	可以通过包 rPython 调用 Python 代码

NumPy 在信息分析中的应用为：实现基本的数组操作，如相加、相乘、切片、扁平化、矩阵变维、索引数组；高级阵列操作，如堆栈阵列、分段阵列、广播阵列；实现线性代数、随机数生成、傅里叶变换功能。

2．Pandas

Pandas 是一个广泛使用的 Python 库，为表格类数据提供了高性能、易用的数据结构和信息分析工具。Pandas 的核心数据结构包括 Series 和 DataFrame，分别用于表示一维和二维数据。Pandas 是一个开源的 Python 包，为表格类数据提供高性能、易用的数据结构和信息分析工具。

Pandas 的特点如下。

① 提供快速简单的数据读取、数据处理、数据聚合和数据可视化等操作。

② 通过获取 CSV、TSV 文件或 SQL 数据库中的数据，创建一个包含数据帧的行和列的 Python 对象。数据框架非常类似于统计软件中的表格（Excel 或 SPSS）。

Pandas 在信息分析中的应用为：数据文件、文本数据读取；数据索引、操作、重命名、排序、合并数据帧；从数据帧中更新、添加、删除列；输入丢失的文件，处理丢失的数据（NaN 值）；用直方图或框线图绘制数据；函数的应用和映射。

3．Matplotlib

Matplotlib 是强大的数据可视化工具和绘图库，是主要用于绘制数据图表的 Python 库，提供了绘制各类可视化图形的命令字库、简单的接口，可以方便用户轻松掌握图形的格式。

Matplotlib 的特点如下。

① 提供了一个面向对象的 API，将绘图嵌入应用程序。

② 有一套允许定制各种属性的默认设置，可以控制每个默认属性，包括图像大小、线宽、色彩和样式、子图、坐标轴、网格属性、文字属性等。

③ 支持所有操作系统下不同的 GUI 后端，并且可以将图形输出为常见的矢量图和图形测试。

Matplotlib 在信息分析中的应用为：绘制各种数据可视化图表（折线图、散点图、条形图、柱状图、饼图、等值线图、雷达图等）；变量相关分析；使用散点图等可视化 95%置信区间的模型离群点检测。

4．Seaborn

Seaborn 是一个基于 Matplotlib 的统计图制作库，旨在以数据可视化为中心来挖掘并理解数据。相较于 Matplotlib，Seaborn 在设计上更注重数据分析和统计可视化，提供了一系列易于使用的接口，用于绘制常见的统计图形，如热力图、箱线图、小提琴图、散点图矩阵等。这些图形能够直观地展示数据中的分布、关联和异常值，为数据分析和决策提供有力支持。

Seaborn 的特点如下。

① 为绘制有吸引力的、信息丰富的统计图形提供了高级界面。

② 提供了各种可视化模式，且模式简单、易操作。

③ 提供的面向数据集制图函数主要是针对行列索引和数组的操作。

④ 包含对整个数据集进行内部语义映射和统计整合。

Seaborn 在信息分析中的应用为：确定多个变量之间的关系（相关性）；观察汇总统计数据的分类变量；分析单变量或双变量分布，并在不同的数据子集之间进行比较；绘制因变量的线性回归模型；提供高层次的抽象、多图表网格。

5．Statsmodels

Statsmodels 是一个广泛使用的 Python 统计学工具包，为用户提供了一系列强大的统计分析方法。首先，Statsmodels 支持统计学中的假设检验，如 t-检验、卡方检验和方差分析等，帮助用户评估数据中的显著性和差异。其次，Statsmodels 提供了丰富的回归分析功能，包括线性回归、逻辑回归和广义线性模型等，使用户能够探索数据中的因果关系和预测未来趋势。此外，Statsmodels 具有强大的时间序列分析能力，支持自回归、移动平均和 ARIMA 模型等，有助于分析时间序列数据中的模式和规律。通过这些功能，Statsmodels 为数据科学家和统计学家提供了一种便捷、高效的方式来进行数据分析、建模和验证。总之，Statsmodels 是一个功能齐全、易于使用的统计学工具包，为 Python 生态中的统计分析提供了重要支持。

Statsmodels 的特点如下。

① 提供了简单描述性统计的计算和统计模型的估计与推断。

② 相较于 Scikit-Learn 的预测功能，更关注统计推断，提供不确定估计和参数 p-value。

③ 支持绘图（Graphics）功能，包括拟合图（Fit Plots）、箱线图（Box Plots）、相关图（Correlation Plots）、函数图（Functional Plots）、回归图（Regression Plots）和时间序列图（Time Series Plots）。

Statsmodels 在信息分析中的应用为：线性回归，相关性分析，最小二乘法，时间序列分析，广义线性模型和贝叶斯模型，单变量和双变量分析，假设检验。

6．Scikit-Learn

Scikit-Learn 是一个广泛使用的 Python 机器学习库，为用户提供了丰富的机器学习算法和实用功能。首先，Scikit-Learn 支持数据预处理，包括特征提取、特征缩放、编码和缺失值处理等，使得数据更适合机器学习模型的训练。其次，Scikit-Learn 包含多种分类、回归、聚类和降维等算法，如支持向量机、决策树、随机森林、k-means 聚类和主成分分析等。Scikit-Learn 还提供了预测和模型分析工具，如交叉验证、网格搜索和性能评估指标等，帮助用户选择合适的模型并优化模型参数。总之，Scikit-Learn 是一个功能强大、易于使用的机器学习工具包，为 Python 生态的机器学习应用提供了重要支持。

Scikit-Learn 的特点如下。

① 简单、易用且有效。

② 基于 Python 机器学习模块和 BSD 开源许可证。

③ 通过 Python 中一致的接口提供了一系列有监督学习和无监督学习算法，包括支持向量机、随机森林、k-means 聚类、均值移动、交叉验证等算法。

Scikit-Learn 在信息分析中的应用为：分类、回归、聚类、数据降维、模型选择、数据预处理；对图像和文本中进行数据提取、分析、建模和测试等操作；广泛应用于自然语言处理。

7．Jieba

Jieba 是一款广泛应用的 Python 中文分词库，专门针对中文文本处理提供高效且准确的分词功能。首先，Jieba 支持多种分词模式，包括精确模式、全模式和搜索引擎模式，满足不同场景下的分词需求。其次，Jieba 具有词性标注、关键词提取和自定义词典等功能，使得用户能够更加灵活地处理中文文本。此外，Jieba 在处理大规模文本时具有较高的分词速度和准确性，为中文自然语言处理任务提供了有力支持。

Jieba 的特点如下。

① 支持 4 种分词模式：精确模式、全模式、搜索引擎模式和 paddle 模式。

② 支持繁体分词。

③ 支持自定义词典。

④ MIT 授权协议。

Jieba 在信息分析中的应用为：文本分析，自然语言处理（Natural Language Processing, NLP），分词、关键词提取、去除停用词。

8．OpenCV

OpenCV（Open Source Computer Vision Library）是一个广泛使用的计算机视觉处理库，提供了丰富的图像处理和计算机视觉功能。首先，OpenCV 支持各种图像处理操作，如滤波、变换、边缘检测和特征提取等，帮助用户对图像进行预处理和分析。其次，OpenCV 提供了许多计算机视觉算法，包括目标检测、目标跟踪、人脸识别、图像拼接等，为实现复杂的视觉任务提供了基础。此外，OpenCV 具有高度优化的性能和跨平台兼容性，可应用于各种操作系统和硬件环境，从而满足不同场景下的计算机视觉需求。

OpenCV 的特点如下。

① 轻量级而且高效——由一系列 C 函数和少量 C++ 类构成。

② 提供了 Python、Ruby、MATLAB 等语言的接口，实现了图像处理和计算机视觉方面的很多通用算法。

③ 每个模块都包含大量的计算机视觉方法，且功能强大。

OpenCV 在信息分析中的应用为：图像读取、显示、保存，几何运算，灰度变换，几何变换，平滑，锐化，数学形态学，阈值分割，边缘检测，色彩空间，形状绘制。

9．TensorFlow 和 PyTorch

TensorFlow 和 PyTorch 是两个流行的深度学习库，分别由 Google 和 Facebook（现 Meta）公司开发。首先，TensorFlow 是 Google 开发的一个开源深度学习框架，提供了强大的计算图功能和高效的自动求导机制，使得用户能够轻松构建和训练复杂的神经网络模型。其次，PyTorch 是 Facebook（现 Meta）开发的另一个开源深度学习库，以简洁的编程风格和动态计算图而受到广泛好评，为研究人员提供了一种更加灵活的方式来实现和调试神经网络。这两个工具包在深度学习社区中都享有盛誉，为研究人员和工程师提供了强大的支持，推动了深度学习领域的发展和应用。

TensorFlow 和 PyTorch 的特点如下。

① TensorFlow 可以帮助开发者使用数据流图创建具有许多层的大规模神经网络，并允许轻松部署基于机器学习的应用程序。

② TensorFlow 可高效处理分类、感知、理解、发现、预测和创建数据等方面的业务。

③ PyTorch 可提供两种最高级的特征张量计算，具有强大的 GPU 加速支持，在基于磁带的自适应系统上构建深度神经网络。

④ PyTorch 包含支持计算机视觉、自然语言处理、深度学习和许多其他机器学习程序的工具和库。

⑤ PyTorch 的建模过程简单透明，使用许多易于组合的预训练模型和模块化零件。

TensorFlow 和 PyTorch 在信息分析中的应用为：语音/声音识别，情感分析，文本处理，人脸识别，时间序列，视频检测。

4.3.2 商业工具

常用于信息分析的商业工具有很多，如 SPSS、SAS、PowerBI、Alteryx、MATLAB、Google 的数据工具（如 Google Analytics、Google Data Studio）、Oracle 的商业智能工具、Tableau、Qlik 的产品（如 QlikView 和 Qlik Sense）等。

1. SPSS 系列

IBM SPSS Statistics 是一款广泛应用于调查统计行业、市场研究行业、医学统计、政府和企业的信息分析的统计分析工具，是世界上最早的统计分析软件，由美国斯坦福大学的三位研究生于 1968 年研制。1984 年，SPSS 首先推出了世界上第一个统计分析软件微机版本 SPSS/PC+，极大地扩充了它的应用范围，并很快应用于自然科学、技术科学、社会科学的各领域。世界上许多有影响的报刊纷纷就 SPSS 的自动统计绘图、数据的深入分析、使用方便、功能齐全等方面给予了高度的评价和称赞。在国际学术界有条不成文的规定，即在国际学术交流中，凡是用 SPSS 软件完成的计算和统计分析可以不必说明算法。

IBM SPSS Modeler 是一个数据挖掘工作台，用于快速直观地构建预测模型，而不需进行编程。其精密的数据挖掘技术能够对结果进行建模，呈现哪些因素会对结果产生什么影响。它有两个版本：IBM SPSS Modeler Premium 和 IBM SPSS Modeler Professional，每个版本都有桌面版本和服务器版本。其主要特点是：数据挖掘更加轻松、快捷，使用所有数据来制定更佳决策，轻松集成到现有系统中。

IBM SPSS Analytic Server 支持 IBM Predictive Analytics Platform 通过使用 IBM SPSS Analytic Catalyst 和 IBM SPSS Modeler，利用来自 Hadoop 版本的数据，改善决策和成果，可获得大信息分析功能（包括对来自 Hadoop 环境的非结构化或半结构化预测性分析的集成支持），避免了迁移数据的需求，支持实现各种大量数据的最优性能，而不需编写复杂的代码和脚本。其主要特点为：使用大数据系统的以数据为中心的开放式集成架构；支持各种流行的 Hadoop 版本，如 IBM InfoSphere BigInsights、Cloudera、Hortonworks 和 Apache Hadoop；已定义的接口，以合并用于数据的新统计算法；隐藏大数据环境的详细信息，以便分析人员可以专注于信息分析；可通过扩展来解决几乎任何规模问题的解决方案。

IBM SPSS Analytic Catalyst 是与 Analytic Server 集成发布的组件，通过集成统计和数据

挖掘的专家知识，能够将复杂的大信息分析工作自动化地完成，使得大信息分析能够被毫无预测分析知识的用户使用。IBM SPSS Analytic Catalyst 可提供基于浏览器的访问界面，客户端不需安装任何软件；自动进行预测分析任务，除了指定数据，用户不需参与任何分析过程；以丰富易懂的展示方式向用户解释的分析结果；支持移动终端的访问。

2．SAS 系列

SAS 不但具备较强的数据存取、管理、分析和展示能力，而且与关系型数据库管理系统（如 Oracle、DB2 等）和其他数据分析软件（如 SPSS 等）兼容较好。与 SPSS 不同，SAS 的使用一般通过用户编写 SAS 语言程序代码的形式完成。SAS 语言是一种相对简单的编程语言，有一定的编程经验的用户可容易掌握其基本思路和方法。

为了方便用户信息分析，SAS 以模块化设计方法的形式提供了数据分析和挖掘的算法和函数。用户可以通过 SQL 语句调用这些 SAS 模块中的过程（类似于其他程序语言的函数）的方法完成数据挖掘和分析任务，并不需要自己编写常用数据统计函数的源代码。

表 4-2 给出了 SAS 的主要功能模块。其中，最常用的模块有两个：BASE 和 STAT。前者是 SAS 的核心，提供了数据管理、数据处理、报表生成和图形化显示的基本功能。后者提供了各种统计功能，如方差分析、回归分析、多变量分析等，而且针对每个功能提供了不同的实现算法。

表 4-2　SAS 的主要模块及功能

模　块	功　能
BASE	数据管理、数据处理、报表生成和图形化显示包
STAT	统计分析包
GRAPH	绘图包
QC	质量控制包
ETS	经济计量学和时间序列分析包
OR	运筹学包
IML	交互式矩阵程序设计语言包
INSIGHT	可视化数据探索
FSP	快速数据处理的交互式菜单系统包
AF	交互式全屏幕软件应用系统包
ASSIT	菜单驱动界面包

Enterprise Miner 是 SAS 的一个重要模块，用于数据挖掘工具，较好地支持关联、聚类、决策树、神经元网络和经典的统计回归技术，还提供了很多应用工具，包括数据获取、数据取样、数据筛选、变量转换、数据挖掘过程、回归分析、决策树数据剖分与浏览、人工神经元网络和数据挖掘评价。Enterprise Miner 的数据挖掘工作一般分五步完成，即采样、探索、修改、建模和评估。

4.4 信息分析工具的应用

本节分别采用开源工具 Python 和商业工具 SPSS 进行信息分析案例分析。

4.4.1 基于 Python 的信息分析案例

【分析对象】 数据集 bc_data.csv 为 CSV 文件,来自威斯康星乳腺癌数据库(Wisconsin Breast Cancer Database),主要记录了 569 个病例的 32 个属性。

ID:病例的 ID。

Diagnosis(医生给出的诊断结果):M 为恶性,B 为良性。该数据集共包含 357 个良性病例和 212 个恶性病例。

细胞核的 10 个特征值:radius(半径)、texture(纹理)、perimeter(周长)、面积(area)、平滑度(smoothness)、紧凑度(compactness)、凹面(concavity)、凹点(concave points)、对称性(symmetry)和分形维数(fractal dimension)等。同时,为上述 10 个特征值均提供了三种统计量,分别为均值(mean)、标准差(standard error)和最大值(worst or largest)。

【分析目的及任务】 理解机器学习方法在信息分析中的应用,运用 kNN(k-Nearest Neighbor,k-最近邻)方法进行分类分析。

首先,以随机选择的部分记录为训练集对概念"诊断结果(diagnosis)"进行学习。

其次,以剩余记录为测试集,进行 kNN 建模。

再次,按 kNN 模型预测测试集的 diagnosis 类型。

最后,将 kNN 模型给出的 diagnosis(机器给出的预测诊断结果)与数据集 bc_data.csv 自带的"医生给出的诊断结果"进行对比分析,验证 kNN 模型的有效性。

(1)数据读入

首先,查看当前工作目录,并将数据文件 bc_data.csv 存放至当前工作目录。

```
In[1]    import pandas as pd
         import numpy as np
         import os

         print(os.getcwd())
Out[1]   C:\\clm\\
```

其次,调用 Pandas 的 read_csv( )函数,将当前工作目录下的数据文件 bc_data.csv 读取至 Data Frame 对象——bc_data。

```
In[2]    bc_data = pd.read_csv('bc_data.csv', header = 0)
         bc_data.head()
```

Out[2]

	id	diagnosis	radius_mean	texture_mean	perimeter_mean	...
0	842302	M	17.99	10.38	122.80	...
1	842517	M	20.57	17.77	132.90	...
2	84300903	M	19.69	21.25	130.00	...
3	84348301	M	11.42	20.38	77.58	...
4	84358402	M	20.29	14.34	135.10	...

5 rows × 32 columns

(2) 数据理解

数据理解方法与本书"5.1.1 节 女性身高数据的回归分析"相同,在此不再赘述。读者需要了解相关介绍,参见本书"5.1.1 节 女性身高数据的回归分析"。

首先,查看数据形状。

In[3] `bc_data.shape`

Out[3] `(569, 32)`

其次,查看列名。

In[4] `bc_data.columns`

Out[4]
```
Index(['id', 'diagnosis', 'radius_mean', 'texture_mean', 'perimeter_mean',
'area_mean', 'smoothness_mean', 'compactness_mean', 'concavity_mean', 'concave
points_mean', 'symmetry_mean', 'fractal_dimension_mean', 'radius_se', 'texture_se',
'perimeter_se', 'area_se', 'smoothness_se', 'compactness_se', 'concavity_se',
'concave points_se', 'symmetry_se', 'fractal_dimension_se', 'radius_worst',
'texture_worst', 'perimeter_worst', 'area_worst', 'smoothness_worst',
'compactness_worst', 'concavity_worst', 'concave_points_worst', 'symmetry_worst',
'fractal_dimension_worst'], dtype = 'object')
```

接着,查看描述性统计信息。

In[5] `bc_data.describe()`

Out[5]

	id	radius_mean	texture_mean	...
count	5.690000e+02	569.000000	569.000000	...
mean	3.037183e+07	14.127292	19.289649	...
std	1.250206e+08	3.524049	4.301036	...
min	8.670000e+03	6.981000	9.710000	...
25%	8.692180e+05	11.700000	16.170000	...
50%	9.060240e+05	13.370000	18.840000	...
75%	8.813129e+06	15.780000	21.800000	...
max	9.113205e+08	28.110000	39.280000	...

8 rows × 31 columns

(3) 数据准备

机器学习中的数据准备方法与本书"5.1.1 节 女性身高数据的回归分析"的区别在于,

需要将特征矩阵和目标向量进一步分解成训练集和测试集。sklearn.model_selection 提供了用于训练集和测试集的自动划分函数 train_test_split( )。

首先，本例删除没有实际意义的 ID 项数据，可以考虑直接删除它。

| In[6] | `data = bc_data.drop(['id'], axis = 1)`
`print(data.head())` |

其次，定义特征矩阵。

| In[7] | `X_data = data.drop(['diagnosis'], axis = 1)`
`X_data.head()` |

Out[7]		radius_mean	texture_mean	perimeter_mean	area_mean	smoothness_mean	...
	0	17.99	10.38	122.80	1001.0	0.11840	...
	1	20.57	17.77	132.90	1326.0	0.08474	...
	2	19.69	21.25	130.00	1203.0	0.10960	...
	3	11.42	20.38	77.58	386.1	0.14250	...
	4	20.29	14.34	135.10	1297.0	0.10030	...
	5 rows × 30 columns						

接着，定义目标向量。在信息分析与信息分析项目中，可以用内置函数 np.ravel( )进行降维处理。

| In[8] | `y_data = np.ravel(data[['diagnosis']])`
`y_data[0:6]` |
| Out[8] | `array(['M', 'M', 'M', 'M', 'M', 'M'], dtype = object)` |

再次，测试数据与训练数据的拆分方法。调用 sklearn.model_selection 中的 train_test_split( )。

| In[9] | `from sklearn.model_selection import train_test_split`
`X_trainingSet, X_testSet, y_trainingSet, y_testSet = train_test_split(X_data, y_data, random_state = 1,test_size = 0.25)` |

在上面的代码中，X_trainingSet 和 y_trainingSet 分别为训练集的特征矩阵和目标向量，X_testSet 和 y_testSet 分别为测试集的特征矩阵和目标向量。

接着，查看训练集的形状。

| In[10] | `print(X_trainingSet.shape)` |
| Out[10] | `(426, 30)` |

最后，查看测试集的形状。

| In[11] | `print(X_testSet.shape)` |
| Out[11] | `(143, 30)` |

(4) 算法选择及其超级参数的设置

首先，选择算法。本例选用 kNN，需要导入 KNeighborsClassifier 分类器。

```
In[12]  from sklearn.neighbors import KNeighborsClassifier
```

其次，实例化算法，并设置超级参数。本例需要实例化 KneighborsClassifier，并初始化其超级参数 algorithm。algorithm 参数的含义为计算节点之间的距离，采用 kd_tree 算法。kd_tree 算法为二叉树算法在 k 维空间上的扩展，主要用于降低 kNN 算法中计算节点之间距离的计算量。

```
In[13]  myModel = KNeighborsClassifier(algorithm = 'kd_tree')
```

(5) 具体模型的训练

通过调用 scikit-learn 包提供的 fit( )函数进行具体模型的训练。其中，fit( )函数的参数为训练集：训练集的特征矩阵，X_trainingSet；训练集的目标向量，y_trainingSet。

```
In[14]   myModel.fit(X_trainingSet, y_trainingSet)
Out[14]  KNeighborsClassifier(algorithm = 'kd_tree', leaf_size = 30, metric = 'minkowski',
         metric_params = None, n_jobs = None, n_neighbors = 5, p = 2, weights = 'uniform')
```

在以上显示结果中，metric 用于设置距离计算方法及其参数(metric_params 和 p)，metric = 'minkowski'的含义为闵氏距离，p=2 时，闵氏距离表示的是欧氏距离。n_jobs 为处理器个数；n_neighbors 为 kNN 算法中的 k 值；weights 为不同类的权重。

(6) 用模型进行预测

首先，对测试集中的特征矩阵进行预测。将前面已训练出的具体模型用于测试集的特征矩阵，预测对应的目标向量。

其次，显示测试集的特征矩阵 X_testSet。

```
In[15]  y_predictSet = myModel.predict(X_testSet)
```

接着，查看预测结果。

```
In[16]   print(y_predictSet)
Out[16]  ['M' 'M' 'B' 'M' 'M' 'M' 'M' 'M' 'B' 'B' 'B' 'M' 'M' 'B' 'B' 'B' 'B' 'B' 'B' 'M' 'B'
          'B' 'M' 'B' 'M' 'B' 'B' 'M' 'M' 'M' 'M' 'B' 'M' 'B' 'B' 'M' 'B' 'M' 'B' 'B' 'B' 'B'
          'B' 'B' 'B' 'M' 'B' 'B' 'B' 'M' 'M' 'M' 'B' 'M' 'M' 'B' 'B' 'B' 'B' 'B' 'B' 'B' 'B'
          'M' 'B' 'B' 'B' 'M' 'B' 'B' 'M' 'M' 'M' 'M' 'B' 'B' 'B' 'M' 'B' 'M' 'B' 'M' 'B' 'M'
          'B' 'B' 'M' 'B' 'M' 'B' 'B' 'M' 'M' 'M' 'B' 'M' 'B' 'B' 'B' 'B' 'B' 'B' 'kd_tree' 'B' 'B'
          'B' 'M' 'M' 'M' 'B' 'B' 'M' 'M' 'M' 'M' 'B' 'B' 'B' 'M' 'M' 'M' 'B' 'B' 'M'
          'M' 'M' 'M' 'M' 'B' 'B' 'B' 'M' 'M' 'M' 'B' 'B' 'M' 'M' 'B']
```

最后，查看真实值。

```
In[17]  print(y_testSet)
```

| Out[17] | ['B' 'M' 'B' 'M' 'M' 'M' 'M' 'M' 'B' 'B' 'B' 'M' 'M' 'B' 'B' 'B' 'B' 'B' 'B' 'M' 'B'
'B' 'M' 'B' 'M' 'B' 'B' 'M' 'M' 'M' 'M' 'B' 'M' 'M' 'B' 'B' 'B' 'M' 'B' 'B' 'B'
'B' 'B' 'B' 'M' 'B' 'B' 'B' 'M' 'M' 'M' 'B' 'B' 'B' 'B' 'B' 'M' 'B' 'B' 'M' 'B'
'B' 'B' 'B' 'B' 'M' 'B' 'B' 'B' 'M' 'M' 'B' 'M' 'M' 'M' 'M' 'B' 'M' 'B' 'M' 'B'
'B' 'B' 'M' 'B' 'M' 'B' 'B' 'M' 'B' 'M' 'M' 'B' 'M' 'B' 'B' 'B' 'B' 'B' 'B' 'B'
'B' 'B' 'B' 'M' 'M' 'M' 'B' 'M' 'M' 'B' 'M' 'B' 'B' 'B' 'B' 'B' 'M' 'M' 'B' 'B' 'M'
'M' 'B' 'M' 'M' 'B' 'B' 'B' 'M' 'B' 'M' 'M' 'B' 'B' 'B' 'M' 'M' 'B'] |

（7）模型评价

可以通过导入 scikit-learn 包中的 accaccuracy_score()函数计算模型的准确率。其中，y_testSet 和 y_predictSet 分别为测试集和预测集。

| In[18] | `from sklearn.metrics import accuracy_score` |

| In[19] | `print(accuracy_score(y_testSet, y_predictSet))` |
| Out[19] | `0.9370629370629371` |

（8）模型的应用和优化

有时需要对模型进行优化。如果该模型的准确率可以满足业务需求，就可以用这个模型进行预测新数据或更多数据。如果该模型的准确率不可以满足业务需求，就需要优化模型参数，甚至替换成其他算法/模型。对于 kNN 算法而言，k 值的选择是优化算法的关键问题。首先，绘制手肘曲线。采用绘制手肘曲线（Elbow Curve）选择 k 值，分别计算 $k = 1 \sim 23$ 时的 kNN 模型的准确率，并放入列表 scores。

| In[20] | ```
from sklearn.neighbors import KNeighborsClassifier
NumberOfNeighbors = range(1,23)
KNNs = [KNeighborsClassifier(n_neighbors = i) for i in NumberOfNeighbors]
    scores = [KNNs[i].fit(X_trainingSet, y_trainingSet).score(X_testSet, y_testSet)
        for i in range(len(KNNs))]
            scores
``` |
| Out[20] | ```
[0.9230769230769231,
 0.9020979020979021,
 0.9230769230769231,
 0.9440559440559441,
 0.9370629370629371,
 0.9230769230769231,
 0.9300699300699301,
 0.9230769230769231,
 0.9230769230769231,
 0.9230769230769231,
 0.9230769230769231,
 0.9230769230769231,
 0.9230769230769231,
 0.9230769230769231,
 0.9230769230769231,
 0.916083916083916,
 0.916083916083916,
 0.916083916083916,
 0.916083916083916,
 0.916083916083916,
 0.916083916083916,
 0.9090909090909091]
``` |

其次，绘制手肘曲线。

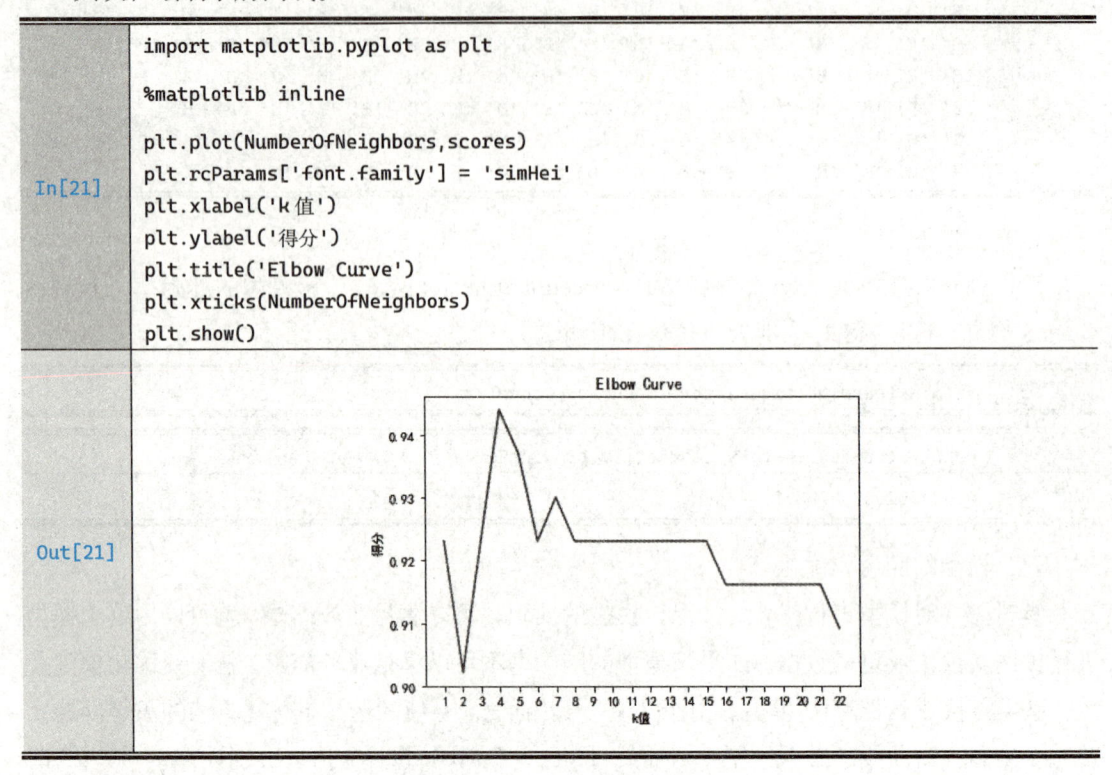

In[21]
```
import matplotlib.pyplot as plt
%matplotlib inline
plt.plot(NumberOfNeighbors,scores)
plt.rcParams['font.family'] = 'simHei'
plt.xlabel('k 值')
plt.ylabel('得分')
plt.title('Elbow Curve')
plt.xticks(NumberOfNeighbors)
plt.show()
```

Out[21]

从手肘曲线的显示结果可以看出，k=4 时准确率最高。

接着，将 k=4 带入 kNN 模型，进行重新预测。

In[22]
```
from sklearn.neighbors import KNeighborsClassifier
myModel = KNeighborsClassifier(algorithm = 'kd_tree', n_neighbors = 4)
myModel.fit(X_trainingSet, y_trainingSet)
```

In[23]
```
y_predictSet = myModel.predict(X_testSet)
from sklearn.metrics import accuracy_score
print(accuracy_score(y_testSet, y_predictSet))
```

Out[23] `0.9440559440559441`

根据结果可知，准确率已提高至 0.9440559440559441。

最后，绘制 ROC 曲线，采用 Python 面向机器学习的可视化包 Yellowbrick。

In[24]
```
from yellowbrick.classifier import ROCAUC
visualizer = ROCAUC(myModel, classes = ["M", "B"])
visualizer.fit(X_trainingSet, y_trainingSet)
visualizer.score(X_testSet, y_testSet)
```

Out[24]

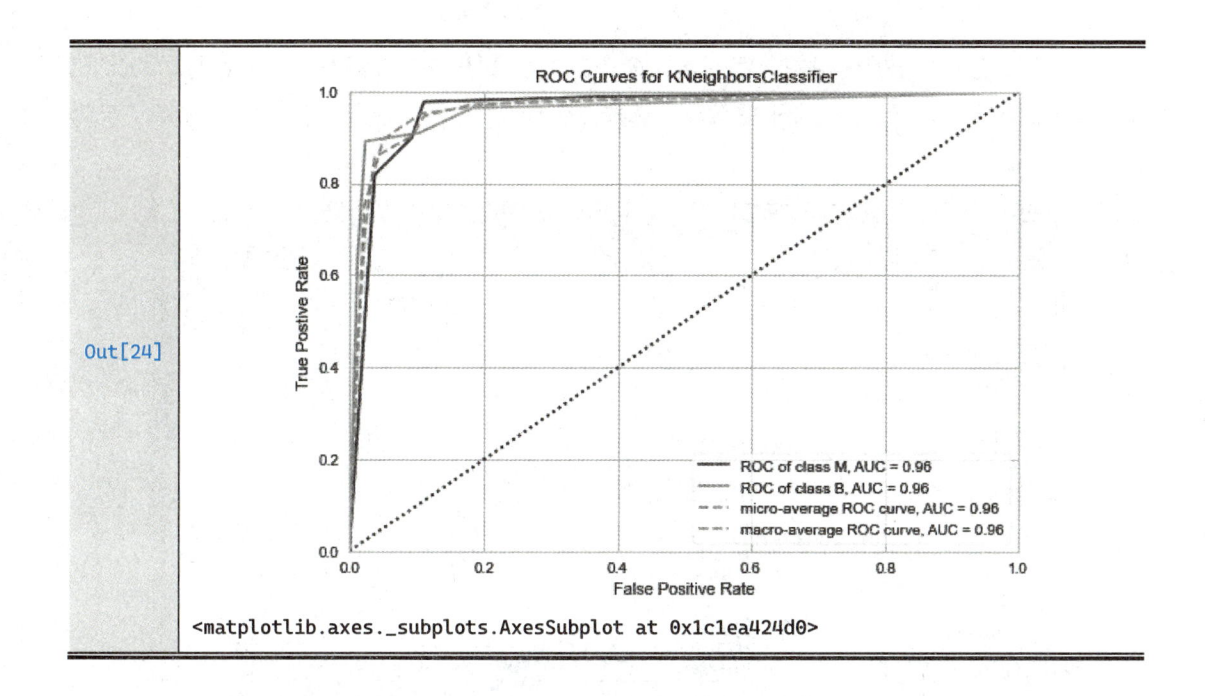

```
ROC Curves for KNeighborsClassifier
```

(图：ROC 曲线，ROC of class M, AUC = 0.96；ROC of class B, AUC = 0.96；micro-average ROC curve, AUC = 0.96；macro-average ROC curve, AUC = 0.96)

`<matplotlib.axes._subplots.AxesSubplot at 0x1c1ea424d0>`

4.4.2 基于 SPSS 的信息分析案例

【分析对象】 12 对父子的身高信息，如表 4-2 所示。

表 4-2 父子身高（英寸）

父亲身高	65	63	67	64	68	62	70	66	68	67	69	71
儿子身高	68	66	68	65	69	66	68	65	71	67	68	70

【分析任务与目的】 分析父亲与儿子身高之间的相关性对其进行相关性分析。

① 问题和数据分析：身高是定距变量，可以采用 Pearson 相关系数来衡量。

② 数据的组织与结构定义：在"数据编辑窗口"的"数据视图"中，将数据分成两行，一行是父亲的身高，对应变量名为 father，另一行是儿子的身高，对应变量名为 son，输入具体数据，并在"变量视图"中定义变量 father 和 son，如图 4-2 所示。

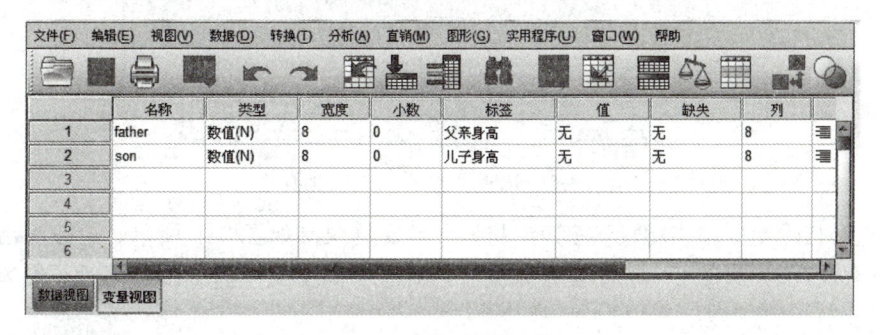

图 4-2 SPSS 变量定义

143

③ 选择菜单"分析→相关→双变量"命令，出现如图 4-3 所示的对话框；将 father 和 son 两变量移入"变量"框，"相关系数"选择 Pearson，并在"显著性检验"中选择"双侧检验"。

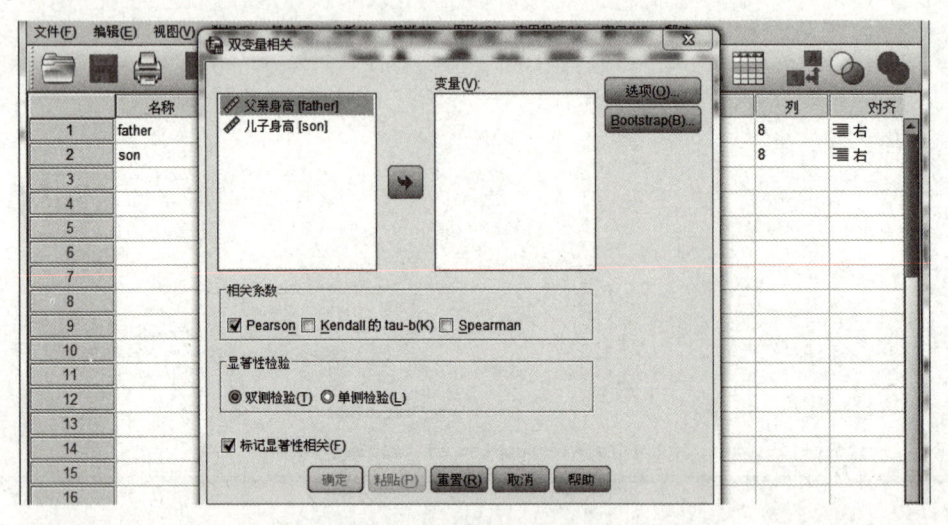

图 4-3　SPSS 双变量相关参数设置

单击"选项"按钮，将弹出的对话框的标签"统计量"下的两个选项均改为选中状态，目的是输出结果中显示均值、标准差、叉积偏差和协方差，如图 4-4 所示。

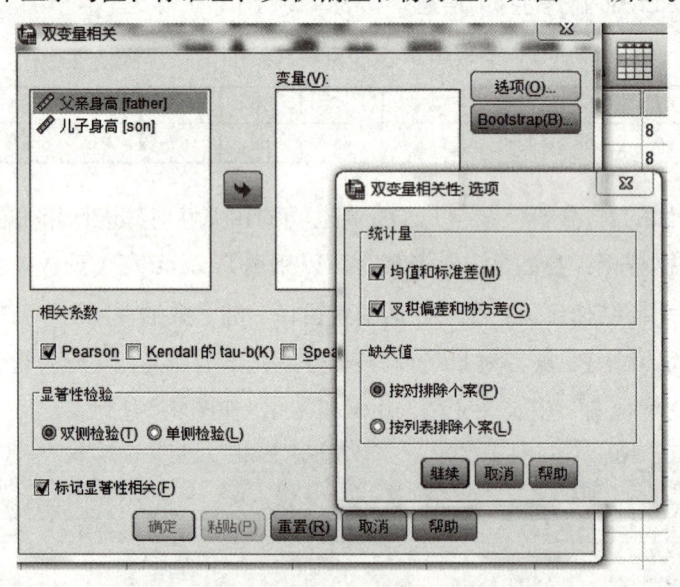

图 4-4　SPSS 双变量相关性选项

④ 结果查阅与理解。单击"确定"按钮，将显示计算结果，如图 4-5 所示。可以看出，相关系数为 0.703，大于 0，说明呈正相关，且儿子身高受父亲身高的显著性正影响。

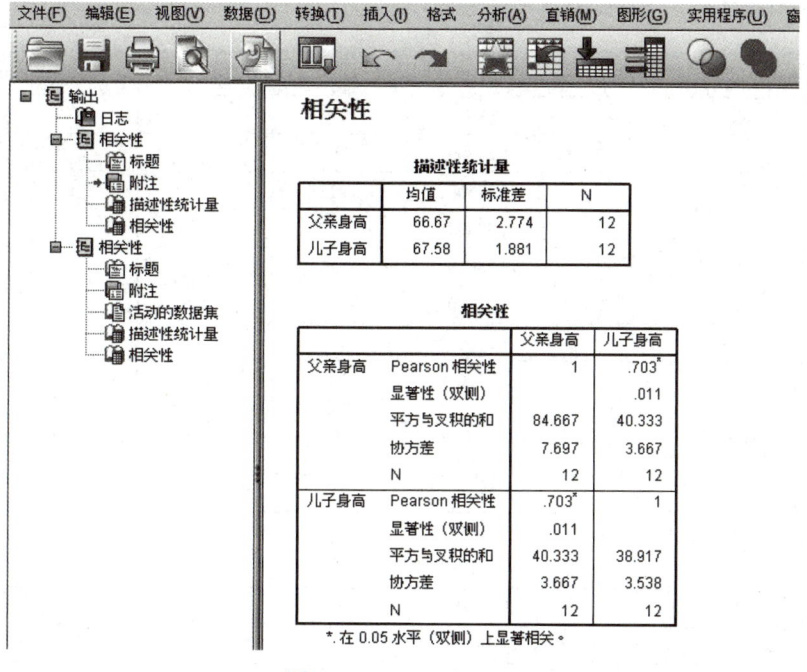

图4-5 SPSS分析结果

本章小结

本章只介绍了Python、SPSS和SAS的使用方法和主要功能。为了提高自己的动手能力，丰富信息分析工作经验，我们还需要从以下三方面继续学习计算机辅助信息工具：第一，在学习好本章知识的基础上，结合各种具体的信息分析方法，灵活掌握Python、SPSS和SAS的更多功能；第二，结合Python、SPSS和SAS操作，学习更多的数据挖掘、数理统计、联机在线分析和其他信息分析方法；第三，学习更多的计算机辅助信息分析工具，如IBM DB2 Intelligent Miner、DBMiner、Oracle Data Mining和Hyperion Essbase等。

思考与练习

4-1 某机构为了调查学生性别和所学专业与毕业后初始工资的情况，调查抽取了60个学生的数据，如表4-3所示。

其中，"性别"1代表男性，0代表女性；"学科"1代表农学，2代表建筑，3代表地质，4代表商务，5代表林学，6代表教育，7代表工程，8代表艺术。

请分别使用Python和SPSS根据样本指标进行聚类分析。

表 4-3　工资信息表

序号	性别	学科	工资	序号	性别	学科	工资
1	1	7	28900	8	1	7	25000
2	1	7	28000	9	0	1	20000
3	1	1	27500	10	1	1	18000
4	1	7	30300	11	1	4	23000
5	1	1	18000	12	1	4	27600
6	0	7	31700	13	1	7	32700
7	1	3	26000	14	0	1	21500
15	1	1	25000	38	0	1	20000
16	0	4	18000	39	0	4	22000
17	1	7	38400	40	0	7	32000
18	0	1	26500	41	1	7	28200
19	0	1	26500	42	1	1	15000
20	0	1	31000	43	0	1	27000
21	1	7	29000	44	1	4	30000
22	1	7	32000	45	0	4	18800
23	1	7	33500	46	0	4	21500
24	1	7	27000	47	1	3	23000
25	0	1	29000	48	0	7	25500
26	1	4	19000	49	1	4	25000
27	0	8	20900	50	0	1	13500
28	0	1	29000	51	1	4	23600
29	0	1	35300	52	0	4	19000
30	0	1	24200	53	1	7	30600
31	1	3	41000	54	1	1	27500
32	1	7	36300	55	0	1	26300
33	0	6	23000	56	0	4	30000
34	1	4	25000	57	1	4	24000
35	1	4	18200	58	1	7	28000
36	1	7	25400	59	1	7	27100
37	1	1	24000	60	1	7	26400

第 5 章

信息分析成果评价

IA

本章阐述信息分析成果评价的理论与实践意义,探讨信息分析成果的评价程序,论述信息分析成果的评价指标体系,包括信息分析成果评价指标体系设计的原则和信息分析成果评价的通用指标,介绍信息分析成果的评价方法,涉及专家定性判断法、综合评分法、德尔菲法、层次分析法、模糊综合评价法等。

本章重点

- 信息分析成果评价的目的和意义
- 信息分析成果评价的主要依据
- 信息分析成果评价的基本流程
- 信息分析成果评价的常用方法

5.1 信息分析成果的评价意义

5.1.1 理论意义

评价是依据确定的工作目标来测定事物的有关属性的过程。信息分析成果的评价实质上就是对信息分析成果的价值和使用价值进行衡量和评判的过程。在市场经济条件下，信息分析成果基本上是以信息商品的形式体现出来的。一方面，信息分析成果是信息分析人员通过体力和脑力劳动创造出来的，是信息分析人员集体智慧和创造性劳动的结晶，是人类社会劳动成果的重要组成部分，具有价值属性；另一方面，按照当代商品学说，在市场经济条件下，这种成果成为商品后，是可以通过传递和进一步的开发利用为用户及社会吸收并产生影响或收益的，如经济活动成本的降低、管理行为的改善、决策质量的提高、经营风险的减少等。这种影响或收益实际上是信息分析成果使用价值属性的体现。由此可见，信息分析成果在成为商品后，与其他商品一样，具有价值和使用价值两种属性。信息分析成果的评价就是对上述价值和使用价值进行衡量和评判，这项工作是整个信息分析工作不可缺少的环节，是对其他各环节及其产生的最终结果的一个总体评价。正因如此，现代信息管理特别注意把成果评价作为信息管理的必要组成部分来加以强调。没有信息分析成果的评价，现代信息管理至少是不完善的，整个信息分析工作也是不完整的。

在计划经济条件下，信息分析机构被视为非经济部门，其成果不能成为商品。在这种情况下，成果评价环节普遍被忽视。有些机构虽然勉强开展了评价工作，但评价的角度往往偏重于信息分析成果本身，如学术水平、科学意义等，有的是摆形式、走过场，这种做法已经不能适应当今市场经济发展的需要。在市场经济条件下，以市场为导向的价值和使用价值的评价对一切信息分析成果来说，都是不可缺少的。

5.1.2 实践意义

从实践方面考察，运用正确的评价指标体系对信息分析成果做出实事求是的客观评价，对于科学、及时地总结信息分析工作实践中的经验教训，有效地发挥信息分析成果的作用，有着极为重要的意义，主要表现在以下几方面：

① 成果评价有利于寻求和及时发现信息分析各环节存在的疏漏、缺陷和问题，改进和提高成果的质量，满足市场的需要。

② 成果评价可以使信息分析人员的辛勤劳动得到社会的承认，有利于稳定和发展壮大信息分析队伍，调动和激发信息分析人员的积极性和创造性。

③ 成果评价有利于合理地进行成果的市场定价，使成果准确、及时地被推向目标市场。

④ 成果评价有利于信息分析机构的日常管理，如对机构进行资产评估、对人员的工作质量进行考核、奖勤罚懒，可为人员薪酬调整和职称评定提供参考依据。

⑤ 成果评价可以使成果本身潜在的使用价值在某种程度上得到揭示，这一方面起到了向社会宣传成果的效果，另一方面便于社会对信息分析工作进行监督。

5.2　信息分析成果的评价程序

信息分析成果的评价程序如下。

1．成立评价小组

信息分析成果评价小组通常由信息分析人员、相关领域的评审专家、主管部门负责人、用户等组成。信息分析人员的主要任务是向评审专家、主管部门负责人和用户介绍信息分析成果的形成过程、主要性能指标、国内外同领域的研究状况、本成果的主要特色等。评审专家、主管部门负责人和用户需要本着客观和实事求是的态度对成果做出恰如其分的评价。特别是用户，更应注意避免评价过程中的主观性。为了防止在评价过程中发生用户故意刁难的情况，评价活动一般依据课题合同书进行。评价活动可以采取会审的方式，也可以采取函审的方式。

2．确定评价目标

评价目标决定了评价工作的方向。没有明确的目标，评价工作就无从着手；目标搞错了，就会导致整个评价工作走偏方向。信息分析成果评价的基本目标在于确保成果质量合格（如成果表达形式、成果内容、成果完成时间等），体现信息分析课题提出部门的意图。

3．搜集资料，分析限制性条件

资料是分析评价的基础。评价信息分析成果所需的资料可分为两类：一是国内外已经有的信息资料，二是经过调查研究分析整理后得到的资料。在搜集资料时，应当注意仔细鉴别，并务求准确、及时和先进。不加鉴别地盲目搜集，不仅劳民伤财，还会在利用之后产生错误的评价结论。如果以此结论提交给有关部门并用于决策活动，势必会造成严重的后果。

在大量占有资料的基础上，需要对信息分析成果完成的各种限制性条件进行分析，以便做出客观、公正、科学的评价结论。

4．提出评价意见

方案评价是整个信息管理经济效益评价活动的中心环节。分析评价可以加深对各方案的理解，明确其优劣，为最佳方案的选择提供科学依据。

评价意见一般包括概略评价意见和详细评价意见两种。概略评价意见是对信息分析成果总体上的理解和评价，常常简单地以优劣断之。详细评价意见是在对信息分析成果各部分进行详细分析后，给出具体的评价意见。

5．形成评价报告

信息分析成果在经过认真评价后，通常要形成评价报告。评价报告一般要求以简洁的文字交代评价目的、评价背景、评价时间、评价地点、评价专家、评价内容等，并详细介绍评价的方法、过程及主要结论。评价报告的语言必须是科学语言，务求准确、简明、规范，不可模棱两可、晦涩难懂、华而不实。

5.3 信息分析成果的评价指标体系

5.3.1 信息分析成果的特点

信息分析成果是一种特殊形式的劳动成果，与其他劳动成果相比有许多特点，一方面使其评价有可能达到客观、公正、科学、合理的目标，另一方面使其在具体操作上存在复杂性和困难性。

1．客观性

首先，从信息分析过程来看，它是符合科学的研究程序的。例如，在各环节中，课题是经过严格的论证并符合预期的市场需求目标的；所搜集、加工整理和研究的信息是对客观存在的事物的本质属性和基本规律的一种如实反映；所形成的成果不仅考虑了信息分析结果的内容特点，还考虑了用户可能的消费偏好、消费条件和消费要求。其次，从信息分析人员的职业道德和工作需要来看，信息分析工作是一项极其严肃的科学研究工作，要求信息分析人员态度认真、客观、公正，不能在工作过程中弄虚作假、草率马虎或感情用事。最后，从成果的价值和使用价值属性来看，信息分析成果一旦形成，不论用户消费与否、消费环境和其他条件怎样，其价值和使用价值总是客观实在的。可见，不论从哪种角度来看，信息分析成果都具有客观性。这种客观性是成果最本质的属性，使我们有可能在客观、公正、科学、合理的基础上对成果做出恰如其分的评价。

2．综合性

信息分析成果的综合性是由信息分析范围的广泛性、研究内容的复杂性决定的。信息分析范围的广泛性决定了信息分析单纯依赖一两门学科的知识是不行的，需要涉及自然科学、社会科学、思维科学和交叉学科。信息分析研究内容的复杂性决定了对于既定的信息分析对象而言，我们不能简单地就题论题，而必须站在广阔的社会大背景下展开综合研究，具体来说，就是信息分析除了要包括该研究对象本身的内容，还必须涉及政治、经济、科技、管理、社会、环境等方面的内容。

上述广泛性和复杂性决定了信息分析带有典型的软科学研究色彩，其成果带有很强的综合性。这种综合性使成果评价变得复杂和困难，通常需要借助于多层次的评价指标体系才能实现。

3．隐蔽性

信息分析成果通常可以以几个数据库、几份分析报告等形态表现出来，但这只是一种外在的表现。因为不论是几个数据库还是几份分析报告，都是从成果的物质载体的角度来说的，而实际上用户真正感兴趣的并不是这些物质载体，而是隐含于其中的非物质形态的信息。这些信息尽管在成果生产出来后就客观存在，但毕竟是隐蔽的。

信息分析成果的隐蔽性还表现为它对其他经济活动的依附性，即不像其他物质形态的劳动产品那样可以直接转化为社会生产力，而是通过用户的消化吸收，对创造生产力的活动起到促进作用。这就决定了信息分析成果对社会生产力的贡献总是被包含于其所服务的经济活动或其他活动对社会生产力的贡献之中。此外，由于信息本身的无形性和难以计量性，人们要从中分离出信息分析成果的贡献往往极其困难，甚至在现有的技术条件下是无法做到的，这给信息分析成果的评价带来了相当大的难度。

5.3.2 信息分析成果的评价指标体系

1．信息分析成果的评价指标体系的设计原则

信息分析成果的特点决定了其评价是一项复杂的系统工程，必然涉及许多相互联系、相互影响的因素。实践证明，要客观、公正、科学、合理地评价信息分析成果，必须设计一套合理的评价指标体系。

信息分析成果评价指标体系是反映信息分析成果价值和使用价值的各项指标按一定的结构所形成的集合，是对成果价值和使用价值的综合测度。有了评价指标体系，人们才可以用同一个标准对不同的成果进行评价，优劣、高低、大小等评价结果才有现实意义，同时，评价过程中的主观性、随意性和盲目性也可以在某种程度上得以回避。

在设计评价指标体系时必须遵循以下原则。

1）系统性

信息分析的软科学性质决定了其成果的价值形成和使用价值的实现必然涉及各方面的因素。这些因素通常制约关系复杂，而且随科技、经济和社会的发展，其复杂程度会越来越高。因此，人们不能奢望用单一的指标去评价，而应该坚持系统性原则，从大系统的角度构

建综合性的、多层次的指标体系，以尽可能全面且有重点地反映这些因素之间的关系。

2）科学性

科学性即要求：评价指标体系结构合理、层次分明、指标选择恰当；概念清晰、语言简明、边界确切；覆盖面大、适用范围广；以尽可能少的指标数量反映尽可能全面的评价内容。

3）可操作性

评价指标体系应该是可操作的，否则就失去了存在的价值。为此，设计出的评价指标体系必须适应评价过程中的数据统计、处理和评价结果的对比需要。按照这一原则，评价指标的层次和数量就不能轻易地追求"大而全"，以免给后续工作带来麻烦。评价指标的内容应尽可能地与社会经济统计口径和会计核算的指标相一致。

此外，信息分析成果的评价应符合国家的方针和政策，应遵循导向性、指标内涵一致性、国际或国内可比性等原则。

2．信息分析成果评价的通用指标

由于评价指标体系因成果的类型和内容、信息分析的对象和目的以及目标市场的信息需求而异，因此，企图构建一套具有普遍意义且符合上述原则要求的通用评价指标体系是很困难的。这早已在实践中得到证明。比较可行的办法是根据成果的类型和内容、信息分析的对象和目的以及目标市场的信息需求设计若干套针对性和实用性较强的专用评价指标体系。

我国在信息分析成果评价方面起步较晚，目前尚缺乏完善的专用评价指标体系。因此，本书也难以在这方面进行深入探讨。但一般来说，以下几项指标通常为各类成果的评价所采用，我们不妨将其称为通用指标。

1）针对性

针对性是指成果是否针对用户的实际情况，是否能满足用户在生产、经营、管理等活动过程中对信息的需求。针对性越强，成果的评价越高。例如，在市场竞争中，用户（企业）向信息分析机构提出的需求是：围绕提高企业的市场竞争力搜集并分析研究有关竞争对手、竞争环境和竞争战略信息。信息分析机构所提供的成果必须满足这个实际需求。有时某些成果的针对性在用户消费之前是模糊的，在这种情况下，可以考虑借用课题的针对性进行间接评价。

2）准确性

准确性是指成果内容的可靠、准确程度。准确性越高，成果的评价越高。成果内容的准确性与所选课题的准确性、所搜集的原始信息的准确性、信息加工整理和研究能力、成果制作水平以及信息分析人员的工作态度有很大的关系。

3）新颖性

新颖性是指成果与国内外同行业同类成果相比较的水平。新颖性一般可以通过直接比较成果本身的内容来评价。如果难以用这种方法进行，也可以辅以对课题所搜集的原始信息新颖性的评价。新颖性越强，成果的评价越高。

4）创造性

创造性是指成果是否包含信息分析人员的创造性劳动，是否通过对原始信息的加工整理和分析研究提炼出了原始信息中没有体现出来的有用信息，如对事物发展的未来趋势做出了准确预测、对问题提出了真知灼见、对方案进行了令人信服的论证等。创造性越高，成果的评价越高。

5）时间性

时间性是指成果具有时效性。客观事物发展变化越快，成果的时效性就越强。因此，信息分析人员能否准确地选题，迅速地搜集、加工整理和分析研究信息，并形成相应的成果，是一个很重要的评价指标。时间越短，成果评价越高。

6）加工度

加工度包括加工深度和加工难度两方面。加工深度是指信息分析成果所揭示的问题的深度。深度越深，成果评价越高。加工难度有两层含义：一是指信息分析成果本身的复杂程度。成果越复杂，则所涉及的课题范围和信息搜集范围就越广泛、研究方法和手段就越复杂，因而加工难度会越大。二是指完成该课题所投入的人力、物力、财力和时间的多少。投入越大，说明加工难度越大。难度越大，成果评价越高。

7）效益性

效益性是指信息分析成果在促进国民经济和社会发展、在满足用户信息需求方面产生的效益的大小。效益越高，成果评价越高。信息分析成果产生的效益总是被包含于其所服务的经济活动或其他活动所产生的效益之中，并且涉及科技、经济、社会和环境几方面。

另外，其他指标包括成果被消费的可能性和消费频度、成果所含信息量占所搜集的原始信息总量的比例、成果的制作质量、用户的评价等。

5.4　信息分析成果的评价方法

信息分析成果的特点决定了其评价不仅要考察成果本身质量和所提供的内容，还要考察用户的吸收利用效果。因此，信息分析成果在生产出来后，都应该进行即时评价和最终评价。

即时评价是指成果交付用户使用或以某种方式面世后，即时或稍后进行的一种评价。这种评价的依据主要是成果本身的质量、所提供内容的价值和使用价值以及用户对成果的初步反映，而不要求考察成果可能产生的最终效果。即时评价适用于任何已经生产出来的成果的评价，并且可以与信息分析工作的日常管理相联系，作为考核信息分析人员工作质量和信息分析机构运行效率的一个参考依据。

最终评价是对成果消费后产生的最终效果进行的一种长远评价。这种评价的重点不是成果本身的质量、所提供内容的价值和使用价值以及用户的初步反映，而是成果使用后给科技、经济、社会和环境带来的最终影响和后果。由于信息分析成果消费后产生的最终效果通常需要很长一段时间才能产生，而且总是隐含于它所服务的经济活动或其他活动所产生的最终效果之中，难以分离和测度，因此最终评价一般是很困难的。

整体上，一个完整的信息分析成果评价应包括即时评价和最终评价。即时评价为最终评价奠定基础，最终评价又为即时评价提供验证。在具体操作时，应注意即时评价与最终评价相结合，不可偏废某一方。但这并不是说两者的评价结果在地位和作用上是完全相同的。实际情况是，不同的成果有不同的特点，如有些成果价值隐蔽性大，因而即时评价难，所得结论可靠性不大；有些成果具有长远的战略性意义，但在相当长一段时期内难以投入使用，或者投入使用后难以迅速见效，因而最终评价难，结果要么无法评价，要么评价的结论可靠性不大。可见，在处理即时评价与最终评价之间的关系时应注意具体问题具体分析。

信息分析成果评价的具体方法很多，下面重点介绍在信息分析成果评价中应用较广的专家定性判断法、综合评分法、德尔菲法、层次分析法和模糊综合评价法。

5.4.1 专家定性判断法

专家定性判断法是依靠专家个人判断定性描述成果的一种主观评价方法。这种方法一般通过选择、推荐，以评委寄出评语和回收总结的方式进行。评价等级一般分一、二、三（或甲、乙、丙）级，等级的区分通过评语措辞上的差异体现出来。专家定性判断法的优点是简便易行，无烦琐的计算和公式推导；缺点是人为性大，容易受到各种主观因素（如情感、态度等）的干扰，精确性不高。

专家定性判断法的评语一般依据某预先制定的评价标准给出，评价标准的制定依据主要是成果的类型和评价目的。我国在信息分析成果评价方面起步较晚，目前尚无统一规定的评价标准。表 5-1 提供的是分析报告专家定性判断的一种参考标准，可供有关机构选用。在表中提供的各项指标中，一份分析报告如果有 2/3（或以上）达到一级标准，就可认定该分析报告为一级成果，如果有 2/3（或以上）达到二级或二级以上标准，就可认定该分析报告为二级成果；如果有 2/3（或以上）达到三级或三级以上标准，就可认定该分析报告为三级成果；如果分别达到一、二、三级标准的项目总计不足 2/3，就可认定该分析报告为档次不高的非等级成果。

5.4.2 综合评分法

综合评分法也是常用的一种信息分析成果评价方法。其基本思想是：用评分来反映评委对成果各项指标的评价，通过数据的综合处理，用一个量化的结果来表达评价的结论。用综

表 5-1 分析报告评价指标

指标	等级		
	一级	二级	三级
课题意义	涉及重要决策性或重大技术性问题	涉及决策性或重要技术性问题	情况介绍或一般技术性问题
课题针对性	抓住关键问题	有一定针对性	内容泛泛
信息量	大量	一定量	少量
内容新颖性	有较多新内容	有一些新内容	新内容少
信息质量	有关键性信息	有重要信息	仅有一般性信息
加工深度	有较深程度的加工	有一定程度的加工	一般性信息汇总
论点、论据	论点明确、论据充分	有明确观点和一定量的论据	有初步的看法和推测
见解或建议	有独创性见解或建议	有一般性见解或建议	无自己的见解或建议
技术阐述和语言表达	技术问题阐述准确，语言清晰流畅	技术问题阐述准确，语言表达一般	技术问题阐述较差，但并无关键性错误
标题、逻辑或结构	好	较好	一般
用户反映	利用价值大	有一定的利用价值	可供一般性参考
提供利用情况	可公开提供利用	可在局部范围内提供利用	可提供给特定的用户参考
加工难度	较复杂	中等	不复杂
生产成本投入	较高	中等	一般

合评分法评价成果一般包括以下步骤。

1．确定成果的评价指标和评价等级

评价指标如前所述。评价等级一般分为优、良、中、差、劣（或一、二、三、四、五）五个级别，划分的依据是某预先制定的评价标准。等级的区分是通过不同的分值来体现的，分值常有小数制、十分制和百分制三种计分形式（如表 5-2 所示）。其中百分制评分的范围较宽（0～100），能够区分同一等级内部的细微差别，因而使用最普遍。

表 5-2 评分等级的分值

计分形式	优	良	中	差	劣
小数制	0.8～1.0	0.6～0.8	0.4～0.6	0.2～0.4	0～0.2
十分制	8～10	6～8	4～6	2～4	0～2
百分制	80～100	60～80	40～60	20～40	0～20

2．给成果的各项评价指标打分

每个评委对该成果的每项评价指标依据评价标准给出具体的分值。

3．计算成果的总分

根据各项评价指标的打分，运用某种数据统计方法计算出该成果的总分。数据统计方法很多，经常采用的主要有以下 5 种。

① 相加，即将各项评价指标的评分值相加，得出总分。计算公式为

$$S = \sum_{i=1}^{n} R_i \quad (i=1,2,\cdots,n) \tag{5-1}$$

其中，S 为该成果的评分总分，n 为评价该成果的指标个数，R_i 为第 i 个指标的评分值。

② 相乘，即将各项评价指标的评分值相乘，得出总分。计算公式为

$$S = \prod_{i=1}^{n} R_i \quad (i=1,2,\cdots,n) \tag{5-2}$$

其中，S、n、R_i 的含义同前。

③ 加乘混合，即先将各项评价指标按其地位进行分组，再分别将每组内各指标相加求和，然后将各组的和相乘求总分。计算公式为

$$S = \prod_{i=1}^{m}\left(\sum_{j=1}^{p} R_{ij}\right) \quad \begin{pmatrix} i=1,2,\cdots,n \\ j=1,2,\cdots,p \end{pmatrix} \tag{5-3}$$

其中，S 的含义同前，m 为评价指标所分的组数，p 为同一组中的指标个数，R_{ij} 为第 i 组第 j 个指标的评分值。

④ 加权相加，即先将每个评价指标的评分值与该指标对应的权重相乘，得出各指标的加权评分值；再将这些加权评分值相加，得出总分。计算公式为

$$S = \sum_{i=1}^{n} W_i R_i \quad (i=1,2,\cdots,n) \tag{5-4}$$

其中，S、n、R_i 的含义同前，W_i 为第 i 个指标的权重，可根据专家咨询、直接经验等方法确定，且满足 $\sum_{i=1}^{n} W_i = 1$。

⑤ 加权相加与相乘混合，即先将特别重要的评价指标相乘，得出乘法因子；再将该乘法因子与其余评价指标的加权相加结果相乘，得出总分。计算公式为

$$S = \left(\prod_{i=1}^{t} a_i\right) \sum_{j=1}^{n-t} W_j b_j \quad \begin{pmatrix} i=1,2,\cdots,t \\ j=1,2,\cdots,n-t \end{pmatrix} \tag{5-5}$$

其中，S、n 的含义同前，t 为特别重要的评价指标个数，a_i 为第 i 个特别重要的评价指标的评分值，W_j、b_j 分别为第 j 个其余评价指标的权重、评分值。

上述几种数据统计方法各有优点和局限性，在具体操作时应根据实际情况合理选择。

4．计算评委会的评分

先重复上述三个步骤，计算每位评委给该成果评分的总分，再计算评委会对该成果的综合评分。这个综合评分是一个量化的结果，是评委会对该成果的总体评价。

5．计算实例

邀请三位评委评价一份信息分析报告，评价指标参考表 5-3，选取信息质量、论点和论据、语言表达三项指标，分别用十分制进行评分，利用加权相加法计算每位评委给出的总分。信息质量、论点和论据、语言表达的分数权重分别设为 0.4、0.4、0.2，则

表 5-3　评委评分结果

评　委	信息质量	论点和论据	语言表达
评委 a	7	8	8
评委 b	6	8	7
评委 c	8	8	7

评委 a：　7×0.4+8×0.4+8×0.2=7.6
评委 b：　6×0.4+8×0.4+7×0.2=7.0
评委 c：　8×0.4+8×0.4+7×0.2=7.8

最后算出三位评委给出的平均分作为评委会的总体评分：(7.6+7.0+7.8)÷3=7.47。

5.4.3　德尔菲法

德尔菲法（Delphi Method）是美国兰德公司于 1964 年发明的，并首先应用于技术预测。德尔菲是古希腊传说中的一座城堡，城堡中有一座阿波罗神殿，传说众神每年都要来这里聚会，以占卜未来。德尔菲法是一种广为适用的预测和评价方法，除了用于技术预测，还广泛用于政策制定、经营管理、方案评估、成果评价等。

德尔菲法是在专家个人判断和专家会议调查的基础上发展起来的。专家个人判断法仅仅依靠专家个人的分析和判断进行预测和评价，容易受到专家个人的经历、知识面、时间和所占有的资料的限制，因此片面性和误差较大。专家会议调查法在某种程度上弥补了专家个人判断的不足，但仍存在如下缺陷：召集的会议代表缺乏代表性，专家发表个人意见时易受心理因素的影响（如屈服于"权威"、受会议"气氛"和"潮流"的影响），由于自尊心的影响而不愿公开修正已发表的意见，缺乏足够的时间和资料来考虑和佐证自己的发言等。德尔菲法针对这些缺陷进行了重大改进，是一种按规定程序向专家进行调查的方法，能够比较精确地反映出专家的主观判断能力。

德尔菲法本质上是建立在诸多专家的专业知识、经验和主观判断能力的基础上的，因而特别适用于缺少信息资料和历史数据而较多地受到社会的、政治的、人为的因素影响的信息分析课题的评价。实践证明，采用德尔菲法进行评价，可以较好地揭示出研究对象本身所固有的规律，并可据此对研究对象的未来发展做出概率估计。

1．德尔菲法的特点

1）匿名性

为了消除专家会议调查法中专家易受权威、会议气氛和潮流等因素影响的缺陷，德尔菲法采用匿名征询的方式征求专家意见。受邀参加评价的专家之间互不见面和联系，可以不受任何干扰独立地对调查表所提问题发表自己的意见，或者参考前一轮的评价结果修改自己的意见。由于采取匿名方式，专家们根本不必担心这会有损于自己的威望。

2）反馈性

由于采用匿名的方式，受邀专家之间互不见面和联系，因此仅靠一轮调查，专家意见往往比较分散，且不能相互启发，共同提高。为了克服这个缺陷，经典的德尔菲法要进行四轮专家意见的征询。组织者对每轮的专家意见（包括有关专家提供的论证依据和资料）进行汇总整理和统计分析，并在下一轮征询中将这些材料匿名反馈给每位受邀专家，以便专家们在评价时参考。由于除了第一轮，专家们都能在每轮评价过程中了解到上一轮征询的汇总情况以及其他专家的意见，因此可以进行比较分析，相互启迪，使评价结果的准确度大大提高。

3）统计性

为了科学地综合专家们的评价意见和定量地表示评价的结果，德尔菲法采用统计方法对专家意见进行处理，其结果往往以概率的形式出现。这些结果既可反映专家意见的集中程度，又可反映专家意见的离散程度。为了便于对专家意见进行统计处理，在调查表设计时一般采用表格化、符号化、数字化的设计方法。

除了上述特点，由于通常采用函询的方式征求专家意见，因而比较容易通过控制调查面，使受邀专家具有代表性。此外，专家有充分的时间思考和进行调查研究，以保证专家意见充分、可靠。

2．德尔菲法征询意见的过程

1）成立评价领导小组

评价领导小组的主要任务是对信息分析成果评价工作进行组织和指导，包括：明确评价目标，选择参加评价的专家，编制调查表进行反馈调查，对各轮征询回收的专家意见进行汇总整理、统计分析与评价，编写和提交评价报告。小组成员主要由信息分析人员构成。

2）明确评价目标

德尔菲法的评价目标通常是在实践中涌现的大家普遍关心且意见分歧较大的课题。明确评价目标的主要任务是选择和规划评价课题，明确评价项目。

3）选择参加评价的专家

专家的任务是对被评价的信息分析成果提出正确的意见和有价值的判断。专家的选择是否恰当直接关系到德尔菲法应用的成败。选择专家应注意以下原则：

① 专家的代表面应广泛。除了信息分析专家，还应包括主管部门负责人、用户，以及对评价目标比较了解并有丰富的实践经验或较高理论水平的本专业的理论研究、系统设计、生产、管理和高层决策人员、相关领域和边缘学科的有关专家。

② 专家的权威程度要高。但这里的"权威"并不是指其职称高或职务高，而是指其熟知被评价的信息分析成果，并有独到的见解。

③ 专家应有足够的时间和耐心填写调查表。经典的德尔菲法要进行四轮征询，其间包含大量的信息反馈，因此，要求受邀的专家应有足够的时间和耐心接受征询。

④ 专家的范围应有所限制。例如，当被征询的问题涉及本部门的机密时，应注意从本部门内部挑选专家；当被征询的问题涉及广泛的社会现象时，应注意同时从部门内外挑选专家。

⑤ 专家的人数一般控制在 15～50 人。人数太少了缺乏代表性，起不到集思广益的作用；人数太多了难以组织，意见难集中，专家意见的处理复杂。如果课题很大，15～50 人仍缺乏代表性，起不到集思广益的作用，可以考虑分成若干个小组，但每个小组的人数仍保持在 15～50 人。

⑥ 应事先要求专家不要向外透露参与征询调查这件事，以免相互商量，答案雷同，起不到德尔菲法应起到的作用。

选择专家的方法很多，常见的有由熟悉的专家推荐、从报刊上筛选、由上级部门介绍和推荐、查询专家档案数据库等。为了提高德尔菲法的效果，在很多情况下还可考虑将上述各种方法结合起来使用。

4）编制调查表

调查表是获取专家意见的工具，是进行信息分析的基础。调查表设计的好坏直接关系到评价的效果。在制表前，设计人员应对课题及其相关背景情况进行调查，以保证提问的针对性和有效性。常见的调查表类型如下。

① 目标－手段调查表。即调查表设计者在分析研究已掌握的情况的基础上，确定评价对象的目标（包括总目标及其分解而成的若干子目标），并提出达到这些目标所可能采取的各种措施和方案。将目标列入调查表的横栏、措施和方案列入纵栏，就构成了目标－手段的调查表。专家对这种表的回答很简单，只需在相应的目标和手段重合处打"√"，或者对所提出的手段在达到目标过程中的地位打分（一般采用百分制）。

② 由专家简要回答的调查表。即由调查表设计者根据评价目标提出一些问题，然后由专家简要回答。回答的内容因问题而异，如某事件完成的时间、技术参数值、实现条件、各种因素间的相互影响、原因分析、对策措施、实施效果等。

③ 由专家详细回答的调查表。这类调查表一般问题很少，却要求专家对提问做出充分的论证、详细的说明或提出充足的依据。例如，"将该信息分析成果应用于实际会产生怎样的效果？请提出论证。"

5）进行反馈调查和专家意见的汇总整理、统计分析与评价

经典的德尔菲法一般包含以下四轮的征询调查，且在调查过程中包含轮间反馈。

第一轮调查：发给专家的调查表不带任何框框，只提出要评价的问题。专家可以各种形式回答有关提问，提出应评价的事件。组织者要对回收的调查表进行汇总整理，归并相同的事件，剔除次要的、分散的事件，并用准确的术语制定出事件一览表。该表可在第二轮调查时作为调查表反馈给专家。

第二轮调查：请专家对第一轮提出的各种事件发生的时间、空间、规模大小等做出具体的评价，并说明理由。组织者要对第二轮回收的调查表进行汇总整理，统计出专家总体意见

的概率分布。

第三轮调查：将第二轮的统计结果连同据此修订了的调查表再发给专家，请专家再次做出具体评价，并充分陈述理由。组织者同样要对第三轮回收的调查表进行汇总整理、统计分析，以备作第四轮的反馈材料。

第四轮调查：将第三轮的统计结果连同据此修订了的调查表再发给专家，请专家再次做出具体评价，并在必要时做出详细、充分的论证。在第四轮调查结束后，组织者依然要将回收的调查表进行汇总整理、统计分析，并寻找出收敛程度较高的专家意见。

上述四轮调查不是简单的重复，而是一种螺旋上升的过程。每循环和反馈一次，专家都吸收了新的信息，并对评价对象有了更深刻、更全面的认识，评价结果的精确性也逐轮提高。

一般，德尔菲法经过四轮调查就可以较好地使专家意见收敛。例如，美国兰德公司曾就科学的突破、人口的增长、自动化技术、航天技术、战争的可能与防止、新的武器系统6个问题共49个事件进行了长达50年的预测。经过四轮调查后发现，有31个事件很好地收敛了专家意见。

6）编写和提交评价报告

专家意见收敛后，组织者应将最终的统计分析结果进行进一步的加工，形成正式的评价报告，并通过适当的信息传递渠道将其提交给有关部门。

3．评价结果的数据处理与表达

德尔菲法的一项主要工作是在每轮调查之后对众多的专家意见进行分析和处理，将定性的评价结果量化。常见有以下几种数据处理与表达方式。

1）对方案相对重要性评价结果的数据处理与表达

德尔菲法经常要对事件实现的先后、事物质量的优劣以及实现特定目标过程中的一些条件、手段或途径的地位的主次进行评价。这类结果一般以评分值（按百分制打分或等级排队）来表示方案的相对重要性，通常用专家意见的集中程度、协调程度、专家积极性系数等指标来衡量。

（1）专家意见的集中程度

专家意见的集中程度可以方案评分值的算术平均值、满分频率和评价等级和来衡量。

① 算术平均值。首先将全部专家对所有方案的评分值用表列出（如表5-4所示）。

由表5-4，各方案评分值的算术平均值可按下式求出：

$$M_j = \frac{1}{m_j} \sum_{i=1}^{m} C_{ij} \quad \begin{pmatrix} i = 1, 2, \cdots, m \\ j = 1, 2, \cdots, n \end{pmatrix} \tag{5-6}$$

其中，M_j 为对方案 j 全部评价的算术平均值，m_j 为参加 j 方案评价的专家数，C_{ij} 为第 i 个专家对方案 j 的评分值。M_j 的值为 0～100 分，值越大，则方案的相对重要性越大。

② 满分频率。方案的满分频率是指对某方案给满分（100 分）的专家数与对该方案做出评价的专家总数之比。计算公式为

表 5-4　方案相对重要性评分表

专家	方案					
	1	2	…	j	…	n
1	C_{11}	C_{12}	…	C_{1j}	…	C_{1n}
2	C_{21}	C_{22}	…	C_{2j}	…	C_{2n}
…	…	…	…	…	…	…
i	C_{i1}	C_{i2}	…	C_{ij}	…	C_{in}
…	…	…	…	…	…	…
m	C_{m1}	C_{m2}	…	C_{mj}	…	C_{mn}

$$K'_j = \frac{m'_j}{m_j} \quad (5-7)$$

其中，K'_j 为方案 j 的满分频率，m'_j 为对方案 j 给满分的专家数，m_j 为参加方案 j 评价的专家数。K'_j 的值为 0～1，值越大，表明对方案 j 给满分的专家人数相对越多，即方案的相对重要性越大。

③ 评价等级和。评价等级即名次，一般用自然数 1、2、3 等来表示，1 等级最高，2 等级次之，3 等级更次之，以此类推。方案的评价等级和就是专家对某方案做出评价的评价等级的算术和。

首先，将全部专家对所有方案的评价等级 R_{ij} 用表列出，格式同表 5-4。那么，各方案评价等级的算术和可按下式求出：

$$S_j = \sum_{i=1}^{m_j} R_{ij} \quad (5-8)$$

其中，S_j 为对方案 j 的评价等级和，R_{ij} 为第 i 个专家对方案 j 的评价等级，m_j 为参加方案 j 评价的专家数。S_j 的值越小，方案的相对重要性越大。

(2) 专家意见的协调程度

专家意见的协调程度反映专家意见的收敛情况，通常用变异系数来表示。变异系数的计算方法如下。

① 计算全部专家对方案 j 评价的方差。方差代表了专家评价的离散程度，计算公式为

$$D_j = \frac{1}{m_j} \sum_{i=1}^{m_j} (C_{ij} - M_j)^2 \quad (5-9)$$

其中，D_j 为全部专家对方案 j 评价的方差，C_{ij}、m_j、M_j 的含义同前。

② 计算全部专家对方案 j 评价的标准差。标准差代表专家评价的变异程度，计算公式为

$$\sigma_j = \sqrt{\frac{1}{m_j} \sum_{i=1}^{m_j} (C_{ij} - M_j)^2} \quad (5-10)$$

其中，σ_j 为全部专家对方案 j 评价的标准差，C_{ij}、m_j、M_j 的含义同前。

③ 计算全部专家对方案 j 评价的变异系数。变异系数反映了全部专家对方案 j 相对重要

性评价的相对离散程度,即协调程度,计算公式为

$$V_j = \frac{\sigma_j}{M_j} \tag{5-11}$$

V_j 值越小,表明专家意见的协调程度越高,收敛性越好。

(3) 专家积极性系数

专家积极性系数用以表示专家对某方案的关心程度,一般用参与某方案评价的专家人数与专家总数的比值来表示,即

$$C_{aj} = \frac{m_j}{m} \tag{5-12}$$

其中,C_{aj} 为方案 j 的专家积极性系数,m_j、m 的含义同前。C_{aj} 的值越大,方案的相对重要性越大。

2) 对事件实现时间评价结果的数据处理与表达

对这类评价结果进行处理时,一般以中位数代表专家意见的协调程度,以上下四分点代表专家意见的分散程度。

评价结果的中位数和上下四分点的确定是这样的:将专家们对事件实现时间的评价结果在数轴上按由小到大的顺序排列,并平分成四等分。其中,处于中间位置的中分点称为中位数,表示有 50% 的专家认为该时间能实现此事件;先于中位数的四分点称为下四分点,表示有 25% 的专家认为该事件实现的时间早于下四分点时间;后于中位数的四分点称为上四分点,表示有 25% 的专家认为该事件实现的时间晚于上四分点时间。上下四分点之间的区域称为四分位区间或 50% 置信区间。

对事件实现时间的评价结果通常要标明中位数和上、下四分点,常见表达形式为:中位数(下四分点～上四分点)。此外,也可用全楔形图(如图 5-1(a)所示)或截角楔形图(如图 5-1(b)所示)来表达。全楔形图的顶点表示评价时间的中位数,而两个端点分别表示评价时间的最近点和最远点。截角楔形图是从全楔形图中截去上、下四分点以外的部分后所形成的图形,其顶点表示评价时间的中位数,两个端点分别表示上、下四分点。

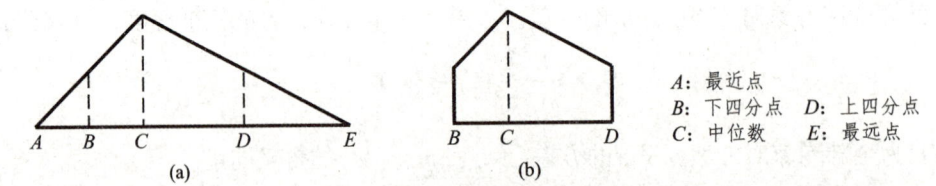

图 5-1 评价结果全楔形图和截角楔形图

A:最近点
B:下四分点 D:上四分点
C:中位数   E:最远点

3) 对某方案在总体方案中所占最佳比重评价结果的数据处理与表达

这类评价结果一般为百分制形式。在处理这类评价结果时,一般先将可能的评价结果(0～100%)分成若干间距相等的区段,然后将各专家的实际评价结果分别向对应的区段归类。在此基础上,分别统计属于各区段的专家数,并计算该专家数与参加评价的专家总数的比值。

为了更直观、形象地反映某方案在总体方案中所占的最佳比重，还可用直方图来表示。直方图的横坐标表示专家对该方案应占最佳比重的评价值，横坐标分成若干间距相等的区段；纵坐标表示做出属于某区段的最佳比重评价结果的专家数与参加评价的专家总数的比值。

需要指出的是，在计算专家数及其与参加评价的专家总数的比值时，如果考虑专家的权威程度，就应进行加权处理。

图 5-2 展示的是某方案在总体方案中所占最佳比重评价结果的直方图，可见该最佳比重很可能为 40%～60%。

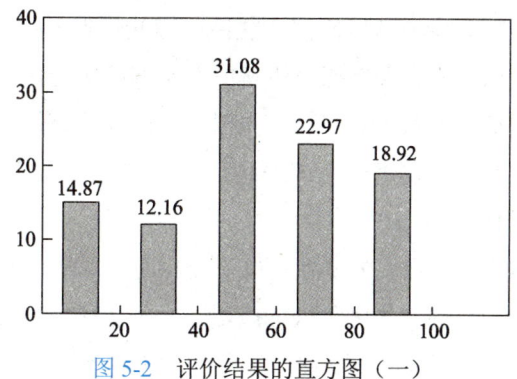

图 5-2　评价结果的直方图（一）

4）从若干方案中选择最佳方案评价结果的数据处理和表达

从若干方案中选择最佳方案的评价结果也可用直方图来表示。直方图的横坐标用以排列若干备选方案，纵坐标表示选择某方案的专家与参加评价的专家总数的比值。一般来说，该比值越大，则对应的方案最佳的可能性也越大。需要指出的是，在计算选择某方案的专家与参加评价的专家总数的比值时，如果考虑专家的权威程度，亦应进行加权处理。

图 5-3 展示的是从 5 个备选方案中选择最佳方案的评价结果的直方图，可见方案 3 为最佳方案的可能性最大。

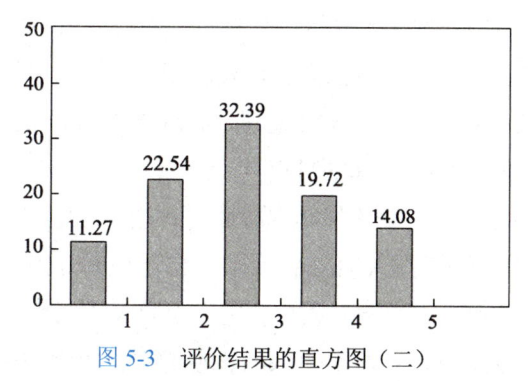

图 5-3　评价结果的直方图（二）

4．派生的德尔菲法

德尔菲法克服了专家个人判断和专家会议调查的许多缺陷，但随着实践的发展，其本身的缺陷开始暴露，如：缺乏严格的论证，容易在有限的范围内进行习惯思维，受专家的学识、评价尺度、心理状态及兴趣程度等主观因素的制约等。为此，人们对经典的德尔菲法进行了改进，开发出一些派生的德尔菲法。这些派生的德尔菲法大体上可分为两大类：一类是保持德尔菲法基本特点的派生德尔菲法，一类是部分地改变德尔菲法基本特点的派生德尔菲法。

1) 保持德尔菲法基本特点的派生德尔菲法

这类派生德尔菲法在保持经典方法的匿名性、反馈性和统计性特点不变的前提下做了某些改进，以克服经典方法中的某些缺陷。

(1) 列出评价事件一览表

经典方法的第一轮调查只提供空白的评价事件一览表，由专家填写应评价的事件。但某些专家由于对德尔菲法了解甚少或其他原因，往往不知从哪里入手。即使提供了评价事件，也往往条理不清，难以归纳；或者太专深，使其他专家难以接受。为了克服这些缺陷，组织者可根据已掌握的资料或征求专家的意见，预先拟定一份评价事件一览表，在第一轮调查时提供给专家。专家可以在第一轮调查时对该表进行补充或提出修改意见。

(2) 向专家提供背景材料

在很多情况下，参加评价的专家的专业面并不是很宽广，即他们对所在的专业领域往往知之甚多，而对影响评价结果的其他因素（如政治、经济、科技、文化、环境、心理等）知之甚少。为克服这种缺陷，组织者可根据评价对象和参加评价的专家特点提供必要的背景性资料。这些资料在第一轮调查时就提供给专家，供专家应答时参考。

(3) 减少应答轮数

经典的方法一般规定为四轮（有时甚至为五轮）。但这样的评价大多要耗费一年以上的时间，拖得太长了。派生的德尔菲法对此做了改进，即认为，如果在第四轮之前专家的意见就已经协调、一致或者趋向稳定，就可以在第三轮或第二轮时停止调查，不再反馈。这样可以显著提高效率。

(4) 对评价结果进行自我评价

在征询专家意见时，组织者要求专家自己评估自己对调查表中每个问题的专长程度或熟悉程度，专家的自我评价越高，说明专家的自信程度越高，对问题的回答越有把握。组织者分析这些专家的自我评价，进行有关的统计处理，有利于提高评价的精确度。

(5) 给出事件的多个可能实现时间的日期

经典的方法只要求专家提供一个事件实现时间的日期，而派生的德尔菲法可以要求专家就事件实现的时间提供多个概率不同的日期。例如，给出概率分别为 10%（未必可能发生）、50%（等量可能发生）和 90%（几乎肯定发生）的三个日期。组织者在进行数据处理时，可获得三个不同日期的中位数，可以以概率 50% 的日期的中位数为评价日期，以其他两个日期的中位数为可供参考的波动范围。

2) 部分地改变德尔菲法基本特点的派生德尔菲法

(1) 部分取消匿名性

匿名性有助于发挥专家个人的长处，不受他人的直接影响。但在某些情况下，部分取消匿名性也能保持经典方法的优点，还可以加快评价进程。具体做法是：先匿名征询，再进行口头讨论或辩论；或者先进行口头讨论或辩论，再匿名征询。

（2）部分取消反馈

反馈是德尔菲方法的核心，具有重要的作用。但在某些情况下，为了提高评价效果，可以考虑部分取消反馈。部分取消反馈的方法主要有两种。

第一种方法是只向专家反馈前一轮评价结果的上下四分点，而不提供中位数。这样做有助于防止有些专家只简单地向中位数靠近，有意回避提出与众不同的新评价意见的倾向。

第二种方法是在第一轮调查中，应评价事件由专家自由提出；在第二轮调查时，每个专家要对每个事件给出 3 种概率(如 10%、50%、90%)的日期，并做出自我评价，组织者在进行数据处理时要分别计算三种不同概率日期的中位数；在进行第三轮调查时，我们只向以下两类专家提供反馈意见：一是在本领域内具有权威的专家，二是那些在评价中，其预测的 50%概率发生的日期并未落在小组评定的 10%和 90%概率发生日期的中位数范围内的专家。其目的是尊重并保护权威专家及持有独特观点的专家的各自立场。

5.4.4 层次分析法

层次分析法（Analytic Hierarchy Process，AHP）是美国运筹学家、匹兹堡大学教授萨蒂（T.L. Saaty）于 20 世纪 70 年代中期提出来的一种实用的多准则评价方法。该方法是一种定性和定量相结合的、系统化、层次化的分析方法，体现了人类思维活动的基本特征和发展过程（分解、判断、排序和综合），具有非常广阔的应用领域和应用前景。

1．层次分析法的原理

层次分析法根据人类的辩证思维过程，先依据问题的性质和要达到的总目标，将一个复杂的研究对象划分为递阶层次结构，同一层的各因素具有大致相等的地位，不同层次因素间具有某种联系；再对单层次的因素构造判断矩阵以得出层次单排序，并进行一致性检验；最后，为了计算层次总排序，采用逐层叠加的方法，从最高层次开始，由高向低逐层进行计算，推算出所有层次对最高层次的层次总排序值。对每层的递推都必须进行相应的层次总排序的一致性检验。层次分析法的实施程序如图 5-4 所示。

由于影响信息分析成果质量的因素很多，而且这些因素多是多层次的，因此人们想到了运用层次分析法来评价信息分析成果。

1）递阶层次结构

当人们对某复杂现象的结构进行分析时，常常发现该结构中的各因素数目及其间的相互联系非常庞杂，超出了人们对全部信息清晰理解的能力。

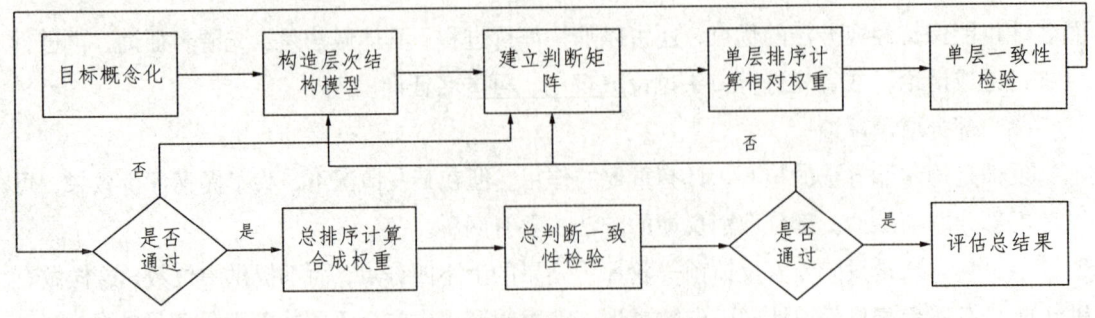

图 5-4　层次分析法的实施程序

在这种情况下，人们往往将大系统分解为一些相互关联的子系统。递阶层次就是一种特殊形式的系统。它模仿了人脑的思维方式，即将一个复杂的问题划分为多层次的结构，每个层次中的因素具有大致相等的地位，不同层次的因素间具有某种联系。

递阶层次结构模型如图 5-5 所示。其中，最高的目标层体现了系统的最终目标；目标层之下的准则层和子准则层是为了实现最终目标而建立起来的一套判断准则；指标层是在准则层的基础上分解出来的各种可操作、可测量的因素。同一层次的因素作为准则对下一层次的某些因素起支配作用，同时受到上一层次因素的支配。

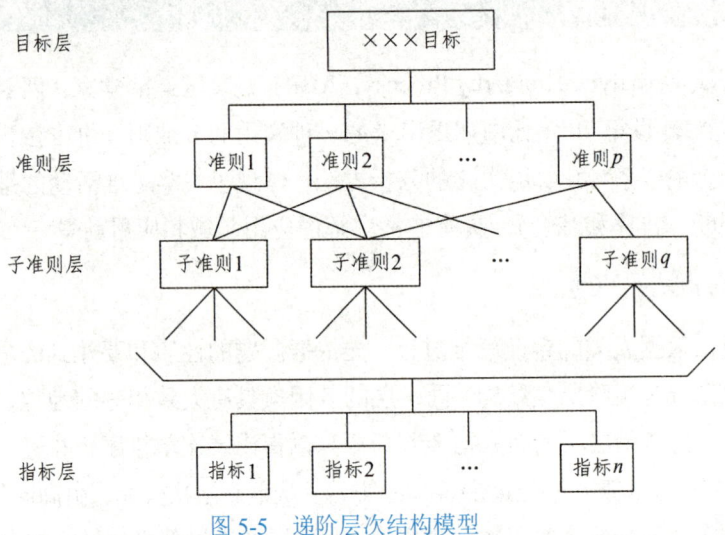

图 5-5　递阶层次结构模型

递阶层次结构按分层组合来处理系统问题，这比采用其他方法要迅速有效得多。它既可以用来描述高层次中因素排序变化对低层次中因素排序的影响，也可以在较低层次中提供关于系统的结构和功能的详细信息，并在较高层次上使人们对目标有一个整体性的了解。人们在构造递阶层次结构模型时首先考虑的是方便，各层次联系是自然的，必要时可以将不合理的层次进行分解或完全取消。

图 5-6 是某信息分析成果评价的递阶层次结构模型，各符号含义如表 5-5 所示。有了这个递阶层次模型，我们就可以按照层次分析法解决问题的具体过程，对该信息分析成果进行评价。

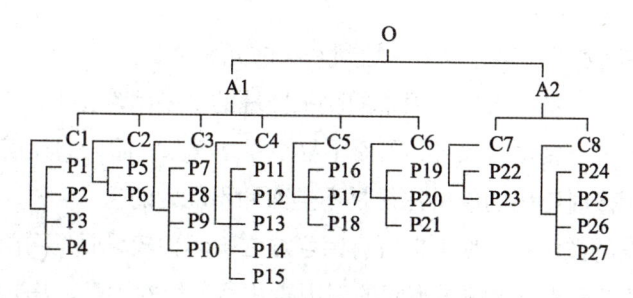

图 5-6　某信息分析成果评价的递阶层次模型

表 5-5　符号含义

层次	符号	符号含义	符号	符号含义
目标层	O	成果评价	/	/
准则层 I	A1	成果的潜在价值	A2	成果的直接价值
准则层 II	C1	先进性	C5	逻辑性
	C2	及时性	C6	预测性
	C3	可行性	C7	适用性（适用程度和范围）
	C4	完整性	C8	实效性（用户反映和实际结果）
指标层	P1	课题新颖	P15	估算方法的正确性
	P2	所用事实、数据新	P16	行文通顺程度
	P3	观点有新意	P17	结论推导严密性
	P4	课题针对性强	P18	取材是否恰当
	P5	选题准确及时	P19	短期（5年内）
	P6	课题完成及时	P20	中期（5~10年）
	P7	经济、财力、资源	P21	长期（10年以上）
	P8	技术、生产能力	P22	适用范围
	P9	与政策一致	P23	适用程度
	P10	环境生态影响	P24	直接经济效果
	P11	信息搜集量	P25	对方针、政策的影响
	P12	时间跨度	P26	学术理论价值
	P13	国内外情况掌握	P27	效益成本比
	P14	建议的参考价值	/	/

2）判断矩阵的构成

在一般的分析评估中，构造判断矩阵的方法是：先给定一个尺度，再将每个因素与该尺度对照，从而得出评价量值（作为判断矩阵的元素）。

若对 m 个因素进行综合评估，判断集元素的个数为 n，则其结果是一个 m 行 n 列的矩阵，从而构成判断矩阵 R，即

$$R = \begin{vmatrix} r_{11} & r_{12} & \cdots & r_{1n} \\ r_{21} & r_{22} & \cdots & r_{2n} \\ \cdots & & \ddots & \cdots \\ r_{m1} & r_{m2} & \cdots & r_{mn} \end{vmatrix} = (r_{ij})_{m \times n} \quad \begin{pmatrix} i = 1, 2, \cdots, m \\ j = 1, 2, \cdots, n \end{pmatrix} \tag{5-13}$$

其中，行数 i 是评估因素的个数，列数 j 是判断集的元素个数。

但是，涉及社会、经济、人文等因素的决策问题的主要困难在于，这些因素复杂多样，几乎找不到可以用以统一度量的尺度，因而不易定量地测量。而人们凭借自己的经验和知识进行判断，当因素较多时给出的结果往往是不全面和不准确的。

萨蒂改进了传统的做法：一是不把所有因素放在一起比较，而是两两对比；二是对比时采用相对尺度，以尽可能地减少性质不同的诸因素相互比较的困难，提高准确度。也就是说，层次分析法充分利用人类善于进行分析比较的优势，将各种因素之间的成对比较值作为判断矩阵的元素。显然，这对分析目前尚无统一度量尺度的经济、科技、人的行为和科学管理等复杂问题显得直观明了。

判断矩阵的一般表达式可用图 5-7 表示。其中，a_k 表示 A 层次中的第 k 个因素，$B_1, B_2, \cdots, B_n$ 表示与 a_k 因素有关的下一层次因素，b_{ij} 表示与 a_k 因素有关的下一层次因素 B_i 和 B_j 的两两对比值（显然，对 $B_1, B_2, \cdots, B_n$ 各因素，需要进行 C_n^2 次成对比较）。

a_k	B_1	B_2	$\cdots$	B_n
B_1	b_{11}	b_{12}	$\cdots$	b_{1n}
B_2	b_{21}	b_{22}	$\cdots$	b_{2n}
			$\ddots$	
B_n	b_{n1}	b_{n2}	$\cdots$	b_{nn}

图 5-7　判断矩阵的一般表达式

b_{ij} 值由专家依据萨蒂专门设计的 1~9 尺度法从表 5-6 中选取。

表 5-6　判断矩阵尺度及其含义

标　度	含　义
1	表示两个因素相比，具有同样重要性
3	表示两个因素相比，一个因素比另一个因素稍微重要
5	表示两个因素相比，一个因素比另一个因素明显重要
7	表示两个因素相比，一个因素比另一个因素强烈重要
9	表示两个因素相比，一个因素比另一个因素极端重要
2，4，6，8	上述两相邻判断的中值
1，1/2，1/3，$\cdots$，1/9	因素 i 与 j 比较来判断 a_{ij}，则因素 j 与 i 比较来判断 $a_{ji} = 1/a_{ij}$

在萨蒂设计的 1~9 尺度法中，b_{ij} 的取值范围是 1~9 及其互反数 1，1/2，1/3，$\cdots$，1/9。萨蒂这样做的理由如下。

① 在进行定性的成对比较时，人们头脑中通常有 5 种明显的等级。

② 心理学家认为，进行成对比较的因素太多，将超出人的判断能力，最多大致在 7 ± 2 范围。如以 9 个为限，用 1~9 尺度表示它们之间的差别正合适。

③ 萨蒂曾用 1~3、1~5、$\cdots$、1~17、$\cdots$、$d+0.1 \sim d+0.9$（$d=1,2,3,4$），$1^p \sim 9^p$（$p=2$，3，4，5）等 27 种比较尺度，对在不同距离处判断某光源的亮度等实例构造成对比较阵，并算

出权向量。把这些权向量与按照光强定律等物理知识得到的实际的权向量进行对比发现，1~9尺度不但在较简单的尺度中最好，而且结果并不劣于较复杂的尺度。

在图 5-7 中，由萨蒂 1~9 尺度法得到的判断矩阵具有以下特点：

$$\boldsymbol{B} = (b_{ij})_{n \times n} \quad (i = 1, 2, \cdots, m; = 1, 2, \cdots, n) \tag{5-14}$$

其中

$$b_{ij} > 0, \ b_{ij} = \frac{1}{b_{ji}}, \ b_{ii} = 1$$

3）一致性检验

在矩阵理论中，人们将具有式(5-14)特点的矩阵称为正互反矩阵。在层次分析法中，这个正互反矩阵除了具有式(5-14)显示的特点，还具有这样的独特性，即任何一个专家在对复杂系统按层次分析法中判断矩阵的构成进行逐对判断时，其结果原则上应满足

$$b_{ij} = \frac{b_{ik}}{b_{jk}} \tag{5-15}$$

例如，对于判断矩阵

$$\boldsymbol{B} = \begin{vmatrix} 1 & \frac{1}{3} & \frac{1}{8} \\ 3 & 1 & \frac{1}{3} \\ 8 & 3 & 1 \end{vmatrix}$$

可以看出

$$b_{12} = \frac{1}{3}, \ b_{13} = \frac{1}{8}, \ b_{23} = \frac{1}{3}$$

即专家判断的结果是：因素 B_1 与 B_2 之比为 1∶3，B_1 与 B_3 之比为 1∶8，B_2 与 B_3 之比为 1∶3。显然，这里的 $b_{23} = \frac{1}{3}$ 与我们由 $b_{12} = \frac{1}{3}$ 和 $b_{13} = \frac{1}{8}$ 推出的 $b_{23} = \frac{3}{8}$ 相矛盾。也就是说，专家在进行因素间的两两比较和判断时，前后发生了矛盾，出现了不一致的情况。

事实上，由于客观事物的复杂性和人们认识能力的局限性，人们在对客观事物进行判断时，难免会出现一些或大或小的差错。在实践中，上述不一致现象几乎是无法避免的。专家的判断严格符合式(5-15)，只能理解成一种理想状态，要求专家在实践中真正做到这一点未免显得太苛刻了。萨蒂认为，若不一致性很小并且在允许的范围内，则可以考虑接受得到的结论；但是，如果不一致性太大，超出了允许的范围，那么得到的结论不能被接受，专家的判断是无效的。这就引入了一个问题：什么是不一致性的容许范围？一致性检验正是解决这个问题的。为了保证利用层次分析法得到的结论基本合理，必须对专家对客观事物的定性分析判断进行严格的"是否一致"的定量检验。

我们先举一个专家判断完全一致的例子。设有一块大石头 A，其重量为 w，将该石头砸成 n 块小石头 $B_1, B_2, \cdots, B_n$，其重量分别为 $w_1, w_2, \cdots, w_n$。我们把这些小石头的重量互相逐对比较，可得到由重量比值作为元素构成的判断矩阵 $\boldsymbol{B}$：

$$B = \begin{vmatrix} \dfrac{w_1}{w_1} & \dfrac{w_1}{w_2} & \dfrac{w_1}{w_3} & \cdots & \dfrac{w_1}{w_n} \\ \dfrac{w_2}{w_1} & \dfrac{w_2}{w_2} & \dfrac{w_2}{w_3} & \cdots & \dfrac{w_2}{w_n} \\ \cdots & & \cdots & & \\ \dfrac{w_n}{w_1} & \dfrac{w_n}{w_2} & \dfrac{w_n}{w_3} & \cdots & \dfrac{w_n}{w_n} \end{vmatrix} = (b_{ij})_{n \times n} \tag{5-16}$$

显然，上述判断矩阵符合式(5-14)和式(5-15)，具有完全一致性。此时，我们将 B 称为 n 阶一致性矩阵。n 块小石头对大石头的权重可用向量 $w = (w_1, w_2, \cdots w_n)^T$ 表示。若大石头的重量为单位重量，则

$$\sum_{i=1}^{n} w_i = 1$$

在矩阵理论中，可以证明，n 阶一致性矩阵具有如下性质：① B 的秩为1，唯一非零特征根为 n；② B 的任一列（行）向量都是对应于特征根 n 的特征向量。

如果得到的判断矩阵是一致性矩阵，就应取对应于特征根 n 的、归一化后的特征向量表示各因素 $B_1, B_2, \cdots, B_n$（小石头）对上层因素 A（大石头）的权重。这个向量称为权向量。

如果得到的判断矩阵不是一致性矩阵，但在不一致性容许的范围内，萨蒂建议用对应 B 最大特征根 $\lambda_{\max}$ 的、归一化后的特征向量作为权向量 w。

在实际的一致性检验中，要先计算出最大特征根 $\lambda_{\max}$ 的近似值。$\lambda_{\max}$ 的值越接近 n（判断矩阵的阶数），判断矩阵的一致性就越好。有了 $\lambda_{\max}$ 值，就可以用一致性指标 CI 来表示一致性偏差。CI 的计算公式为

$$CI = \frac{\lambda_{\max} - n}{n - 1} \tag{5-17}$$

矩阵的阶数越大，完全一致性就越难达到。为测量不同阶数的判断矩阵的一致性程度的容许范围，萨蒂又引入阶数为 n 的判断矩阵平均随机一致性指标 RI。它是用随机方法构造出 500 个样本矩阵，然后计算得到的平均值。RI 值可由表 5-7 查出。

表 5-7 RI 取值表

n	1	2	3	4	5	6	7	8	9	10	11	12	13	14	15
RI	0.00	0.00	0.58	0.90	1.12	1.24	1.32	1.41	1.45	1.49	1.52	1.54	1.56	1.58	1.59

$n=1, 2$ 时，RI=0，是因为阶数为 1、2 的判断矩阵总是具有完全一致性。

对于 $n \geq 3$ 的判断矩阵，将其一致性指标 CI 与同阶（指 n 相同）平均随机一致性指标 RI 之比称为随机一致性比率 CR。当式(5-18)成立时，即认为判断矩阵具有满意的一致性（判断矩阵的一致性程度在允许范围内），否则应重新进行成对比较，调整判断矩阵的元素，使之达到满意的一致性为止。

$$CR = \frac{CI}{RI} \leq 0.10 \qquad (5\text{-}18)$$

2．层次分析法的计算

1）层次单排序

层次单排序可归结为如何计算判断矩阵的最大特征根及其对应的特征向量。特征向量反映了某层次因素相对于上一层次某因素的相对重要性。严格的计算方法是幂法。在计算机的支持下，利用这种方法可以得到任意精确度的最大特征根及其对应的特征向量。这里介绍两种简易算法，即方根法和和积法。

方根法的计算步骤如下。

① 计算判断矩阵每行元素的乘积 M_i

$$M_i = \prod_{j=1}^{n} b_{ij} \quad (i = 1, 2, \cdots, n)$$

② 计算 M_i 的 n 次方根

$$\overline{w}_i = \sqrt[n]{M_i}$$

③ 对向量 $\overline{w} = (\overline{w}_1, \overline{w}_2, \cdots, \overline{w}_n)^T$ 进行归一化处理，即使

$$w_i = \frac{\overline{w}_i}{\sum_{i=1}^{n} \overline{w}_i} \quad (i = 1, 2, \cdots, n)$$

$w = (w_1, w_2, \cdots, w_n)^T$ 就是判断矩阵的特征向量。

④ 计算判断矩阵的最大特征根 $\lambda_{\max}$

$$\lambda_{\max} = \sum_{i=1}^{n} \frac{(Bw)_i}{nw_i}$$

其中，$(Bw)_i$ 表示向量 Bw 的第 i 个元素。

⑤ 一致性检验。先计算

$$CI = \frac{\lambda_{\max} - n}{n - 1}$$

再计算随机一致性比率

$$CR = \frac{CI}{RI}$$

当 $CR \leq 0.10$ 时，则认为该判断具有满意的一致性。

和积法的计算步骤如下。

① 将判断矩阵每列元素进行归一化处理，即

$$\overline{b}_{ij} = \frac{b_{ij}}{\sum_{i=1}^{n} b_{ij}} \quad (i, j = 1, 2, \cdots, n)$$

② 将归一化后的判断矩阵按行相加，即

$$\overline{w}_i = \sum_{j=1}^{n} \overline{b}_{ij} \quad (i=1,2,\cdots,n)$$

③ 对向量 $\overline{w} = (\overline{w}_1, \overline{w}_2, \cdots, \overline{w}_n)^T$ 进行归一化处理，即

$$w_i = \frac{\overline{w}_i}{\sum_{i=1}^{n} \overline{w}_i} \quad (i=1,2,\cdots,n)$$

$w = (w_1, w_2, \cdots, w_n)^T$ 就是判断矩阵的特征向量。

④ 计算判断矩阵的最大特征根 λ_{max}，即

$$\lambda_{max} = \sum_{i=1}^{n} \frac{(Bw)_i}{nw_i}$$

其中，$(Bw)_i$ 表示向量 Bw 的第 i 元素。

⑤ 一致性检验。先计算出

$$CI = \frac{\lambda_{max} - n}{n-1}$$

再计算随机一致性比率

$$CR = \frac{CI}{RI}$$

当 $CR \leq 0.10$ 时，则认为该判断具有满意的一致性。

2）层次总排序

如果考虑到上一层次某因素在其层次中的相对重要性，然后与下一层次的因素加权，就可得到下一层次因素相对于上一层次整个层次的组合权值，这就是层次总排序。为了求出最低层次所有因素对于最高层的相对重要性的权重向量，可采用逐层叠加的方法，从最高层次开始，由高向低逐层进行计算。

表 5-8 层次总排序值

B 层	A 层 $a_1, a_2, \cdots, a_m$	B 层总排序权值
B_1	$b_{11}, b_{12}, \cdots, b_{1m}$	$\sum_{j=1}^{m} a_j b_{1j}$
B_2	$b_{21}, b_{22}, \cdots, b_{2m}$	$\sum_{j=1}^{m} a_j b_{2j}$
...	...	...
B_n	$b_{n1}, b_{n2}, \cdots, b_{nm}$	$\sum_{j=1}^{m} a_j b_{nj}$

设总目标下的第一层 A 有 m 个因素 $A_1, A_2, \cdots, A_m$，相邻的下一层 B 有 n 个因素 $B_1, B_2, \cdots, B_n$，通过单层次的计算，已得出 A 层的单层排序权值 $a_1, a_2, \cdots, a_m$ 以及 B 层因素 $B_1, B_2, \cdots, B_n$ 对于 A_j 的单层排序权值 $b_{1j}, b_{2j}, \cdots, b_{nj}$（若某因素 B_k 与 A_j 无联系，$b_{kj} = 0$），则 B 层对总目标的层次总排序值可由表 5-8 给出。

以此类推，可以推算出所有层次对总目标的层次总排序值。

与单层次排序一致性检验相同，每进行一层的递推，都必须进行相应的层次总排序的一致性检验。假定 B 层因素对于 A_j 单排序的一致性指标为 CI_j，相应的平均随机一致性指标为 RI_j，则 B 层总排序的随机一致性比率为

$$CR = \frac{\sum_{j=1}^{m}(a_j CI_j)}{\sum_{j=1}^{m}(a_j RI_j)} \tag{5-19}$$

当求出的 CR ≤ 0.10 时，表明该层次总排序的结果具有满意的一致性。

5.4.5 模糊综合评价法

自从美国控制论专家、加利福尼亚大学查德（L.A. Zadeh）教授于 1965 年提出了"模糊集合"的概念后，有关模糊数学领域的理论和应用研究便在世界各国广泛开展。模糊数学以连续多值逻辑为基础，是对各种模糊事物进行数学描述的有力工具。模糊数学应用于信息分析成果的评价有很好的适用性。因为在进行成果评价时，尽管人们可以人为地将每个评价指标的评语划分为若干等级，但各等级之间的边界实际上是模糊的。在具体评价时，用一般的方法很难对这些模糊的概念进行准确的描述，而模糊数学正是为描述和解决这个问题而发展起来的。

模糊数学描述和解决模糊问题的具体方法很多，但用于信息分析成果评价的主要是模糊变换和综合评判方法，这是由这类成果的综合性特点及其评价所涉及的因素的多样性决定的。因此，这里所说的模糊综合评价法实际上是指借助模糊数学中模糊变换和综合评判方法对信息分析成果进行模糊综合评价的方法。

模糊综合评价法的关键是模糊数学模型的建立。为此，我们假定如下。

① 成果评价指标的集合为

$$U = \{u_1, u_2, \cdots, u_n\} \tag{5-20}$$

其中，元素 u_i 为第 i（$i=1,2,\cdots,n$）个评价指标，n 为同一层评价指标的个数。

② 成果评语的集合为

$$V = \{v_1, v_2, \cdots, v_m\} \tag{5-21}$$

其中，元素 v_j 为第 j（$j=1,2,\cdots,m$）种评语，m 为评语的种数。

③ 成果评价矩阵为

$$\underset{\sim}{R} = \begin{vmatrix} R_1 \\ R_2 \\ \cdots \\ R_n \end{vmatrix} = \begin{vmatrix} r_{11} & r_{12} & \cdots & r_{1m} \\ r_{21} & r_{22} & \cdots & r_{2m} \\ & & \ddots & \\ r_{n1} & r_{n2} & \cdots & r_{nm} \end{vmatrix} = (r_{ij})_{n \times m} \tag{5-22}$$

其中，$\underset{\sim}{R}$ 为 $n \times m$ 阶评价矩阵，即从 U 到 V 的一个模糊关系，包含了按评语集 V 分别对 n 个评价指标进行评价产生的全部量化信息，$R_i = \{r_{i1}, r_{i2}, \cdots, r_{im}\}$ 为第 i 个评价指标的单指标评价，r_{ij} 为从第 i 个评价指标着眼对成果所做的第 j 种评语的可能程度（一般取评语 V_j 的百分比）。

④ 各评价指标的权重集合为

$$\underset{\sim}{W} = \{W_1, W_2, \cdots, W_n\} \tag{5-23}$$

其中，$\underset{\sim}{W}$ 为 U 上的模糊子集，所对应的权重向量可用矩阵表示为 $\underset{\sim}{W} = (W_1 \ W_2 \ \cdots \ W_n)$；元素 W_i 为第 i 个评价指标 u_i 对应的权重，且满足

$$\sum_{i=1}^{n} W_i = 1$$

依据模糊数学的有关理论，成果单层次评价指标的模糊综合评价的数学模型为

$$\begin{aligned}
\underset{\sim}{B} &= \underset{\sim}{W} \times \underset{\sim}{R} \\
&= (W_1 \ W_2 \ \cdots \ W_n) \begin{vmatrix} r_{11} & r_{12} & \cdots & r_{1m} \\ r_{21} & r_{22} & \cdots & r_{2m} \\ & & \ddots & \\ r_{n1} & r_{n2} & \cdots & r_{nm} \end{vmatrix} \\
&= (b_1 \ b_2 \ \cdots \ b_m)
\end{aligned} \tag{5-24}$$

矩阵中的各元素 b_j 就是成果单层次评价指标的模糊综合评价结果。该结果是由模糊矩阵 $\underset{\sim}{W}$ 与 $\underset{\sim}{R}$ 进行乘法运算而得的。乘法运算的步骤与普通矩阵乘法运算的步骤类似，不同之处在于，它并非两项相乘后相加，而是先取小后取大（先交后并）。

上述结果通常要进行归一化处理。设处理后的结果为

$$\underset{\sim}{B}' = (b_1' \ b_2' \ \cdots \ b_m') \tag{5-25}$$

其中，$\underset{\sim}{B}'$ 矩阵的各元素 b_j' 是经过归一化处理的成果单层次评价指标的模糊综合评价结果，且满足

$$b_j' = \frac{b_j}{\sum_{j=1}^{m} b_j}$$

在具体实践中，成果评价指标体系往往是多层次的。因此，在单层次模糊综合评价的基础上还应当进行多层次的模糊综合评价。其具体操作因层次多寡而异。总的做法是：在单层次模糊综合评价的基础上，自下而上（即从低层次向高层次）把每层的评价结果作为上一层的输入，逐层计算，直至最后得出总的模糊综合评价结果。

此外，上述结果只是针对某成果进行模糊综合评价的结果。为了进行一批成果的比较和选优，人们常将式(5-25)的结果用一个总得分值来直观地表示。总的做法是：先将评语集 V 的各元素取以相应的量化值 v_j'，再将每个评价结果 b_j' 乘以相应的 v_j'，并求总分 S，即

$$S = \sum_{j=1}^{m} (b_j' v_j') \tag{5-26}$$

例如，如果采用 9 分制对 5 种评语评分，就可将量化分值做出如表 5-9 的规定。由此我们可以计算出某成果模糊综合评价结果的总分为

$$S = 9b_1' + 7b_2' + 5b_3' + 3b_4' + b_5' \tag{5-27}$$

下面以单层次模糊综合评价为例，假设某企业对一批员工撰写的竞品分析报告进行综合评价，报告的质量需要考虑多方面，如报告的文字和结构是否通顺、竞品的选择是否准确、

表 5-9 评语的分值

评 语	优	良	中	差	劣
分 值	9	7	5	3	1

对竞品数据的收集是否全面、对竞品的分析是否合理、对自身产品发展是否有益。

这 5 个指标构成了成果评价指标集合，记为 $U = \{u_1, u_2, u_3, u_4, u_5\}$，内容分别为{文字结构，竞品选择，数据收集，产品分析，自身发展}。针对这 5 个指标，有 4 种评语，记为 $V = \{v_1, v_2, v_3, v_4\}$，内容分别为{优秀，良好，合格，不合格}。这 5 个指标在综合评价中的重要程度是不同的，这里给出各评价指标的权重集合为 $W = \{w_1, w_2, w_3, w_4, w_5\}$，内容分别为{0.1, 0.15, 0.15, 0.4, 0.2}。

假设某报告的各项指标得分由不同人群来评价。u_1 文字结构由普通员工打分来确定，评价结果为 $r_1 = |0.4\ 0.4\ 0.2\ 0|$，表示参与打分的员工有 40% 的人认为这份报告的文字和结构是优秀的，有 40% 的人认为这份报告的文字和结构是良好的，有 20% 的人认为这份报告的文字和结构是合格的，以及没有人认为这份报告的文字和结构不合格。

同理，此份报告的竞品选择和数据收集指标由部门领导来打分，评价分别为 $r_2 = |0.3\ 0.5\ 0.1\ 0.1|$ 和 $r_3 = |0.1\ 0.5\ 0.4\ 0|$；产品分析和自身发展指标由考核小组来打分，评价分别为 $r_4 = |0.2\ 0.6\ 0.1\ 0.1|$ 和 $r_5 = |0.2\ 0.5\ 0.3\ 0|$。

以 $r_1 \sim r_5$ 构成评价矩阵：

$$R = \begin{vmatrix} 0.4 & 0.4 & 0.2 & 0 \\ 0.3 & 0.5 & 0.1 & 0.1 \\ 0.1 & 0.5 & 0.4 & 0 \\ 0.2 & 0.6 & 0.1 & 0 \\ 0.2 & 0.5 & 0.3 & 0 \end{vmatrix}$$

由此，这份报告的单层次评价指标的模糊综合评价结果为

$$B = W \times R = |0.1\ 0.15\ 0.15\ 0.4\ 0.2| \begin{vmatrix} 0.4 & 0.4 & 0.2 & 0 \\ 0.3 & 0.5 & 0.1 & 0.1 \\ 0.1 & 0.5 & 0.4 & 0 \\ 0.2 & 0.6 & 0.1 & 0 \\ 0.2 & 0.5 & 0.3 & 0 \end{vmatrix}$$

计算得

$$B = |0.220\ 0.530\ 0.195\ 0.055|$$

结果表示，此份报告整体表现优秀占比 22%，表现良好占比 53%，表现合格占比 19.5%，表现不合格占比 5.5%。此外，可以按 10 分制给出总得分，将评语量化为

$$v_1 = 10,\ v_2 = 7,\ v_3 = 4,\ v_4 = 1$$

那么，此份报告的总得分为

$$S = \sum(b_i \times v_i)$$
$$= 10 \times 0.22 + 7 \times 0.53 + 4 \times 0.195 + 1 \times 0.055$$
$$= 6.745$$

本章小结

信息分析成果评价是信息分析工作的重要组成部分，科学评价信息分析成果是提升信息分析能力的必要前提。在学习本章介绍的信息分析成果评价的目的、意义、基本依据、主要流程和常用方法的基础上，结合实际应用案例，读者应理解信息分析成果评价的全过程，掌握信息分析成果评价中常用的方法、技术和技巧。

思考与练习

5-1　信息分析成果评价的主要依据是什么？
5-2　如何构建信息分析成果的评价指标体系？
5-3　信息分析成果评价的常用方法有哪些？
5-4　德尔菲法的基本特点和主要步骤是什么？
5-5　层次分析方法的基本原理是什么？

第 6 章

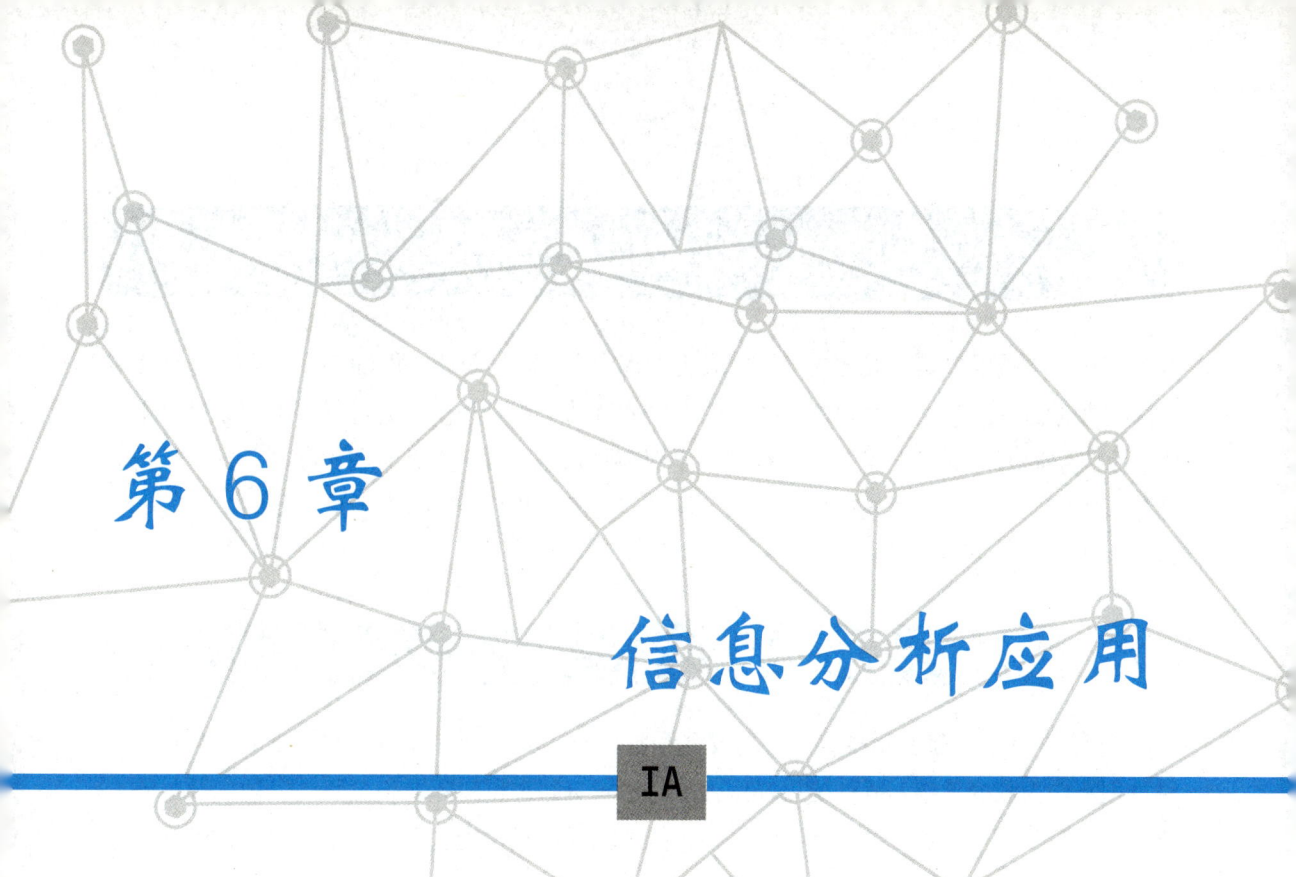

信息分析应用

IA

本章选取目前应用最为广泛和热门的三个领域进行介绍，分别是科技信息分析、社会信息分析和经济信息分析，首先对该类信息和信息分析的基本概念进行探讨，然后重点阐述该领域信息分析的主要内容，并结合案例详细介绍这些信息分析的具体应用。

本章重点

- 科学前沿分析和技术预见的主要方法
- 社会风险分析的主要内容
- 企业竞争分析的内容与方法

6.1 科技信息分析

现代科学技术以其发展的高速性、应用的综合性、对社会各方面的渗透性和对社会影响的深刻性迅猛发展，以巨大的力量推动着人类社会的文明进程。无论是国家层面还是科学工作者个人层面开展的研发越来越多地依赖于对科技信息的深入、及时和全面的掌握。科技信息分析主要包括科技发展战略分析、科学前沿与发展态势分析、技术预见与专利信息分析和科技竞争力评价等内容。

6.1.1 科技信息与科技信息分析

进入 21 世纪，随着新科技革命的发展和数字时代的到来，许多国家（或地区）把强化科技创新作为政府战略，把科技投资作为战略性投资，并超前部署和发展前沿技术及战略产业，实施重大科技计划，着力增强国家创新能力和国际竞争力。科学技术战略地位的提升对科技发展战略信息分析提出了强烈需求。

1．科技发展战略信息分析的概念与类型

1）科技发展战略信息分析的概念

科技战略信息分析就是围绕国家科技发展的决策需要，在掌握有关信息的基础上，运用现代技术手段和战略信息分析方法，揭示科技发展规律和发展态势，预测科技发展趋势和未来前景，提出科技发展的政策和对策建议，从而形成能满足国家科技战略决策需要的情报信息的研究过程。

2）科技发展战略信息分析的类型

根据战略信息分析的内容和层次，科技战略信息分析可以分为科技发展态势监测分析、科技发展趋势预测分析和科技发展战略对策分析三类，三者既有区别又有联系。

首先，三种类型在研究内容上有明显的侧重和区别。科技发展态势监测分析主要是在实时监测的基础上通过信息分析揭示科技发展战略领域的基本态势，如中国科学院文献情报中心创办的《科技动态监测快报》、英国的《全球科技跟踪网站》等。科技发展趋势预测分析是对某些国家、机构或学科领域战略对象的未来发展趋势进行预测。例如，中国科技信息研究所的《技术发展预测与评论》，美国国家科学基金会（NSF）根据国会通过的《国家科技政策、组织和优先法》的规定，每 5 年一次组织进行的《科学技术五年展望》，等等。科技发展战略对策分析是在科技发展态势监测分析、科技发展趋势预测分析的基础上，分析科技发展战略目标、重点和关键的对策措施，提出行动计划和政策建议，重点是科技发展的战略措施分析。例如，美国能源部科学办公室为美国政府在能源方面提供的长期计划、优先领域和发展战略建议等。

其次，从研究流程来看，三者之间具有紧密的联系。科技发展态势监测分析是科技发展趋势预测分析和科技发展战略对策分析的基础，科技发展趋势预测分析是科技发展战略对策分析的基础，而科技发展战略对策分析以前两类分析为基础。因此，三者是相互关联、相互制约、相互促进的关系。此外，从研究内容上，态势监测往往包含趋势预测的内容，趋势预测或预见研究也往往包含态势分析或对策研究。在这个意义上，三者的区分是相对的。

2．科技发展态势监测分析

监测对象、监测内容、监测技术方法和数据源是科技发展战略态势分析的几个关键要素，下面重点从监测对象与内容的角度进行介绍，如表 6-1 所示。

表 6-1　科技发展战略态势监测的内容

监测对象	监测内容	监测目的	数据源
科技发展战略与计划监测	国际、国内科技发展战略与计划的内容、目标、实施举措、未来趋势等	提供科技战略与计划所需的信息支持，实现科技战略的科学管理	科研规划、计划、传统的科技文献资源、网络科技信息资源、专家知识
科技发展环境与需求监测	科技发展一般环境和具体环境，科技的需求分析	提供科技发现环境与需求的信息和知识	结构化的文献、专利数据库,网页非结构化资源
特定技术领域监测	国内外特定技术研发的现状及其发展趋势，如研发现状对比、研究机构、人员、装备等	提供国内外特定技术研发的现状及其发展趋势，为技术预测、技术评估、竞争情报提供支持	文献数据库、专利数据库、网络信息资源、专家知识
技术项目监测	技术创新项目研发的需求和技术状态信息	为技术研发项目提供充分的市场信息和需求信息，减少项目风险	网络科技信息资源、专家知识
科技文献监测	特定科技文献作者、研究机构、研究主题、发表时间、所在国家等信息监测分析	提供特定技术研发现状，研发主题、研发机构和人员、研究时间等关联关系分析	文献数据库，如 SCI、EI、INSPEC、CiteSeer、ISTP、Elsevier、CSA、WPI、DAI、IEEE、期刊网等
技术专利监测	特定技术专利的申请者、研究机构、研究主题、申请时间、所在国家等信息	特定专利研发现状，研发主题、研发机构和人员、研究时间等的关联关系分析	各国专利数据库，如 PCT、IN2PADOC、IPDL、DI、QPAT-US、Delphion 等
研发主体监测	研发主体从事研究的资源和任务，包括研究机构、人员、研究设备与装备、研究项目、计划等	为科技管理提供研发主体的信息支持	文献数据库、专利数据库、项目计划、网络信息资源

3．科技发展趋势预测分析

整体上，科技发展战略趋势预测经历了技术预测（Technology Forecast）、技术评估（Technology Assessment）、技术预见（Technology Foresight）的发展过程。

20 世纪 40～80 年代，科技发展战略信息分析主要是以定量预测为特点的技术预测。但科技是一柄双刃剑，为了在技术开发和选择中趋利避害，70 年代开始技术评估受到重视。80 年代中期开始，涵盖技术、经济、社会等综合因素的技术预见开始兴起，并逐渐成为科技发展战略趋势预测的主导模式。技术预测、技术评估、技术预见之间的关系如表 6-2 所示。

1）技术预测

广义的技术预测可以分为探索性预测（Exploratory Forecasting）和规范性预测（Normative Forecasting），狭义的技术预测主要指探索性预测（王瑞祥，穆荣平，2003）。

表 6-2 技术预测、技术评估与技术预见的比较分析

方法	任务	应用领域	解决的问题	成果
技术预测	在较大领域内跟踪观察并分析新技术发现的条件和潜力	具体技术框架；私营部门	技术发展的条件和产生的成果；发现技术突破领域，以及具体技术构架内的早期预警功能	支持政治决策，促进实现知识经济，发现技术突破领域，具有早期预警功能
技术评估	全面评估新技术，支持决策过程	具体技术领域或具体问题；各国国会	分析评估具体技术潜能或技术问题	在全面的知识基础上做好制定综合科技政策的预备和工作
技术预见	确定具有战略性的研究领域，选择对经济和社会利益具有最大贡献的关键技术和通用技术	支持国家及国家以上层面的决策	分析技术发展的影响，确定发展过程中的共同问题；确定具有战略性的研究领域，同时具有早期预警功能	获取更广领域内的信息，减少决策前期工作的时间 避免由于未能充分考虑技术发展的复杂性以及某项政策的副作用，而可能导致的错误

探索性预测立足于现有技术，做出关于未来技术发展的预报。探索性预测包括 4 个因素，分别是定性因素、定量因素、定时因素和概率因素。

规范性预测是在假设探索性预测所预言的未来技术革新确能实现的情况下，指出实现这些技术的方式或方法。

面向决策和行动计划的技术预测通常将上述两种类型的预测结合使用：首先，通过探索性预测方法确定按计划所做的努力要达到的目标；然后，根据该目标的要求，用规范性预测方法选择要采取的相应措施。

技术预测的典型案例如第二次世界大战后美国空军科技顾问团《迈向新的地平线》（*Towards New Horizons*）报告对 20 年后重要军事科技的预测等。民间企业亦迅速跟进，通过技术预测进行研发计划和生产策略规划。

2）技术评估

技术评估是解决技术社会发展问题的方法和决策活动，也是一种管理技术和政策工具，具有多重价值观以及跨学科和预测的性质。

技术评估是在技术预测的基础上提出的，最初用于预测评价技术的负面效应，防止有害技术的扩散，后扩大到多方面，形成了技术评估的三种战略模式，即早期预警性技术评估（EWTA）、建构性技术评估（CTA）、整合性技术评估（ITA）（吴强等，2005）。三种战略模式的主要区别如表 6-3 所示。

技术评估包括以下 4 个基本环节：① 明确对象技术和评估范围；② 影响识别和影响分析；③ 个别评价和综合评价；④ 政策分析。

技术评估的代表机构主要有法国国会科技评估办公室（OPECST）、荷兰技术评估办公室（NOTA）、欧洲科学技术选择评估组织（STOA）、英国科学技术国会办公室（POST）、德国技术评估局（TAB）等。

3）技术预见

技术预见也叫技术前瞻，是在技术预测、技术评估的基础上发展形成的一个新的综合性科技预测领域，技术预见的研究和实践，离不开技术预测和技术评估方法的支持。技术预测涵盖了趋势和时间点两个向度，主要根据技术自主发展的逻辑进行预测（见 6.3 节）。

表 6-3　三种战略模式的主要区别

区别分类	EWTA	CTA	ITA
理论假设	科学和技术发展的各种社会影响是可以被预测的；决策者能公正地利用这些预测进行决策	技术动力学研究和技术的社会建构思潮；决策者难以保证决策过程中的公正性	技术动力学研究和技术的社会建构思潮；实事求是的思维
产生原因	技术的社会负面影响日益显著	EWTA 的科林格里奇困境	工业企业对技术的经济效益的特别要求
分析方法	静态分析，技术是既定状态，重视分析结果	动态分析，技术是待定状态，重视技术的建构过程	动态分析，技术是待定状态，重视 R&D，同时对技术进行合理修正
强调技术的社会作业	负面的	负面和正面	负面和正面
技术评估委员会的参与者	政治家、社会科学家	政治家、社会科学家、技术工程师（技术已完成）、股东权益人、普通的技术消费者	R&D 技术工程师、专业 TA 咨询师、技术工程师（技术已完成）、股东权益人、普通的技术消费者
实施途径	通过对技术的社会负面影响进行预测，从而对其进行控制	增加决策参与者的范围，提高 TA 的公正性	增强 R&D 人员的社会责任心，降低研发成本，提高研发的经济效益

4．科技发展战略对策分析

科技发展战略对策分析是在科技发展态势监测分析和科技发展趋势预测分析的基础上开展的，也是科技发展战略信息分析的重要内容。科技发展战略对策分析的主要内容有科技发展目标分析、科技发展重点领域分析、科技发展战略思想和发展对策措施分析。

1）科技发展目标分析

科技发展目标是一定时期国家科学技术发展的总方向。科技发展目标中要明确表述未来一定时期内科技发展方向、任务及基本目的。科技发展目标一般分为总体目标和具体目标，具体目标还可进一步描述中期目标和远期目标。

《国家中长期科学和技术发展规划纲要（2006—2020）》规定，到 2020 年，我国科学技术发展的总体目标是：自主创新能力显著增强，科技促进经济社会发展和保障国家安全的能力显著增强，为全面建成小康社会提供强有力的支撑；基础科学和前沿技术研究综合实力显著增强，取得一批在世界具有重大影响的科学技术成果，进入创新型国家行列，为在 21 世纪中叶成为世界科技强国奠定基础。

科技发展目标确立得合理与否，对一个国家科学技术的发展有至关重要的影响。例如，我国曾经片面强调理论研究，把很大力量投入到理论物理领域，使国民经济建设中急需的一些科学门类得不到应有的发展，1981 年后才逐渐扭转了重理论、轻实践的倾向。

2）科技发展重点领域分析

科技发展重点领域是根据本国科技发展优势、劣势条件和经济社会发展的需要所确定的若干重点支持的科技领域，或在科技领域中可以起带头作用、能实现重点突破而应该得到优先发展的若干学科或技术领域。在当前流行的技术预见研究中，科技发展重点领域分析被称为"国家关键技术选择"。

《国家中长期科学和技术发展规划纲要（2006—2020）》确定了国家中长期科技发展的重点领域及其优先主题。重点领域是指在国民经济、社会发展和国防安全中重点发展、亟待科技提供支撑的产业和行业；优先主题是指在重点领域中急需发展、任务明确、技术基础较好、近期能够突破的技术群。表 6-4 反映了美国关键技术研究所汇集美国、日本、英国、法国、德国和上海经济合作组织的 8 份技术报告所形成的《国际关键技术清单》，选择项目时重点考虑 10 年之内能实现的技术，基本代表了各国对近期科技发展趋势和重点领域的判断。

表 6-4 国际关键技术清单领域

技术领域	技术类别	技术子类	专项技术
合计	38	130	375
信息与通信	9	32	103
环境	3	6	22
能源	6	14	26
生命系统	4	22	59
制造	4	20	58
材料	2	14	44
运输	6	15	42
其他	4	7	21

3）科技发展战略思想和发展对策措施分析

为实现科技发展目标和重点发展领域，需要确立科学的战略思想，即总的指导原则，并制定相应的对策措施。这是未来国家科学技术发展的指导方针和重要保证。

科技发展战略思想是指导科学技术发展的总原则、总政策、总构想，一般用精练清晰的语言进行表达。

科技发展对策措施是一段时间内未完成科技发展目标采取的主要对策以及包括人、财、物在内的各项条件保证。不同国家（或地区）根据其国情和资源动员与配置的不同特点，制定各自不同的科技发展对策措施，集中体现在各自的科学技术发展政策中。

6.1.2 科学前沿与发展态势分析

1．带头学科与当采学科

苏联科学史家凯德洛夫根据大量的科学分类资料提出："如果把一定范围内的尚未解决的问题提到了科学进步的首要位置，同时社会物质生活的发展依靠这些问题的解决，那么，正是提出和解决这些问题的科学在一定时间内成了自然科学的带头学科。他发现，带头学科的更替具有同期性和加速性。

更替的周期性是指单个学科和一组学科轮流成为带头学科。更替的加速性是指带头学科更替的周期不断缩短，一个或一组学科作为带头学科引领其他学科发展的轮流更替日益加快。

按照凯德洛夫的研究，从近代科学兴起后，带头学科的替代结构依次为力学 → 化学、物理学和生物学 → 微观物理学 → 控制论、原子能科学和宇宙航行学 → 分子生物学。带头学科的延续时间依次为 200 年、100 年、50 年、25 年、12～13 年。他提出了带头学科更替周期的一个经验公式：

$$\Delta t_n = \frac{200}{2^{n-1}} \tag{6-1}$$

其中，Δt_n 表示某（组）带头学科的延续时间，n 为带头学科序号，奇数为单一带头学科，偶数为一组带头学科。该公式表明，带头学科的持续周期从 200 年起对半递减。

带头学科的思想揭示了自然科学不平衡发展的特征，对预测学科发展、制订科技规划具有重要的启迪意义。

我国学者赵红洲在研究了科学发展的层次和各种运动形式相互交错、相互转化的规律后，提出了科学发展的能级结构和当采学科理论。如果采用具有一定模糊度的笛卡儿坐标，以不同运动级别的结合能（E，取对数）为横轴，以不同物质层次的空间尺度（Y，取对数）为纵轴，那么科学史上十几个重要的自然常数（表征着不同学科的物质层次和运动结合能的大小）发现的年代 T 在层级坐标上的分布接近一条对角线（如图 6-1 所示）；表明科学的发现总是沿着由宏观物质层次向微观物质层次、由结合能低的运动级别向结合能高的运动级别不断发展和转移，这就是科学发展的能级结构。

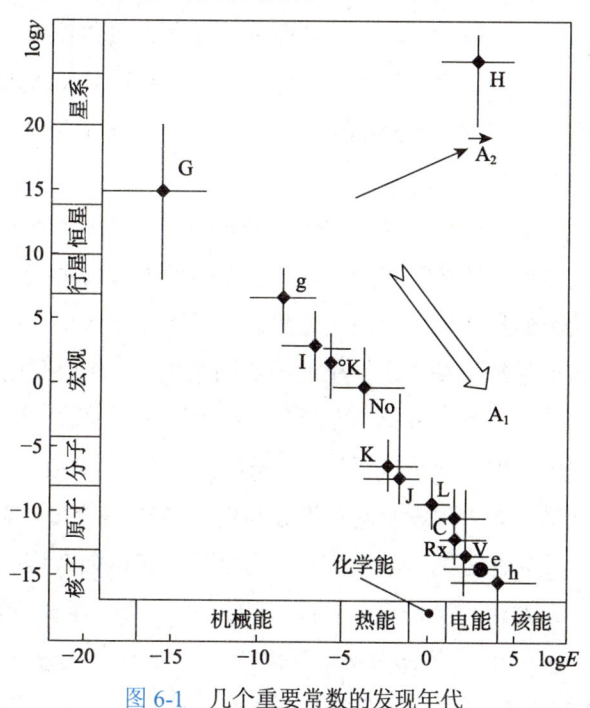

图 6-1　几个重要常数的发现年代

图 6-1 中的相关参数说明如下：H，哈勃常数（1927）；G，引力常数（1798）；g，重力加速器（1590）；L，标准大气压（1643）；K，绝对零度（1779）；N_0，阿伏伽德罗常数（1811）；K，玻尔兹曼常数（1874）；J，焦耳热功常数（1847）；L，洛喜密托常数（1865）；C，真空光速（1879）；R，黎德堡常数（1890）；V，维恩位移常数（1893）；e，单位电荷（1913）；h，普朗克常数（1916）。

在图 6-1 中，当采学科即处于对角线方向上的学科，即处在"社会需要"（可最终归结为对能量的需要）与"科学内在发展规律"交叉点上的学科。科学发展的当采方向是沿着物质层次由浅到深、结合能由弱到强的合成方向的。

当采学科是与带头学科性质不同的两个概念。当采学科是常态学科，其价值在于将社会对科技发展的需要同科学发展的内在逻辑统一起来，立足于科学的社会应用；带头学科则是革命性学科，其价值主要在于对科学发展的指导意义，立足于对前沿学科的把握。

在学科进展、动向与趋势的分析预测方面，文献（信息）计量学方法是经常使用的方法。其中，引文分析法（Citation Analysis）以其独特的分析途径（如引用频次、同被引、引文耦合等），能够较客观而深入地揭示出科学活动中的多种相关关系和结构关系，包括学科重要性、学科进展的时序结构、科学交流的网络结构、学科之间的相关结构、研究领域之间的影响结构等，因而更是成为一种普遍使用的具有独特应用效能的分析方法和工具。

2．科学结构分析

科学结构是科学知识长期形成的有机结构，是科学内在逻辑关系的集中体现。为了准确地揭示科学的知识结构及发展演化，研究人员提出了各种方法和技术。其中，文献计量的方法在理论和技术上发展得比较成熟。同时，研究者们积极探索引入复杂网络等其他方法与文献计量学方法结合使用，以更加准确地揭示科学的结构及演化发展（卫军朝等，2011）。

1）基于文献计量学的科学结构分析

基于文献计量的科学结构分析方法主要包括同被引、文献耦合和共词方法。同被引反映的是被引证文献之间的关系，随着时间的推移其引用的模式会发生变化，形成一种动态结构模型，因此可以揭示动态的科学结构及演化过程。1973 年，Small 首先探索性地利用同被引分析方法研究了粒子物理学领域高被引文献的引文网络关系，从而开创了同被引分析研究特定领域科学结构的先河。2006 年，Small 以 ESI（Essential Science Indicators，基本科学索引）高被引文献为基础，利用同被引分析进行聚类，分析了全科学领域的科学结构。文献耦合反映的则是参考文献之间的关系，随着时间的推移其引用模式不会发生变化，从而形成的是静态结构的模型，能揭示较为稳定的科学结构。共词分析方法以词或词组为单位，直接揭示文献主题之间的相关性，针对性和准确度都更高。1986 年，法国国家科学研究中心（CNRS）出版了 *Mapping the Dynamics of Science and Technology*，使共词分析方法得到广泛推广。注意：同被引分析存在明显的时滞性；文献耦合则存在某些存在耦合关系的文献其真正引用的参考文献内容可能不同的现象，从而影响准确性；共词分析则对词的选择非常敏感，作者的取词习惯、不规范的关键词、关键词的完整性都可能造成内容词集的模糊。

2）文献计量学和网络分析相结合的科学结构分析

随着复杂网络研究的不断发展，研究人员发现，同被引网络、共词网络、引文网络、耦合网络、合著网络等都是在科学交流过程中自组织形成的复杂网络，可以在文献计量学的基础上应用复杂网络的方法来揭示科学结构。

(1) 引文分析与网络聚类方法相结合

陈超美在其开发的 CitespaceII 中采用了谱聚类方法对同被引网络进行聚类处理。与传统的聚类算法相比，谱聚类具有能在任意形状的样本空间上聚类且收敛于全局最优解的优点。使用谱聚类算法能更加科学、准确地进行聚类。

(2) 引用网络和共词网络与网络拓扑特征分析相结合

Ronda-Pupo 等人以 1980 年到 2009 年的 Strategic Management Journal 期刊文章的出版国为研究对象，构建以节点表示国家，连线表示国家的共著者关系网络。通过每个节点的位置的变化来跟踪节点的演化，通过网络的 density、connectedness、centralization、emission、reception rates 等特征来跟踪整个网络的演化，以 index of dissimilarity 来计量每个阶段网络演化的程度。

陈超美在 CitespaceII 中使用中介中心度（Betweenness Centrality）来计算每个节点的中心度，标识在科学演变中起到重要作用的关键节点。

3．科学前沿分析

一般认为，研究前沿是科学研究中最先进、最新、最有发展潜力的研究主题或研究领域。科学家提出各种方法和技术用于探测研究前沿，其中以利用引文分析和主题词分析的研究最为常见（陈仕吉，2009）。

1）基于引文的科学前沿分析

Small 和 Griffith 最早提出使用同被引分析来描述一个活跃的研究领域，他们把研究前沿表述为同被引文献簇。ESI 就是用同被引文献簇来表征研究前沿，并根据文献簇的统计特征来判断研究领域的重要性和发展阶段。

Persson 则认为，研究前沿就是同被引文献簇的引证文献簇。他明确地区分研究前沿和知识基础（Intellectual Base）两个概念，其中知识基础由同被引文献簇表示，研究前沿则是由文献耦合方法生成的、与知识基础有引证关系的文献群。

陈超美在 CiteSpaceII 中同样定义了研究前沿和知识基础两个概念。研究前沿被定义为一种新兴的趋势，一组瞬时的概念和潜在的研究问题；知识基础则是研究前沿概念所在文献的引用文献群，研究前沿与知识基础相互作用并动态发展。

2）基于主题词汇的科学前沿分析

(1) 基于词频的探测方法

Kleinberg 提出了考虑词频变化密度的突破监测算法，识别文献中具有高集中性、高密度特征的词，即具有突然增长特性的词。Mane 等进一步用该算法选择高频词来做共词分析，并绘制了 PNAS 杂志的知识图谱，用于鉴别主要的研究主题及其发展趋势。有的研究根据词汇的出现频率，以可视化形式表示研究主题的时间发展，直观地通过图谱判断新出现的主题。

(2) 基于共词的探测方法

根据词汇间的某种关系（如共词关系）对文献集合中的词汇进行聚类分析，生成一系列的词汇簇或语义社区（研究主题）。然后，跟踪这些词汇簇在不同时期的发展变化，从而可以揭示前沿领域的存在。共词分析正是这类方法的代表。

在实际应用中，共词关系经常嵌入其他方法。

【例6-1】 汤森路透与中科院文献情报中心联合发布的《2014研究前沿》报告。

2014年10月，汤森路透与中国科学院文献情报中心成立的"新兴技术未来分析联合研究中心"推出了《2014研究前沿》分析报告。该报告遴选出了2014年排名最前的100个热点前沿和44个新兴前沿，涉及自然科学和社会科学的10个大学科领域。

1）热点前沿的遴选

首先把ESI数据库中21个学科领域的9700多个研究前沿划分到10个高度聚合的大学科领域中，然后对每个大学科领域中的研究前沿的核心论文按照总被引频次进行排序，提取排在前10%的最大或最具影响力的研究前沿。再基于核心论文出版年的平均值重新排序，找出那些"最年轻"的研究前沿论文。通过上述两个步骤在每个大学科领域分别选出10个热点前沿，共计100个热点前沿。

2）新兴前沿的遴选

一个有很多新近的核心论文的研究前沿，通常提示其是一个快速发展的专业研究方向。为了选取新兴的前沿，核心论文的时效性是优先考虑的因素。为了识别新兴前沿，对研究前沿中的核心论文的出版年赋予了更多的权重或优先权，只有平均核心论文出版年在2012年下半年后的研究前沿才被考虑，再按被引频次从高到低排列，选取被引频次在100以上的研究前沿，从而遴选出了44个新兴前沿。

3）重点研究前沿的遴选

设计了遴选重点研究前沿的指标CPT，从144个前沿中遴选出19个重点研究前沿：遴选重点研究前沿的指标（CPT），是施引论文数即引用核心论文的论文数量（C）除以核心论文数（P），再除以施引论文所发生的年数（T），即

$$CPT = ((C/P)/T)$$

CPT实际上是一个研究前沿的平均引文影响力和施引论文发生年数的比值，该指标越高代表该前沿越热或越具有影响力，反映了某研究前沿的引文影响力的广泛性和及时性。

每个学科领域的10个研究前沿中引用核心论文的论文（施引论文）的年度分布用气泡图的方式展示（如图6-2所示）。重点热点前沿用红色气泡表示。气泡大小表示每年施引论文的数量，对于那些施引论文数大，而引用年少的前沿，也就是CPT值的前两种情况，可以从图中直观地看出哪些是重点热点前沿。但核心论文数（P）较小的情况则需要结合数据来看。

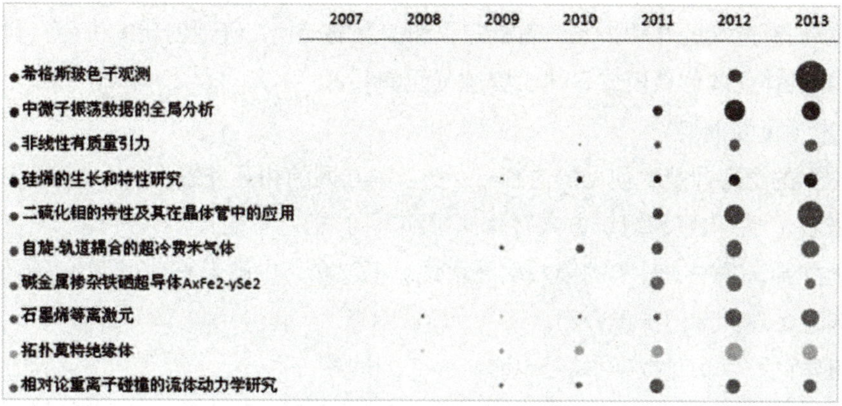

图 6-2　物理领域 Top10 研究前沿施引论文

6.1.3　技术预见和专利信息分析

技术预见是在技术预测、技术评估的基础上发展形成的一个新的综合性科技预测领域，强调综合考虑科学、技术、经济、社会等因素，对科技长远发展趋势进行系统化、科学化的预测。专利作为技术信息最有效的载体，囊括了全球 90%以上的最新技术情报，因此，专利信息分析是认识技术发展水平、预测技术发展趋势、评估技术创新能力、判断技术市场潜力的一种重要方法。

1．技术预见

1）技术预见的内涵与特点

国际上公认对技术预见阐释比较全面的是英国 Sussex 大学科学政策研究所（SPRU）马丁的定义：技术预见就是对未来较长时期内的科学、技术、经济和社会发展进行系统研究，其目标是确定具有战略性的研究领域，以及选择那些对经济和社会利益具有最大化贡献的共性技术。

技术预见具有以下 6 个特点：

❖ 技术预见对未来的探索过程必须是系统的，强调以系统性分析工具为基础的操作模式。
❖ 技术预见着眼于远期未来，时间范围一般是 5～30 年。
❖ 技术预见不但关注未来科技的推动因素（Science/Technology Push），而且着眼于市场的拉动作用（Market Pull）。
❖ 技术预见的主要对象是战略性的研究领域（侧重于科学）和共性新技术（侧重于技术）。
❖ 技术预见必须关注未来技术可能产生的社会效益（包括它对环境的影响），而不仅着眼于其经济影响。
❖ 技术预见是政府、研发机构和产业部门间一个咨询、对话、互动的过程，通过建立持续而有意义的互动关系，刺激知识和信息的交换，研判创新的机会、利益与风险，建立集体化的创新模式，达成资源分配的共识。

2）技术预见的框架

技术预见的框架即技术预见的内容、方法及其之间的相互关系。从世界主要国家的技术预见实践来看，虽然内容和组织方式有所侧重和不同，但基本的工作框架具有一定的相似性，有大同而无殊异。其中，日本的第八次技术预见框架和"中国未来 20 年技术预见研究"框架具有代表性，在此专门予以介绍。

(1) 日本的技术预见框架

日本是世界上进行技术预见最早的国家之一 2005 年 5 月 13 日，日本文部科学省科学技术政策研究所发布了本国的第八次技术预见调查报告，与前 7 次技术预见调查相比，除传统的特尔菲调查之外，还增加了社会经济需求调查、利用文献计量分析方法进行的快速发展的研究领域调查、基于专家对重要研究领域评价的情景分析调查，形成了具有特色的日本技术预见框架（如图 6-3 所示）。

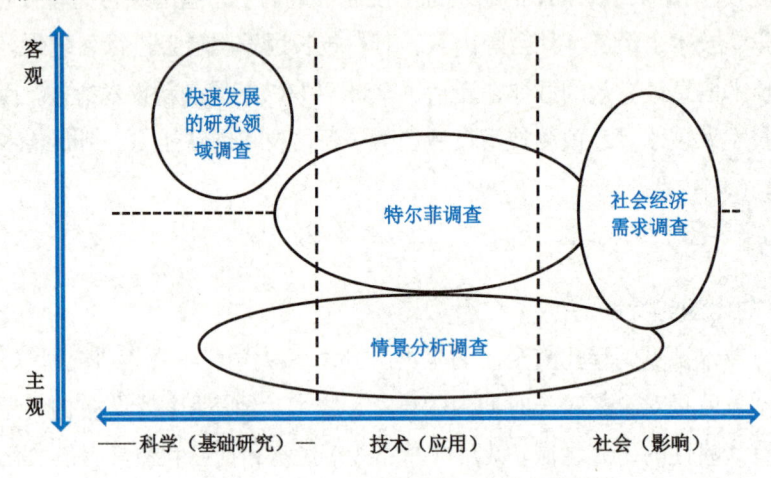

图 6-3 日本技术预见的总体框架

(2) 中国的技术预见框架

"中国未来 20 年技术预见研究"是中国科学院高技术研究与发展局批准立项的知识创新工程重要方向项目，该项目的框架内容包括 5 方面：技术预见方法研究；技术需求分析；特尔菲调查；政策分析；技术发展趋势跟踪与监测方法研究（如图 6-4 所示）（穆荣平，王瑞祥，2004）。

3）技术预见的方法

技术预见从早期偏向采用数量化的预测方法（Mathematical Models），演变成非量化的情境、远景分析（Qualitative Scenarios or Visions），目前仍在发展新的预测方法。从各国的技术预见实践来看，得到较广泛应用的方法有专家咨询法（关键技术法）、深入研究法、特尔菲法、情境分析法、头脑风暴法、技术地图法等。欧洲技术未来分析方法研究组（Technology

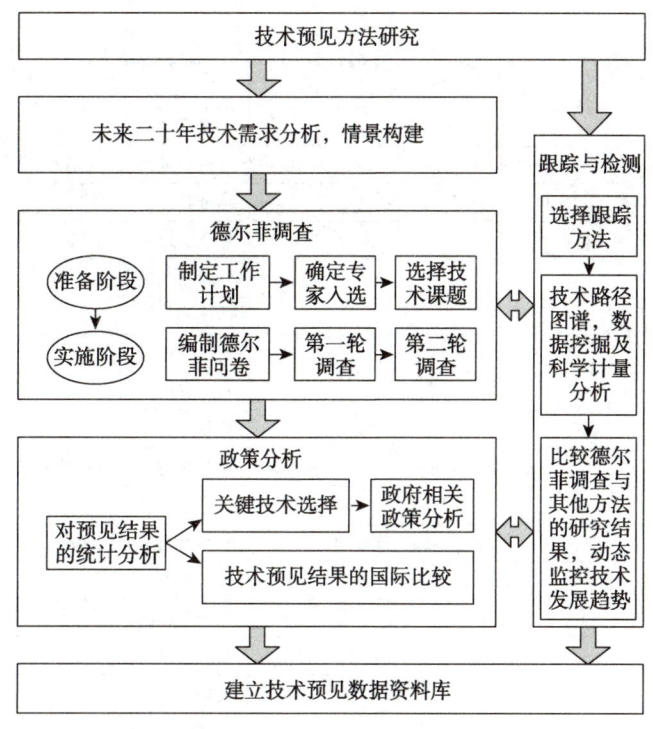

图 6-4 中国未来 20 年技术预见研究框架

Future Analysis Methods Working Group）2003 年发布的关于技术远景分析报告中，对技术未来分析（Technology Future Analysis，TFA）方法进行了总结（如表 6-5 所示）。

表 6-5 技术未来分析方法举例

英 文	中 文
Action [Option] Analysis	行为（观点）分析
Agent Modeling	代理模型
Analogies	类推法
Analytical Hierarchy Process (AHP)	层次分析法
Backcasting	倒推法
Bibliometrics [Research Profiling; Patent Analysis, Text Mining]	文献计量学[案例解剖；专利分析，文本挖掘]
Brainstorming[Brainwriting, NGP-Nominal Group Process]	头脑风暴法[创意书写；名义群体法 NGP]
Causal Models	因果模型
Checklists For Impact Identification	影响因素集合
CAS (Computer Adaptive System Modelling) [Chaos]	CAS 复杂适应系统模型
Correlation Analysis	关联分析
Creativity Workshops [Future Workshops]	创新研讨会（未来研讨会）
Cross-Impact Analysis	交叉影响分析
Decision Analysis [Utility Analyses]	决策分析[效用分析]
Delphi (Iterative Survey)	德尔菲法[重复调查]
Demographics	人口统计

(续)

英　文	中　文
Diffusion Modelling	传播模型
Economic Base Modeling [Input-Output Analysis]	经济基础模型[输入输出分析]
Field Anomaly Relaxation Method (Far)	场域异常张弛方法
Focus Groups [Panels; Workshops]	焦点小组法
Innovation System Modeling	创新系统模型
Interviews	面谈法
Institutional Analysis	制度分析
Long Wave Analysis	长波分析
Mitigation Analyses	缓和分析
Monitoring [Environmental Scanning, Technology Watch]	检测[环境扫描，技术观测]
Morphological Analysis	形态分析
Multicriteria Decision Analysis [DEA-Data Envelopment Analysis]	多指标决策分析[DEA-数据环境分析]
Multiple Perspectives Assessment	多方评估
Organizational Analysis	组织分析
Participatory Techniques	技术分享
Precursor Analysis	前提分析
Relevance Trees [Future Wheel]	关联树[未来轮]
Requirements Analysis[Needs Analysis, Attribute X Technology Matrix]	需求分析[需求分析，成果×技术矩阵]
Risk Analysis	风险分析
Roadmapping[Product-Technology Roadmapping]	关键路线图[产品—技术关键路线图]
Scenarios [Scenarios with Consistency Checks; Scenario Mgmt.]	情景分析[一致性检验，情景管理]
Scenario-Simulation[Gaming; Interactive Scenarios]	情景模拟
Science Fiction Analysis	科学幻想分析
Social Impact Assessment[Socio-Economic Impact Assessment]	社会影响评估[社会经济影响评估]
Stakeholder Analysis [Policy Capture, Assumptional Analysis]	相关利益者分析[政策捕捉，假想分析]
State Of The Future Index(SOFI)	未来指数走势[SOFI]
Sustainability Analysis [Life Cycle Analysis]	持续性分析[生命周期分析]
Systems Simulation [System Dynamics, KSIM]	系统仿真[系统动力学，KSIM]
Technological Substitute	技术代换
Technology Assessment	技术评估
Trend Extrapolation [Growth Curve Fitting& Projection]	趋势推断[增长趋向拟合与投影]
Trend Impact Analysis	趋势影响分析
TRIZ	计算机辅助创新
Vision Generation	可视化

2．技术路线图

技术路线图（Technology Roadmap）是一种具有战略性和策略性双重特性的前瞻性技术预测与管理工具（Farrukh，2003）。通过关注技术与市场的互动关系，并以图形或表格等方式展示市场、技术、产品及服务的发展演化路径，决策者能够有效检测外部环境变化，制定科学合理的技术发展规划（Phaal，2004）。

1）技术路线图的定义与基本形式

（1）技术路线图的定义

目前，学术界对技术路线图还没有形成一个统一的定义，以下三个表述基本上能代表国际上对技术路线图的主要观点。

技术路线图奠基人 Robert Galvin 认为，技术路线图是对某特定领域的未来延伸的看法。

美国 Sandia 国家实验室把技术路线图看作需求驱动的技术规划过程，帮助识别、选择和开发备选技术，以满足产品需求。

美国海军研究办公室则将其定义为一种可视化的辅助工具，可用于规划科技资源，以明确研究规划、发展规划、能力目标及要求之间的联系。

（2）技术路线图的基本形式

技术路线图以图形或表格的形式来表达一个高水准的、综合和集成的战略规划，其本质是基于时间的多层表，反映各要素的组成及其战略功能的实现方式。Phaal 等人使用图 6-5 来说明技术路线图最基本的结构（Phaal，2005）。

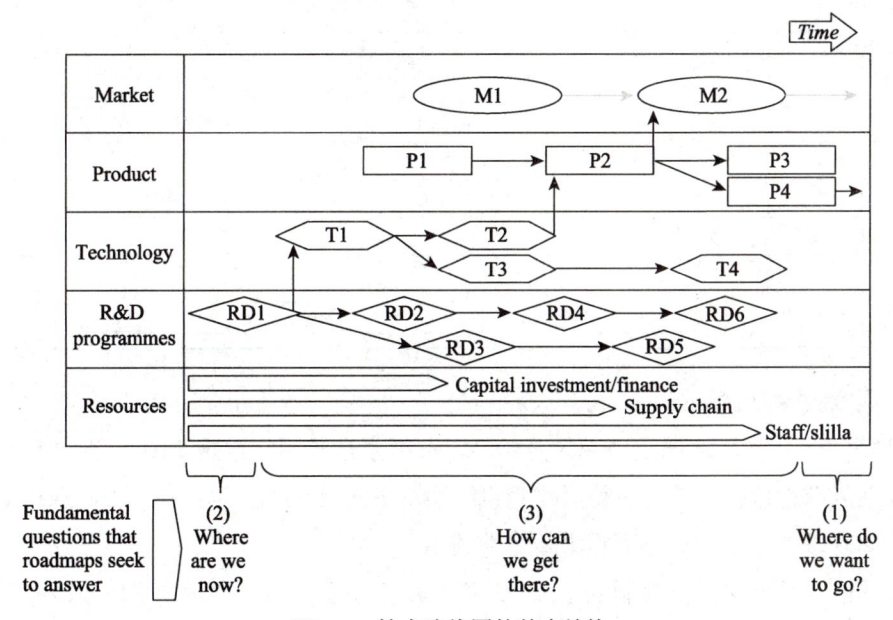

图 6-5　技术路线图的基本结构

Phaal 等人进一步指出，多层路线图格式可以概括阐述一定范围的层和亚层下的战略主题（如图 6-6 所示），可以标识三个集成子层主题，能够形成集成方法并应用于不同技术。

2）技术路线图的主要类型

根据划分依据的不同，技术路线图可以进行多角度的分类。其中，最常见的划分方法，从技术路线图制定的不同"主体"出发，将技术路线图分为国家技术路线图、产业技术路线图和企业技术路线图，如表 6-6 所示（李栎，2009）。

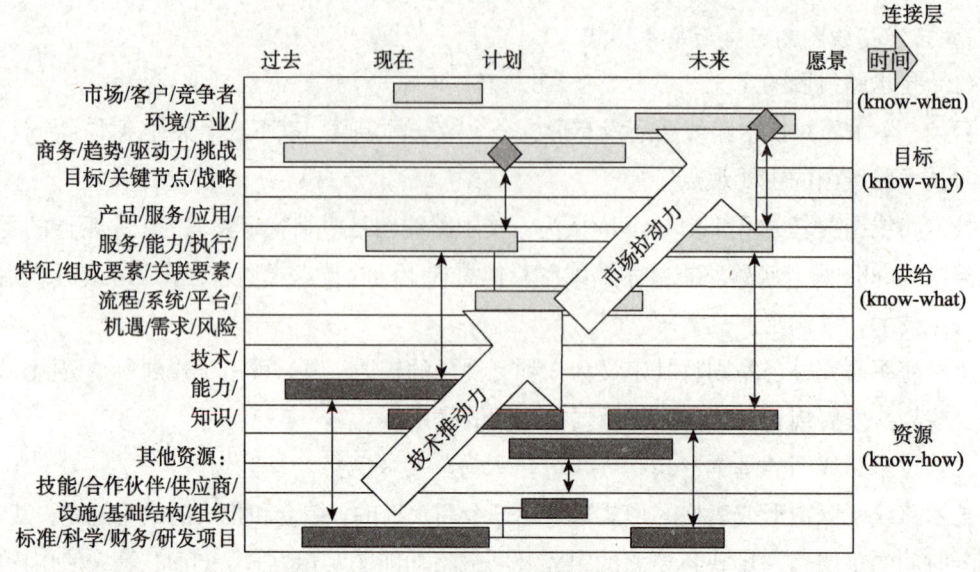

图 6-6　多层技术路线图格式

表 6-6　三种技术路线图的比较与关系

主体	国家技术路线图	产业技术路线图	企业技术路线图
功用	科技战略制定，关键项目选择	指引技术方向；诱导社会资源配置和市场走向	标示企业技术位置；技术经营战略和战术的制定
公开程度	基本公开	成员共享，部分公开	业务机密，策略性公开
绘制方式	政府主导，产学政结合	行业联盟主导，产学结合	CTO主导，企业内外结合
相互关系	基础	中间	前端

(1) 国家技术路线图

20世纪90年代，美国政府率先开始制定《国家半导体技术路线图》，这是技术路线图在国家层面的首次应用。随后，美国政府组织编制了涉及化学、生物技术、信息技术和化工等领域的200多个国家战略层面重大技术路线图。

我国的国家技术路线图编制始于2003年，科技部委托中国科学技术发展战略研究院组织相关单位，组成了国家技术前瞻研究组，研究成果形成了《中国技术前瞻报告2006—2007》。2007年，中国科学院开始编制"中国至2050年重要领域科技发展路线图"。2009年先后出版了《科技革命与中国的现代化——关于中国面向2050年科技发展战略的思考（总报告）》《中国至2050年矿产资源科技发展路线图》等14个分领域技术路线图。

(2) 产业技术路线图

美国、英国、加拿大、日本、韩国、新加坡、澳大利亚等国都曾投入了巨大人力、财力和物力，组织相关机构及专家汇编涉及汽车、服装、食品、化学、新能源、生物技术、信息技术等行业领域的技术路线图，并及时进行发布和更新。

相比而言，我国对产业技术路线图的绘制起步较晚。广东省是我国第一个绘制产业技术路线图的省份。其他省、市、区相继启动了产业技术路线图的研究和编制工作，涉及能源、航空、汽车、农业、半导体、服装、光伏发电、中药等领域。

（3）企业技术路线图

摩托罗拉公司是技路线图的最早实践者，每项业务都有一个战略计划，并利用技术路线图来预测未来技术发展愿景，识别出开发未来新产品所需的关键技术。

在国内，广东、上海等地，中国科学院、科技部等部门，已经开始利用产业技术路线图积极推动企业转型升级。

3）技术路线图的绘制过程和一般方法

在国际能源署（IEA）看来，绘制技术路线图是一个创建和落实路线图，监测并在必要时进行更新的动态演进过程（**国际能源署**，2014）。这个过程将各类利益相关方汇集在一个共同的行动过程中，有时甚至是首次合作。各方共同努力、实现共同目标和结果的过程有助于建立有意义的、持久的合作关系，也有助于支持路线图的落实。路线图会随着取得进展、外部因素改变和获取更多信息而演变。

（1）技术路线图的制定过程

在路线图的制定过程中，要确保识别共同目标，明确为实现共同愿景需采取的可实现的具体行动（如图6-7所示，虚线框表示可选步骤）。

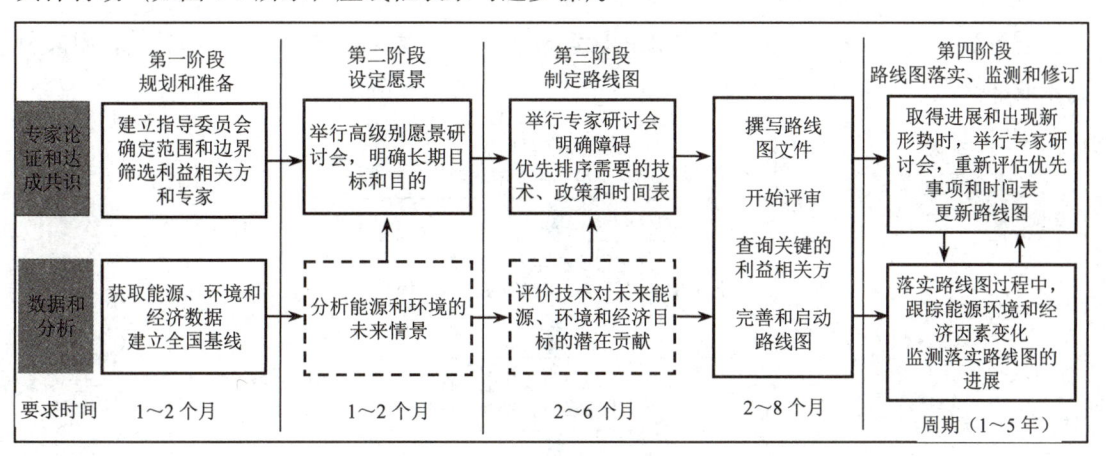

图6-7 IEA提出的路线图制定过程大纲

（2）技术路线图的绘制方法和模式

常见的技术路线图绘制方法主要有基于专家、基于工作组、基于计算机和混合方法4种，如表6-7所示。当前国际上技术路线图的绘制模式则可以分为3种，分别是自下而上的规划模式、自下而上的需求驱动模式和双向结合的综合模式（如表6-8所示）（**李栎**，2009）。

表 6-7 技术路线图绘制的方法

方法	简 介
基于专家	技术路线图绘制中最常用、最基本的方法，通常是会集特定领域的一组专家进行讨论，以确定市场、产品、技术等的结构化关系，并详细说明技术路线图的定性和定量特征
基于工作组	用于更大的团队——行业、研究者、学院、政府和股东，通过工作组共享他们的知识和经验
基于计算机	通过检索大型数据库以识别技术、工程和产品等相关领域。计算机智能算法和其他模型工具能协助估计和量化这些领域的相对重要性并找出他们和其他领域的关系
混合方法	专家基础的方法由专家确定，比较主观，而计算机方法由数据说明，比较客观，但常常会出现收集到的资料不足，同时缺乏专家能动的意见，所以出现把各种方法综合起来的混合方法来完成技术路线图

表 6-8 技术路线图的绘制模式

绘制模式	简 介
自上而下的规划模式	以技术路线图的顶层设计为起点，通过技术预测调查和专家论证，凝练出战略目标，重点技术项目，并确定主要任务的内容框架、预算、年度目标和评估标准。典型案例是美国能源部制定的环境管理路线图
自下而上的需求驱动模式	面向未来需求，广泛征求社会各方面意见，组织专家分析现实科技能力和水平，提出规划发展的科技目标。典型案例是美国农业科学路线图（2001—2020）
双向结合的综合模式	一般从分析产业、社会需求出发，规划出远景目标，然后依据远景目标确立未来科学与技术发展的方向和具体战略目标乃至关键技术。典型案例有韩国的国家技术路线图（NTRM）和日本的技术战略路线图等

4）典型的技术路线图绘制流程和步骤

如上所述，技术路线图有很多种，绘制流程和步骤各有不同。这里选择部分典型案例和方法进行介绍，以方便读者了解目前主流技术路线图绘制的大体情况。

(1) 澳大利亚工业部提出的行业技术路线图关键步骤

通过对各国（或地区）行业路线图的驱动机制、绘制模式和途径的研究和总结，澳大利亚工业部提出了行业技术路线图绘制的关键步骤（如图 6-8 所示）。

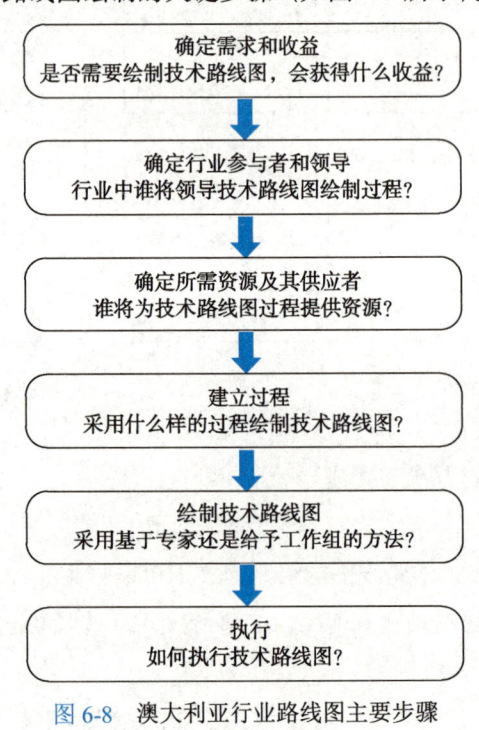

```
确定需求和收益
是否需要绘制技术路线图，会获得什么收益？
          ↓
确定行业参与者和领导
行业中谁将领导技术路线图绘制过程？
          ↓
确定所需资源及其供应者
谁将为技术路线图过程提供资源？
          ↓
建立过程
采用什么样的过程绘制技术路线图？
          ↓
绘制技术路线图
采用基于专家还是给予工作组的方法？
          ↓
执行
如何执行技术路线图？
```

图 6-8 澳大利亚行业路线图主要步骤

(2) 适用于大型企业的 Sandia 实验室产品技术路线图方法

美国能源部的 Sandia 实验室在 1997 年提出了适合大型企业应用的技术路线图框架及具体步骤，被视为技术路线图绘制方法的经典（如图 6-9 所示）。

```
阶段 I：准备工作
    1. 满足基本条件
    2. 成立 TRM 领导小组
    3. 定义 TRM 的范围和边界
阶段 II：技术路线图开发
    1. 明确 TRM 的对象——产品需求
    2. 将"需求"分解和细化
    3. 确定实现"需求"的主要技术领域
    4. 将"需求"转化成相应的技术指标
    5. 列出可选择的技术，并确定时间表
    6. 选定应采用的具体技术及相应路线
    7. 描绘未来技术蓝图，完成 TRM 报告
阶段 III：技术路线图的执行
    1. 评估、修正技术路线图
    2. 制定 R&D 投资决策和行动计划
    3. 对技术路线图进行定期评估和更新
```

图 6-9　美国能源部 Sandia 技术路线图方法

准备工作必须满足以下 5 个条件：明确技术路线图需求，企业多个部门参与，技术路线图是需求驱动的，确定领导者并配备充足的人员，定义技术路线图的范围和边界。

技术路线图的绘制阶段需要完成的任务主要有如下 6 个：确定详细的"产品"需求，确定主要的技术领域，将需求转化成相应的技术指标，列出所有备选技术并确定时间表，选定应追踪的技术及技术路线，撰写技术路线图报告。

(3) 适用于中小企业的 T-plan 技术路线图

英国剑桥大学技术管理中心根据中小企业的特点开发了 T-plan 技术路线图方法，是对大企业制定技术路线图的一般流程的改进（如图 6-10 所示）（孟海华等，2007）。T-plan 的含义是"快速启动"，总体上包括三个阶段，即：准备阶段、制定阶段和滚动实施阶段。

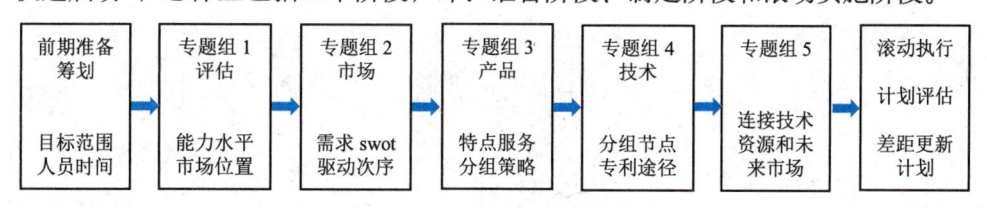

前期准备筹划	专题组 1 评估	专题组 2 市场	专题组 3 产品	专题组 4 技术	专题组 5 连接技术资源和未来市场	滚动执行计划评估
目标范围 人员时间	能力水平 市场位置	需求 swot 驱动次序	特点服务 分组策略	分组节点 专利途径	连接技术资源和未来市场	差距更新计划

图 6-10　T-plan 技术路线图的流程

【例 6-2】 广东省制糖产业节能减排技术路线图。

2008 年 11 月，广东省制糖产业节能减排技术路线图正式启动。该技术路线图的制定由广东省科技厅统一规划，华南理工大学轻工与食品学院、中国糖业协会和广州甘蔗研究所共同承担。绘制出了综合版（如图 6-11 所示）、图形版（如图 6-12 所示）和量化版（如图 6-13 所示）三个版本的技术路线图，形象、具体、清晰地分析出制糖产业整个产业链的优势和劣势及所面临的机遇、挑战，为制糖企业提供近期、中期和长期的技术指导和支持。

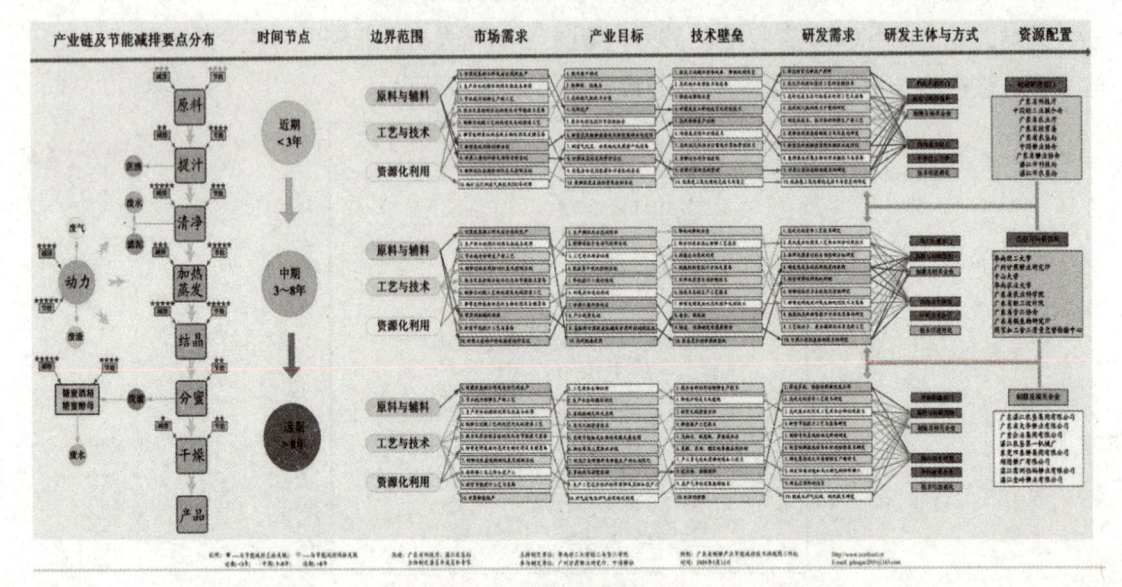

图 6-11　广东省制糖产业节能减排技术路线图（综合版）

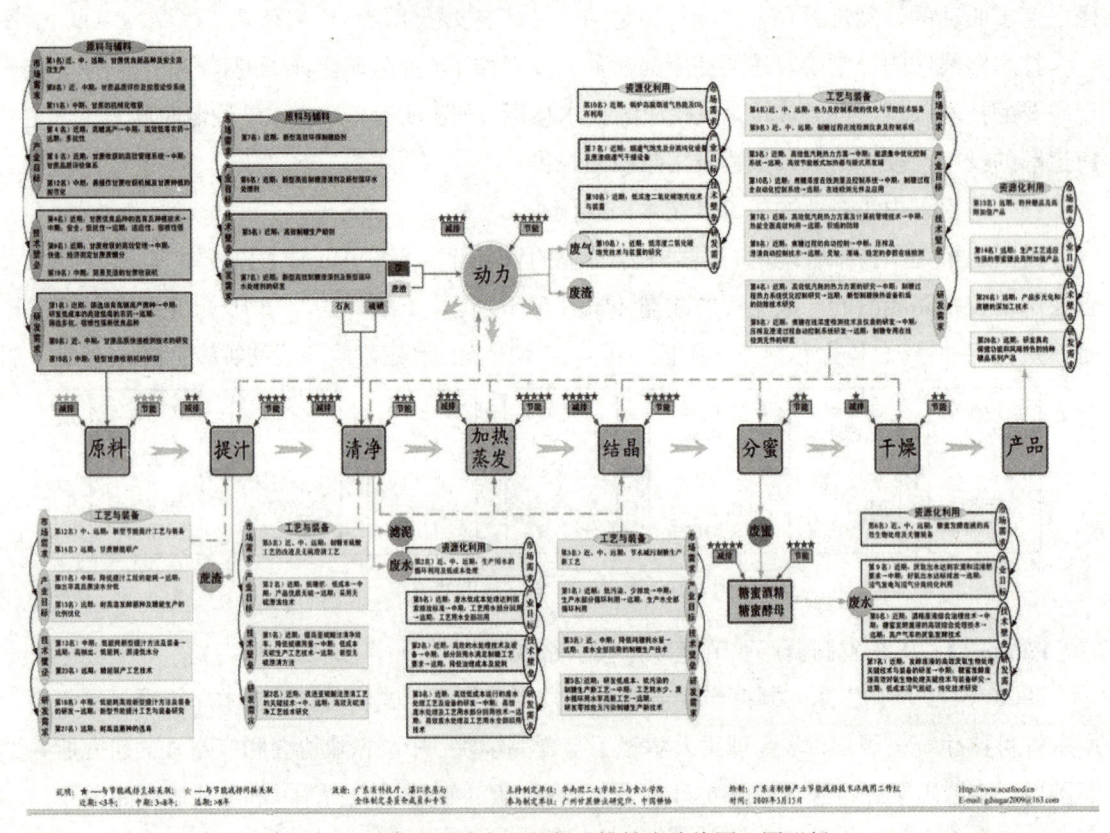

图 6-12　广东省制糖产业节能减排技术路线图（图形版）

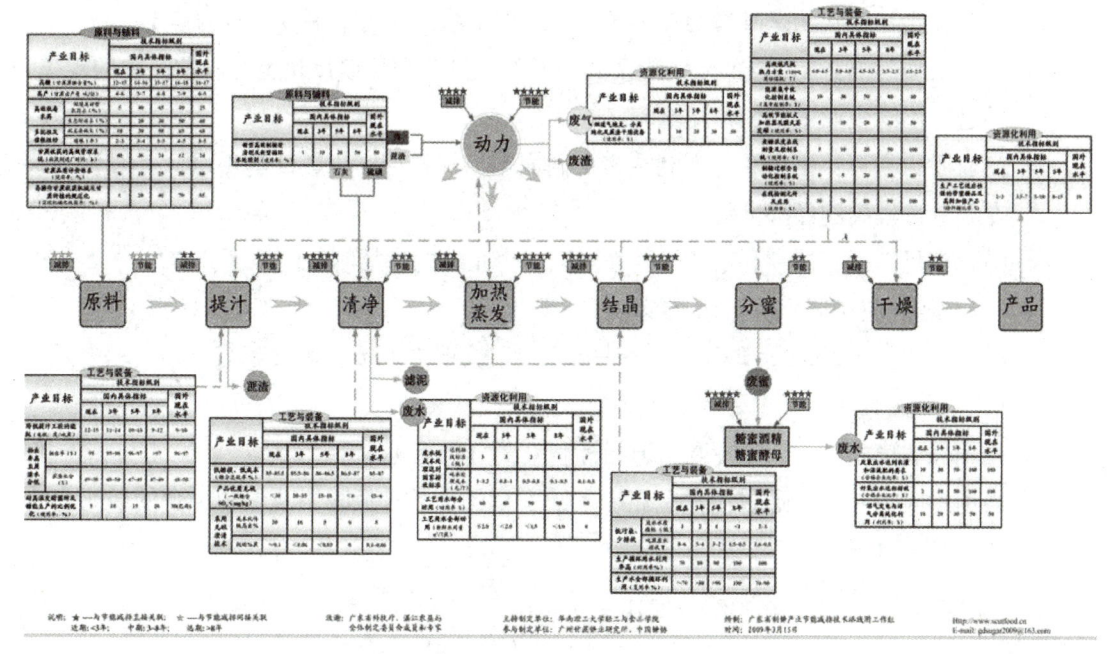

图 6-13　广东省制糖产业节能减排技术路线图（量化版）

3．专利信息分析：内涵、指标和程序

1）专利信息分析的内涵

专利信息（Patent Information）是蕴含在各种专利文献中的技术信息、经济信息、法律信息和其他有关权利人的各种信息的总和。专利信息分析就是通过对专利信息进行多方面的加工、整理和分析，形成决策和行动所需要的专利情报。专利信息分析的价值主要表现在以下 3 方面：① 从技术的角度，可以洞察技术发展态势，预测技术发展方向；② 从经济的角度，可以为企业竞争和国家产业政策制定提供依据；③ 从法律角度，可以为技术保护和技术贸易提供帮助。

2）专利信息分析的主要指标

专利信息分析指标整体上可分为两大类：专利信息的基础分析指标和专利信息的拓展分析指标。前者是专利信息分析的基本指标，后者是在前者的基础上，根据不同的分析目的所应用的拓展型指标。

（1）专利信息的基础分析指标

① 专利分类号：反映专利的技术分类，既有国际的分类（如 IPC），也有各国的分类（如美国的 UPC）。

② 发明人或专利权人，可以用来识别技术创新主体及其技术实力和发布状况。

③ 专利申请日（优先权时间），可用来了解专利的法律保护状态，与其他指标结合进行历时性分析。

④ 专利申请国。国家专利数量的统计分析可了解该国新技术和新产品开发的现状。

⑤ 专利族指标反映的是某发明在不同国家的保护状况下可以测度丰富的信息。
❖ 技术活动规模：专利族的专利量及其涉及的地理分布可以反映企业研发活动的规模，并进行不同企业之间的相互比较。
❖ 商业潜力指标：由于一件专利在多个国家申请保护会产生较高的费用，一般认为该专利具有较高的经济价值。
❖ 国际市场指标：按专利申请国别来研究一个企业的市场利益的地理分布。

(2) 专利信息的拓展分析指标（陈燕等，2006）

① 关联度指标（Linkage Index）：用来揭示专利文献之间或专利文献与科学文献之间的相互关系。常用的具体指标主要有如下 5 个。
❖ 技术关联度指标：包括专利引证指标和交叉分类指标。
❖ 当前影响力指标：通过测算企业专利被引用的次数来反映企业专利组合的质量影响力，计算公式为

$$CII = \sum_{i}^{n} \frac{C_i / B_i}{D_i / A_i} \tag{6-2}$$

其中，CII 表示当前影响力，C_i 为某企业在专利系统中的专利被引用的次数，B_i 为某企业在专利系统中的专利总数，D_i 为当年专利系统中专利被引用的次数，A_i 为专利系统中的专利总数。通常，CII 的计算以某数据库中各指标今年以前连续 5 年的数据进行统计分析，反映企业当前技术创新的影响力和活跃程度的一个重要指标。

❖ 技术实力指标：通常与 CII 指标结合，用来测算专利组合强度，有 TS（Technology Strength）和 Score 两种计算方法。
❖ 科学关联度指标：用专利申请中引用的学术论文数评估技术与科学的关联度，常用学术论文被引用数（引用数越大，与科学的关联越紧密）、被引用论文的发表时间与专利批准时间之间的平均时间差（时间差越小，与科学关联越紧密）、刊载被引用论文的期刊种类（越多引用基础研究类期刊，与基础学科的关联越紧密）三个具体指标来衡量。
❖ 科学实力指标（SS）：用于判断企业的科学技术应用能力和研究实力，计算公式为

$$SS = 企业专利数量 \times 科学关联度 \tag{6-3}$$

② 创新活动指标（Innovation Activity Index），主要包括如下两个。
❖ 专利增长率：反映技术创新随时间变化的速度，常用于某技术领域竞争对手之间技术创新能力的比较，计算公式为

$$专利增长率 = 近期专利数量 - 前期专利数量 / 前期专利数量 \tag{6-4}$$

❖ 技术生命周期：专利技术在理论上遵循技术引入期、技术发展期、技术成熟期和技术淘汰期 4 个阶段的周期性变化。技术生命周期用来测算专利技术所处的发展阶段，预测未来技术发展方向。

③ 强势技术（Revealed Technology Advantage，RTA）指标：测度专利权人在专利活动

中强势技术领域的分布情况，常被用于竞争对手之间的比较研究。具体计算公式如下。

专业活动指数 ＝ 某企业在某产品链申请专利量占该企业专利量的百分比 /
行业中某产品链申请专利总量占该行业专利量的百分比

相对频率指标 ＝ 在某技术领域专利申请量/企业专利申请总量

④ 专利实施率（Actualization Rate of Patent，ARP）指标。授权专利能否产生效益取决于专利的实施状况，专利实施率越高，对技术进步和经济发展的贡献越大。其计算公式为

ARP ＝ 国家或企业已实施的专利数/国家或企业专利总数×100%

上述衡量企业专利技术状况的指标如换成相应的国家指标，如国家专业活动指标、国家相对频率指标等，可以测算国家的整体技术竞争力。

3）专利信息分析的流程

专利信息分析包括目标确定与分析准备、专利数据采集、专利分析方法与工具选择、专利数据分析、结果反馈调整5个基本的环节（如图6-14所示）。

4．专利信息分析的典型方法及其实现

1）专利地图分析

专利地图是由各种与专利相关的资料信息，以统计分析方法，加以缜密及精细剖析，制成各种可分析解读的图表信息，使其具有类似地图的指向功能（吴新银，2003）。

专利地图分为专利管理图和专利技术图两种。

（1）专利管理图

① 历年专利动向图。常用折线图、散点图或柱状图表示。历年专利动向图可显示该技术领域内历年专利申请、产出及发展情况，并由此可推测研发投入趋势和技术发展趋势。图6-16和图6-17反映了世界上纳米压印技术10余年间的授权状况。

② 技术生命周期图。常用折线图表示，横轴表示专利件数/一段时间，纵轴表示专利权人数（或发明人数）/一段时间。该图可作为研发投入的重要参考，通常技术处于发展期公司可加大研发投入，处在衰退期则应减少研发投入（如图6-18所示）。

③ 各国专利占有比例图。常用饼图表示，饼图中的每个扇面代表一个国家，扇面积的大小则代表该国专利所占的份额。由该图可轻易发现，哪些国家为该领域的主要竞争者，及该竞争者的实力如何。图6-19是比例图的另一种表现形式，显示了1997—2001年这5年间主要国家授权专利中的本国申请量情况。

④ 主要竞争公司分析图。常用长条图表示，对某段时间内专利各申请人拥有（或申请）某项技术的专利总数作统计，可发现该技术领域通常拥有（或申请）专利数量大的申请人为主要竞争公司。图6-20显示了国内外电动汽车技术领域专利申请量居前5位的申请人及其申请量。

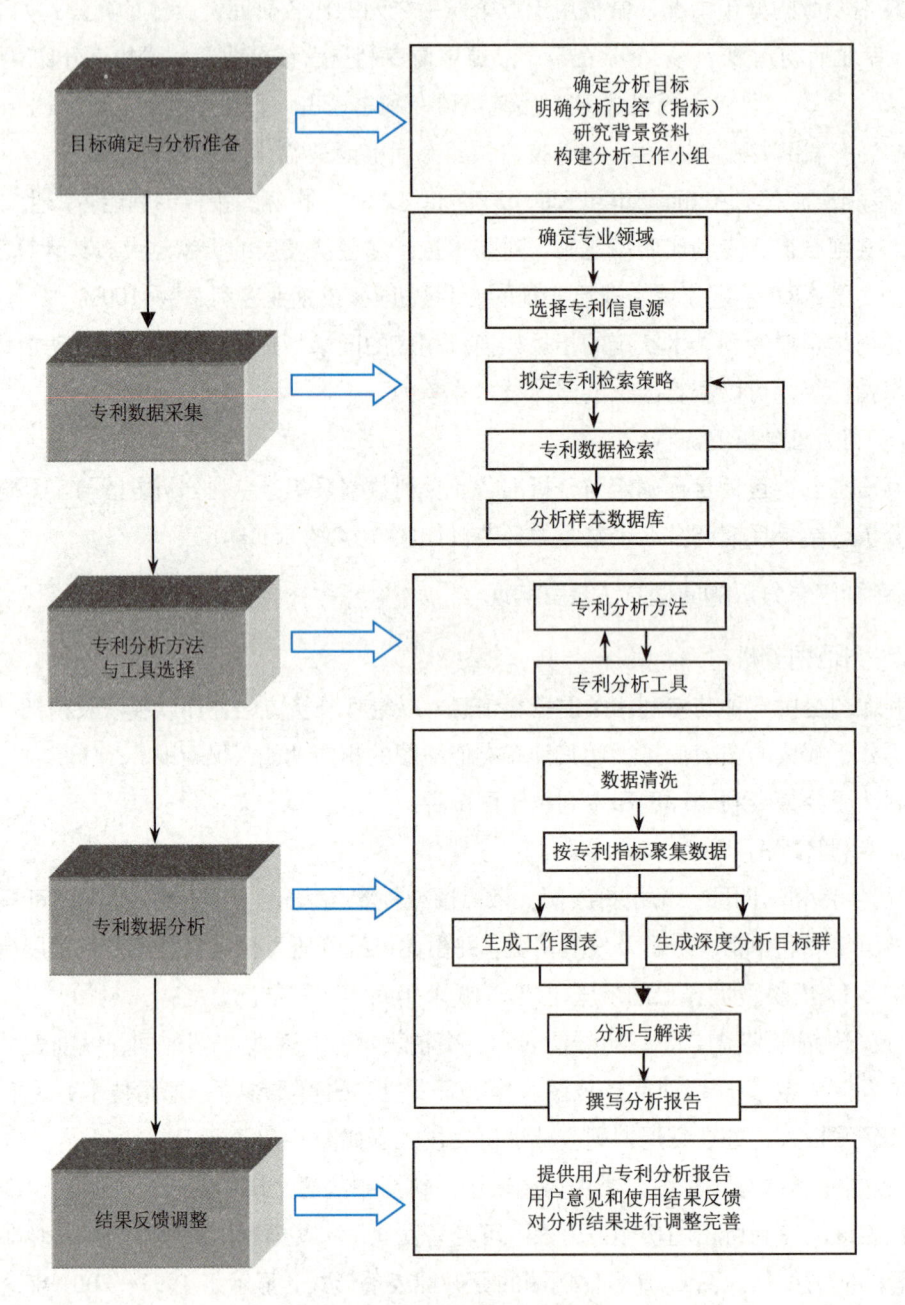

图 6-14 专利信息的分析流程

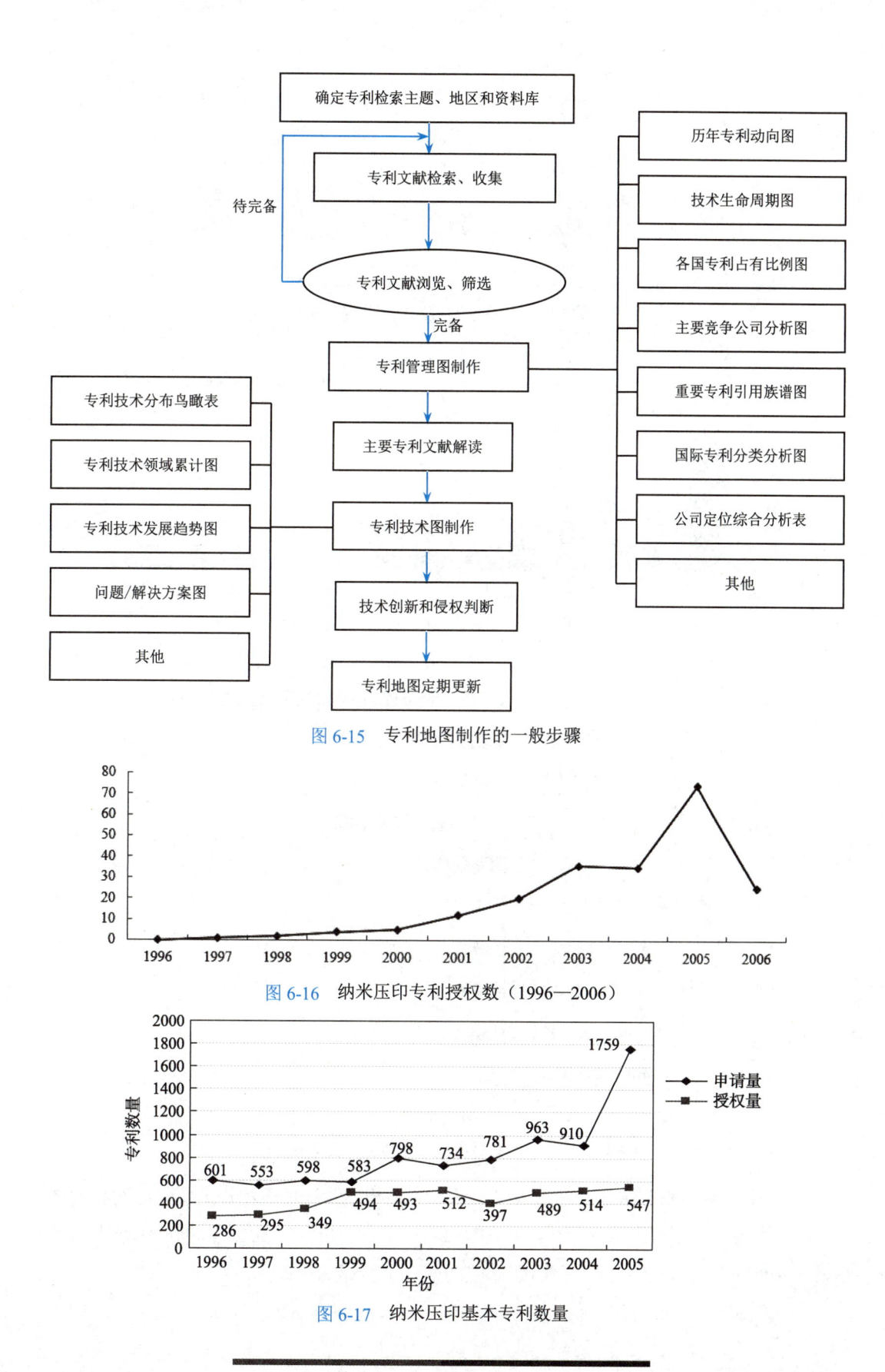

图 6-15　专利地图制作的一般步骤

图 6-16　纳米压印专利授权数（1996—2006）

图 6-17　纳米压印基本专利数量

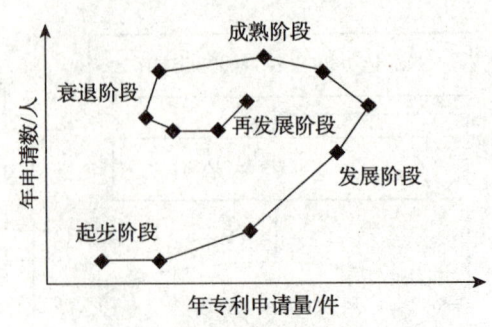

图 6-18　某技术领域的技术生命周期

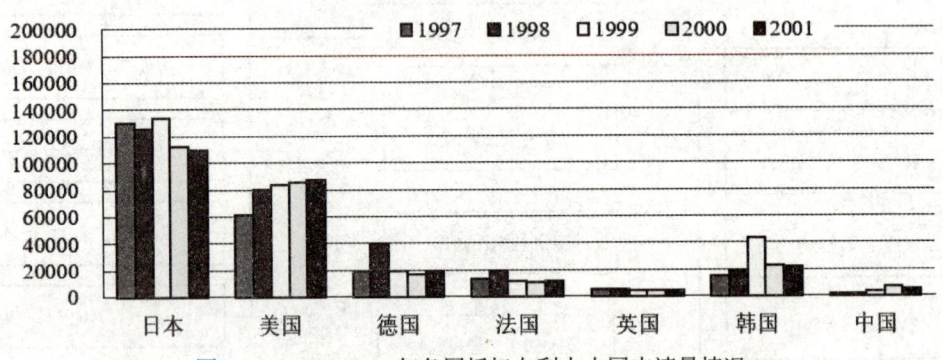

图 6-19　1997-2001 年各国授权专利中本国申请量情况

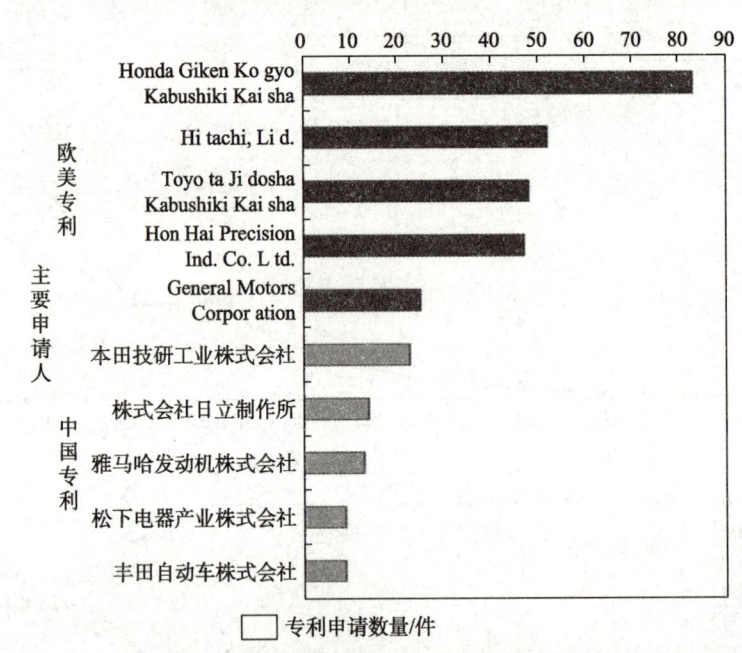

图 6-20　电动汽车技术领域主要竞争公司分布图

⑤ 重要专利引用族谱表。常用表格表示，表格横栏第一栏表示各主要引用专利公司，纵列第一列表示专利被引用的公司，中央的空格列出各引用专利编号，从而展示技术发展的脉络以及重要专利和基础专利。

202

⑥ 国际专利分类（IPC）分析图。常用长条图表示（如图6-21所示），每个长条表示国际专利分类号的部（类或组），长条的高度表示该技术领域该部（类或组）专利数量的多少。

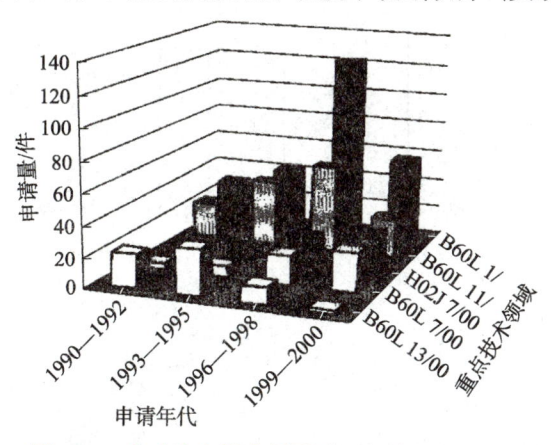

图6-21　电动汽车技术领域国际专利分类分析图

⑦ 公司定位综合分析表。综合分析表通常以表格形式表示，主要根据某技术领域的公司是否拥有自己的专利、是否引用别人的专利、是否引用自己的专利、是否参考其他公司的技术四个指标，用于确定公司定位类型，即进攻性、自主开发型、防御型、跟随型、过渡型（如表6-9所示）。

表6-9　公司定位类型

定位	专利	引用	自引用	参考	典型公司
进攻型	O	O	O	X	
自主开发型	O	X	O	X	
防御型	X	O	X	X	
跟随型	O	X	X	O	
过渡型	X	X	X	X	

(2) 专利技术图

① 专利技术分布鸟瞰表，可用专利数－技术/功效类别图、技术/功效－年代分布图来表示。专利数－技术/功效类别图以横轴表示某技术/功效领域的技术类别，纵轴则表示与该技术/功效相对应的专利申请数量（如图6-22所示）。技术/功效－年代分布图用 X 轴表示年份、Y 轴表示专利申请数量、Z 轴表示技术/功效类别（如图6-23所示）。

② 专利技术领域累计图。累计图常用雷达图表示，每个雷达图表示一个技术类别，雷达图的一角表示一个竞争公司，角顶相对于中心的高度表示该公司在该技术类别上拥有专利数量的多少。图6-24显示了激光信息存储技术领域三个技术类别上各竞争公司的专利数量，可知各竞争公司的实力强弱及其技术分布。

图 6-22　专利数 - 技术/功效类别图

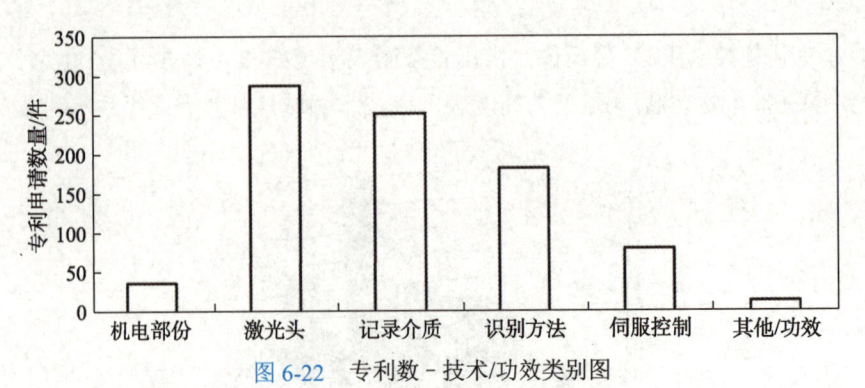

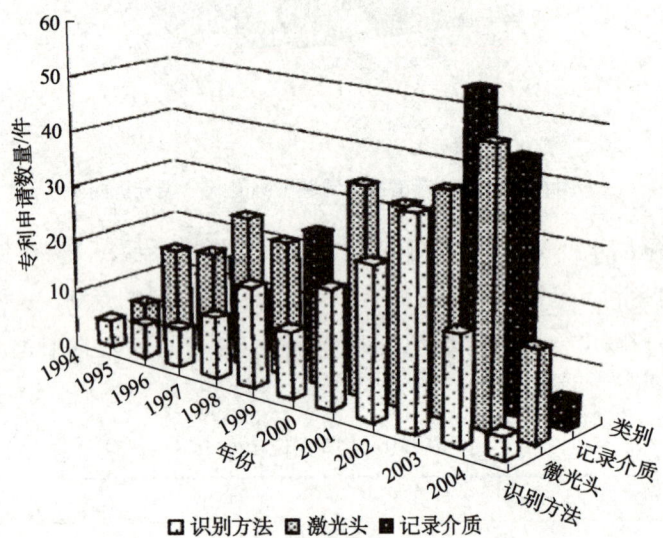

图 6-23　技术/功效 - 年代分布图

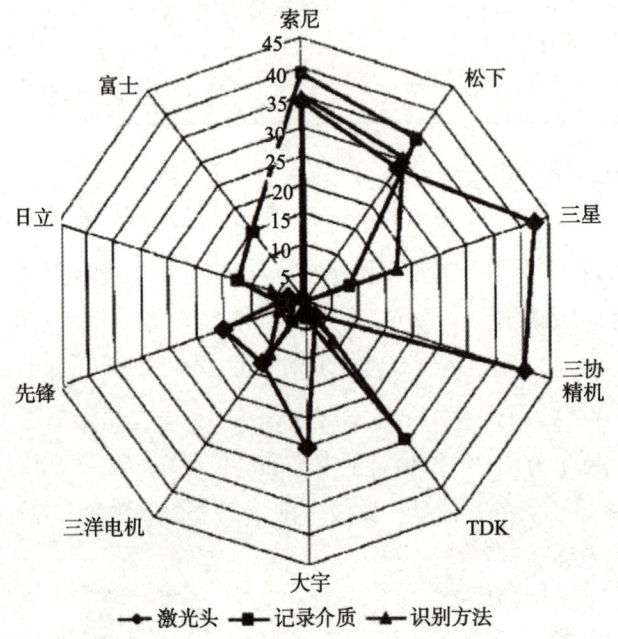

图 6-24　专利技术领域累计图示例

③ 专利技术功效矩阵表。功效矩阵表常用矩阵表格表示（如表 6-10 所示），横栏列出发明目的（技术要素），纵栏第一列表示技术功能，而在表中央列出各专利编号。

表 6-10　专利技术功效矩阵表

技术功能	发明目的（技术要素）			
	目的 1	目的 2	目的 3	目的 4
技术功能 1	*			
技术功能 2	*	*		
技术功能 3			*	
技术功能 4		*		*

④ 问题/解决方案图。在专利信息分析中，问题与解决方案图的展开可以是问题与解决方法一一对应的形式（如图 6-25 所示）。

发明针对的问题		解决方案	专利号
某技术领域	问题 1	方案 1	99…
	问题 2	方案 2	98…
	问题 3	方案 3	00…
	问题 4	方案 4	02…
	问题 5	方案 5	01…

图 6-25　问题/解决方案图

2）专利引文分析

专利引文分析是利用各种数学与统计学的方法及比较、归纳、抽象、概括等逻辑方法，对专利文献的引用和被引现象进行分析研究，从而揭示其数量特征和内在规律的一种研究方法。

专利引文分析的对象是专利引文数据。一般来说，专利文献包含两种类型的引文。一种是由申请人撰写专利说明书时，为了说明某项技术的发展历史及现状给出的参考引文，这部分引文嵌在说明书原文中，不易摘取。另一种是由专利审查员在对发明进行三性审查时，检索出来的与本发明有关的关键文献，它们被明确地著录在说明书的扉页上。

专利引文可以进一步区分为两类：专利引文和非专利引文。专利引文是专利文献引用的本国专利文献和外国专利文献；非专利引文是专利文献引用的非专利文献，包括科学杂志论文、会议论文、文摘、书籍、工业标准、工程手册等出版物。

6.1.4　科技竞争力评价

1．国家科技竞争力评价

科技竞争力是一个国家（地区）科技总量、实力、水平和发展潜力的一种综合体现，是构成国际竞争力的重要组成部分和关键性要素。

对于确立科学技术现代化标准具有重要意义和参考价值的评价系统主要有：经济合作与

发展组织 OECD 的评价系统，世界经济论坛（WEF）和瑞士国际管理发展学院（IMD）的科技国际竞争力评价系统，联合国开发计划署（UNDP）人类发展报告中有关科学技术的评价系统，以及英克尔斯的现代化评价系统等。这些评价系统及其有关指标，分别在 OECD 撰写的 5 本手册和主要科技指标数据库（MSTI）、WEF 和 IMD 撰写的《洛桑报告》、UNDP 撰写的《人类发展报告》以及由中国学者撰写的《2001 中国现代化报告》（简称 SMP）等一系列成果中得到汇集或广泛应用。

在国际竞争力理论和测度以及分析研究中，IMD 非常重视科技活动在国际竞争力发展中的重要作用。在 1994—2000 年的《国际竞争力年度报告》中，科技竞争力作为国家竞争力 8 个构成要素之一，涉及 R&D 经费支出总额、人均 R&D 支出、R&D 支出占 GDP 的比重等 26 个指标，其中 11 个为调查（软）指标、15 个为统计（硬）指标。而在 2001 年《国际竞争力年度报告》中，IMD 将国家竞争力的要素由原来的 8 个要素被归入经济绩效、政府效率、企业效率和基础设施 4 个要素，每个要素包括若干统计指标和调查指标，原有的科技竞争力指标被归入基础设施，其中科技和技术基础设施两类指标所占的比重最大，约为一半。在 2002 年度报告中，IMD 设置了 22 个指标来测度国家科技竞争力（如表 6-11 所示）。

与 IMD "科技竞争力评价"比较，WEF 更注重从体制与政策评价的角度研究科技竞争力的变化，提出了一套与众不同的科技竞争力评价体系。

表 6-11　2002 年度 IMD 科技竞争力评价指标

序号	评价指标
1	R&D 支出总额
2	人均 R&D 支出
3	R&D 支出占 GDP 的比重
4	企业 R&D 支出
5	企业人均 R&D 支出
6	全国 R&D 总人口
7	全国每千人 R&D 人数
8	企业 R&D 人员数
9	企业每千人 R&D 人数
10	基础研究
11	理工科学位
12	科技论文
13	学校科学教育状况
14	青年对科技的兴趣
15	诺贝尔奖
16	人均诺贝尔奖
17	国民在国外获取专利
18	专利和版权保护
19	有效的专利数
20	专利产出率
21	批准授予国民专利数
22	批准授予国民专利年平均增长率

首先，从专利指标入手，用美国发明专利数据作为已实现的创新指标，建立起科技竞争力评价体系的基准线，并通过对包括影响技术创新的 24 种要素的调查问卷的分析，发现已实现的创新与国家科技竞争力指标之间的关系，进而建立对于各国科技竞争力的评价指标体系。第二，在表现科技竞争力的统计性二级指标方面，采用科学家工程师占人口比重指标。第三，在评价指标体系的变量设计方面，选取了科技政策、创新的聚集环境和创新合作 3 项二级指标联合国开发计划署发布的 2001 年度的《人类发展报告》从另一个角度提供了国际进行科技竞争力比较的方法和途径。该报告首次使用了"技术成就指标（TAI）"。IMD 报告注重的是结果，而《人类发展报告》关注的则是过程。

以投入为主体的科技指标体系，长期以来得到广泛的应用，然而它仍然难以描述科技活动的产出、知识的传播与扩散以及创新系统的行为,对政策制定所起的作用也是十分有限。为此,1995 年 OECD 科技政策委员会的部长级会议一致同意开发能测度创新行为和与知识经济产出有关的"新科技指标",对新科技指标的研究,主要是通过 10 个项目来进行的,目前已取得一些进展,发表了一些研究报告,其中有一些分析结果已被编入 1999 年出版的《科学技术工业指标》。注意,要想达到研究新科技指标的预定目标,仍然困难重重,尚需时日。

2．科研竞争力评价

国家的大学科研水平是一个国家综合国力的体现,反映了这个国家科技、教育和文化发展的水平。

中国科学评价研究中心从 2006 年 12 月开始,利用 ESI 和 DII 作为数据来源,集中科研力量对世界大学及一流学科的科研竞争力评价进行了较为系统和深入的研究。其中,ESI 数据库是专门收集和反映世界各国(或地区)22 个主要学科的论文被引情况的权威工具,能够充分体现各学术机构(含大学)的论文质量与科研的国际竞争力和影响力;德温特专利创新引文索引数据库(DII)则索引了世界各专利局和组织的全部专利,全面而权威。

世界大学科研竞争力由科研生产力、科研影响力、科研创新力、科研发展力构成,具体如表 6-12 和表 6-13 所示。

表 6-12　科研竞争力评价指标体系(一)

一级指标	二级指标
科研生产力	论文发表数
科研影响力	论文被引次数
	高被引论文数
科研创新力	专利数
	热门论文数
科研发展力	高被引论文占有率

表 6-13　科研竞争力评价指标体系(二)

一级指标	二级指标
科研生产力	论文发表数
科研影响力	论文被引次数
	高被引论文数
	进入排名学科数
科研创新力	专利数
	热门论文数
科研发展力	高被引论文占有率

2007 年评价结果显示,我国科研竞争力列全球第 20 位,比 2006 年前进 1 位;有 49 所大学进入了 ESI 被引量排名前 1%的 1207 所世界大学排行,约占 4.1%,比 2006 年增加 18 所。这些成绩是值得肯定的但是这些高校的整体名次都比较靠后,说明我国大学距离世界一流大学的差距还很大,但与 2006 年的评价结果相比,我国的整体实力、大学及学科竞争力都有了明显的进步,说明经过若干年的艰苦努力,我国建设世界一流大学和一流学科的目标是完全可以达到的。

3．科研成果评价

1) 同行评议

科研成果也体现了科研竞争力。就个人而言,科研成果是对研究者学术素养、科研能力的展现;就科研机构而言,科研成果反映了该机构的科研水平。对科研成果的评价,同行评议是非常重要的一种评价方法。

在科学领域中的同行评议,起源于 300 多年前。当时,英国皇家学会的会员采用同行评议评价要求发表的论文。

1982 年,中国科学院科学基金成立,基本上引用了美国 NSF 的同行评议程序。1986 年,国家自然科学基金委员会(National Natural Science Foundation of China,NSFC)成立,不断改进和完善同行评议系统,逐渐形成了一套具有自己特点的同行评议方法。

目前,同行评议方法主要用在三方面:选择应该受到资助的研究项目,选择值得在杂志或其他出版物上刊载的论文,在科学和技术领域内判断潜在规律的发现和优先领域。

国家自然科学基金委员会同行评议专家系统分为两部分:一是采用通信方式的同行评议,二是由学科评审组开会讨论。

评议准则包括:① 有重要科学意义或有重要应用前景的研究工作,尤其是结合国家现代化需要,针对我国自然条件,自然资源特点的研究工作和开拓新兴技术的研究工作;② 学术思想新颖,立论根据充足,研究内容和目标明确、具体、先进,研究方法和技术路线合理、可行;③ 申请者和合作者具备相应的研究能力,研究工作有一定积累,基本工作条件和工作时间有可靠保证;④ 经费预算实事求是,依据充足。

同行评议人由学科主任选择。学科评审组成员由学科主任提名,委员会批准聘任。

2)国家三大科学技术奖项

同行评议是对拟进行的研究进行评价,国家自然科学奖、国家技术发明奖和国家科技进步奖则是对已完成的科研成果进行评价。

① 国家自然科学奖。国家自然科学奖授予在数学、物理学、化学、天文学、地球科学、生命科学等基础研究和信息、材料、工程技术等领域的应用基础研究中,阐明自然现象、特征和规律、做出重大科学发现的中国公民,不授予组织。

② 国家技术发明奖。国家技术发明奖授予运用科学技术知识做出产品、工艺、材料及其系统等重大技术发明的中国公民,不授予组织。

③ 国家科技进步奖。国家科学技术进步奖授予在技术研究、技术开发、技术创新、推广应用先进科学技术成果、促进高新技术产业化,以及完成重大科学技术工程、计划等过程中做出创造性贡献的中国公民和组织。

6.2 社会信息分析

社会信息分析是伴随着社会科学和信息科学的研究发展而兴起的,并日益受到社会各界的重视。社会信息分析就是根据社会用户的需要,围绕社会发展中的某重大问题,有目的地搜集和占有信息资料,运用各种信息分析方法,并据此提出有价值的预测方案和对策建议的一种信息活动。

6.2.1 社会发展态势分析

1．社会发展态势的研究内容

社会是不断发展的，社会科学工作者和信息管理研究者针对层出不穷的社会变化不能不认真地进行研究，及时跟踪，这就是对社会发展态势的信息分析。其分析内容主要包括如下。

（1）社会发展过程中的问题

社会发展过程中会涌现出许许多多的社会问题，诸如社会可持续发展、生活方式的变化、人口老龄化、城乡均衡发展、社会教育等，这些都是社会发展态势分析不可回避的内容。

（2）社会研究过程中的问题

比如社会研究机构的数量和发展速度、分布和布局、研究课题及其性质；著名专家学者的学术活动、研究方向和研究成果；社会科学中新的学科或学科分支的产生、转移，与其他学科的交叉和综合等发展动向等等。

（3）社会决策过程中的问题

政府或特定的国家决策机构所制定的社会发展方针、政策和规划，特别是一个国家在公共政策制定和实施过程中出现的热点、难点和重点问题，也直接关系到社会发展的未来前景，需要进行分析和研究。

2．社会发展态势的分析指标

社会发展态势是指一切社会现象发生变化的动态过程及其趋向，在社会学上它与社会变迁、社会进化、社会革命、社会运动等都有着密切的关系。一般，社会发展态势涉及如下主要指标。

（1）人口变化

人口变化主要指人口的数量、质量、构成及人口流动和分布的变化。一定的人口是社会存在和发展的基本前提，人是社会生活和社会活动的主体。人口变化给整个社会带来巨大的影响。

（2）社会经济变化

社会经济变化包括生产力的变化、生产关系的变化、生产增长和生产质量的提高。社会经济变化是社会发展态势分析的主要内容之一。

（3）社会结构变化

社会结构变化主要体现在两方面：一是社会功能性结构的变化，表现为人们为了满足自下而上和发展的需要，各种经济、政治、组织、制度等结构要素的分化和组合；二是社会成员地位结构的变化，表现为社会成员由于其经济地位、职业、教育水平、权力、社会声望等的不同和变化，所造成的社会阶级和阶层关系的变化。

(4) 社会价值观念和生活方式变化

社会价值观念的变化主要是通过人们的行为规范和思想体系表现出来。人们的社会活动都是不同程度地在价值观念指导下发生的，社会价值观念的变化往往成为整个社会发展变化的先声。

(5) 科学技术发展

科学技术作为社会结构体系中独立存在的知识系统，对于现代社会的发展有着越来越大的影响。科研队伍和科研规模的扩大、科研经费和科研成果的激增以及科技信息量的增长积累，这些都直接影响到社会经济、政治、观念和生活方式的变化，并进一步加剧现代社会的发展速度和发展程度。

(6) 文化变化

文化变化是分析社会发展态势的一种综合角度，主要是指文化内容或结构的变化，包括因文化的积累、传递、传播、融合与冲突而引起的新文化的增长和旧文化的改变。

此外，生态环境、自然资源等对人类社会的影响也是社会发展态势研究中必须考虑的重要因素。

社会发展态势研究既包括自发的社会发展态势，也包括有计划的社会发展态势；既包括渐进式的社会进化态势，也包括激进式的社会革命态势；既包括社会总体的发展态势，也包括某个或某些社会要素局部的社会发展态势。总体上，人类社会总是由低级向高级，由简单到复杂，由野蛮到文明不断发展、不断完善、不断进步的。

3．社会发展态势的经典研究

目前，国内关于社会发展态势的重要研究机构有国务院发展研究中心社会发展研究部、国家发展和改革委员会社会发展研究所、中国社会科学院社会发展战略研究院等。国外关于社会发展态势的研究机构有联合国社会发展研究所（United Nations Research Institute for Social Development）、美国国家情报委员会（National Intelligence Council）、日本亚洲经济研究所（Institute of Developing Economies，IDE）等。这里对社会发展态势的几个经典研究进行介绍。

1) 罗马俱乐部报告

罗马俱乐部是主要从事有关全球性问题的宣传、预测和研究活动的国际性民间学术团体。其宗旨是通过对人口、粮食、工业化、污染、资源、贫困、教育等全球性问题的系统研究，提高公众的全球意识，敦促国际组织和各国有关部门采取必要的社会和政治行动，使人类摆脱所面临的困境。

1972年，罗马俱乐部发表了第一个研究报告《增长的极限》，对世界性空难即将来临进行了预测，设计了"零增长"的对策性方案，并在全世界挑起了一场持续至今的大辩论。此后，罗马俱乐部还提出了一系列著名的研究报告：《人类处在转折点》(1974)、《重建国际秩序》（1976）、《超越浪费的时代》（1978）、《人类的目标》（1978）、《学无止境》（1979）、《微电子学和社会》（1982）等。

罗马俱乐部报告的研究方式大体上是从两方面对全球发展问题进行探索。一是全面研究社会和自然发展的个别部门和个别领域中的全球问题的若干方面、形式和特别表现，这主要是在传统科学学科的范围内或在这些学科的密切合作中积累和总结出来的经验资料。二是罗马俱乐部把全球看成一个整体，提出了各种全球性总是相互影响、相互作用的全球系统观点，极力倡导从全球入手解决人类重大问题的系统综合方法。这种方法综合应用数学模型、具体的经济分析、广泛积累的社会信息和深刻的哲学推理，把世界看成一个复杂的动态模型，并由此从事定量研究。

罗马俱乐部研究全球问题的新观点、新思想和新方法表明，人类已经开始站在一个全新的、综合的角度来认识人、社会和自然的相互关系，标志着人类已经开始系统地运用各种信息和知识，来解决那些最复杂并属于最高层面的问题。这种研究视角和研究方法既分析预测了社会发展的态势，又为社会发展态势的分析研究提供了重要的框架和借鉴。

2）后工业社会理论

20世纪60年代，以社会学家为主，人们着重从社会学角度来探索人类社会的未来，并逐步形成后工业社会学派。代表人物有美国社会学家、未来学家贝尔，他在《后工业社会的来临——社会预测初探》一书中系统阐述了后工业社会的基本理论。

贝尔认为，工业社会是围绕生产和机器这个轴心并为了制作商品而组织起来的；前工业社会依靠原始的劳动力并从自然界提取初级资源；后工业社会作为一种概念性图式，主要包括5方面的基本内容：① 后工业社会的经济主要是服务性经济；② 专业和技术人员在后工业社会中占主导地位；③ 理论知识是后工业社会的中轴，成为社会革新和制订政策的主要资源，生产知识的大学、研究部门、研究中心是社会的核心机构；④ 后工业社会通过技术预测和技术评估来规划和控制技术的发展；⑤ 后工业社会运用新的智力技术来进行决策。

贝尔认为，不同于其他方式的预测，社会领域的变化因素通常是一些是独立和外在的变化因素，它们可以影响其他变化因素，涉及范围最广，潜力最大，但精确性最低。贝尔进一步分析了技术预测、人口预测、经济预测和政治预测等的特点，提出了社会指标主要涉及犯罪率、移民数量、社会受教育人口、健康和死亡人数等。在此基础上，贝尔提出了后工业社会的研究方法，即概念性图式及建立在其上的中轴原理和中轴结构分析。贝尔认为，概念性图式允许人们基于不同立足点来了解社会的变化发展，用来分析后工业社会的基本图式和中轴原理。这些观点和方法对于社会发展态势的分析都具有重要的指导意义。

除了上述重要研究案例，以欧文·拉兹洛为代表的布达佩斯俱乐部发表的《第三个1000年：挑战和前景》、以H.卡恩为代表的赫德森学派提出的大过渡理论、以托夫勒为代表提出的第三次浪潮学说、以卡斯泰尔为代表提出的网络社会理论、风靡当今的知识经济和信息社会观点等，都对社会发展态势和未来前景提出了较为系统的理论和研究方法。

3）大数据报告

2011年5月，麦肯锡环球研究院发布了《大数据：创新、竞争和生产力的下一个前沿》报告。该报告系统地阐述大数据概念，详细列举大数据的核心技术，深入分析大数据在不同行业的应用，明确提出政府和企业决策者应对大数据发展的策略。麦肯锡认为只要给予适当的政策支持，"大数据"将促进生产力增长并推动创新。

麦肯锡认为，"大数据"是指其大小超出典型数据库软件的采集、存储、管理和分析等能力的数据集。该定义包含两方面的内容：一是符合大数据标准的数据集大小是变化的，会随着时间推移、技术进步而增长；二是不同部门符合大数据标准的数据集大小会存在差别。大数据技术分为可用于大数据分析的关键技术和专门用于处理大数据的关键技术。此外，麦肯锡认为可视化技术是大数据应用的重点之一，目前包括标签云、Clustergram、历史流、空间信息流等技术。

麦肯锡发现利用大数据创造价值有5种方式：① 数据透明化，让利益相关方及时获取信息；② 通过实验发现需求，暴露可变因素并提高业绩；③ 依据客户对顾客群进行细分；④ 通过自动化算法替换或支持人为决策，降低风险；⑤ 创新商业模式，改善现有产品和服务。同时，获取大数据，充分利用大数据的潜能，必须解决数据政策制定、新的技术和技能部署、组织变革和大数据人才培养、数据访问权限设置以及行业结构调整等问题。

除了上述报告，麦肯锡还发布了其他关于大数据的报告，如《如何利用大数据改进制造业》《医疗行业的大数据革命》《2015数字奢侈品体验报告》等，阐述大数据在各行业中的应用前景，以及大数据应用所面临的挑战和机遇。

【例6-3】 《可能的世界——全球趋势2030》报告。

2012年12月12日，美国国家情报委员会发布《可能的世界——全球趋势2030》报告，通过大量数据和信息的分析，做出中国综合国力超越美国的预测。随后以"可能的世界"为题，对未来世界形势进行分析并提出四种可能性，其中以"融合"一词形容未来最理想的世界局势，其内容可概括为中美两国的全面对话和合作，共同主导世界。美国国家情报委员会主席克里斯托弗·科吉姆在华盛顿的全国新闻俱乐部举行新闻发布会，强调该报告并非预测未来，而是旨在为新当选总统及其政府提供对未来15~20年内的全球战略评估的框架。

《全球趋势2030》报告主要分成三大部分。

一是"大趋势"，内容包括：

① "人权扩展"。全球范围内在中产阶级比例的提高、新型通信方式和智能生产技术、医疗保健进步等因素下，公民的个人权利将会大大扩展。

② "霸权分裂"。传统意义的"世界霸主"将不复存在，其权力会分散到地区国家联盟的手中。

③ "人口模式"。人口增长速度会进一步降低，老龄化国家的经济增长可能放缓，全世界60%的人口将居住在城市里，人口迁移率会提高。

④ "食物、水和下一代能源"。随着人口增长，这些资源的需求量会迅速提高。

二是"关键变量"，讨论可能影响世界的尚未有定论的问题，这些问题包括：

① "潜藏危机的世界经济"。现有的世界经济秩序如果被打破，或者国际政治多极化趋势影响到世界经济，都有可能给世界带来新的经济危机。

② "局部无政府现象"。世界变化太快，这对世界各国政府对这些变化进行迅速调整、及时管理新领域的能力提出了挑战。

③ "冲突多发的潜在危险"。国际权力中心的转移可能会导致新的国际冲突。

④ "不稳定地区风险增长"。传统的不稳定地区会更加不稳定，如中东和南亚。

⑤ "新技术的冲击"。新技术为解决、世界面临的主要问题提供了出路，也会带来新的问题。

⑥ "美国的角色"。美国是否能够在新的国际秩序中扮演重要角色？

三是"可能出现的未来"，对未来做了四种想定，这四种想定分别被命名如下。

① "熄火的引擎"。这是最糟糕的未来图景，国际冲突频发，美国重回孤立主义，全球经济衰退。

② "聚变"（或"融合"）。如同两个原子核发生聚变反应后释放出巨大的能量一样，中美两国全面合作将带来世界各国实现更广泛的合作，这是一个美好的未来世界。

③ "冲出瓶子的妖魔名叫'基尼'（基尼系数）"。在这个可能的未来世界中，国家间的不平衡问题继续加剧，部分国家获胜，其余失败。许多国家国内的不平等问题导致危机频发。而在这个世界里，由于美国实力的衰退，将没有一个"世界警察"。

④ "国家的黄昏"。由于新技术的影响，非政府机构将成为应对全球危机的主体，国家将不再是国际问题的中心。

6.2.2 国情和省情分析

如果说社会发展态势分析主要涉及社会随时间而出现的趋向或问题，那么国情分析则侧重于一个国家或一个民族在空间地域上的发展特征研究。由于不同国家的政治、经济、文化、历史和体制等存在着一定的差异，其国情就会有许多的不同而表现出自己的特色。同样，在一个国家内部的各地域，也会由于自然地理环境、文化人文环境等差异，使各地域之间表现出较大的区别。

国情和省情分析有助于深入了解一个国家或地域上社会文化和经济发展等实际情况，有利于对各区域进行综合分析和比较，从而找出问题和差距，发现特色和优势，为社会宏观决策提供科学依据和信息保障。

1．国情和省情分析的指标

国情和省情分析首先要掌握分析的指标。通常，国情省情分析的指标涉及一个国家或省市的历史、经济、科技、文化、市场、资源、人口等方面，最重要的指标可以概括如下。

1）国家机构

国家机构是反映国家机关体系的总和，包括全部中央和地方国家机关。国家机构主要包括：国家权力机关，或称立法机关；国家管理机关，或称国家行政机关；法院和检察机关，或称司法机关；武装力量，主要指军队、警察、监狱等国家暴力机关。国家统治阶级正是凭借这些机关才使本阶级的政治统治得以实现。

2）行政区划

不同的国家因历史传统和管理需要而设立不同的行政分区。中国现行的行政区划基本上是省、县、乡三级建制：全国分为省、自治区、直辖市；省、自治区分为自治州、县、自治县、市；再向下分为乡、民族乡、镇。此外，特别行政区是直辖于中央政府的地方行政区域。

3）制度法律

社会制度是人类社会活动的规范体系，是由一组相关的社会规范构成的，也是相对持久的社会关系的定型化。通常，社会制度分为三个层次：一是总体的社会制度，如资本主义制度、社会主义制度；二是一个社会中不同领域里的制度，如经济制度、教育制度等；三是具体的行为模式和办事程序，如考勤制度、审批制度。法律是经国家制度，反映统治阶级意志，由国家政权实施的强制性行为规范的总和。法律对政权具有依赖性，这种依赖性决定了它的社会控制功能的性质必然随着政权的变化而变化。

4）人口民族

人口是构成社会生活主体并具有一定数量和质量的人所组成的社会群体。人口研究通常涉及人口的自然和社会双重属性，包括人口的数量和质量、人口的物质生活和精神生活、人口的平均寿命、人口的结构与分布、人口的迁移和人口素质等内容。一个国家和省份的民族构成、民族人口、民族文化和民族心理等也是研究国情和省情的重要方面，并初步形成了特定的民俗学研究方法。

5）文教科技

文教科技主要是反映一个国家或地区教育文化事业的发展和科技活动情况。文化方面涉及艺术、图书馆、群众文化、文物、广电事业和新闻出版等文化机构、业务活动及其成就；教育方面涉及各级各类教育具体包括各级各类学校数量、在校学生人数、招生人数、毕业生人数、教职工人数和教师数量等；科技方面主要涉及科技活动的规模、构成、布局和发展状况，科研成果的数量和水平，专业技术人员数量等。

6）国土资源

国土资源是指国家拥有的一切资源，一般分为土地资源、水资源、生物资源、矿产资源、海洋资源和气候资源等。国土资源是一个国家和省份经济发展的基础和保障。

7）地理环境

一个国家和省份的地理环境通常是指这个地域的人们生存和发展所依赖的各种自然条

件，包括气候、土壤、地形地貌、矿藏和动植物分布等。地理环境对于国情和省情具有极为重要的影响。首先，地理环境为人们提供社会生活资料和生产资料来源，这些资源包括生态、生物和矿物等。其次，地理环境给不同地区和国家的经济发展带来特色。地理环境影响社会生产部门的分布和发展方向，并通过生产而影响社会的发展速度。例如，美国之所以成为世界最大的粮仓，是因为有广阔的平原；中国长江流域的水产业或养殖业比较发达，是因为这一区域湖泊纵横、水源丰富。最后，地理环境制约着一个国家和地区生产发展的潜力和前景，直接关系到社会发展的未来动向和趋势。

此外，一个国家或省份的经济发展、国家外交政策、对外开放政策、长期形成的历史传统等都是需要重视的分析因素。

2．综合国力分析

在当代社会，一国的经济发展、社会进步、国家发展战略以及在国际事务中的参与程度、开展对外交往等，无不需要通过国际比较来提供准确、可靠的信息，为政府制定科学而可行的决策提供参考。国际比较是国家之间的比较，所涉及的国家可以是双边的，也可以是多边的，甚至可以是经济集团之间或军事集团之间的；所涉及的领域可以是部分的，也可以是相当广泛的。其中综合国力分析由于适应了当前国家之间竞争和发展的根本特征，已成为国情分析中的一个热点领域。按照王诵芬等人的定义，综合国力是一个主权国家在一定时期内所拥有的各种力量的有机总和。具体来说，就是在一定的时空条件下整体上计量的社会生存发展诸要素的凝聚总和，这些要素涉及资源、经济、政治、科技、教育、军事、社会发展、国际关系等基本领域。综合国力分析属于评估研究的范畴，除了需要设计一个能全面描述国家实力、既科学合理又适用可行的指标体系，还必须得到大规模统计数据的支持，并解决在实际运算过程中使属性不同、计量单位不一的众多指标合成为一个数值的问题。因此，评估指标体系设计、数据测算和评估方法是综合国力分析中的关键问题。

目前，国际上在综合国力评估中已提出和应用了一些有影响的方法，这些方法在概念、包括的内容和范围、构成要素及指标体系设计、估价和度量方法等方面都有所不同，反映了人们不同的研究角度和对综合国力的不同理解。代表性的测定方法有法国物理学家威廉·富克斯的强国公式（3个指标）、考克斯和杰考伯通的测度方法（5个指标）、J.P.考尔的综合结构比方法（6个指标）、R.S.克莱因的综合评分方法（44个指标）、日本经济企划厅的综合指数法（70个指标）、中国学者黄硕风的综合国力动态方程（150个指标）、于宏义的由功能、规模、结构、水平四维向量构成的FDSL综合国力测度模式，以及王诵芬等人的综合国力评估方法（85个指标）。在具体的测算过程中，综合评分法（加权赋值）、综合指数法是综合国力评估经常使用的方法，以解决综合国力评估多因素、多变量且计量单位不同的数值的问题。为了读者对综合国力评估在操作上有更系统的认识，这里将王诵芬等人的工作作为案例予以介绍。

【例 6-4】 综合国力评估的指标体系与测算方法。

(1) 指标体系设计

在指标体系上，选择 8 个构成要素来描述综合国力，对每个构成要素的指标配置也有一些具体的考虑。

① 资源。通过所拥有的资源数量来表示国力。资源包括人力资源、矿产资源、能源资源、土地资源、水资源、生物资源、气候资源、海洋资源、旅游资源九大类。考虑到资料的可得性，只选择了人力资源、土地资源、矿产资源、能源资源四大类。

② 经济活动能力。通过一个国家在其资源的基础上能达到的生产和财富水平来表示一国的国力。我们将一个国家的经济活动能力分为四方面：经济实力（总量、人均量）、生产效率、物耗水平及经济结构。

③ 对外经济活动能力。通过一国所能达到的其资源在国际的"最优配置"水平来表示的国力，显然要受资源条件、产业结构、经济及科技发展阶段所制约。我们选择对外贸易额和国际储备两组指标，以显示其对外经济活动的能力，分析其在整个对外经济地位的强弱。

④ 科技能力。这是国力中最精华的部分之一。科技能力维持了一国新旧产品、新旧产业的更迭，通过产业结构变化，推动了人类的文明进步。科技竞争已是现代国际综合国力竞争的基础。

⑤ 社会发展程度。通过经济发展与社会发展的相互作用、彼此协调来显示一国的国力。在同一人均 GDP 水平上，是否有相应的基础设施建设、是否达到了相应的社会发展程度，已成为衡量一个国家是否达到平衡发展、是否有足够的后劲来实现可持续发展的重要标准。

⑥ 军事能力。一个国家必须将其资源、人力、物力用于国防建设。军事能力是社会必需的部分，对内起保证建设、对外起抵御侵略的作用，是一种以"威慑力量"存在的国力。

⑦ 政府调控能力。由中央政府管理社会化大生产的水平来反映一国的国力。

⑧ 外交能力。外交能力是在国际交往中的威望及调解国际冲突的能力。弱国无外交，所以外交能力也与科技能力一样，是国力在更高层次的表现。

对上述 8 个构成要素，在研究中共使用 85 个指标。其中，参与汇总的有 64 个指标。各构成要素的指标分布详见综合国力指标架构（如表 6-14 所示）。

(2) 其他方面的选择

① 在对比国别上，选择西方七个工业国（美、日、德、法、意、英、加）等发达国家作为追赶目标；澳大利亚和南非分别是大洋洲和非洲值得研究、对比的发达国家；发展中国家堪与中国对比的选入亚洲的印度、印度尼西亚、美洲的巴西、墨西哥和非洲的埃及，韩国虽与我在国力上不是一个数量级的，但近 20 年的崛起不可忽视。以上共选 17 个国家。

② 在衡量时段上，选择 1970、1980、1990 年三个时间点，以观察新中国成立 20 年、改革开放初期及实施十年后的国力增长、位次变化。

表 6-14　综合国力指标架构

综合国力	资源	人力资源：人口数、预期寿命、经济活动人口占人口比重、万人平均在校大学生人数	
		土地资源：国土面积、可耕地面积、森林面积	
		矿产资源（储量）：铁矿、铜矿、铝土矿	
		能源资源（储量）：煤炭、原油、天然气、水能	
	经济活动能力	经济实力（总量）	工业生产能力：发电量、钢产量、水泥产量、原木产量
			食品供应能力：谷物总产量、谷物自给率
			能源供应能力、能源生产量、能源消费量、原油加工能力、棉花总产量
		经济实力（人均量）	工业生产能力：发电量、钢产量、水泥产量、原木产量
			食品供应能力：谷物总产量、谷物自给率
			能源供应能力、能源消费量
		生产效率：社会劳动生产率、工业劳动生产率、农业劳动生产率	
		物耗水平：按 GDP 计算的能源消费量	
		结构：第三产业占 GDP 比重	
	对外经济活动能力	进出口贸易总额、进口贸易额、出口贸易额	
		国际储备总额、国际储备（不包括黄金）、黄金储备	
	科技能力	研究与开发费占 GDP 比重	
		科学家与工程师人数、千人平均科学家与工程师人数	
		机械和运输设备出口占出口比重	
		高技术密集型产品出口占出口比重	
	社会发展程度	教育水平：人均教育经费、高等教育入学率、中等教育入学率	
		文化水平：成人识字率、千人拥有日报数	
		保健水平：人均保健支出、医生负担人口数、护理人员负担人口数	
		通信：百人拥有电话数	
		城市化：城市人口占总人口比重	
	军事能力	军事人员数	
		军费支出	
		武器出口	
		核武器：核发射装置数、核弹头数	
	政府调控能力	政府最终消费支出占 GDP 比重	
		中央政府支出占 GDP 比重	
		问卷调查（询问九个问题）	
	外交能力	使用 10 个因素在神经网络模型上进行模糊评估	

③ 在数据来源上，以国际组织的统计出版物为主，因为这些国际组织发表的数据资料不但统计指标比较系统，而且为了使它们发布的统计资料具有国际可比性，在处理其成员国所提供的数据时已经做了大量的工作。此外有的国家还用本国出版的统计年鉴来补充部分数据。对于少数的稀缺数据则采用了估算的办法。

(3) 测算方法

描述综合国力所包容的指标，数量较多且属性不同、量纲不一。要使众多指标能够合成为一个数值并以此对国力进行综合评估，就需要选择一个合适、合理、简便易行的测算方法。

对现有国际比较中多指标合成方法作了一些调查和了解后，我们决定采用的测算方法如下：

① 对于众多属性不同、量纲不一、而有具体数值反映的指标，如 GNP、产品产量、人口数等硬指标，经过标准化处理，使不同度量的多种指标过渡到可以进行汇总的标准化数据。为此，我们采用 R.S. 克莱因使用的综合评分计算法和《日本的综合国力》所使用的综合指数计算法相结合的方法，即各种数据通过指数计算的方法使之标准化。已经标准化的数据都以分为单位计值。

② 这些硬指标可分为两类。一类与人均 GDP 增长正相关，称为正指标；一类与人均 GDP 增长逆相关，称为逆指标。正指标取最大值为 100，依次计算各国该指标应得的分值；逆指标则以最小值为 100，依次计算各国该指标应得的分值。

③ 对于难以量化的软指标，有的采用了专家问卷调查法。如本指标体系中的政府调控能力，在试算的初期只用了政府最终消费支出占 GDP 比重和中央政府支出占 GNP 比重两个指标进行测算，其结果只能反映政府调控能力的一个侧面。政府利用各种手段和方法对经济进行调控，则是难以量化的方面。利用中国世界经济学会，研究者向到会的 100 多名专家、学者、教授进行了问卷调查，询问 18 个国家有关政府调控能力的九方面的问题，此次调查回收的问卷有 59 份，通过计算机进行了汇总分析，其结果接近实际，令人满意。

④ 本指标体系中的外交能力，有的指标其数据难以全部获得，如外交人员数、外交活动经费、建交国家数、首脑出访次数等；有的指标又难以量化，如外交决策、外交形象、外交上的意识形态、外交礼仪等。因此，设计了与外交活动能力有关的十个因素，即人口、领土、资源、军事、经济、科技、政治、意识形态、体制、形象，在神经网络模型上进行评估，获得了各国外交能力的模糊数据，再将数据进行标准化处理。

⑤ 对经过标准化处理的所有数据，采用简单相加、分层次进行汇总的方法，得到基本方案数据表。其结果既有能描述各国综合国力强弱的最后得分数值，又有能描述各国综合国力构成要素的分层得分数值，为各国综合国力及其构成要素的分析和了解给出了明晰的数量概念，为各国综合国力的横向比较、纵向比较、结构比较提供了基本数据。

⑥ 在定性分析与定量分析相结合的基础上，分层次地给定权数，对基本数据进行修正和调整，得到赋权方案数据表，使我们对各国综合国力的分析更接近于实际。

(4) 测算结果

表 6-15 显示了世界主要国家经济增长与综合国力位次变化状况，其余结果及分析从略。

表 6-15　世界主要国家经济增长与综合国力位次变化状况

国家	GDP 年增长速度		综合国力位次变化			
	(%)	状况	1970	1980	1990	状况
美国	2.71	低	1	1	1	—
苏联	4.78	中	2	2	2	—
(俄罗斯)			(2)	(2)	(2)	—

(续)

国家	GDP 年增长速度		综合国力位次变化			
	（%）	状况	1970	1980	1990	状况
次强国家						
加拿大	3.62	中	3	3	3	—
日本	4.46	中	8	5	4	↗
德国	2.48	低	5	4	5	—
法国	2.79	低	6	6	6	—
澳大利亚	3.26	中	4	7	7	↘
英国	2.21	低	7	8	8	↘
意大利	3.01	中	9	9	9	—
中国	7.18	高	10	10	10	—
中强国家						
韩国	8.47	高	15	12	11	
巴西	4.97	中	11	11	12	
墨西哥	4.12	中	12	13	13	
印度	4.56	中	13	15	14	
南非	2.60	低	14	14	15	
印度尼西亚	6.51	高	17	16	16	
埃及			16	17	17	

6.2.3 社会风险和公共舆情分析

1．社会风险和公共舆情

1）风险社会理论和社会风险

1986 年，德国著名社会学家乌尔里希·贝克（Ulrich Beck）在《风险社会》一书中首次提出风险社会理论。风险社会理论的基本假设是：我们正从一个现代化的社会进入一个新型的风险社会，现代化的科学技术发展和工业化推动使人类进入一个陌生的世界，现代化逻辑本身产生的新的社会风险完全不同于传统的社会问题、社会矛盾和社会冲突，过去的生活经验、技术手段和组织制度已不足以使我们防止、规避和应对新的社会风险的威胁。进入现代化的一定阶段后，必然伴随社会风险的增长，并进入风险社会。风险是现代性的基本要素。

社会风险在广义上是指一种导致社会冲突，危及社会稳定和社会秩序的可能性，是一类基础性的、深层次的、结构性的潜在危害因素，对社会的安全运行和健康发展会构成严重的威胁。一旦这种可能性变成现实性，社会风险就会转变成公共危机。按照不同标准，社会风险可划分为不同的类型（尹建军，2008）。

① 按风险分布的领域划分，主要包括政治风险、经济风险、军事风险、文化风险、道德风险等。

② 按照风险来源划分，主要包括外部风险（自然具有的风险）和人为风险（制度、政

策、技术引发的风险)。

③ 按照风险的历史形态划分，较有代表性的是三分法：前现代灾难、工业时代的风险、晚工业时代不可计算的不安全。

④ 按学科划分，可分为哲学、社会学意义上的风险和经济学、管理学意义上的风险。

2) 公共舆情

舆情是一个中国语境下的概念，在西方最先起源于民意研究。国内关于舆情的定义基本认为是民众的情绪、意愿、态度和意见等，如刘毅将舆情定义为"由个人以及各种社会群体构成的公众，在一定的历史阶段和社会空间内，对自己关心或者与自身利益紧密相关的各种公共事务所持有的多种情绪、意愿、态度和意见交错的总和"（刘毅，2007）。现阶段，舆情信息大量蕴含在网络中，网络舆情成为公共舆情的一种主要表现形式（李昌祖，2009），也是公共舆情信息分析的主要对象。

2．社会风险分析

1) 埃·蒂里阿基安的社会动荡经验指标

埃·蒂里阿基安于 1961 年提出了社会动荡经验指标，包括三个：都市化度的增长，性的混乱及其广泛扩展以及对它的社会限制的消失，非制度化的宗教现象极大地增长。埃·蒂里阿基以此作为预测社会稳定与否的晴雨计。

2) 爱茨和莫根的社会不稳定性程度测度

爱茨和莫根于 1976 年提出，一国的社会不稳定性程度可以从以下六方面来估量：反映与一国宪法、官方文件和政府政策声明中占主要地位的社会哲学和社会目标；通过标准的统计报告程序所反映的一国个人需求的水平；为满足一国居民的社会需要而可以利用的国内社会资源的水平；一个国家在特殊时刻的政治稳定性程度；一个社会内支持或破坏作为社会基本单位的家庭结构的各种力量；促成团体之间的冲突，破坏历史传统、价值、风俗习惯和信仰的起抵消作用的文化势力的存在。

3) 美国纽约国际报告集团的"国家风险国际指南"风险分析指标体系（CPFER）

该体系由美国国际报告集团编制，每月发表一次，其中包括领导权、法律、社会秩序与官僚程度等 13 个政治指标，停止偿付、融资条件、外汇管制及政府撕毁合同等 5 个金融指标，物价上涨、偿付外债比率、国际清偿能力等 6 个经济指标。

4) 布热津斯基的"国家危机程度指数"

美国前国务卿布热津斯基于 1989 年提出，包括国家信念的吸引力、社会心理情绪、人民生活水平、执政党士气、宗教活动、民族主义与意识形态矛盾、经济私有化、政治反对派活动、政治多元化、人权问题等 10 方面的指标，用于分析东欧国家的社会状况。

5) 宋林飞的社会风险预警系统

我国学者宋林飞在 1989 年的"社会风险早期预警系统"基础上修正提出，利用各部门现行的公开与内部统计指标，设置社会风险监测与预警指标体系，分为 7 大类 40 个指标。

① 收入稳定性：收入预期相关指数；城镇居民人均纯收入变动度；农民人均纯收入变动度；城镇居民生活费上升超过收入增多的比率；农民生活费上升超过收入增多的比率。

② 贫富分化：城乡居民人均纯收入差距；城乡居民人均纯收入差距变动度；城镇居民人均纯收入差距；城镇居民人均纯收入差距变动度；农民人均纯收入差距；农民人均纯收入差距变动度；地区人均收入差距；地区人均收入差距变动度。

③ 失业：失业率；失业率变动度；失业平均时间；失业平均时间变动度；失业保障力度；失业者实际困难度。

④ 通货膨胀：通货膨胀率；通货膨胀率变动度；城镇通货膨胀压力；农村通货膨胀压力。

⑤ 腐败：干部贪污贿赂案件立案数变动度；平均每件案件金额变动度；受惩干部平均职阶变动度；受惩干部人数变动度；受惩干部比率变动度。

⑥ 社会治安：刑事犯罪率；刑事犯罪率变动度；重大刑事犯罪率；重大刑事犯罪率变动率。

⑦ 突发事件：突发事件出现频率；突发事件出现频率变动度；突发事件平均规模；突发事件平均规模变动度；突发事件涉及面；突发事件涉及面变动度；突发事件总数变动度；突发事件参与人数变动度。

6）牛文元的社会稳定预警系统

我国学者牛文元于 2001 年提出社会稳定预警系统，其理论基础是社会物理学中的社会燃烧理论。社会燃烧理论认为，燃烧所必须具备的三个基本条件——燃烧材料、助燃剂和点火温度——缺一不可。社会物理学应用该项原理，将社会的无序、失稳及动乱，与燃烧现象进行了合理的类比，研制出"社会稳定预警系统"（如图 6-26 所示）。

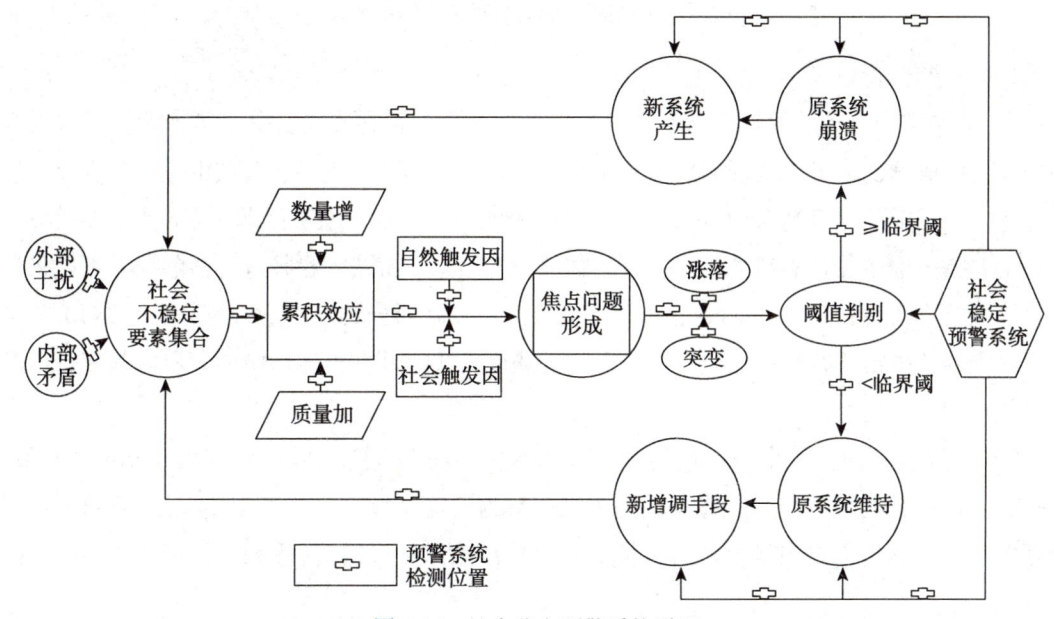

图 6-26 社会稳定预警系统原理

3．公共舆情分析

公共舆情分析是相关人员依靠专业知识和手段，对各种舆情信息进行科学、全面的分析，并给出未来舆情发展趋势的预期和应对策略，为管理决策提供支持。

1）公共舆情分析内容

公共舆情态势是指公共舆情形成、发展和消亡的演化过程中各舆情要素的属性、要素之间的关系以及它们随时间和空间动态的变化趋势。例如，网络舆情态势分析就是从海量网络信息中发现舆情话题，并分析和获取网络舆情的状态和演变趋势，网络舆情态势分析是网络舆情预警的基础。从内容上，网络舆情态势分析主要由话题分析模式、公共分析模式和话题和公共之间的关系分析模式三部分构成（如图 6-27 所示）。

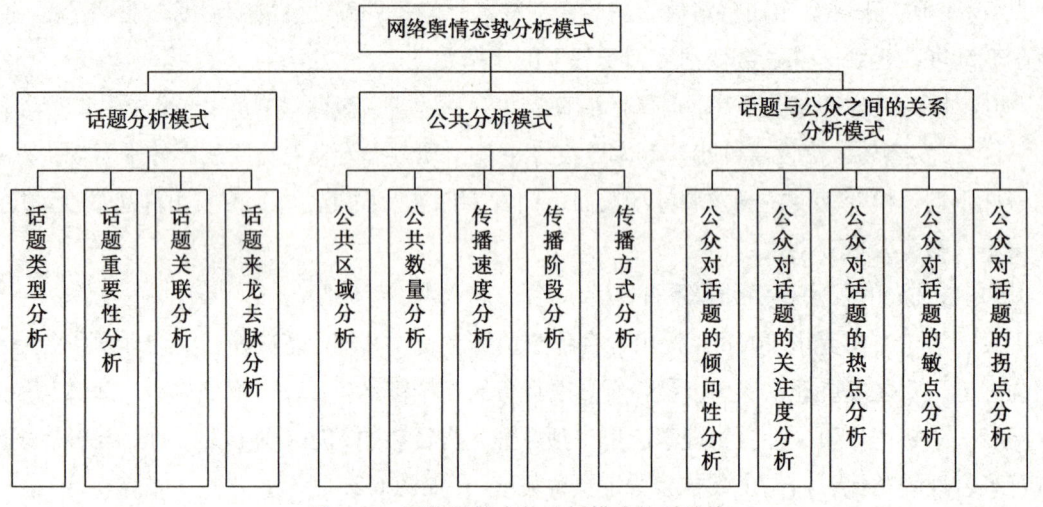

图 6-27 网络舆情态势分析模式体系结构

（1）话题分析模式

① 话题类型分析。根据话题反映公共舆情的能力，话题类型分为三类。第一类包含容易引发网络舆情的、与公众现实生活息息相关的话题，如政治事件、公共卫生事件、突发性事件等。第二类是可能蕴含引发网络舆情的话题类型，如全球经济问题、新政策的颁布等。第三类是指一般不包含舆情的话题类型，如体育、娱乐、游戏、科技等。话题分类可以采用文本分类技术实现，如 k-Means 分类、聚类分析、贝叶斯分类、神经网络分类、SVM 分类等。话题类型决定了舆情的性质，而公众的关注度、共鸣度、表达情绪的意愿等都随着话题的类型不同而不同。

② 话题的重要性分析。即分析公共舆情话题内容的重要性程度，如果大于既定的阈值，那么这个话题就是重点话题。重点话题识别一般为设定目标词（公众重点关注的词）、目标词匹配（确定舆情信息中是否包含目标词）、重要性计算（计算目标词在舆情信息中出现的频率）。

③ 话题关联分析。与舆情相关联的话题称为关联话题，对关联话题的类型和重要性进

行分析就是话题关联分析。关联话题的发现可以根据话题间的相似度来实现，相似度计算的方法主要有向量空间模型、基于哈希方法的相似度计算等。

④ 话题来龙去脉分析。即对舆情话题所对应的不同事件进行分析，明晰事件的发展历程，如时间、地点、事件发生的背景、参与单位影响范围等。话题来龙去脉分析的实现可以利用多文档自动文摘技术，话题中事件的发展历程通过各时间段内的文档摘要描述。

（2）公众分析模式

① 公众区域分布分析。即分析舆情受众所在地理区域的特征，如在国内，中西部地区与东部沿海地区的地理人文特征是存在差异的。其实现技术是对舆情受众的 IP 地址进行统计分析。

② 公众数量分析。即预测舆情受众的数量，可以通过统计点击数或者回复数进行统计，以此发现话题的影响力程度。

③ 传播速度分析。可以通过对舆情受众的人数变化来衡量，舆情受众人数增加得越快，说明公共舆情传播的速度越快。

④ 传播阶段分析。即识别公共舆情传播所处的不同阶段，其实现技术一般是计算传播加速度（舆情受众的数量变化率）。若传播加速度大于 0，则认为公共舆情处于扩散阶段；若传播加速度等于 0，则判断为稳定阶段；若传播加速度小于 0，则为消退阶段。

⑤ 传播方式分析。即公共舆情传播的途径分析，可以通过分析公共舆情数据来源实现。一般公共舆情传播途径有权威网站、一般新闻网站、网络论坛、网络社区及博客、微博等。

（3）话题与公众之间的关系分析模式

① 公共对话题的倾向性分析。即分析公众对舆情话题的情感信息，如支持、中立、反对等，以此来评估公众对舆情话题的态度倾向，可以通过文本情感分析技术来实现。

② 公众对话题的关注度分析。关注度是指在过去的某一段时间内舆情话题被关注的程度，可以利用舆情话题的相关网页数（新闻、博客等）及论坛社区等的发帖数来衡量。

③ 公众对话题的热点分析。即分析某段时间内，公众重点关注或者集中关注的舆情话题，其实现技术可以通过对公众对话题的关注度进行排序分析。

④ 公众对话题的敏感分析。即分析某段时间内，公众对话题关注度增加较大的话题，也就是某段时间内，热点排行榜位次上升较多的舆情话题。其实现方式是计算各舆情话题在热点排行榜上位次上升幅度。

⑤ 公众对话题的焦点分析。即识别持续事件较长的热点舆情话题，其实现技术是统计持续某个数据统计期内，在热点排行榜上保持较高位次的舆情话题。

⑥ 公众对话题的拐点分析。即发现在过去的某段时间内，公众对话题的关注度剧烈变化的舆情话题，其实现技术是统计关注度的差异程度。

2）公共舆情分析流程

公共舆情分析流程主要分为三大阶段：聚焦阶段、执行阶段和反馈阶段（如图 6-28 所示）。

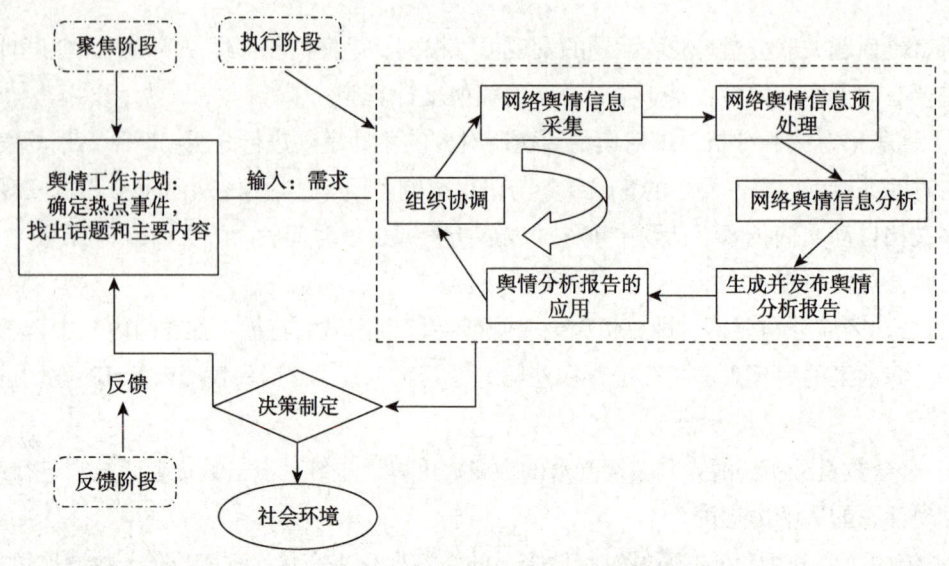

图 6-28 公共舆情信息分析流程

(1) 聚焦阶段

聚焦阶段确定公共舆情的热点事件,即识别公众重点关注和集中关注的事件。通过与决策者进行交流和沟通,了解公共舆情信息的需求,同时,根据需求和热点事件找出话题和主要内容,这样就可以有的放矢,为公共舆情信息搜集奠定基础。

(2) 执行阶段

执行阶段包括组织协调、开展舆情信息采集、舆情信息预处理、舆情信息分析、舆情报告分析生成与发布、舆情分析报告的应用等。目前主要通过舆情监测系统,寻找舆情信息源,了解信息源与热点事件的主题和内容的相关度,并对舆情信息进行采集。对搜集到的舆情信息进行预处理,有利于舆情信息分析。利用各种信息技术辅助,信息分析人员进行舆情分析工作,发现信息与信息之间的关联,形成并发布公共舆情分析报告,为决策支持提供服务。

(3) 反馈阶段

反馈阶段需指评价舆情信息分析结果、监测事件变化并将其修正。舆情信息分析人员参与舆情信息分析结果的评估过程,判断舆情分析报告实施之后事件的回应结果,同时在各决策层建立信息资源共享平台,开展多项交流,提高舆情信息分析结果的利用价值。

6.2.4 公共政策效果分析

1. 公共政策效果与评价标准

1) 公共政策和公共政策效果的概念

随着工业革命的发展,特别是现代社会活动的事务越来越多,越来越复杂,人们逐步意识到国家政府及其制订的政策在现代国家的政治、经济、文化生活当中的作用和地位,公共政策的重要性也因此越来越突出。

理论上，凡是为解决社会公共问题的政策都可以被看成公共政策。但通常认为，公共政策是一个政党或政府用来规范和引导社会机构、团体或个人行动的准则或指南，表现形式主要有法律规章、行政命令、政府首脑的书面指示以及行动计划和策略等。由此可以看出，公共政策是以国家政府或某一政党为实施主体、以社会管理和利益分配为基本功能、以政治价值、权威地位和普遍效力为主要特征的一种路线、方针和策略。

公共政策效果是一个含义相当宽泛的概念，主要涉及以下3方面。

(1) 公共政策的结果

公共政策的结果是指一个具体的公共政策行为在一段时间内对一定的社会范围所带来的结果。通常，公共政策实施后，就会产生各种结果，包括社会文化的、经济利益的等诸结果。如果这种结果实现或达到了预期的目标，那么公共政策是有效果的，反之则是无效的。

(2) 公共政策的效益

公共政策实施后产生了人们需要的结果，这是一件好事；但一件好事有时未必是令人满意的，这就需要进一步分析获得这一结果时在人力、物力和财力等资源上的投入。公共政策的效益是指实施公共政策之后的结果与取得这些结果所消耗的资源之比。其中，公共政策的经济效益是指达到的经济结果与资源消耗的比较，一般可以使用费用或成本、产值、净产值、纯收入、国民生产总值等指标加以衡量；社会效益是指达到社会结果与资源消耗量的比较。

(3) 公共政策的效力

公共政策付诸实施后产生了对社会和政策对象的综合影响力，这种影响有正面效应和负面效应、长期效应和短期效应、直接效应和间接效应等。公共政策的效力评价是对公共政策实施后所产生影响的综合分析。

2) 公共政策效果的评价原则和标准

公共政策效果评价就是对公共政策执行后所产生的结果、效益和效力等进行的评判，以决定公共政策的延续、修正或终止。公共政策效果的评价虽然是一种价值判断，但必须建立在事实判断的基础之上，遵循政治、经济、科学、系统和公众参与的评价原则和评价标准。

(1) 政治性原则及其标准

公共政策是由一个国家和地区的政治实体制定的，是政治领导的主要任务和内容，在一定程度上反映统治阶级的意志。一般，最根本的公共政策标准应当是合乎民心，关乎民情，顺乎民意，适应人类社会发展的根本要求。但是，不同的国家和政府会根据本国和本地区的政治发展需要，因地制宜，实事求是地提出自己的公共政策。

(2) 经济性原则及其标准

经济是一个国家和社会发展的基础，政府在制订和评价公共政策时都会强调经济性原则及其标准。经济效果标准可以概括为如下5方面。

① 结果最好标准：包括总产值最大、工农业产值最高等指标。

② 费用最小标准：包括成本最低、投资最小、自然资源消耗最少等指标。
③ 效益最大标准：包括国民收入最大、利润最高等指标。
④ 效率最高标准：包括资本产值率最高、资源产值率最高等指标。
⑤ 效益率最大标准：效益率是指结果与资源消耗量的差值除以资源消耗量，即效益与费用之比，是经济活动中最能够明确标准而全面地反映经济效果的标准，包括利润率最大、投资回收率最大等指标。

(3) 科学性原则及其标准

公共政策的评价应当本着科学的态度，遵循科学的方法，按照科学的程序，对一项公共政策的制定规划、方案实施和反馈评估等环节进行客观、准确、可行的分析和研究。其中，客观性标准要求对公共政策评价尽可能采用定量的方法，不能用强行的政治要求来代替科学研究。准确性标准要求对公共政策评价切合实际，数据可靠，对各方面的要求既不能过高也不能过低。可行性标准要求在公共政策评价时要注意政策制定的时间和地域条件，要分析各种社会、国情、科技、资源等因素，并符合社会进步和经济发展的方向。

(4) 系统性原则及其标准

公共政策效果评价涉及因素多，影响范围广，因此必须从多个层面、多个角度对公共政策效果的多个方面进行综合评价，这就要求坚持系统性原则和标准。系统性原则要求从整体出发，从事物发展的关联性、动态性、开放性等观点出发，全面把握影响公共政策效果评价的各要素、环节、过程和环境等，坚持原则性和灵活性相结合，坚持定量指标和定性指标相结合，统筹全局，综合评价。从系统的角度看，公共政策效果的评价除了上述标准，还包括投入工作量、绩效、效率、充分性、公平性、适当性、执行力和社会发展总目标。

(5) 公众参与原则及其标准

公共政策评估最基本的依靠力量是社会公众，作为公共政策实施的对象或利益相关者，对评估方案、方法、步骤尤其是评估指标体系的设计和确定，以及评估过程实施和评估结果使用等，都理应让公众参与其中。

从实际出发，测量公众参与公共政策评估的标准主要有公众参与度、社会可接受性、政策回应性三方面的内容。公众参与度是衡量社会公众参与到公共政策评估程度的指标，其核心内容主要包括参与人员规模、参与热情、参与渠道等方面。社会可接受性指公共政策评估结果被公众接受的程度。当一项公共政策评估结果的公众接受程度高时，表明该项政策更能获得公众认可。回应性能够对政策效果进行直观测量、描述和判断，并且了解到公众对政策的满意度，是公共政策效果评估的重要标准。

2．公共政策效果评价的基本程序

公共政策效果评价是一个有组织、有计划、有步骤的活动过程，可以分为相对独立又相互依赖的几个环节。

1）制订评价方案

制订评价方案是整个评价活动的基础工作和重要环节，通常，评价方案主要包括：

（1）建立评价主体

建立评价工作组织机构，选择评价队伍，拟定评价工作规划等，评价主体的素质和态度，评价组织的机制和水平，都会直接影响到整个评价工作的效果。

（2）确定评价对象

评价工作必须首先解决评价什么，这样才能根据评价的客体和对象，确定评价的目的、标准和方法等，使评价工作重点突出，有的放矢。

（3）明确评价目的

评价目的决定了评价的基本走向，只有解决了为什么要进行评价，才能使参与评价工作的评价主体获得共识，行动一致。

（4）选择评价标准

公共政策不同，评价方式方法及所采取的标准就会不同。评价标准实际上是一个指标体系，即根据评价目标所选择的多个评价指标的集合。

2）实施评价活动

（1）系统采集评价信息

采集评价资料和数据是评价工作的基础性工作，它的主要任务是利用各种社会调查手段，全面收集公共政策制定、执行过程中的第一手资料。收集资料和数据的方法和技术很多，但各有自己的特点，需要相互配合和补充，使采集的信息全面、客观、真实和准确。

（2）综合分析评价信息

采集到的数据和资料大多是一些零散的原始信息，需要进行系统的组织分析，即鉴别与筛选、分类与整理、统计与分析等。通过鉴别与筛选，去伪存真，去粗存精；通过分类与整理，条分缕析，井井有条；通过统计与分析，抓住特征，发现规律。

3）总结评价工作

这一阶段的工作内容主要是写出评价报告并对评价工作进行总结。评价报告一般包括对公共政策的价值做出判断，提出公共政策建议，对整个评价工作进行说明。在总结评价工作时，一定要实事求是，按科学办事，从客观和全局的观点出发，处理好决策者和评价者的关系，从而使评价工作真正能够做到总结成绩，积累经验，找出问题，发现不足，为未来的公共政策提供借鉴和指导。

3．公共政策效果的评价方法

针对公共政策不同的评价内容，可以选取不同的评价方法。在实践中政策评估常用一般方法既包括定量评价方法，又包括定性评价方法。定量评价方法主要是成本效益分析和统计抽样分析，定性评价方法主要是问卷调查、对比分析和案例分析等。此外，近年来在政策效果评估中应用较多的方法有结构方程模型法（SEM）、模糊综合评价法、德尔菲法、灰色关联分析等。

6.3 经济信息分析

经济信息分析是信息分析在经济领域的重要应用。随着全球经济竞争的加剧、国内市场环境的变化、社会投资需求的增加和企业管理水平的提升，需要通过经济信息分析来挖掘和获取经济活动中的各类信息所隐藏的价值，进而促使经济决策和经济行为的科学有效。大数据时代为经济信息分析在数据来源、分析框架、研究方法等方面带来了诸多挑战和变革，我们需要充分关注这一趋势及其隐含的意义。

6.3.1 国民经济景气分析

1．经济景气的内涵与特点

1）经济景气分析的内涵

景气分析的英文为 Business Cycle Analysis，直译为"商业周期分析"。景气分析是经济周期统计分析的一个重要方面，主要从短期国民经济运行过程出发，测定经济波动的扩张和收缩的过程，分析经济运行中的各种问题，提出经济运行调控的政策、措施。

作为一个抽象的宏观经济概念，"景气"是指一个国家的总体经济运行状态。对经济景气可以从内涵和外延两方面来理解。从内涵上，经济景气是经济运行过程中的一种态势。这种态势表明经济运行得稳定、协调、有效。经济景气反映经济作为一个生物体的健康活力。经济不景气就意味着经济步入一种不健康的状态。而且经济景气的特点在于非持续性，经济景气与不景气总是周期性地交替出现。从外延上，经济景气可以分为宏观经济景气、微观经济景气和中观经济景气，可以分为地区经济景气和产业经济景气，可以分为长期经济景气和短期经济景气，可以分为自然经济景气和人为经济景气，可以分为外生经济景气和内生经济景气，也可以分为高度经济景气和低度经济景气等。通常的经济景气是指宏观经济景气。

2）经济景气的特点

经济景气具有以下 4 个特征。

① 反复性：繁荣与萧条交替出现，但不是简单重复。
② 多样性：由生产、收益、就业、物价、金融、贸易等方面的周期性变化汇总。
③ 波及性：经济总体发展的不平衡导致景气在商品、资本、劳动力三大市场先后波动。
④ 累积性：景气峰和谷的到来可由繁荣和衰退的累积效果产生。

为了体现景气变化的上述特征，景气分析方法采用若干指标编制出的指数作为描述周期波动的主要形式。

2．经济景气分析的主要指标

1）经济景气分析指标选取的基本原则

宏观经济景气分析的目的是要把握总体经济活动，因此在指标的选择中应以把握总体经济活动为目标，反映经济周期波动的统计指标应包括生产、流通、分配、消费等领域，既有各产业、行业指标，也应包括劳动市场、金融市场、国际贸易等方面的指标，概括起来有生产总量指标、就业状况指标、市场指标、库存指标、消费价格指标、投资指标、财政金融指标、国际贸易指标（**唐玲**，1994）。

根据世界各国的经验，经济景气指标的选取应遵循如下原则。

① 经济的重要性和代表性。即指标所代表的内容是经济发展某方面的综合反映，在经济的总量活动中居重要地位，同时具有某类指标的基本波动特征。

② 指标的可靠性和充分性。即可靠性指数据的准确性和统计口径上的一致性。充分性要求指标样本具有足够的长度，以满足季节调整的数据处理要求并能揭示其循环波动规律。

③ 一致性和稳定性。一致性是指景气波动发生变化时，指标的波动状况发生相应的变化，或提前、或延迟一段时间表现出来。稳定性是指指标总能以相对稳定的时滞发生变化。

④ 及时性和光滑性。景气指标主要用于短期经济分析和预测，因而要求及时获得统计数据。基于预测的需要，对指标的光滑程度有所要求，不规则波动因素较少的指标更能满足预测的要求。

2）经济景气分析的主要指标

经济景气分析往往需要先确定宏观经济波动周期的基准循环，然后将其他经济指标与基准循环相比较，得到先行、同步、滞后等三类指标。

(1) 先行经济指标

那些基于长期决策而进行的经济活动一般会领先于基准循环。其变化趋势可以预示基准循环的变化趋势。先行指标一般包含如下内容。

① 建筑业指标。建筑业生产指数一般总是领先于基准循环的峰和谷。与建筑业生产有相同趋势的还有原木生产、家具、建筑工具的生产等。

② 工业原材料和工业耐用品指标。敏感性原材料价格指数有领先于基准循环的趋势。通货膨胀的压力变得强烈起来，这样使人们开始注意价格变动可能导致经济变动的影响。

③ 订货合同指标。对工厂和设备的订货合同也领先于基准循环，其原因与建筑业是类似的。建造一个工厂或办公楼，购买一些大型机器设备，建造一幢新住宅的决策都发生在实际活动以前，其间必须进行合同签约、许可证申请、招雇工人和筹备材料等大量准备工作。这些前期活动都会影响景气循环。

④ 利润指标。由于利润是已支出的剩余，因此其波动幅度要比销售大得多。它可能在景气循环达到峰值之前已经开始下降，在景气循环到达谷底以前已经开始上升。

⑤ 企业投资和破产指标，是指新企业建立和旧企业倒闭。企业倒闭领先于基准循环的

峰和谷。在循环上升初期，成本滞后，利润增长。随着大量产品投入新建工厂，成本开始大幅上升，获得变得困难。这时有些企业会随着繁荣期的开始而倒闭。当然，大量企业倒闭还是出现在经济大衰退之前，企业大量倒闭可以说是经济衰退的前兆。

（2）同步经济指标

同步经济指标是指与基准循环日期相一致的经济序列，这些序列基本上可以反映经济总量的变化过程。同步指标主要由两个指标构成。

① 国民经济总量指标。经 NBER 法测算，与基准循环运动最相一致的指标是国民收入或国民生产总值。

② 就业与工时指标。

（3）滞后经济指标

有些经济活动滞后于基准循环日期，然而由于持续通货膨胀的预期会使这种滞后期大大缩短。滞后经济指标主要包括如下：① 消费收入和支出指标；② 利率指标；③ 其他滞后指标，如零售总额、制造业存货等。

3．主要的经济景气分析方法

1）以扩散指数和合成指数为代表的景气指数方法

景气指数方法是一种实证的景气观测方法，基本出发点是：经济周期波动是通过一系列经济活动来传递和扩散的，任何一个经济变量本身的波动过程都不足以代表宏观经济整体的波动过程。因此，为了正确地测定宏观经济波动状况，必须综合地考虑生产、消费、投资、贸易、财政、金融、企业经营、就业等领域的景气变动及相互影响。基于这种认识，从各领域中选择出一批对景气变动敏感、有代表性的经济指标，用数学方法合成一组景气指数（先行、一致、滞后），以此作为观测宏观经济波动的综合尺度。

目前，世界各国（或地区）大多使用景气指数方法，如日本以扩散指数（DI）为主对景气状况进行分析和预测，美国侧重于合成指数（CI），OECD 利用增长循环的思想构造先行指数。

2）景气动向调查方法

景气动向调查方法，也叫商情调查方法，是一种较快了解经济情况的便捷途径，也称为晴雨表系统。目前，世界上广泛开展的商情调查主要有以下 3 种。

① 面向国内主要大中型企业的调查。这些大中型企业数量不多，但是在整个国民经济中所占比重相当大。

② 设备投资意向调查，目的是把握企业未来投资的基本动向。

③ 消费调查，主要是了解消费者的消费态度、购买意向等消费动向。

3）季节调整方法

国内外经验证明，为了准确地测定和分析经济周期波动，必须从经济变量的时间序列中剔除季节因素的影响，才能检测出真正反映经济周期波动的循环要素。1965 年，在希斯金的主持下，美国商务部开发了 X-11 方法，与其他季节调整方法相比，具有良好的适应性和有效性，目前发展为 X-12ARIMA 方法。它与 X-11 方法的主要区别，是加入了节假日的影响，利用 ARIMA 方法将时间序列向两端延长，以减少移动平均对序列两端所产生的信息损失。

4）趋势分解和增长循环

鉴于经济周期波动形态的变动，一些西方经济学家提出了增长循环的概念，即研究围绕趋势上下的波动。

OECD 于 1978 年开始基于"增长循环"的概念开发先行指标。增长循环依赖于趋势的分解结果，若趋势估计不同，则经济周期波动的振幅、转折点、扩张和收缩期随之变化，因而分离趋势是影响增长循环分析准确程度的关键步骤。估计趋势的方法比较多，如回归分析、移动平均等，目前公认较好的方法是美国经济研究局（NBER）开发的阶段平均法（Phase-Average Method）、HP 滤波方法和 TRAMO/SEATS 方法。

5）主成分分析方法

利用主成分分析方法构造景气指数也是一种成功的方法。近年来，日本一桥大学经济研究所刘屋武昭教授开发了多变量时间序列方差分量分析模型（Multivariate Times Series Variance Component Model，MTV 模型）。MTV 模型形式上是主成分分析的时间序列化，是主成分分析方法与 ARIMA 方法的结合，对于某些内在不确定性高、变动构造复杂的领域的分析和预测具有很高的应用价值。

6）状态空间模型方法

1988 年，斯托克和沃森提出了新的景气指数概念和制作方法。他们认为，景气变动不应只是针对 GNP 的变动而言，而应该把景气循环看成更广泛地包括金融市场、劳动市场、商品销售市场在内的总体经济活动的循环。而为了反映以上方面的多个总量经济指标的共同变动，可以认为，在这些变量的共同变动背后存在着一个共同的因素，这个因素可由一个单一的、不可观测的（Unobserved）基本变量来体现。这个基本变量代表了总的经济状态，它的波动才是真正的景气循环。这个不可观测的基本变量被称为 Stock-Watson 型景气指数，简称 SWI 景气指数。这种含有不可观测变量的模型被称为 UC 模型（Unobservable Component Model）。由于 SWI 景气指数是建立在严密的数学模型基础上的，因此与 DI、CI 等传统的景气循环的测定方法相比，有了很大的进步。

7）其他景气分析和预测方法

近年来，预测经济周期转折点的方法还有利用 VAR 模型预测经济循环的转折点、Neftci 模型、Probit 模型等。

4．经济景气调查类型

目前，各国开展的景气调查主要包括企业景气调查、采购经理调查、消费者信心调查、经济学家信心调查、机构投资者信心调查等，这里介绍前 4 种。

1）企业景气调查

企业景气调查也被称为企业趋势调查（Business Tendency Survey）或情绪调查（Sentiment Survey），分别从企业发展趋势、经济周期变化和受访企业家的主观情绪等角度反映企业景气调查的特点。概括来讲，企业景气调查就是指通过定性调查来收集企业经营状况和未来短期发展变化趋势的信息，这些信息在分析和预测经济周期的转折点时起着非常重要的作用。

根据企业景气调查结果可计算出企业景气指数（Business Climate Indices）和企业家信心指数（Composite Confidence Indicators/Entrepreneur Confidence Indices）。企业景气指数又称为景气度，是对企业景气调查中的定性经济指标通过定量方法加工汇总，综合反映某特定调查群体或某社会经济现象所处的状态或发展趋势的一种指标。企业家信心指数是根据企业家对企业外部市场经济环境与宏观政策的认识、看法、判断和预期而编制的指数，用来综合反映企业家对宏观经济环境的感受和信心。

2）采购经理调查

采购经理指数（Purchasing Managers' Index，PMI）是通过对企业采购经理的月度调查，了解其对产品订货、生产量、生产经营人员、供应商配送时间、主要原材料库存、主要原材料价格和主要产品价格等商业活动指标的判断，并采用科学的方法对调查指标进行汇总编制而成的综合指数。PMI 体系中的单项构成指标分别反映企业或行业生产经营活动的具体情况和发展趋势，综合指标则反映了经济活动的周期状况。

3）消费者信心调查

消费者信心（Consumer Confidence），也称为消费者情绪（Consumer Sentiment），是指消费者对国家（或当地）的经济发展形势和个人经济状况等的看法和预期。消费者信心指数（Index Consumer Sentiment，ICS；或 Consumer Confidence Index，CCI），是反映消费者信心强弱的指标，是通过问卷调查收集消费者对国家（或当地）的经济形势、消费政策、物价和股市走势以及个人就业情况、个人收入情况、个人生活质量等情况的主观判断和心理感受，并以数学方法对调整结果进行量化编制而成的指数。消费者信心指数一般包括消费者满意指数和消费者预期指数，消费者满意指数反映的是消费者对当前经济生活的评价，消费者预期指数反映的是消费者对未来经济生活变化的预期。消费者信心一般包括对宏观经济、家庭收入、物价水平、耐用品购买、住宅购买、汽车购买、就业状况和股票投资的信心。

4）经济学家信心调查

经济学家信心调查以问卷调查的形式，收集经济学家对某国家或地区经济运行的判断和预期，进而编制经济学家信心指数。经济学家调查的本质是德尔菲法，即通过寻求专业人群对经济现状的看法并对经济走势做出预测。经济学家信心指数是衡量经济学家信心的指标，根据经济学家对一国的经济形势（包括投资、消费、外贸等）、宏观经济政策、物价、股价、汇率、全球及国内经济热点问题的主观判断和心理感受来编制的一种指数。经济学家信心指数一般包括即期指数和预期指数，即期指数反映经济学家对当前总体经济形势的评价，预期指数反映经济学家对未来 6 个月经济总体趋势的预期。

5．典型的经济景气分析系统

1）美国会议委员会的经济景气分析系统

美国会议委员会经济景气分析系统包括 10 个先行指标、4 个一致指标和 7 个滞后指标，如表 6-16 所示。

表 6-16　美国会议委员会经济景气分析指标体系

先行指标（10 个）	一致指标（4 个）	滞后指标（7 个）
制造业平均每周工作小时	非农业从业人员数	失业者平均失业时间（已逆转）
平均每周对失业保险的初次申请（已逆转）	居民可支配收入	制造业和贸易存货对销售的比率
制造业的消费品和原材料新订货	工业生产指数	制造业每单位产出劳动成本指数的变动
零售业状况扩散指数	制造业和贸易业销售额	银行平均最低利率
非国防资本品的制造业新订单		未偿还的工业贷款
新的私人建房建筑许可		消费者分期付款贷款与个人收入之比
消费者预期指数		服务业消费物价指数变动
利率差（10 年期国债减美联储基金）		
股票价格指数，500 种普通股		
货币供应量		

2）美国经济周期研究所（ECRI）的经济景气分析系统

美国经济周期研究所（ECRI）经济景气分析系统则主要包括三类指标，即：长期领先指标（LLI）、短期领先指标（SLI）和领先指标（LI），具体如表 6-17 所示。

表 6-17　美国经济周期研究所（ECRI）经济景气分析指标体系

长期领先指标（LLI）	短期领先指标（SLI）	领先指标（LI）
新建筑许可	制造业平均每周工作量	新建筑许可（L）
价格和单位劳动成本比率	平均每周初次申请失业人数（已逆转）	价格和单位劳动成本比率（L）
每工时制造业产出增长率	消费品和原材料新的订货	平均每周初次申请失业人数（已逆转）（S）
缩减的货币供应量 M2	工厂和设备的合同和订货	消费品和原材料新的订货（S）
道·琼斯 20 种债券平均价格	工业材料价格变动	工厂和设备的合同和订货（S）
服务价格指数增长率（已逆转）	S&P 500 种股票价格指数	S&P 500 种股票价格指数（S）
	解雇率（已逆转）	工业材料价格变动（S）
	工商业人数指数（破产和新开业公司的综合）	工商业库存变动（S）
	国家采购经理协会卖主业绩	公司税后利润（S）
	国家采购经理协会存货变动	净的产业形成（S）
	国内非金融债务变动	消费者分期付款信用变化（S）

3）日本经济景气分析系统

日本经济景气动向指数系统包括 10 个领先指标、6 个一致指标和 6 个长期领先指标，如表 6-18 所示。

表 6-18　日本经济景气动向指数指标体系

领先指标（10 个）	一致指标（6 个）	长期领先指标（6 个）
制造业每周加班时间	工资和薪金不变价收入	政府债券红利
工商业破产数	国民总支出	制造业价格对单位劳动成本比率
机器和建筑的新订货	工业生产	制造业劳动生产率，6 个月滑动平均
住宅开工数	不变价零售额	货币供应量 M2+CD，货币和准货币
存货变动	全行业固定工就业人数	住宅开工数
原材料价格，6 个月滑动平均	失业率	服务业的居民消费价格指数，6 个月滑动平均增长率
股票价格指数		
所有行业的营业利润		
制造业价格对单位劳动成本的比率		
消费者未偿贷款的变动		

4）韩国的经济景气分析系统

韩国经济景气分析系统包括 10 个领先指标、7 个一致指标和 5 个滞后指标，如表 6-19 所示。

表 6-19　韩国的经济景气分析指标体系

领先指标（10 个）	一致指标（7 个）	滞后指标（5 个）
建筑许可面积	工业生产指数	机械行业进口
中间产品工业生产指数	制造业开工率指数	生产者库存指数
机械行业收到的订单	生产者销售指数	耐用消费品生产者销售指数
出口信贷	批发和零售贸易指数	公司债券红利
所颁发的进口执照	进口	失业率（逆转）
M3	国内现价消费	
储蓄银行贷款	非农业居民的就业人数	
制造业库存率		
制造业中间产品销售		
制造业新晋和离职员工的比率		

5）OECD 的经济景气分析系统

OECD 的经济景气分析系统包括 6 个领先指标、5 个一致指标和 4 个滞后指标，如表 6-20 所示。

表 6-20　OECD 的经济景气分析指标体系

领先指标（6 个）	一致指标（5 个）	滞后指标（4 个）
加班时间	就业	投资
工商业预期	工业生产	库存水平
新订单	GDP	生产价格
房屋开工	能力利用	利率
原材料价格	收入	
股票指数		

6) 中国宏观经济景气分析系统

目前，中国国家统计局采用的宏观经济运行监测系统选择 12 个指标组成，即：工业总产值、预算内工业企业销售收入、基础产品产量指数、商品流转次数、社会商品零售总额、商业国内工业品纯购进、固定资产投资额、狭义货币 M1（现金+企业、机关活期存款）、企业存款、银行现金总支出、出口额、全国生活费用价格指数。以上指标得分相加，48 分以上为红灯区（过热）；42~48 分为黄灯区（偏热）；30~42 分为绿灯区（正常）、24~30 分为浅蓝灯区（偏冷）；24 分以下为蓝灯区（冷）（如表 6-21 所示）。

表 6-21 我国宏观经济景气预警信号示例

指标/时间	1月	2月	3月	4月	5月	6月	7月	8月	9月	10月	11月	12月
工业生产指数	■	■	■	■	■	■	■	■	■	■	■	■
固定资产投资	■	■	■	■	■	■	■	■	■	■	■	■
消费品零售总额	■	■	■	■	■	■	■	■	■	■	■	⬟
进出口总额	⬟	⬟	■	■	■	■	■	■	■	■	■	■
财政收入	⬢	⬢	⬢	⬢	⬢	⬢	⬢	⬟	■	■	▲	⬢
工业企业利润	■	■	■	■	■	■	■	■	■	■	■	■
居民可支配收入	■	■	■	⬟	⬟	⬟	⬟	⬟	⬟	⬟	⬟	⬟
金融机构各项贷款	■	■	■	■	■	■	■	■	■	■	■	■
货币供应 M2	■	■	■	■	■	■	▲	▲	▲	■	▲	■
居民消费价格指数	■	■	■	■	■	⬟	⬟	⬟	⬟	■	■	■
预警指数	■	■	■	■	■	■	■	■	■	■	■	■
	108	108	105	105	109	113	111	108	105	101	99	100

6.3.2 投资项目的风险分析

1．投资项目风险因素的辨识

1）投资项目风险类型

投资项目中的风险大致可以总结为如下类型。

（1）技术风险

高技术产品在创新过程中常常因技术因素导致创新失败，风险资本无法收回。技术风险由下列因素决定：① 技术成功的不确定性；② 技术前景的不确定性；③ 技术效果的不确定性；④ 技术寿命的不确定性。

（2）市场风险

一般，市场风险是指市场主体从事经济活动面临亏损的可能性。投资项目的市场风险因素主要包括：① 难以确定市场容量；② 难以确定市场接受时间；③ 市场价格因素；④ 市场战略因素。

(3) 资金风险

资金风险是指因资金不能实时供应而导致创新失败的可能性。若不能及时供应资金，会使高技术产品创新活动停顿，其技术价值随着时间的推移不断贬值，甚至被后来的竞争对手超越，初始投资也就付之东流。此外，通货膨胀也会引起资金风险。

(4) 管理风险

管理风险主要由下列因素决定：① 管理者素质；② 决策风险；③ 组织风险，即企业组织结构不合理所带来的风险。

(5) 资本撤出风险

资本撤出风险，即风险资本无法如期或顺利撤出所导致损失发生的可能性。风险投资公司的经营管理状况和风险企业的发展和收益状况，在很大程度上决定着风险资本撤出的时机、方式和难易程度。

(6) 环境风险

环境风险是指高技术产品创新由于所处的社会环境、政策环境、法律环境等变化或由于自然灾害而造成创新失败的可能性。

2) 投资项目风险识别的主要内容

风险识别是根据风险投资过程中出现的各种迹象判断所出现的风险属于哪一类，一般根据风险投资家的经验及投资理论中对各类风险的描述进行判断。目前，投资项目的风险识别主要包括如下的内容。

(1) 投资项目的商业风险识别

投资项目的商业风险是指风险投资环境的变化或者投资水平的差异形成的未来收益的不确定性。投资环境和投资水平形成风险投资的商业风险。其影响因素如下。

① 投资项目的类型。不同类型的高科技企业其投资额不一样，年经营费用不一样，年经营收益也不一样，一般，消费型高科技企业的投资风险相对小一些，投资阶段越靠后，风险就越小。

② 投资项目的管理水平。投资项目管理水平的高低，决定了该投资项目收入支出的大小，也决定了该项目抗商业风险的能力。

③ 投资项目竞争对手的情况。所投资项目竞争对手的情况直接影响到该项目的收益大小，与其商业风险的关系很大。竞争对手是否出现、出现时间的早晚等问题必须在投资之前进行详细研究。

④ 经济景气与政府政策。经济景气情况，直接影响到某一地区的投资规模和需求量的变化。某地区的经济发展情况不景气会导致该地区原有发展规划和投资计划发生变化，从而加大了投资的商业风险。同时，政府政策的改变，尤其是调整性政策的出台，必然导致某些项目成为牺牲品，结果导致此类项目的商业风险加大。

针对风险投资项目商业风险的影响因素，一般可采取以下策略来降低投资项目的商业风险；进行组合投资；选择擅长经营的项目；控制技术，限制竞争；在经济上升期投资；选择能及时变现的项目进行投资。

（2）投资项目的资金风险识别

投资项目的资金风险是指由于利率及价格水平的变化所带来的资金收益的不确定性。风险投资公司向风险企业大量注入资金后，在企业运行过程中应特别注意利率水平及其变化的一些基本因素，如通货膨胀、金融政策、财经政策、税收政策等。其中，通货膨胀最基本的因素。

（3）技术成果转化投资项目的各种风险

这是风险投资中最为突出的一种风险。其主要种类如下。

① 技术风险。科研成果转化中的新产品、新技术究竟是否可行，在预期与实践之间可能出现偏差，形成风险。具体表现形式有技术水平风险、转化风险、配套风险。

② 市场风险，即新产品、新技术的可行性与市场不匹配引起的风险。大量实验证明，市场风险是导致新产品、新技术商业化、产业化过程中断甚至失败的核心风险之一。

③ 知识产权风险。知识产权风险在科研成果转化过程中具有特别的意义，主要指侵权风险、泄密风险等。

④ 投入风险，表现为数量风险和结构风险。

⑤ 信用风险。成功的科研成果商业化、产业化离不开有效的信用保证结构支撑，组成信用保证结构的各转化过程参与者是否有能力履行其职责，是否愿意并能够按照法律文件的规定在需要时履行其承担的对转化项目的信用保证责任，就构成转化过程面临的信用风险。

⑥ 时间风险。即当一项新产品刚进入商业化、产业化阶段，被更新的产品和技术所替代而形成的风险。

⑦ 外部风险，指相对于科研成果商业化、产业化过程自身而言的各种社会的、政治的、自然的环境所引起的风险。

（4）投资项目的流动性风险识别

投资项目的流动性风险即退出风险是指风险投资者从投资项目中退出时可能遭受的损失。决定风险投资变现性的因素很多，主要包括：① 证券市场的完善程度；② 投资项目价值量的大小；③ 投资项目的发展前景；④ 宏观经济情况；⑤ 风险企业的净现金流量。

降低项目投资流动性风险的策略主要包括：① 建立"第二板"股票市场；② 把握好投资比例；③ 选择容易分段撤资的项目；④ 选择有发展前景的项目；⑤ 保证有能力持有风险项目足够长的时间；⑥ 操纵风险企业的现金流量。

2．投资项目风险分析的主要方法

1）投资项目风险定性分析方法

定性分析方法主要包括如下。

(1) 经理观察法

经理观察法即老练的风险投资公司经理根据自己的经营经验，从一个风险企业的生产经营现象就可以觉察出它的问题所在和风险程度的大小。

(2) 资产负债表透视法

资产负债表透视法是由富有经验的会计师传授下来的通过观察企业的资产负债表上资金的来源和运用的情况，透视风险企业的风险程度的方法。

(3) 企业股票跟踪法

企业股票跟踪法假定风险企业的经营成败状况和风险大小反映在企业发行的股票价格的变化上，于是就按照企业股票的涨跌判断企业风险的大小。

(4) 事件推测法

事件推测法是利用风险企业中更为具体的内部和外部环境的信息，对于当前影响企业的较重要事件做出一定时期内（如一年）发展上的推测，并在此基础上确定企业风险的大小。

(5) "A 记分"法

"A 记分"法首先试图将与风险有关系的各种现象或标志性因素列出，然后根据它们对项目成败的影响大小进行赋值，最后累计所得数值或记分，从而确定该项目的确切风险程度。

(6) 财务比率分析法

财务比率分析法依赖的所有数据都来自风险企业的财务账目，利用的分析比率也是财务报表中常用的比率，主要包括资本结构比率、流动比率、存货周转率、资本回报率、收入结构比率、资产周转率、酸性试验比率、利润边际率、债务比率 9 个。

(7) "Z 记分"法

作为一种综合评价企业风险的方法，"Z 记分"法首先挑选出一组决定企业风险大小的最重要的财务和非财务的数据比率，然后根据这些比率在预先显示或预测风险企业经营失败方面的能力大小给予不同的加权，最后累计这些加权数值，就得到一个风险企业的综合风险分数值。通过其与临界值的对比，我们就可知企业风险的危急程度（**张景安**，2000）。

2) 投资项目风险定量分析方法

常用的定量分析方法主要如下。

(1) 方差和标准差度量法

马可威茨的方差风险度量法，是在假定收益率的概率分布（或统计分布）确定的情况下，度量收益率这一随机变量相对平均收益率水平（期望收益率）的总体性的平均离差。方差风险度量法运用了数学期望和方差来刻画随机变量的特征。前者是随机变量各种可能取值依其概率计算的平均值，简称均值；而方差是一个用来衡量随机变量取值偏离其均值的度量。

设某方案的期望利润 x_i 具有概率分布函数为 $F_i(x_i)$，$\bar{x}$ 和 σ^2 分别表示 x_i 的均值和方差，R_i 表示方案 i 的风险，则在连续情况下有

$$R_i = \sigma^2 = \int_{-\infty}^{+\infty} (x_i - \bar{x})^2 \, dF_i(x_i) \tag{6-5}$$

在离散情况下有

$$R_i = \sigma^2 = \sum_{j=-\infty}^{\infty} (x_i - \bar{x})^2 p(x_{ij}) \tag{6-6}$$

这里，$p(x_{ij})$ 为方案 i 的第 j 种可能利润值 x_{ij} 的概率；标准差 $\sigma = \sqrt{\sigma^2}$。

采用这两个指标是因为其直观意义明显，计算方便，从而使其成为风险度量最常见的工具。与标准差相关的一些概念有相关系数、协方差等，也常出现在风险度量的讨论中。若 $X < Y$，则 $\sigma(X)$ 不一定小于 $\sigma(Y)$，原因是对某种资产仅用标准差来度量风险是不够的。譬如两种资产，只有它们的期望值相同，用标准差来度量二者的风险才有大小之说，否则脱离期望值，只依赖标准差无从讨论风险的大小。

（2）LPM 度量法

为了解决损失的真实风险感受对投资行为的影响，以及解决方差方法的收益正态分布假设等问题。就风险的度量问题而言，研究者引入了风险基准或参照水平（Risk Benchmark or Reference Level）来代替方差方法中的均值 $\bar{x}$，应着重考察收益分布的左边，即损失边在风险构成中的作用。因此，这些方法可以被归结为 Downside-Risk 度量法，最具代表性并形成较成熟理论体系的是哈洛的 LPM 方法。

LPM 是 Lower Partial Moments 的缩写，意即只有收益分布的左尾部分才被用于风险衡量的计算因子。在某个目标值 T（Target Rate）下，用 LPM 衡量一个经验（或离散）分布的投资收益的风险可表示为

$$\text{LPM}(n) = \sum_{r \leq T} P(r)(T-r)^n \quad (n=1,2,\cdots,n) \tag{6-7}$$

其中，$P(r)$ 是收益 r 的概率；n 取值的不同反映在 LPM 的不同含义上。$n=0$，LMP(0) 为低于目标收益值的概率；$n=1$，LMP(1) 为单边离差的均值，称为目标不足（Target Shortfall）；$n=2$，LPM(2) 为目标半方差（Target Semivariance）。

（3）VaR 度量法

摩根（J.P. Morgan）1994 年公布的"风险度量"（Risk Metrics）体系中提供了一种新型的风险管理方法，用 VaR（Value at Risk）度量投资组合的风险，即投资组合在一个给定的置信区间和特有期间时，在正常的市场条件下的最大期望损失。设 Y_0 为初始投资额，r 为投资回报率，Y 为期末投资组合价值，则 $Y = Y_0 \times (1+r)$，设 $Y^* = Y_0 \times (1+r^*)$ 为给定置信水平 α 下的投资组合的最小价值，则

$$\text{VaR} = E(Y) - Y^* = -Y_0(r^* - E(r)) \tag{6-8}$$

设 Y 的分布函数为 $G(y)$，则 Y 可由下式确定：

$$\alpha = \int_{r^*}^{\infty} \text{d}G(y) \tag{6-9}$$

或

$$1 - \alpha = \int_{-\infty}^{Y^*} \text{d}G(y) = P(Y \leq Y^*) \tag{6-10}$$

(4) 决策树法

决策树法的名称来自其分析问题时运用树状图形的直观性进行概率分析的一种图解方法。通常对于某决策点来说，其各可行方案皆如树枝般表现在图上。决策树法可以形象表示方案的因果关系和与方案有关的概率、成本、收益等。

决策树法主要用于对各方案的状态、概率和收益的情况进行比选，为决策者选择最优方案提供依据。决策树法特别适用于多阶段的决策分析。

【例 6-5】 基于风险分析的投资方案选择。

甲、乙两个投资方案都用来生产某种出口产品。甲方案在经济繁荣时期（概率为 0.2）的年效益为 600 元，正常时期（概率为 0.6）的年效益为 500 元，衰退时期（概率为 0.2）的年效益为 400 元。乙方案在各种时期的年效益则分别为 1000 元、500 元、0 元。比较这两个方案风险的大小。

先计算两个方案的期望效益，结果如表 6-22 所示。这两个方案的期望效益都是 500 元。但期望效益相等并不等于两个方案的风险也相等，因为这两个方案现金效益的变动幅度很不相同。甲方案变动的幅度为 400~600 元，而乙方案变动的幅度为 0~1000 元。显然，乙方案变动的幅度要大得多。再考虑概率，尽管两个方案的期望效益相等，但乙方案年效益的概率分布比甲方案要分散得多，风险比甲方案大。也就是说，甲方案有把握获得 400~600 元的效益，而乙方案虽有可能得到 1000 元的收益，但是有可能毫无收益，风险较大。

表 6-22 期望效益计算表

方案	经济状况①	各种状况发生的概率②	年收益（元）③	期望收益（元）④=②×③
甲方案	衰退 正常 繁荣	0.2 0.6 0.2	400 500 600	80 300 120
		1.0		500
乙方案	衰退 正常 繁荣	0.2 0.6 0.2	0 500 1000	0 300 200
		1.0		500

投资方案各种可能结果的概率分布的分散程度可以用统计方法即求标准差的方法来测定。其公式为

$$\sigma = \sqrt{\sum_{i=1}^{n}(R_i - R)^2 P_i} \tag{6-11}$$

其中，σ 为标准差；R_i 为第 i 个结果的现金流量；R 为现金流量期望值；P_i 为发生第 i 个结果现金流量的概率。

甲、乙两个方案的期望值相等，但是乙方案的标准差 316.2 元大于甲方案的标准差 63.3 元，说明乙方案的风险比甲方案的大。

【例 6-6】 运用决策树进行新项目 M 两方案的对比。

M 项目有两个预选方案 A 和 B，方案 A 需投资 500 万元，方案 B 需投资 300 万元，其使用年限均为 10 年。据估计，在此 10 年间产品销路好的可能性有 70%，销路差的可能性有 30%，设折现率 $i = 10\%$。由于采用的设备及其他条件不同，故 A、B 两方案的年收益也不同，其数据如表 6-23 所示。

表 6-23　方案在不同状态下的年收益

自然状态	概率	方案 A	方案 B
销路好	0.7	150	100
销路差	0.3	-50	10

本例中只有一个决策点，两个可选方案，每个方案都会面临两种自然状态，故可画出如图 6-29 所示的决策树。

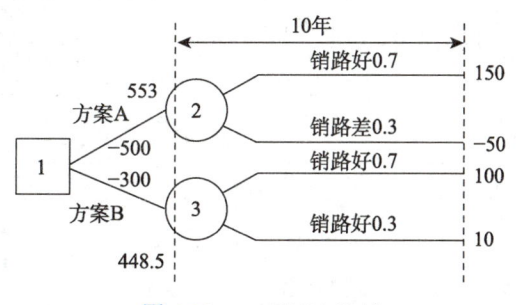

图 6-29　M 项目决策树

依照纵向准则，从左至右地给各节点编上序号后，就可以计算各点的期望值：

节点②的期望值 = 150×0.7+(-50)×0.3 =(105-15)×6.144 = 553（万元）

节点③的期望值 = 100×0.7+10×0.3 = (70+3)×6.144 = 448.5（万元）

因此，方案 A 的净现值收益为 553-500=53（万元），方案 B 的净现值收益为 448.5-300=148.5（万元）。显然，应选取 B 方案。

6.3.3　市场信息分析

市场信息分析是在市场调查的基础上，运用科学的方法，对影响市场供需的各种因素进行综合分析，由此分析和预测出市场的变化和未来趋势，为企业决策提供依据。市场信息分析是进行市场预测的基础。

一般，市场分析的内容主要包括宏观环境分析、中观环境分析、消费者行为分析、组织购买分析等方面。进行市场分析的方法和手段很多，由最初的实地分析观察等几种逐渐发展到现在的几十种。从目前国内外的市场分析研究及实践趋势来看，市场分析研究方法将向以多变量、依赖于不断演变的市场分析理论和计算机信息科学的复杂系统的动态计量分析方法和模型以及定性分析和定量分析相结合的方向发展。

1．市场环境分析

市场环境分析就是通过对市场环境进行及时准确的监测和分析，帮助企业认识外部环境的变化，以及时调整经营管理策略，在主动适应环境中谋求新的发展。

对于企业来说，市场环境可分为两个层次。一是一般环境，包括政治、经济、法律、科技、社会、文化等因素；二是作业环境，包括用户、竞争者、供应者、中介机构等因素。前者是各企业生存发展的共有空间，它们直接以后者为媒介对企业施加影响。表 6-24 给出了二者的构成要素及其具体内容（**郎诵真**，2001）。

表 6-24　市场环境构成要素

一般环境		作业环境	
要素层	具体的环境要素	要素层	具体的环境要素
政治环境	进出口控制、税收政策、外汇管制、价格控制、国有化政策、政治体制与局势等	用户	市场需求量 潜在市场容量 消费购买行为特征
经济环境	世界经济发展总趋势、人均收入与消费水平、产业结构、社会购买力、集团贸易与区域性经济等	中介机构	数量、规模与分布 形态差异性 对特定产品的经营比例
科技环境	科学技术发展方向与速度、产品与工艺技术开发频度、新学科形成等	供应商	数量、规模与分布 对供应产品的依赖程度 对特定企业的供货比例
法律环境	法系、国际争议仲裁权、法定追索权、商法、工业与知识产权保护等	竞争对手	数量、规模与分布 主要竞争对手的市场占有率有领先优势的产品特征 对主要竞争产品的依赖程度
社会文化环境	物质文化、教育水平、宗教信仰、生活方式、商业习惯、审美观、价值观、道德观等		\

市场环境分析的关键是根据用户需求，对市场环境的一些要素进行重点跟踪和监视，把握其动向和发展趋势。在具体操作中，优选信息源和开拓信息搜集渠道是两项重要的工作，当已有信息源和信息搜集渠道无法满足要求时，研究人员往往还要实地进行市场调查。

2．市场态势分析

市场态势分析既包括宏观的经济监测和经济系统分析、市场变化中的长期动向分析，以及各种经济指标、经济指数的动态分析，也包括微观领域的短期市场态势、产品销售、行情等的分析预测。其中，行业发展动态的分析预测在市场态势分析中占有重要地位。

行业发展动态分析在内容上包括两部分。一是对行业背景、行业总体状况、行业市场规模与潜力、行业竞争状况、行业营销状况以及行业相关政策等进行全面、客观的分析；二是在准确把握现状的基础上，对行业发展的主要趋势做出预测，并提出有关建议。从方法上，时间序列模型、回归模型和德尔菲法是市场态势预测分析中最常使用的方法。

3．消费者需求分析

消费需求是指消费者为获得物质的、劳务的、精神的产品或服务而向市场提出的有限度的欲望和需要，必须具备要求与欲望和货币支付能力（购买能力的两个基础）。消费需求的类型不同，其特征也不同，满足消费需求是企业生产和经营的根本出发点和归宿。

消费者需求分析就是通过研究消费者的消费心理和消费行为，分析影响消费行为的各种因素，识别和洞察消费者的消费需求、特征及其变化趋势。其中，消费者信息的收集和分析是两项核心工作。

消费者信息收集是消费需求分析的前提。随着计算机的普及、电子商务的发展和大数据时代的到来，消费者的有关信息很容易从商场、银行、网站上的各种自动柜员机（ATM）和交易系统中获得，从而使建立完整的消费者信息数据库和更为精准地分析消费者的消费心理与预测消费行为成为可能。

在信息收集的基础上，对消费者信息进行重组和挖掘，从而识别、发现具有规律意义或可以量化的消费需求及其特征，是消费者需求分析的目的所在。数据重组即将不同类别或不同来源的信息做相关处理，以发现新的信息。在具备时间序列数据、平行数据或大数据的条件下，可以利用预测模型定量地测算消费者的消费需求及其变化。消费者需求分析在帮助企业开发适合市场的新产品和降低生产成本方面有显著的功效。

6.3.4 企业竞争分析

1．竞争环境分析

企业的竞争环境可以分为宏观环境和行业环境两部分。宏观环境包括政治、经济、社会、文化、法律、科技、自然因素等。行业环境包括现有竞争企业、可能进入的新企业（潜在竞争对手）、供应商、用户和替代品。

一般，本土经营的企业主要关注作业层面的环境信息，跨国公司则主要关注一般层面的环境信息，市场竞争环境研究的侧重点有所不同。

2．竞争对手分析

竞争对手是指在与本企业有共同目标的市场上凡与己有或可能有利害冲突的组织。竞争对手分析即识别竞争对手、收集分析竞争对手的有关信息，为本企业开展有效的市场竞争提供帮助。

竞争对手分析一般按以下六个步骤进行：识别并确定竞争对手 → 识别与判断竞争对手的目标与假设 → 确认并判断竞争对手的战略 → 评估竞争对手的实力 → 预测竞争对手的反应模式 → 选择要攻击或回避的竞争对手。图 6-30 给出了竞争对手分析的程序和主要内容（**郎诵真等**，2001）。

在竞争对手分析中，对竞争对手相关信息的系统收集和加工分析是其核心工作。信息收集的重点是关于竞争对手强项和弱项的有关信息，具体包括产品、代理商/分销渠道、营销与销售、运作、研究和工程能力、总成本、财务实力、组织、综合管理能力、公司业务组合等要素。信息加工分析的重点是在已收集信息的基础上评估竞争对手的实力，包括对核心能力、成长能力、快速反应能力、适应变化的能力、持久力等的评估。比较流行的分析方法主要有

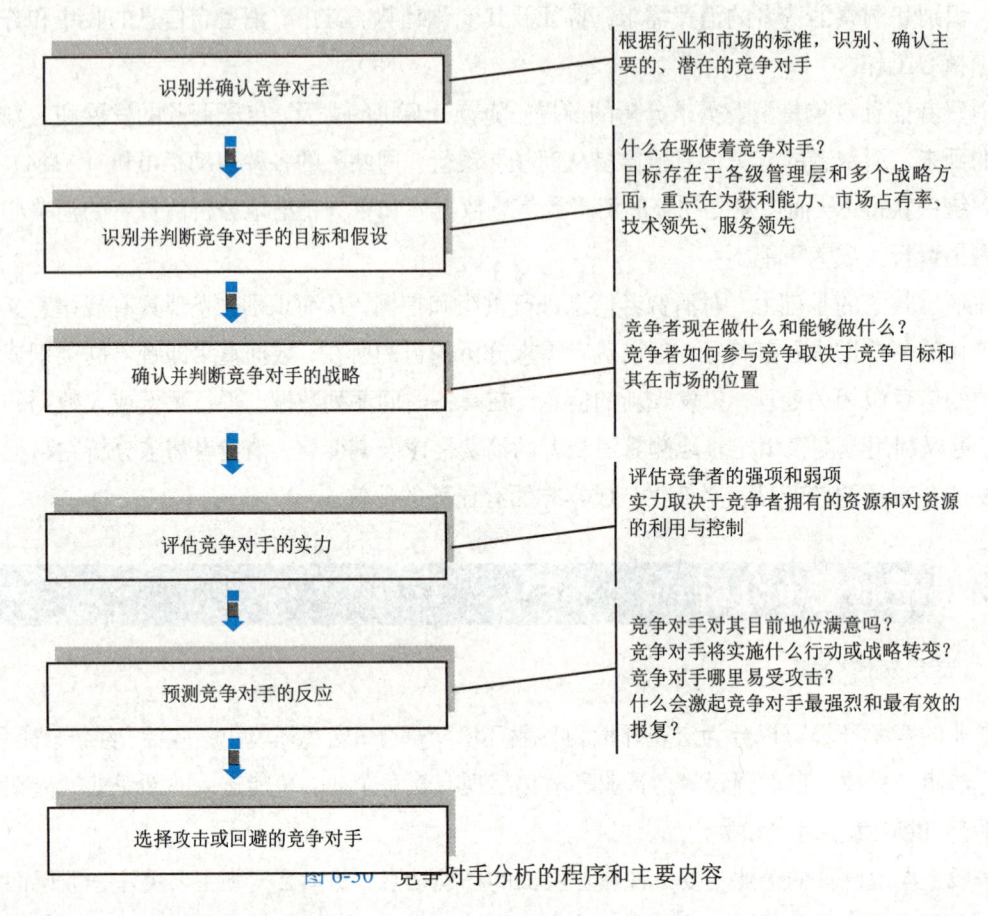

```
┌─────────────────────┐    根据行业和市场的标准，识别、确认主
│   识别并确认竞争对手   │───  要的、潜在的竞争对手
└─────────┬───────────┘
          ▼
┌─────────────────────┐    什么在驱使着竞争对手？
│ 识别并判断竞争对手的  │    目标存在于各级管理层和多个战略方
│    目标和假设        │───  面，重点在为获利能力、市场占有率、
└─────────┬───────────┘    技术领先、服务领先
          ▼
┌─────────────────────┐    竞争者现在做什么和能够做什么？
│ 确认并判断竞争对手的  │───  竞争者如何参与竞争取决于竞争目标和
│      战略            │    其在市场的位置
└─────────┬───────────┘
          ▼
┌─────────────────────┐    评估竞争者的强项和弱项
│  评估竞争对手的实力   │───  实力取决于竞争者拥有的资源和对资源
└─────────┬───────────┘    的利用与控制
          ▼
┌─────────────────────┐    竞争对手对其目前地位满意吗？
│                     │    竞争对手将实施什么行动或战略转变？
│   预测竞争对手的反应  │───  竞争对手哪里易受攻击？
│                     │    什么会激起竞争对手最强烈和最有效的
└─────────┬───────────┘    报复？
          ▼
┌─────────────────────┐
│ 选择攻击或回避的竞争对手 │
└─────────────────────┘
```

图 6-30　竞争对手分析的程序和主要内容

SWOT 分析、定标比超（Benchmarking）、五种力量产业模型（供应商与顾客的讨价还价能力、可替代产品的威胁、市场进入的威胁和产业内的竞争）、市场信号分析（Market Signaling）、反求工程（Reverse Engineering）、专利情报分析、财务报表分析（Financial Statement Analysis）、价值链分析及领域图（A Value Chain Analysis And Field Maps）、PIMS 数据库分析等。当然，对不同的研究课题和研究目的来说，信息收集的具体内容、信息收集对象的数量及信息分析方法都是有所不同的。

3．竞争战略/策略分析

1）竞争战略制定过程

按照弗雷德·R·戴维（Fred R. David）的观点，竞争战略制定技术可以被综合于一个三阶段决策系统之中，即信息输入阶段、匹配阶段和决策阶段。

（1）信息输入阶段

在信息输入阶段，战略制定者对影响企业发展的内外部环境进行分析，明确企业的优势与弱点、外部环境的机会与威胁，并对这些关键因素的相对重要性尽可能进行排序，以便有效地建立和评价备选战略。常用的方法有五种力量模型和价值链分析法等。

(2) 匹配阶段

在匹配阶段，战略制定者将企业的内部资源和技能等要素与由外部因素造成的机会与威胁进行匹配，产生可行的备选战略。常用的方法是 SWOT 分析法和 BCG 分析法。

(3) 决策阶段

在决策阶段，战略制定者根据对关键外部和内部因素的利用和改进程度而确定各战略的相对吸引力，并根据相对吸引力的大小选择最终的竞争战略。QSP 矩阵是决策阶段唯一可用的一种技术，但其局限性在于它总是要求做出直觉性判断和经验性假设，而权重和吸引力分数的确定要依靠判断性决策，这将最终影响决策质量。因此，战略制定更多时候把 QSPM 矩阵作为一种参考性因素，在做最终战略选择时往往更注意分析企业文化、企业政治学或倾向于依赖董事会的作用。

2) 竞争战略/策略分析模型

竞争战略/策略分析模型主要包括波特五力模型、SWOT 模型、波士顿矩阵、GE 矩阵、价值链矩阵、ROS/RMS 矩阵等。

(1) 波特五种竞争力分析模型

波特的五种竞争力分析模型被广泛应用于很多行业的战略制定。波特认为，任何行业，无论是国内还是国际，无论是提供产品还是提供服务，竞争的规则都包括在五种竞争力量内。这五种竞争力就是现有对手的竞争、潜在竞争者的进入、潜在替代品的开发、供应商议价能力、顾客议价能力，它们决定了企业的盈利能力，如图 6-31 所示。

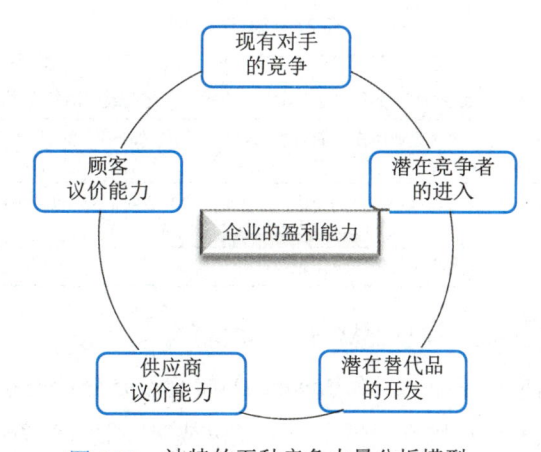

图 6-31 波特的五种竞争力量分析模型

(2) 战略地位与行动评价（Strategic Position and Action Evaluation，SPACE）矩阵

战略地位与行动评价矩阵（SPACE）主要是分析企业外部环境及企业应该采用的战略组合。SPACE 矩阵有四个象限分别表示企业采取的进取、保守、防御和竞争四种战略模式（如图 6-32 所示）。这个矩阵的两个数轴分别代表了企业的两个内部因素——财务优势（FS）和竞争优势（CA）；两个外部因素——环境稳定性（ES）和产业优势（IS）。这四个因素对于企业的总体战略地位是最为重要的。

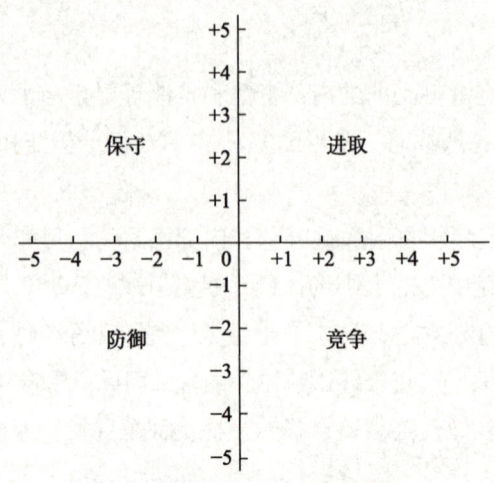

```
         +5
         +4
         +3
   保守   +2    进取
         +1
-5 -4 -3 -2 -1 0 +1 +2 +3 +4 +5
         -1
   防御   -2    竞争
         -3
         -4
         -5
```

图 6-32　战略地位与行动评价矩阵

SPACE 矩阵要按照被研究企业的情况而制定，并要依据尽可能多的事实信息。根据企业类型的不同，SPACE 矩阵的轴线可以代表不同的变量，如投资收益、财务杠杆比率、偿债能力、流动现金、流动资金等。

(3) SCP 分析模型

SCP（Structure, Conduct, Performance）模型，分析在行业或者企业收到表面冲击时，可能的战略调整及行为变化。SCP 模型从对特定行业结构、企业行为和经营结果三个角度来分析外部冲击的影响（如表 6-27 所示）。

表 6-27　SCP 模型

角　度	外部冲击 （企业外部经济环境、政治、技术、文化变迁、消费习惯等因素的变化）
行业结构	外部各种环境的变化对企业所在行业可能的影响，包括行业竞争的变化、产品需求的变化、细分市场的变化、营销模型的变化等
企业行为	企业针对外部的冲击和行业结构的变化，有可能采取的应对措施，包括企业方面对相关业务单元的整合、业务的扩张与收缩、营运方式的转变、管理的变革等一系列变动
经营结果	在外部环境方面发生变化的情况下，企业在经营利润、产品成本、市场份额等方面的变化趋势

(4) 战略钟模型（Strategic Clock Model，SCM）

战略钟模型由克利夫·鲍曼（Cliff Bowman）提出，是分析企业竞争战略选择的一种工具，为企业的管理人员和咨询顾问提供了思考竞争战略和取得竞争优势的方法（如图 6-33 所示）。战略钟模型假设不同企业的产品或服务的适用性基本类似，顾客购买时选择其中一家而不是其他企业可能基于以下原因：① 这家企业的产品和服务的价格比其他企业低；② 顾客认为这家企业的产品和服务具有更高的附加值。

战略钟模型将产品/服务价格和产品/服务附加值综合在一起考虑，企业实际上沿着 8 种途径中的一种来完成企业经营行为。其中一些路线可能是成功的路线，另一些则可能导致企业的失败（如表 6-27 所示）。

图 6-33 战略钟模型

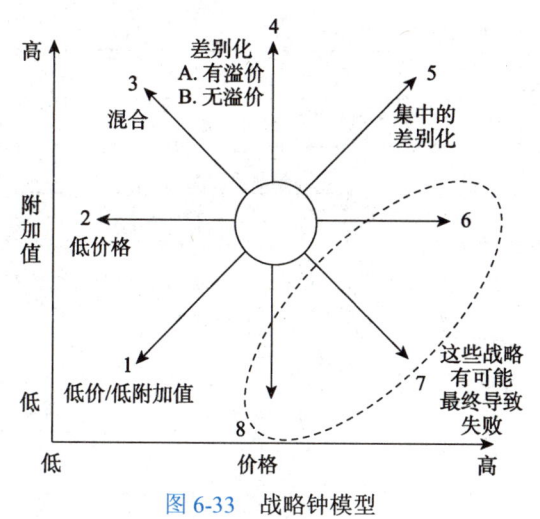

表 6-27 战略钟模型的战略选择

低价低值战略	采用途径 1 的企业关注的是对价格非常敏感的细分市场的情况。企业采用这种战略是在降低产品或服务的附加值的同时降低产品或服务的价格
低价战略	采用途径 2 的企业是建立企业竞争优势的典型途径，即在降低产品或服务的价格的同时，包装产品或服务的质量。但是这种竞争策略容易被竞争对手模仿，也降低价格。要想通过这一途径获得成功，企业必须取得成本领先地位。因此，这个途径实质上是成本领先战略
混合战略	采用途径 3 的企业在为顾客提供可感知的附加值同时保持低价格。而这种高品质低价格的策略能否成功，既取决于企业理解和满足客户需求的能力，又取决于是否有保持低价格策略的成本基础，并且难以被模仿
差别化战略	采用途径 4 的企业以相同和略高于竞争对手的价格向顾客提供可感受的附加值，其目的是通过提供更好的产品和服务来获得更多的市场份额，或者通过稍高的价格提高收入。企业可以通过采有形差别化战略，如产品在外观、质量、功能等方面的独特性；也可以采取无形差异化战略，如服务质量、客户服务、品牌文化等来获得竞争优势
集中差别化战略	采用途径 5 的企业可以采用高品质高价格策略在行业中竞争，即以特别高的价格为用户提供更高的产品和服务的附加值。但是采用这样的竞争策略意味着企业只能在特定的细分市场中参与经营和竞争
高价撇脂战略	采用途径 6、7、8 的企业一般是处在垄断经营地位，完全不考虑产品的成本和产品或服务队附加值。企业采用这种经营战略的前提是市场中没有竞争对手提供类似的产品和服务。否则，竞争对手很容易夺得市场份额，并很快削弱采用这一策略的企业的地位

(5) 三四矩阵

三四矩阵由波士顿咨询集团提出，用于分析一个成熟市场中企业的竞争地位，如图 6-34 所示。在一个稳定的竞争市场中，市场竞争的参与者一般分为三类：领先者、参与者、生存者。领先者一般是指市场占有率在 15% 以上，可以对市场变化产生重大影响的企业，如在价格、产量等方面；参与者一般是指市场占有率为 5%~15% 的企业，这些企业虽然不能对市场产生重大的影响，但是它们是市场竞争的有效参与者；生存者一般是局部细分市场填补者，这些企业的市场份额都非常低，通常小于 5%。

在有影响力的领先者之中，企业的数量绝对不会超过 3 个，其中最有实力的竞争者的市场份额又不会超过最小者的 4 倍。

这个模型是由下面两个条件决定的：

图 6-34 三四矩阵

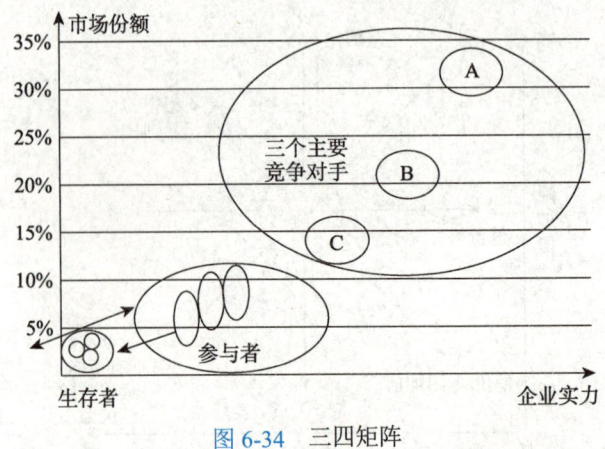

① 在任何两个竞争者之间，2 比 1 的市场份额似乎是一个均衡点。在这个均衡点上，无论哪个竞争者要增加或减少市场份额，都显得不切实际而且得不偿失。

② 市场份额小于最大竞争者的 1/2，就不可能有效参与竞争。

通常，上述两个条件最终导致这样的市场份额序列：每个竞争者的市场份额都是紧随其后的竞争者的 1.5 倍，而最小的竞争者的市场份额不会小于最大者的 1/4。

"三四规则"只是从经验中得出的一种假设，并没有经过严格的证明。但是这个规则的意义非常重要，即：在经验曲线的效应下，成本是市场份额的函数。

(6) 价值链模型

价值链模型最早是由波特提出的。波特认为，企业的竞争优势来源于企业在设计、生产、营销、交货等过程及辅助过程中进行的许多相互分离的活动，这些活动对企业的相对成本地位有所贡献，并奠定了企业竞争优势的基础。价值链模型将一个企业的行为分解为战略性相关的许多活动，企业正是通过比其竞争对手更廉价或更出色地开展这些重要的战略活动来赢得竞争优势的。

价值链列示了总价值，包括价值活动和利润，如图 6-35 所示。价值活动是企业所从事的物质上和技术上的界限分明的各项活动，这些活动是企业创造对买方有价值的产品的基石。利润是总价值与从事各种价值活动的总成本之差。

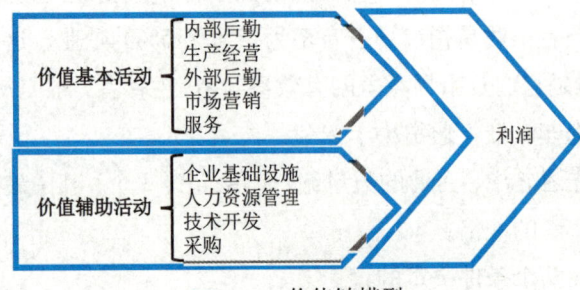

图 6-35 价值链模型

价值活动分为两大类：基本活动和辅助活动。基本活动是涉及产品的物质创造及其销售、转移买方和售后服务的各种活动。辅助活动是辅助基本活动，通过提供采购投入、技术、人力资源以及各种公司范围的职能支持基本活动。

价值基本活动的类型如表 6-28 所示。

表 6-28　价值基本活动的基本类型

内部后勤	与接收、存储和分配相关联的各种活动，如原材料搬运、仓储、库存控制、车辆调度和向供应商退货
生产作业	与将投入转化为最终产品形式相关的各种活动，如机械加工、包装、组装、设备维护、检测等
外部后勤	与集中、存储和产品发送给买方有关的各种活动，如产成品库存管理、原材料搬运、送货车辆调度等
市场营销	以提供买方购买产品的方式和引导它们进行购买相关的各种活动，如广告、促销、销售队伍等
服务	与提供服务以增加或保持产品价值有关的各种活动，如安装、维修、培训、零部件供应等

价值辅助活动的基本类型如表 6-29 所示。

表 6-29　价值辅助活动的基本类型

企业基础设施	企业基础设施支撑了企业的价值链条
人力资源管理	涉及所有类型人员的招聘、雇佣、培训、开发和报酬等活动，不仅对基本和辅助活动起到辅助作用，还支撑着整个价值链
技术开发	每项价值活动都包含着技术，无论是技术诀窍、程序，还是在工艺设备中所体现出来的技术
采购	购买用于企业价值链各种投入的活动，既包括企业生产原料的采购，也包括辅助活动相关的购买行为，如研发设备的购买等

企业价值链分析的目的在于分析公司运行的哪个环节可以提高客户价值或降低生产成本。价值链的框架是将链条从基础材料到最终用户分解为独立工序，以理解成本行为和差异来源。通过分析每道工序系统的成本、收入和价值，业务部门可以获得成本差异、累积优势。

（7）ROS/RMS 矩阵

ROS/RMS（Return Of Sales/Relative Market Share）矩阵，也称为销售回报和相对市场份额矩阵，主要用来分析企业的不同业务单元或产品的发展战略。这个模型认为，企业某业务单元或产品在市场上的销售额应该与其在市场中的相对份额成正比，并且该业务单元或产品的销售额越高，该业务单元或产品为企业提供的销售回报就越高（如图 6-36 所示）。

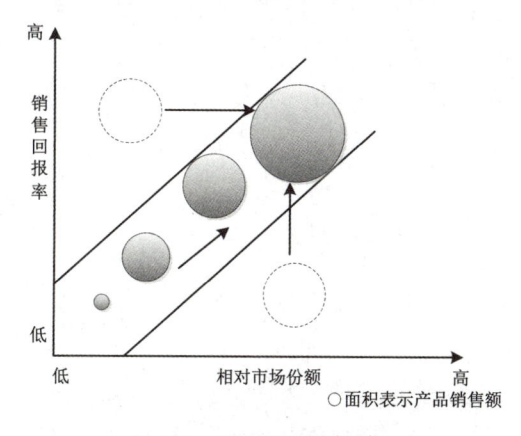

图 6-36　ROS/RMS 矩阵

企业的某种业务单元或产品的销售额在由低向高不断增加，其相对市场份额和销售回报也在一个"通道"内由低向高不断增加。如果该业务单元或产品的销售额增加，而其对企业的销售回报或相对市场份额降低，那么企业不应该在这个时候进入其他领域，应该着重改善这个业务单元或产品的经营状况。

本章小结

信息分析成果评价是信息分析工作的重要组成部分，科学评价信息分析成果是提升信息分析能力的必要前提。在学习本章介绍的信息分析成果评价的目的、意义、基本依据、主要流程和常用方法的基础上，结合实际应用案例，读者应理解信息分析成果评价的全过程，掌握信息分析成果评价中常用的方法、技术和技巧。

思考与练习

6-1　科技信息分析的基本特点和主要内容是什么？

6-2　社会信息分析的基本特点和主要内容是什么？

6-3　经济信息分析包括哪些主要内容？

第 7 章 信息分析人才

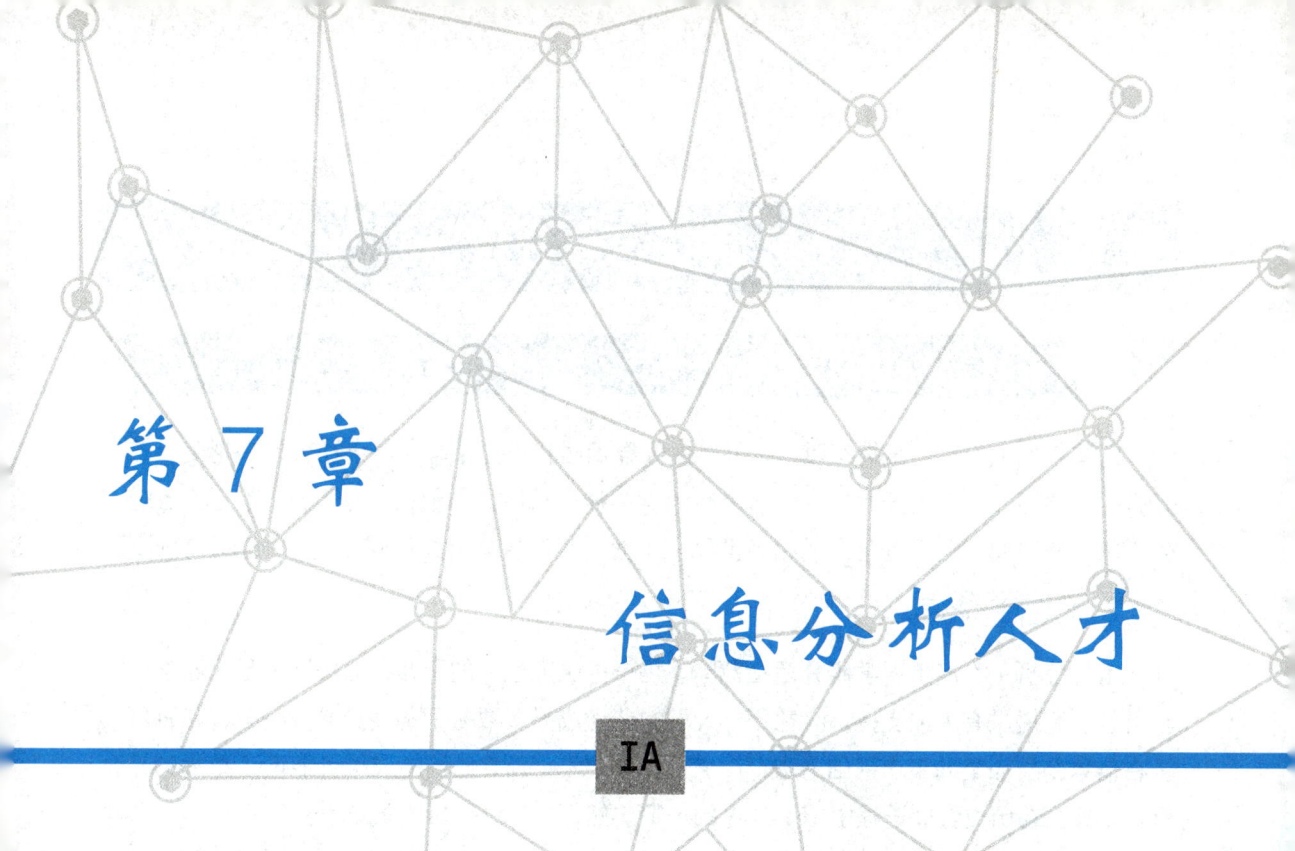

IA

随着信息分析模式的转变,信息分析关键技术的日趋复杂,高素质的信息分析人才日益受到社会的重视。据统计,我国从事信息分析相关工作人员缺口将近300万人,及时培养一批熟练掌握信息分析方法、技能和分析软件以及能够进行一定程度的灵活编程、具备较强信息分析表达能力的高素质信息分析人才,已成为我国信息服务产业可持续发展的关键点。

本章立足国内,重点论述信息分析人员素质与能力、信息分析人才结构及其优化、信息分析人才培养等方面的问题。

本章重点

- 信息分析人才应具备的基本素质和能力
- 信息分析人才结构的定义及组成要素
- 信息分析人才结构的客观规律
- 信息分析人才结构的优化
- 我国信息分析人才的培养措施

7.1 科技信息分析

7.1.1 科技信息与科技信息分析

近些年的大数据热度持续攀升，可以说大数据时代已经来临。当今社会越来越突显信息分析的重要性，很多人开始投身于这个行业。同样，从庞大的数据中挖掘出有价值的信息，分析出未来走向，对于企业来说相当重要。下面介绍信息分析人员应当具备的基本素质。

1．思想道德素质

信息分析工作属于科学研究活动范畴，是一种服务性质的工作，工作目的是为科学决策和科学研究提供有力的支持。信息分析人员的劳动成果多数属于隐性成果，决策者和科研人员在信息分析人员的工作基础上进行决策，开展技术创新，他们的成果可能产生重大的社会影响，甚至在历史发展进程中留下浓重的一笔。然而，信息分析人员难以获得像决策者和科研人员那样的功成名就，也许根本无人知道是谁为成功者搭建了通往成功的阶梯。因此，信息分析人员应当具备甘当无名英雄，不计较个人得失的高尚品德。

信息分析人员还应该有严谨负责的工作态度。只有本着严谨负责的态度，才能保证数据的客观、准确。在企业中，信息分析人员可以说是企业的医生，他们通过对企业运营数据的分析，为企业寻找症结及问题。一名合格的信息分析人员应具有严谨、负责的态度，保持中立立场，为决策层提供有效的参考依据；不应受其他因素影响而更改数据，隐瞒存在的问题，这对企业发展是非常不利的，甚至会造成严重后果，而且信息分析人员从此以后所做的信息分析结果都将受到质疑，因为他已不再是可信赖的人。所以，信息分析师必须持有严谨负责的态度，这也是最基本的职业道德（华矩数诊台，2021）。

2．文化素质

信息分析人员应具有较高的理论素养和人文素养，熟练掌握情报学理论和现代信息技术，有较强的文字表达、外语阅读与交流、计算机应用能力，具有较强的组织能力和良好的交际能力。同时，信息分析人员应是具有广阔的知识面的通才。所谓通才，是指具有信息分析专业知识又知识渊博、思路开阔的人。唯此，他才能高瞻远瞩、视野宽广。理想的信息分析人员应该既了解自然科学知识，又熟悉社会科学知识。这也是信息分析综合化发展带来的要求。

因此，信息分析人员要更加注重知识积累。"冰冻三尺非一日之寒"，任何人从事信息分析工作都不可能信手拈来，注重积累是十分必要的。首先，积累的过程是一个加强学习、不断提高自身素质的过程。信息分析人员的理论水平、政策水平、业务能力、文字表达能力的提高靠的是平时孜孜不倦的学习。信息分析人员应当把握正确的政治方向，努力学习法律法规知识、信息技术等新知识、新技能，全面提高自身素质，为能写出高质量的信息分析报告打下坚实的基础。其次，积累的过程也是一个兼收并蓄、不断创新的过程，在丰富积累的基础上进行创新是积累的目的。因此，信息分析人员不但要多留心资料和素材的搜集，积累大量的内容新、构思巧、思想性强的文字材料，而且要通过多看、多思、多想，对搜集来的资料进行认真的梳理汇总、消化吸收，将其变成自己的知识，提出自己的独到见解。只有这样才能有所提高，有所长进。

3. 业务素质

信息分析人员应掌握信息分析的基本原理及信息采集、整理、检索、存储、分析、利用等信息分析工作核心环节的先进技术和方法，在信息分析活动中尊重事实，尊重客观规律，洞察信息分析的发展走向，了解信息服务业的发展方针和政策。此外，信息分析是一项科研工作，也是一种社会活动。信息分析人员要学会交朋友，要有较强的社会活动能力。信息分析人员之间要加强学术交流，沟通信息，增长见识，吸收先进的信息分析技术和方法，提高信息分析的质量和水平。

只有业务精通才能把握重点，有的放矢。业务方面的学习需要长时间的积累，一名优秀的信息分析人员需要很长的周期，在学习中要循序渐进，可以多研究别人的分析方法和分析报告，及时了解自己的弱点，在工作中不断提高自己的业务能力，不断进行业务上的知识积累和学习。

此外，信息分析人员写作能力要强。写作能力既是从事信息分析工作的基本功，也是干好信息分析工作的关键一环。一是熟练掌握基本的语法修辞知识，具备扎实的遣词造句能力，以及总结概括提炼能力，语言鲜明生动，表达流畅准确；二是具备较高的逻辑思维能力，论述说理严密，经得起推敲；三是掌握信息写作的特点、方法和技巧，选题角度要准，标题要新，导语要精，内容要丰，表现手法要活。

7.1.2 信息分析人员的基本能力

1. 信息认知能力

信息分析人员必须能够敏锐地意识到信息的价值和用户对于信息的需求，在此基础上对信息的价值进行充分的发掘和利用，并且利用现代化的信息分析技术和方法，使信息的价值在分析过程中实现最大效应的增值。

2. 信息分析能力

对于一个信息分析课题，信息分析人员能够科学地建立逻辑模型、数学模型和仿真模型，并用逻辑推理、科学分析和数学计算的方法，在确定或不确定的条件下，进行系统分析。信息分析工作不仅需要信息分析人员具有较好的思辨、分类、比较、归纳和综合的思维能力，还需要信息分析人员运用定量化的工具来进行分析测算。

3．信息可视化能力

信息可视化强调信息分析人员对信息内涵和信息分析结果的表示和展现能力，一图胜千言，信息复杂的内涵往往需要一定的专业背景知识才能够有效理解，而信息分析可视化可以提升普通人对于信息内涵和分析的结果的通俗理解、全貌窥探，以生动、有趣的图表等综合形式，对信息及分析结果进行表达。

4．信息创新能力

在科技进步和知识创新的大背景下，信息分析人员需要具备创新能力，不断提出具有创新意义的信息分析技术和方法，产出高质量的创新型信息分析成果。信息分析工作是一项复杂的系统工程，面临着很多不确定和思维发散的问题，因此，信息分析人员需要较强的创新能力（卢小宾，2021）。

7.2 信息分析人才结构

人才结构分析一般需要确定分析维度和员工分类维度。其中，分析维度一般包括年龄、性别、学历、证书、工龄、地域等，员工分类维度一般包括按管理非管理分、按职类分、按等级分等，集团公司还可以按子公司分。本文综合介绍用这两个分析维度来进行信息分析人才结构的分析。

7.2.1 信息分析人才结构的概念

1．信息分析人才结构的定义

信息分析人才结构包括信息分析人才个体结构和信息分析人才群体结构。信息分析人才个体结构是指由德、学、才、识、体等基本要素融合而成的有机统一体。信息分析人才群体结构是指构成信息分析人才队伍诸要素的比例及其相互关系。信息分析人才群体结构是多个体、多层次、多要素、多序列的立体动态结构，决定着信息分析人才队伍的整体素质和整体效能。信息分析人才群体结构是本章研究的重点。

2．信息分析人才群体结构的组成要素

信息分析人才群体结构主要包括职别结构、专业结构、智能结构、年龄结构、素质结构、能级结构、行业分布结构、地区分布结构等方面，上述方面既可独立成为信息分析人才群体

结构的组成要素，也可以结合起来作为信息分析人才群体结构的组成要素体系。考察信息分析人才群体结构是否科学合理，应从上述方面展开定性分析和定量分析，做出相应的统计和预测。

1）职别结构

职别结构是指从事不同类型信息分析工作的信息分析人才构成比例及其相互关系。例如，信息分析人才整体可以分为研究人员、技术人员、教育人员和管理人员。这种结构分析主要用于宏观调控、市场需求分析，制定信息分析人才总体培养目标和规划。

2）专业结构

专业结构是指信息分析人才群体内相关专业信息分析人才的比例构成和相互关系。随着信息社会的到来和知识经济的兴起，信息分析涉及的专业领域日渐增多。只有各种专业信息分析人才比例适当、密切配合，形成最佳的专业群体结构，才能发挥人力资源的最佳效能。

3）智能结构

智能结构是指不同智商和智能优势的信息分析人才合理配备的比例。人才学及心理学的研究表明，人才的智能是各不相同的，仅专职信息分析人员就有再现型、发现型和创造型之分。各类型信息分析人才只有互相配合、融为一体，才能取长补短、相得益彰。

4）能级结构

一般，信息分析人才群体结构应由初级、中级、高级知识和能力级别的人按合适比例构成。人们接受教育的程度不同，智力因素和后天非智力因素发展水平也各不相同，知识、技能、信息分析实践经验的多寡也不同，信息分析复杂程度和分工乃至所承担的责任亦有很大差别。只有各层次信息分析人才互相协调、密切配合、各尽其能、各司其职，信息分析人才群体才会有序而高效。

5）素质结构

素质有个人素质和群体素质之分。个人素质包括个人的先天禀赋以及后天的磨炼和修养，性格、气质、志趣、风度等属于个人素质的范畴。群体素质既是个人素质一致性的表现，又是成员间个人素质的协调和互补。群体素质的形成有赖于群体共识的形成，有利于减少摩擦和内耗，增强群体的战斗力和创新能力。信息分析人才群体素质的高低直接影响着信息分析的质量和水平。

6）年龄结构

年龄结构是指信息分析人才群体内不同年龄人员的比例构成及其相互关系。人才学理论研究和实践探索均表明，年龄与智力、体力的关系在人才个体的表现各不相同。科学构建信息分析人才群体的年龄结构，不仅可以提高群体思维的敏捷度，还可以使继承和创新有机结合，从而实现信息分析的可持续发展。

3．信息分析人才群体结构的客观规律

信息分析人才群体结构是伴随着信息分析人才个体的产生和组合不断形成和发展完善

的，有其自身固有的客观规律，主要体现在如下几方面。

1) 有序性

信息分析人才群体结构呈现出由无序到有序的逐步发展变化的过程。一方面，信息分析人才队伍的数量、质量、层次和结构要与外部环境相适应，即与信息服务产业发展、信息技术进步和社会需求相协调；另一方面，信息分析人才队伍的有序性又体现在内部结构合理化，包括专业结构合理化、年龄结构合理化、能级结构合理化等。

2) 系统性

信息分析人才队伍属于人造社会系统。设计和组织最优信息分析人才系统，必须运用系统论观点，从全局出发，正确处理各子系统之间、子系统与整体系统之间、系统与环境之间相互依存又相互制约的关系。

3) 比例性

比例是任何系统都需要考察的重要指标。信息分析人才群体结构是由多个体、多因素组成的有机整体，各种因素必须按科学比例合理配置，才能由要素量的增加发展到整体质的飞跃。对于大到一个国家、一种行业，小到一个地区、一个单位、一个团队，信息分析人才群体结构的比例都是至关重要的，只有把握好各种人才的群体结构，根据长期发展和任务需要，优化人才结构比例，才能实现单位投入产出最大化，才能实现良性发展。

4) 动态性

科学合理的信息分析人才群体结构不是一旦形成就处于静止状态，而是始终处于矛盾运动、发展变化与改革重组之中。信息服务产业的发展，信息技术的进步必然对信息分析人才结构的调整提出新的要求，如大模型在一定程度上颠覆了原有的信息分析模式，对信息分析人才的要求提出新的动态要求。信息分析人才个体及由其形成的信息分析人才群体必须结合新的社会需要，立足新一代科学技术和新的信息分析技术，在遵循自身发展客观规律的基础上，不断进行更高级、更科学的系统组合和创新发展，才能实现其社会效能。

7.2.2 信息分析人才结构的优化

1．优化原则

国际竞争归根到底是人才的竞争，这种竞争不仅是数量和质量的较量，还是配置合理有序的人才结构的较量。要充分发挥信息分析人才群体的规模创新效益，推进整个社会的信息化进程，信息分析人才结构的优化应遵循以下原则。

1) 策略性培养与战略性规划并重

人才的培养要面向未来，面向世界。随着信息时代的发展，对信息分析人才的要求也越来越高，不仅需要厚实的人文素养、健康的心理状态和良好的人际交往素质，也需要知识结构上的交叉整合和能力结构上的多元复合。传统的信息分析人才培养方式滞后于社会发展的要求，导致培养的部分信息分析人才不能适应信息服务产业发展的需要。因而，信息分析人才培养既要从策略上进行调整，也要以战略眼光进行超前性规划，使信息分析人才能不断开创拓新，适应市场需求。

2）数量优势与结构优势并重

要充分发挥信息分析人才资源的整体合力，不仅要注重信息分析人才数量的增加，也要提高信息分析人才的质量与优化信息分析人才的结构。只有设计合理的知识结构，优化不同层次信息分析人才的创新能力与创新素质，在具备信息分析人才数量优势的同时不断优化信息分析人才的结构配置，才能使信息分析人才群体创造出更大的社会效益。

3）人才优化与环境优化并重

信息分析人才是在一定的环境中形成的。政治机制、教育机制、市场机制、选拔任用机制、激励约束机制和人才成长的社会环境等，无不影响到信息分析人才的使用、流动、能力的培养、素质的优化、人才的空间分布等。因而，发挥信息分析人才的力量必须重视外部环境条件的建设，只有内外同时优，才能真正实现信息分析人才资源的合理配置。

2．优化措施

信息分析人才结构调整主要应从存量和流量两方面入手。所谓存量调整，就是增加信息分析人才资源供给，同时调整供给结构，加大各级各类信息分析人才的培养力度，尤其是高层次信息分析人才的培养。流量调整则是对现有信息分析人才的结构性调整，是指通过改革人才、科研管理体制，完善信息分析人才市场机制，促进信息分析人才在不同行业、不同地区的合理流动，充分发挥信息分析人才资源的作用。

1）完善教育制度

（1）改革高等教育体制

通过专业合并、院系调整，把信息分析方向学生的知识范围由过去狭窄的学科专业扩大到范围更广的学科群体。加大社会对信息分析教育的投入，主要体现在政府除了要加大对信息分析教育的投入，还要制定优惠政策，鼓励建立民办学校，引导资本进入信息分析教育事业，鼓励信息企业采取产学研合作方式把学校的基础研究与信息企业的应用性研究结合起来，利用信息企业为教学科研部门提供可观的科研经费。

（2）大力发展职业教育

改变信息分析职业教育追求学历教育、应试教育的模式，以信息分析技能训练为重点，走产教结合的道路，造就一批较高水平的技能型、技术型实用信息分析人才。政府要积极扶持信息分析职业教育发展。一方面，加大投入，按照教育经费增加的比例，提高信息分析职业教育补助款；另一方面，规范信息分析就业市场招聘行为，尽快在社会主要行业中建立明确的信息分析职业资格标准，落实信息分析职业资格证书制度，以改善信息分析专业方向毕业生就业状况，提高接收信息分析职业教育的收益率。要积极促进信息分析职业教育社会化，允许各种资本进入信息分析职业教育领域，拓展信息分析职业教育的供给渠道。

(3) 高校与信息企业合作开展继续教育

这将有利于集中双方优势形成特有的办学优势，信息企业不断向高校提供所需信息分析人才的数量、专业类型等信息，并及时反馈培训后的使用情况，从而使高校可以不断调整改进教学计划和课程设置，有针对性地培养信息企业所需的专业信息分析人员。

2) 改革人才管理制度

(1) 改革聘用和激励机制

加快建立信息分析人才市场，以拓宽和选拔信息分析人才的领域和渠道。积极探索年薪制、期股期权制等具有激励作用的报酬体系，对有突出贡献的信息分析人才进行奖励。为充分体现知识价值，建立智力产权制度，将技术、管理等智力因素同货币、设备、厂房等有形资产一样作为资本入股，智力拥有者持有这部分股份并参与分配，从而激励信息分析人才创新创业。在职称评、聘、管等环节建立起以竞争激励为核心的新机制。

首先，在指标的分配上，按业绩定人才，按人才定指标，实行组织推荐和个人自荐相结合的申报办法。

其次，组织专业的评价队伍，通过广泛的调查分析，在掌握不同岗位工作性质、难易程度、责任大小、工作环境的基础上，依据对不同专业背景信息分析人才在理论知识、专业技能和心理素质等方面的要求，建立信息分析人才评价标准，并采用心理测验、结构化面试、评价中心的技术和资格考试等多种科学的测评方法。

最后，要加强聘后管理，实行年终考核和平时考核相结合，打破职称终身制。改革按年龄退休的政策，实行按实际工作时间退休的政策。发展高级信息分析人才租借市场，实现人才资源共享。制定扶持政策鼓励各类企事业单位可根据自身工作发展需要，有偿租借相关企事业单位的高层次专业信息分析人才，从事企业管理、技术咨询、技术服务、项目开发、竞争情报系统构建等活动，并依法签订合同，按合同履行义务，享受权利，合同终止后，租借人才仍回原单位。在高级信息分析人才资源十分紧缺的情况下，实施信息分析人才租借方式能盘活高级信息分析人才，合理配置高级信息分析人才，缓解高级信息分析人才供求矛盾，以及高级信息分析人才地区分布和用人单位分布不平衡的问题，而且对于高级信息分析人才本身来说，兼职兼薪能更好体现自身价值。

(2) 采取综合措施，促进信息分析人才合理流动

为了保证信息分析人才资源流动的有序性和高效性，相关人事部门必须从原来的直接微观管理转向宏观间接管理，加强对信息分析人才资源的整体预测与规划。定期对本地区、本单位、本部门的信息分析人才数量、质量、分布结构、发挥作用状况等情况做出调查和统计；定期对本地区信息产业发展状况、发展规划前景和信息分析人才需求进行调查，加以综合分

析，从而对信息分析人才资源的配置方向、配置重点、配置结构等问题进行规划。

(3) 逐步完善信息分析人才市场建设

建立各种所有制形式的中介机构，既包括政府主办的职业介绍所，也包括私营的猎头公司和中外合资的人才银行等中介组织，并利用现代化手段建立不受行政区划限制的全国统一的开放性信息分析人才市场信息网络，在全社会范围内及时搜集、处理、发布和传递信息分析人才供求信息，帮助信息分析人才供求双方实现劳动交换。鼓励社会中介机构发展人事代理工作，重点为非国有经济单位、无主管部门的企事业单位和国有中小型企事业单位提供与档案管理有关的人事代理业务，包括：保存和传递人事档案关系，调整档案工资，评定技术职称，工龄计算，出国（境）政审等。还有与招聘有关的业务，如代理招聘信息分析人才、代理查询信息分析人才供求信息等。特别抓好信息分析专业方向毕业生的人事代理工作，为他们提供全程代理服务，解除他们的后顾之忧，促使他们按市场机制合理流动。

7.3 信息分析人才培养

7.3.1 国内信息分析人才培养现状

1．普通高校培养的信息分析人才数量少，质量参差不齐

由于政策的倾斜力度不够、投资不足、相关院校和专业较少、招生规模较小、本专科与研究生教育的协调发展不够，造成了普通高等教育对信息分析人才的培养缺口大、规模小，尤其是高层次复合型信息分析人才成为国内急需而短缺的高级专业人才。普通高校在信息分析人才的培养上存在着重数量轻质量、重知识传授而轻创造能力培养的陈旧观念，使本来短缺的信息分析人才在综合素质方面良莠不齐。

2．继续教育法制不健全

继续教育法规政策的不健全是影响我国信息分析人才继续教育发展的突出问题。由于缺乏国家的宏观调控，管理体制分散，重复浪费现象严重，致使信息分析人才继续教育内容难以提高和充实。在信息分析人才继续教育过程中，重文凭轻素质、重学历轻实践的现象普遍存在，并且在办学过程中，普遍规模小、方式少，致使现有从事信息分析工作的人员知识和技能结构多有欠缺，创新意识不强。

3．课程设置落后于市场需求

高校信息分析方向的课程设置基本上包括三部分：一是专业基础知识，二是不同学校的特色专业，三是信息分析最新理论成果和实践技术介绍。一些普通高等学校的课程设置以专业基础知识为主体，对于特色专业、信息分析最新理论成果和实践技术介绍则关注较少。有的学校甚至基本上没有自己的特色课程，只是照抄照搬其他学校课程设置。信息分析最新理论成果和实践技术介绍明显偏少，而且课程内容陈旧、滞后现象严重，无法适应竞争激烈的信息服务市场需求。

7.3.2 国外信息分析人才培养经验

国外信息分析人才主要集中于咨询业，因此借鉴国外咨询人才培养的经验对于我国信息分析人才的培养具有重要的启示作用。咨询业在国外被称为"智力服务业"，它的发展已成为衡量一个国家发展水平的重要标志之一。

1．美国

美国政府为了保证从业人员的高素质，在工程、技术、医疗、法律、会计等咨询领域，规定了执业资格标准。凡要获取执业资格者，要通过以下程序。

1）考试资格审查

考试资格审查主要有两方面。

① 学历：报考者需有美国政府承认的学士、硕士、博士学位，如果是在其他国家获得的学位，可根据政府规定的标准衡量。

② 资历：主要是工作经历和经验。例如，有学士学位、在咨询公司工作 2 年以上者，硕士以上学位、工作 1 年以上者，方可申请参加考试。

2）执业资格考试

获得考试资格的人参加资格考试，考试内容根据咨询领域不同而异，如工程资格考试（简称 ERT）的考试时间为 8 小时，内容除了包括工程设计、土木构造、选址等专业知识，还包括相关法律、税务、会计等方面的知识。

3）注册登记

考试合格后，要到政府部门进行注册登记，获取执业资格证书。如果在后来的工作中发生业务过失或有违背职业道德的行为，政府可随时取消其执业资格。获取执业资格的人才有独立注册公司的资格。这里讲的执业资格不是从业资格。从业人员可以不获取资格，但其咨询报告要有执业资格人的签字。

咨询业对从业人员有较高的素质要求，咨询从业人员大多是在实践中培养起来的。美国的各类大学未单独设置咨询专业，但是一般在大学高年级、硕士生和博士生课程中开设咨询选修课，目的是让学生毕业后适应咨询业的需要。教学方式主要是请咨询公司的从业人员讲授咨询公司的运作、有关法律问题、咨询程序、咨询方法和咨询案例等。除了课堂教学，还要派学生到咨询公司学习，费用由咨询公司支付，遇到问题可以得到咨询公司的帮助。咨询公司一般会支付较高的薪金（一位硕士生做 10 个左右的项目，可获得 1 万美元的报酬），也会提出非常严格的要求，这种培养方式对于培育优秀的信息分析人才、提高他们的专业素质效果显著。

2．德国

在德国，咨询公司对从业人员的素质要求是非常严格的，一般应具有某专业领域的专家资格，才可能进入咨询组织。录用时除了专业的学历要求，还强调资历、工作能力，一般要求有 4~6 年的行业工作经验。德国各咨询公司对咨询人员考核的主要内容包括实践能力、解决问题能力、分析判断能力、协调组织能力、表达能力、创造性、灵活性、上进心和事业心等。德国咨询产业的快速发展需要高素质的咨询人才，因此咨询企业采取增加合伙人，提供更多的带薪进修培训机会等各种手段吸引、稳定高层次、高水平的咨询人员，从而在竞争中立于不败之地。

德国各咨询公司很重视对咨询人员的培训，要求所有的咨询人员包括经理、项目负责人，每年都要有一定的学习培训时间。培训方法一般有送大学深造、专题讲座、内部交流经验等。德国咨询协会（BDU）也为其会员单位提供咨询人员培训。

3．日本

日本政府十分重视咨询人才的培养，除了向大学宣传培养咨询人才的迫切性，还鼓励企业举办咨询业务研究班，以吸收新的咨询知识和技术，加强企业之间的咨询人才流动。为了使咨询人员积累丰富的经验，日本政府还向国外派遣咨询项目的研究生，使他们接受实地训练，或通过外国教育来培养。

日本政府于 20 世纪 50 年代初期颁布了《中小企业诊断实施基本纲要》，建立了诊断士制度，将从事企业诊断咨询的专家任命为中小企业诊断士。要获得诊断士的资格必须通过实习及中小企业诊断协会的考试，还要向中小企业诊断协会进行登记，并经通商产业大臣批准。这样在一定程度上保证了诊断士的素质和企业诊断的水平（**冯之浚、张念椿**，1998）。

此外，日本尤其重视对科技咨询人才的培养，按照日本学者吉川弘之的说法，日本科技咨询体系具有"车之两轮"特征："一轮"为决策体系内具有"自上而下"特征，以综合科学技术创新会议（CSTI）为首，以审议会为主体的咨询体系；另"一轮"为决策体系外具有"自下而上"特征，以日本学术会议为首，以学术界或产业界组织为主的咨询体系，行政机构（府省厅及地方政府）内部的"决策体系内科技咨询"和来自学术界、产业界的"决策体系外科技咨询"两大部分，综合架构起日本科技咨询体系（**李慧敏等**，2021）。

7.3.3 信息分析人才培养模式

通过上述分析，我们构建出信息分析人才的培养模式，如图 7-1 所示。

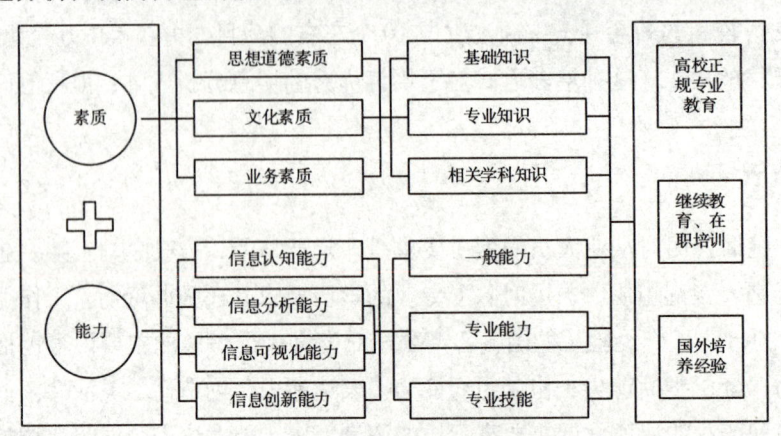

图 7-1 信息分析人才培养模式

1．知识融合

信息分析人员应具备的素质包括思想道德素质、文化素质和业务素质等。为了培养具备上述素质的信息分析人才，通过高校正规专业教育、继续教育和在职培训等教育方式，实现基础知识、专业知识和相关学科知识的有机融合。

① 基础知识，主要包括政治学、社会学、管理学、心理学、语言文字、逻辑、伦理道德、文化历史、社会科学基础、数学、自然科学基础、信息技术、艺术、体育卫生等方面的知识。

② 专业知识，主要包括信息科学与信息技术、信息分析理论与方法、信息分析最新成果与发展趋势、信息分析技术开发与应用、竞争情报、信息咨询、信息系统开发与设计、数据挖掘与商务智能等方面的知识。

③ 相关学科知识，主要包括情报学、计算机科学、系统科学、图书馆学、文献学、经济学、法学、信息资源管理、公共管理、工商管理等方面的知识。

2．能力提升

信息分析人员应具备的能力包括信息认知能力、信息分析能力和信息创新能力等。为了培养具备上述能力的信息分析人才，在高校正规专业教育、继续教育和在职培训等教育过程中可重点提升三方面的能力：一般能力、专业能力和专业技能。

① 一般能力，主要包括观察力、记忆力、注意力、理解力、分析力、预测力、自我认知能力和逻辑思维能力等。

② 专业能力，主要包括组织协调能力、综合分析能力、口头与书面表达能力、人际交往与合作能力、计划执行能力、自控与应变能力和创新能力等。

③ 专业技能，主要是业务操作方面的能力，包括信息采集、信息检索、信息可视化、信息资源管理、信息咨询、信息分析规划、信息分析组织、信息分析技术与方法创新、信息分析工具研发与应用、信息分析系统设计与维护等方面的能力。

7.3.4 我国信息分析人才的培养策略

1．明确信息分析人才的培养目标

创新型信息分析人才是我国信息分析人才的培养目标，我们可以通过三个层面来理解。第一层面，创新是指"首创前所未有的事物"的活动，是相对于模仿而言的，其结果可以是一种新概念、新设想、新理论，也可以是一项新技术、新工艺、新产品。第二层面，创新性思维是人在信息分析过程中产生的前所未有的思维灵感，主要由发散思维和集中思维两种形式构成。创新性思维具有流畅性、灵活性、独立性和缜密性四种品质。第三层面，创新型信息分析人才是指具有较强创造能力和习惯于创新思维的信息分析人才。

创新型信息分析人才应具备如下基本素质。

① 具有广博而精深的知识结构。创新型信息分析人才的知识结构应该既有广度，又有深度，也就是说，既要有深厚而扎实的情报学基础知识，了解相邻学科及必要的横向学科知识，又要精通信息分析专业知识并掌握信息分析的最新科学成就和发展趋势。这是从事信息分析工作的基本条件。

② 具有敏锐而准确的观察力。创新型信息分析人才的观察力应十分敏锐，能够见微知著，及时地发现别人没有发现的东西，能够及时洞察数据中的微妙线索，还应当是准确的，能够入木三分，发现分析对象的本质和真谛。

③ 具有严谨而科学的思维能力。创新型信息分析人才的思维必须严密，以保证在对信息进行分析、综合和判断时做到准确无误。但同时这种思维不是僵化的，要符合信息分析的思维规律，往往要有打破常规的思维方式，独辟蹊径，走别人没有走过的路。

④ 具有丰富的甚至是奇异的想象力。信息分析是对信息和知识的探索，而想象力是这种探索的魔杖。一定意义上，没有想象力就没有信息分析。

2．完善信息分析人才的培养体系

在信息分析人才培养过程中，要构建适合中国国情的，多元化的培养体系。其宗旨是在信息分析人才专业教育基础上，大力发展各种类型的资格认证教育、普及性的计算机教育和专门性的信息技术培训。

1）信息技术认证

我国信息技术认证主要由工业和信息化部教育与考试中心牵头进行。目前，我国信息技术认证已经同国际接轨，大量国际普遍通行的技术认证已经进入了中国，如 MSCE、Cisco、Oracle、SAP 等。这既是对我国高校信息分析人才专业教育的有机补充，也对高校信息分析人才专业教育提出了挑战。各大高校应该结合信息服务市场发展的需求，适时改革和完善信息分析人才培养机制，以保持市场导向中的教育主体地位，并为推进社会信息化，发展信息服务产业提供更为显著的智力支持和更为优秀的人力资源保障。

2）国家信息分析师认证

国家信息分析师认证项目是由工业和信息化部批准设立，由国家信息化培训认证管理办公室管理的国家级培训认证项目。根据国家信息分析师培训认证项目（Information Analysis Training Certify Program）的定义，信息分析是指以社会用户的特定需求为依托，以定性和定量研究方法为手段，通过对文献信息的搜集、整理、鉴别、评价、分析、综合等系列化加工过程，形成新的、增值的信息产品，最终为不同层次的科学决策服务的一项具有科研性质的智能活动。信息分析人才就是从事这类智能活动的专业人员。

我国信息分析人才的从业群体主要来自三大部门——企业、政府、非政府组织。

① 企业部门：企业市场调查人员、CIO、CFO、竞争情报研究人员等。

② 政府部门：公共政策调研人员、电子政务主管、政府市场监管人员、政府规划和投资管理人员、公共卫生和社会保障管理人员、政府科技管理人员、政府其他信息管理人员等。

③ 非政府组织：各类R&D机构的情报研究人员、生产力促进中心等科技条件平台经营管理者、科技中介和知识产权交易服务从业者、资产评估与产权交易服务人员、大学信息科学、经济学和管理科学方向的教师和学生、市场调查和资讯分析咨询人员、各类研究院所的信息中心从业者、各类图书馆从业者、非政府组织网站等信息平台从业者、非政府组织其他信息管理人员等。

3）调查分析师认证

调查分析师资格认证是指调研咨询专业人士的资格认证，是由国家统计局教育中心及教育部考试中心联合发起认证的，严格评估调研咨询人员知识技能是否具有高品质的资格认证考试。其目的是给调研咨询人员提供统一的行业标准。2006年4月29日，调查分析师职业作为第六批新职业，由劳动和社会保障部面向社会发布，从而成为调研咨询行业最权威的认证考试。

调查分析师证书共设有三个层次，学员可根据其学历和专业，参加相应层次证书的课程学习，并在相关工作岗位实践后，成为调查分析的专门人才。

① 初级调查分析师证书。该证书获得者一般应具备的能力包括：能够完成较小规模调查的方案设计；能够指导现场调查；能够进行信息搜集及简单的数据处理工作；能够撰写简要的调查分析报告。

② 中级调查分析师证书。该证书获得者一般应具备的能力包括：能够完成一般规模调查的方案设计、问卷设计和抽样设计；能够指导现场调查，组织相关技术培训；能够熟练进行信息搜集、数据处理、分析与预测等工作；能够撰写较高质量的调查分析报告，提出有一定实用价值的决策建议；能够独立组织一般规模的调查研究活动，承担调查技术方面的咨询、

管理协调等工作，解决相关技术问题。

③ 高级调查分析师证书。该证书获得者一般应具备的能力包括：能够完成较大规模调查的方案设计、问卷设计和抽样设计；能够指导现场调查，组织相关技术培训；能够熟练运用现代统计分析方法进行信息搜集、数据处理、分析与预测等工作；能够及时掌握行业动态，有针对性地进行分析研究活动，撰写高质量的调查分析报告，提出有决策价值的建议；能够独立组织较大规模的调查研究活动，负责调查技术方面的咨询、管理协调等工作，解决相关技术问题（**国家统计局**，2004）。

要获得调查分析师专业认证，考生须达到国家统计局教育中心及教育部考试中心规定的对调研咨询专业知识的掌握程度及其相应的工作经验和要求；同时，获得调查分析师证书的专业人员应继续从事咨询工作，以不断适应调研咨询发展的要求。2014 年 1 月 1 日起，不接受新考生报名。

4）企业竞争情报人才培训

目前，国内多家信息分析机构和信息服务单位开展了企业竞争情报人才的培训工作。例如，某竞争情报研究院成立于 2002 年，是我国从事竞争情报人才培训的专业机构。经工业和信息化部授权，建立了中国企业竞争情报咨询与培训中心，以推进竞争情报在中国企业的普及与应用为宗旨，在全国范围内开展企业竞争情报人才的培训工作（**中国竞争情报咨询与培训中心**，2023）。

5）IT 管理咨询师技术资格培训

工业和信息化部电子行业职业技能鉴定指导中心推出了信息技术管理咨询师（Information Technology Management Consultant，ITMC）技术资格认证项目，是我国信息化管理咨询人才的考核培训项目，为从业人员确立了国家职业标准。

ITMC 项目具有以下三大特点：

① 复合型内容。ITMC 项目设置了 ERP、CRM、SCM、PDM、IT 服务管理五个专业方向，由软件厂商、高等院校、知名咨询公司的专家负责课程设置、教材编写等工作，在传授基础知识的同时，介绍多种主流厂商的产品，重点培养受用人单位青睐的复合型人才。

② 注重综合能力。ITMC 认证培训采用项目学习法，注重培养考生的综合能力。考生将参与企业信息化项目的全部运作过程，包括项目分析、设计、实施、管理等，学习所需的知识和技巧，不仅包含相关信息技术，还包含分析问题的能力、根据分析进行总体设计的能力、将设计方案付诸实施的能力、在实施过程中排错的能力、团队合作能力等。

③ 权威性证书。工业和信息化部教育与考试中心负责 ITMC 项目的考试和管理工作，保证证书的权威性、中立性和规范性。同时，ITMC 项目实行教考分离，使 ITMC 证书的含金量与企业信息化领域唯一的国家权威职业技能标准相匹配。

ITMC 资格认证项目为中国企业培养了一批集管理知识和信息化技能于一身的复合型人才，也充分表明了我国政府对解决企业信息化人才问题的决心和力度（**网易新闻中心**，2013）。

此外，现阶段管理咨询人才的培养应突破以往以知识为核心的人才培养观，构建以实践为核心的人才培养观。其本质是场域、习性和资本在管理咨询人才培养中的协同作用，三者的共同作用构建人才培养的实践逻辑。高校和企业两者结合，使学生期间掌握 ERP 管理咨询人才具备的理论知识，并且得到企业直接的实践经验和技能的指导。校企合作是学校和企业就相关的知识、专业技能，进行教学与训练方面的合作，以从事职业或技术训练与教育的工作。整个管理咨询人才培训贯穿大学四年的四个阶段，每个阶段的实践者由学校教师、企业咨询顾问、企业信息化的关键用户和学生，每个阶段包含不同的实践活动和实践工具（叶文晖，2018）。

3．加强信息分析人才的高等院校专业教育

高校作为信息分析人才培养的重要基地，应构建科学规范的信息分析人才培养模式，顺应信息分析整体化和综合化的发展趋势，合理安排课程比例，培养具有坚实的信息分析基础理论知识，熟练掌握现代信息分析技术与方法，并且精通一个或几个学科领域知识的复合型、应用型信息分析人才。

信息分析专业的培养方案和课程设置应紧紧围绕信息分析人才的培养目标来确定。宏观上为国家信息化建设的需要，培养能够提供信息分析服务的专业人才；微观上突出复合型人才的培养，既重视基础教育和专业知识教育，又加强技术实践与创新能力的培养。

目前，我国已经形成一个以图书情报与档案管理一级学科为核心的信息分析学科群。部分高校已经利用办学自主权在硕士研究生、博士研究生层次开设了"自主型"信息分析专业或专业方向，如武汉大学、北京大学、南京大学、中国人民大学等，信息分析课程已经在相当一部分高校普遍开设。可以说，在我国信息分析人才的高校正规专业教育已初具规模，但与国家信息服务产业发展和信息化建设对信息分析人才的需求相比，还存在较大的差距。政府应加大扶持力度，鼓励高校设立信息分析及其相关专业，扩大招生规模，提高培养质量，以满足社会发展需要。

4．强化信息分析人才的继续教育和在职培训

高校作为信息分析人才培养的主要承担者，目标是培养具有信息分析基础能力的专业人才，而不是直接上岗的信息分析人员。特定组织需要的信息分析人员具有其特定的成长道路。因此，继续教育和在职培训应该成为信息分析人才培养的有效补充方式。对于不同岗位人员进行有针对性的信息分析能力培训，可以极大地缓解我国信息分析人员严重不足的局面，提升信息分析人员的质量和水平。

开展继续教育和在职培训必须立足我国基本国情，以信息分析人员继续教育和在职培训为重点，注重继续教育和在职培训的规模、结构、质量和效益相互协调。在努力拓展继续教育和在职培训资源、途径和机会的同时，加强质量管理，探索建立质量保障体系。完善继续教育和在职教育市场准入，规范继续教育和在职培训招生、办学、考试和发证。改革继续教

育和在职培训内容和方法，以提高信息分析人员的信息分析能力为重点，注重新知识、新技术、新方法、新工具的学习和专业技能的培养。

5．构建信息分析人才产学合作培养模式

在信息分析人才培养过程中，应形成"以产助学——以学兴产"的良性循环模式。充分利用高校和信息分析企业（机构）不同的教学环境和教学资源以及各自在人才培养方面的优势，将知识和实践能力结合，从而解决学校教育与社会需求脱节的问题，缩小学校和社会对信息分析人才培养与需求之间的差距。具体做法如下。

1) 建立合作办学机制

组建由高校负责人与信息分析企业（机构）负责人及有关部门专家组成的董事会，定期研讨信息分析教育问题，共同制定并实施信息分析人才培养方案。除了国家拨付的教育经费，双方应共同努力多渠道筹措办学经费，不断改善教学条件，增强信息分析教育的综合实力。

2) 建立定期交流机制

信息分析人员要定期到高校承担一定的教学工作任务，教师也要定期到信息分析企业（机构）从事信息分析实际工作，实现两类人员在教育和信息分析实际工作部门的相互交流。人事部门要建立两类人员交流激励机制，两类人员都要纳入人事定编，并计算工作量。

3) 建立培养与使用配套机制

高校培养信息分析人才是为了信息分析企业（机构）使用，信息分析企业（机构）要获得好的信息分析人才主要靠高校培养。培养与使用实质上是一个问题的两方面，相互依存，相互促进，密不可分。因此，信息分析企业（机构）要同高校一样，把信息分析人才培养纳入自己工作的轨道。高校培养信息分析人才既然是输送给信息分析企业（机构）使用，因而就要考虑所培养的信息分析人才能否学以致用。这样也就解决了培养的不管使用，使用的不关心培养、不承担培养义务等，培养与使用不配套问题，实现了信息分析人才培养与使用的一体化。

6．营造良好的信息分析人才培养环境

1) 从战略高度认识我国信息分析人才的流失问题

应充分认识我国的信息分析人才外流的严重性。虽然我国的信息服务业发展迅速，但起步晚，底子薄弱，人才短缺是信息服务业持续发展的主要障碍。如果不尽快采取行动，留住信息分析人才这一核心资源，势必影响我国信息服务业的可持续发展。

为此，政府要切实发挥宏观调控的职能，出台相关法规政策，切实保护信息分析人才的合法权益，特别是知识产权，同时遏制信息分析人才的恶性竞争，规范人才市场；建立国家及各省市区的信息分析人才库，及时发现人才流失问题，做好信息分析人才的供需规划，发布相关需求信息，并以海外信息分析机构为桥梁，开拓海外信息分析人才引进渠道，吸引国内外信息分析人才；同时，积极建立良好的创业服务环境和创业文化环境。

2) 多途径培养信息分析人才

我国应采取多种途径培养造就适应信息服务市场需求的信息分析人才，具体方法包括：

① 充分利用现有的高校，增设对口专业，开设相应课程，增加招生人数，培养信息服务产业急需的信息分析人才。

② 采取与高校合作办学，采取走出去、请进来的办法，就地就近利用现有的教学条件实施在职教育，提高现有信息分析人员的素质。

③ 通过与国外合作办学、合作开发项目、派出优秀人才到国外学习等途径培养信息分析人才。

④ 采取在线教育方法培训信息分析人才。

⑤ 加强行业间的人才交流，有意识地选拔优秀信息分析人才到不同行业工作学习，提高信息分析人才素质。

⑥ 将国际认可的信息分析人才资格认证作为依据，开发适合中国国情的信息分析人才认证项目。通过政府和行业协会，建立信息分析人才培训基地，对信息分析人才进行重点培训，改进培训方法，使得培训的方法和内容与国际接轨。

3) 提高信息分析人才教育师资队伍的素质

(1) 本土师资培养

高校信息管理学院（系）以择优录取的方式选聘一定名额的骨干教师，采取国家拨款和自筹经费相结合的办法，增强科研经费支持力度，提高科研、教学质量及实验室配置水平；设立高等院校优秀青年教师的科研和教学奖励基金，每年评选一定数量的取得重大科研成果的教师，给予经济奖励。

增设博士专项奖学金，提高高等院校信息分析专业方向博士生的培养质量；每年评选一定数量的具有创新水平的优秀博士论文，对于获奖后留校工作的博士，给予支持其科研、教学工作的优惠政策。这样造就一批具有世界先进水平的人才结构合理的本土师资队伍。

(2) 引进国际人才

在高校信息管理学院（系）设立一批特聘教授岗位，面向国内外公开招聘优秀的学术带头人进入岗位。从国内外吸引一批能够领导本学科进入国际先进水平的优秀学术带头人，使信息分析人才教育及时跟踪国际发展的前沿，成为创新型信息分析人才培养的基地。

加强国际学术交流合作，除按现有留学基金制度继续派遣短期访问学者之外，由国家资助、选拔高校信息分析专业方向的骨干教师作为高级研究学者有针对性地到国外一流大学进行学术交流；邀请海外知名学者特别是世界一流大学的教授任国内大学客座教授，来华进行定期讲学和研究；鼓励留学人员回国服务或其他方式，为提高我国信息分析人才教育水平贡献力量。

本章小结

　　本章主要介绍了信息分析人员应具备的基本素质和能力，分析了信息分析人才结构的定义与组成要素，探讨了信息分析人才群体结构的客观规律，并在此基础上提出了信息分析人才结构优化的原则和措施。同时，本章针对国内信息分析人才培养现状及存在的问题，借鉴国外先进经验，构建了信息分析人才培养模式，并从培养目标、培养体系、专业教育、在职培训、产学结合与培养环境等方面，探讨了我国信息分析人才的培养策略。

思考与练习

7-1 信息分析人员的基本素质与能力有哪些？
7-2 简述信息分析人才结构的组成要素。
7-3 如何优化信息分析人才结构？
7-4 国外信息分析人才培养的特色是什么？
7-5 简述信息分析人才培养模式的构成。
7-6 简述我国信息分析人才的现状与培养对策。

第 8 章

信息分析机构

IA

　　信息分析机构是信息分析活动的执行部门，由它产出的信息分析报告小到影响一个企业的生产规划、经营决策和市场战略，大到影响一个国家经济、社会、科技政策的制定。因此，加强信息分析机构管理，产出高质量的信息分析产品是信息分析领域十分重要的研究课题。

　　本章首先介绍信息分析机构的概况，如信息分析机构的界定、分类、地位和作用、发展趋势等，然后阐述信息分析机构的宏观管理和微观管理，并借鉴国外经验，分析国内信息分析机构管理的现状与发展趋势。

本章重点

- 信息分析机构的主要类型及其作用
- 信息分析机构的发展趋势
- 信息分析机构的宏观管理内容与优化策略
- 信息分析机构的微观管理内容与改进策略

8.1 信息分析机构概述

8.1.1 信息分析机构的界定

大数据时代，数据信息具有体量巨大、类型繁多、价值密度低和快速流转等特征。在这样的数据环境下，决策者如何做出正确的决策很大程度上不在于所掌握的显性数据量，而是取决于所掌握的绝对有价值的信息量以及对各种信息的有效分析和预测能力。然而，任何一个决策者都不可能仅仅依靠自身的能力就可以获得所需的全部有价值的决策信息，因此专业的信息分析机构在大数据时代受到了前所未有的重视，他们利用专业的信息收集、整理、分析、挖掘的技能，为决策者提供决策时所需的专业信息分析报告。信息分析机构的作用，从小的方面，可以影响一个企业的生产规划、经营决策和市场战略，决定企业的发展方向与规模；从大的方面，关系到一个国家经济、社会、科技政策制定得正确与否，某种程度上决定着一个国家的发展进程和国际地位。

虽然人们对信息分析机构的社会地位给予了充分认可，但是业界对信息分析机构并没有一个普遍认可的定义。目前，社会上对信息分析机构存在一种广义的理解，即所有从事有关信息分析活动的、能够为决策者提供特定问题解决方案的组织机构都属于信息分析机构。这个广义的理解除了包括专门从事信息分析的机构，还包括管理咨询公司、技术咨询公司、工程咨询公司等一切与信息分析有关的机构。为了明确本章研究的范围，本章根据信息分析活动的主要过程和内容，对信息分析机构进行狭义的界定，即信息分析机构是指能够独立承接客户委托的信息分析项目，根据双方达成的协定内容，由专业信息分析人员运用各种信息分析工具和分析技术，采用不同的分析方法，对已知项目的各种信息进行分析、综合、预测，最后以信息分析报告的形式完成客户委托项目的专业组织。具体包括信息研究机构、咨询机构、政策研究中心、市场调研机构、智库组织等。

8.1.2 信息分析机构的类型

1．从管理主体角度，可以分为官办、半官办和公司性质的信息分析机构

1）官办性质的信息分析机构

官办性质的信息分析机构是指直接由政府部门管辖，是政府机构中的一个职能部门。例如，美国国家技术信息服务局（National Technical Information Service，NTIS）是美国商务部下辖的联邦机构，负责为各联邦政府机关提供创新数据服务，借此推进联邦数据优先倡议、建立卓越运营并实现任务成果，其使命是搜集、分析信息并向联邦政府部门提供信息分析产

品和服务，其信息来源于 200 个以上的政府机构，其地位由美国法典（the United States Code）第 15 部第 23 条规定；1988 年通过的《国家信息技术法》（National Technical Information Act）再次明确该机构是联邦政府的一个永久职能机构，在国会未批准的情况下不得削弱或私有化，但可以进行一些联合投资项目；信息来源由 1992 年通过的《美国技术卓越法》（American Technology Preeminence Act）来保障，该法律规定：NTIS 能够获取联邦政府所有机构中有关科技的报告备份；同时，NTIS 可以通过收取费用回收信息收集、分析的成本。

我国的官办信息分析机构主要是附属于某政府机关，负责该机关委托项目的信息分析机构。例如，国务院发展研究中心是从事综合性政策研究和决策咨询的国务院直属事业单位，贯彻落实党中央关于政策咨询研究工作的方针政策和决策部署，统筹国内外发展研究资源，不断提高综合研判和战略谋划能力，为党中央、国务院提供政策建议和咨询意见。在组织机构、人事管理等方面与所属的行政部门一致，经费主要来源于政府拨款，无营利性质。

国际上判断一个信息分析机构是否为官办性质，主要看它每年签订的信息分析项目合同总数中来自政府部门的数量，如果 80%以上是政府部门委托的项目，就属于官办性质的信息分析机构。

2）半官办性质的信息分析机构

半官办性质的信息分析机构是指机构中 50%以上的信息分析项目来自政府部门，其余项目来自社会有关部门委托的信息分析机构。这类机构具有法人地位，为社会服务时要收取费用，其收入除了用于信息分析成本，余下部分作为本机构的发展基金。例如，德国经济信息研究会（CESifo）是一个主要从事应用经济研究，向政府、公众提供决策咨询，为研究人员、经济界、政府和公众服务提供科学方面服务的信息分析机构。它是注册性公益协会，管理层由董事长和总经理构成，规定不允许创造利润，但需要保持收支平衡。目前，其每年经费大约 1400 万欧元，其中 2/3 的经费来源于政府投入（依据基本法第 20 项 91B 条款的资金资助），1/3 来源于全球范围内的项目竞争。前者以权威研究成果作为前提条件，每 6~7 年审核一次；后者的委托方主要有联邦政府各州、经济界、欧盟等。

我国一些地方性的科技信息研究所可列入此类，这类机构虽然可以承接一些社会委托项目，但本质上仍属于非营利性组织，不设定经营指标。

3）公司性质的信息分析机构

公司性质的信息分析机构是指经由政府相关部门审批或审核的、具有一定数量的资金和办公人员、拥有办公地点的信息分析组织。这种性质的信息分析机构实行公司化管理，自主经营、自负盈亏，完全以其提供的信息分析产品或信息分析服务来获取利润、维系生存并保证适度发展。它们的服务对象包括各级政府部门，但更主要的是为各类企业提供服务。这种服务是在双方就某方面的信息分析项目签订合同的前提下进行的，其信息分析成果与其他商品一样参与市场竞争，其生产、销售、分配都要遵循市场机制，其质量由价格杠杆来调整。美、德、日等国的信息分析机构大部分属于这种性质，发展的历史比较长。我国是在 20 世纪 90 年代中后期，随着市场经济体制改革的深入和信息服务业的飞速发展，产生了一批公司性质的信息分析机构，如零点研究咨询集团、新华信国际信息咨询有限公司、艾瑞咨询等。

2．从规模角度，可以分为大、中、小型的信息分析机构

很多国家根据服务业的发展阶段和发展水平，对信息分析机构进行大、中、小型的划分。这样的划分一方面有利于政府对于不同类型的信息分析机构采取不同的宏观管理，另一方面有利于信息分析机构的自身定位，采用不同的微观管理。以公司性质的信息分析机构划分为例，虽然各国的划分标准并不统一，但多数国家把公司性质的信息分析机构纳入服务业，根据服务业规模的标准对其进行划分。

目前，从各国划分的标准来看，既有单纯从"量"和"质"的角度来划分的，也有从定量与定性相结合的角度来划分的。"量"的界定主要通过员工人数、资金金额、营业额等指标；对于"质"的规定虽然各国尚不统一，但基本上是从独立所有、自主经营和市场份额三个方面来考虑。例如，美国《小企业法》对中小型服务企业划分的规定是："凡是独立所有和经营，并在某行业领域不占有支配地位的企业均属于中小型服务企业"。因此，美国的小企业管理局对中小型服务企业做了定量划分，即三年平均营业额未达 59 万美元的企业（黄家镇，朱涛，2017）。日本的《中小企业基本法》界定中小型服务企业的标准主要有两条，二者只要居其一即可：资本金不超过 1000 万日元或从业人员 50 人以下者均为中小型服务企业。根据《统计上大中小型企业划分办法》（国统字〔2011〕75 号），我国把信息分析、市场调查、经济咨询业都归入"软件和信息技术服务业"类，划分的标准如表 8-1 所示。

表 8-1 国内信息分析机构划分标准

指标名称	计量单位	大型	中型	小型
从业人员（X）	人	$X\geq300$	$100\leq X<300$	$10\leq X<100$
营业收入（Y）	万元	$Y\geq10000$	$1000\leq Y<10000$	$50\leq Y<1000$

3．从服务对象角度，可以分为为政府、为企业和为公众服务的信息分析机构

① 为政府服务的信息分析机构。其主要业务是为政府的各项决策提供信息分析报告。例如，美国的兰德公司是世界上最著名的为政府提供决策研究与分析服务的信息分析机构，每年为美国政府提供 400 份左右的信息分析报告，报告内容涉及政策、人口、健康、教育、能源、住房、通信卫星、城市问题、水资源等 60 多个领域。再如，我国的国务院发展研究中心、英国的皇家国际事务研究所等也都属于这类信息分析机构。

② 为企业服务的信息分析机构。其服务对象是各种类型的企业，主要侧重于企业的经营方针、发展战略、产品市场等环节的信息搜集、整理、综合、分析，如目标消费者群体的信息分析、产品市场的信息分析、各种行业发展的信息分析等。我国的零点研究咨询集团、赛迪顾问等就属于这类信息分析机构。

③ 为公众服务的信息分析机构。其服务内容主要是就关系到公众切身利益的一些问题

开展信息分析，如环保、能源、健康、教育、城市建设、可持续增长与发展等方面的信息分析。随着社会对公众服务的关注，这类信息分析机构越来越受到重视，发展空间十分广阔。

8.1.3 信息分析机构的地位与作用

1．辅助政府实现决策的科学化与民主化

目前，世界各国政府正处在从管理型向服务型政府转变的过程中，这种职能转变要求政府做出的决策既要符合广大民众的利益，又要适应社会经济的发展。在这样的前提下，需要政府的每项决策都体现出民主性和科学性。然而，单靠政府部门的力量难以实现这一要求，特别是当决策涉及政治、经济、社会、科技等领域发展的长远规划、地区性的综合开发、能源、资源、环境、城市和交通等重大问题时。于是，借助专门为政府决策服务的信息分析机构便成为有效地保障决策科学化、民主化的必然选择。这类机构首先根据政府决策项目的特点，组成跨学科的专家项目组；然后在完善的信息搜寻、分析机制下，专家们利用信息管理系统、决策信息支持系统等现代技术手段对决策项目进行独立、客观的分析；最后提出综合性的信息分析报告，为决策的出台提供参考依据。

2．辅助企业做出正确的经营、管理决策

当前，世界各国的市场经济体制已经日趋成熟，企业所处的竞争环境比以往任何时期都更加激烈（如图 8-1 所示），消费者对商品的个性化需求也在增强。这些变化要求企业在做出经营、管理决策前必须认真分析产品（服务）所处的生命周期阶段、与同类产品相比具有的优势之处、密切注意主要竞争对手、市场环境、消费者需求等信息的变化，使决策有利于企业发掘和创造出消费者接受的、与众不同的产品，赢得消费者、战胜竞争对手，获得更大的市场份额。

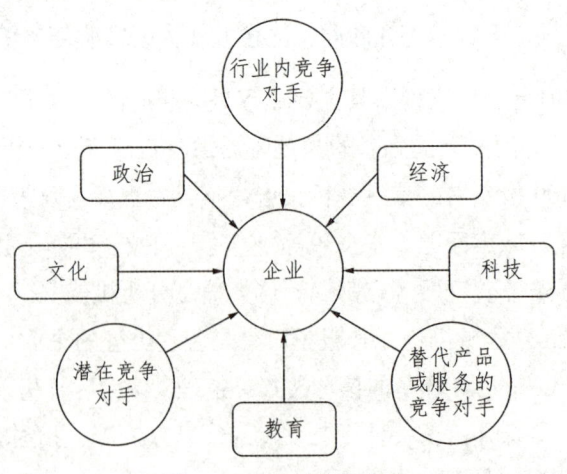

图 8-1 企业的竞争环境

鉴于这部分工作专业性强、难度大，国际上通行的做法是交由为企业服务的信息分析机

构（如咨询公司、市场调研公司等）来完成。信息分析机构将通过专业的市场信息分析人员，运用专业化、科学化的信息分析理论与技术为企业在新产品研发、产品推广、消费者群体调查、市场营销、品牌定位等方面的决策提供参考。

3．辅助科学研究与技术开发

信息分析机构对科学研究和技术开发工作的辅助作用主要表现在：

① 查新。任何理论研究或技术开发都是站在前辈的肩膀上进行的，因此，科研人员在理论研究与技术开发前需要了解已有的成果水平、成果形式、领军人物等信息。通过委托专业的信息分析机构进行信息查新服务，一方面，使科研人员从复杂、繁重的查找资料的劳动解脱出来，专心研究；另一方面，由于是专业信息分析人员查找，可以最大限度地避免资料遗漏，降低因查新不全所造成的各种损失。

② 预测。信息分析机构通过专门的信息分析、预测技术可以帮助科研人员对所进行的研究或开发项目做应用效果预测，使科研人员提前对研究或开发成果的应用价值有所了解，避免盲目研究与开发所造成的大量人力、物力、财力的浪费。

4．辅助消费者掌握市场信息

当前，市场经济已经进入到买方市场阶段，这种转变一方面意味着消费者在购买商品时有更多的选择，另一方面使消费者面对的市场信息环境更为复杂，处于严重的信息不对称状态，因而促使其在购买商品之前必须做大量的信息分析工作，尤其是那些贵重的耐用消费品，如房屋、汽车、文物收藏等。这种信息分析的正确与否直接决定着消费者购买到的商品质量、效用与所支出成本是否合理。但是，当消费者面对上述不熟悉的商品领域时，仅凭个人经验或简单的信息分析是无法实现与卖家信息对称的，这时只有借助专业的信息分析机构对所购商品进行全面信息分析，才有可能实现买卖双方信息的对称，从而将决策失误风险降到最低。

8.1.4　信息分析机构的发展趋势

1．机构规模将不断扩大

在信息分析机构未来的发展过程中，扩大规模是其生存的首要条件。这主要是由两个原因决定的。

一是需求方的特点决定信息分析机构必须具备一定的规模。信息分析机构的主要任务是为政府、企业、科研人员、普通消费者等需求方提供信息分析报告，辅助决策。随着需求方对信息分析的速度、深度、广度、价值度等要求的提高，决定了规模小的信息分析机构无法满足用户的需求。

二是激烈的市场竞争导致信息分析机构的合并、兼并、收购行为的发生，客观上使信息分析机构规模不断扩大。由于信息服务市场的竞争激烈，几乎每天都有倒闭和开张的信息分析机构。例如，在美国信息服务市场已经形成了兰德公司（RAND）、邓白氏集团（Dun & Bradsfeet）等大型咨询机构垄断的局面。这些大型机构不断以收购、兼并或合作等方式，使规模小、有一定实力的信息分析机构成为其下属的一个部门或一个子公司。可以预见，随着信息服务市场竞争的加剧，依靠"单打独斗"的小规模信息分析机构的客户空间、利润空间将越来越小，生存空间也将越来越窄。

2．人员素质要求将越来越高

信息分析人员的素质决定着信息分析报告的速度与质量。因此，在美国、德国、日本等信息服务业发达国家对从事信息分析工作的人员素质要求很高，除了学历要求，还要具有相应领域的工作经验，而且必须通过职业资格考试，并定期到政府相关部门登记、注册。如果出现违背职业道德的情况，政府还会吊销其职业资格。随着人们对信息分析工作的质量和水平要求越来越高，未来的信息分析人员应该是专家型人才，他们深谙计算机和网络技术，熟悉数据分析的基本原理，掌握信息处理方法和有关的专业知识，对信息的选择有着职业的敏感，具备较强的信息综合、分析和预测能力。

3．业务种类将有所增加

传统信息分析机构的主要业务是开展信息搜集、整理、筛选、综合、分析、预测等一系列信息处理工作。随着信息时代的发展，这种单一的信息处理业务已经不能满足用户的需求，信息分析的业务必须有所延伸。这种延伸是在以信息分析业务为核心的基础上，向与信息分析活动相关的上游或下游领域的扩展，而不是扔掉主业，重新开展不相关的新业务。例如，为政府服务的信息分析机构除了为决策者提供信息分析报告，在能力许可的范围内还要为其提供一定数量的决策方案。为企业服务的咨询机构不能单是对某种产品的市场占有率进行调查，还要提出改进措施。这种业务种类的增加是以咨询业务为核心，向与现有咨询业务相关领域的扩展。例如，零点咨询集团在以消费者研究、品牌研究、评估性研究、产品与营销研究为主要研究领域外，开展了远景投资研究、指标数据报告等与四大核心研究领域相关的业务。这种业务的扩展体现出与原有业务相辅相成，互相促进。

4．方法和手段将得到拓展

计算机的普遍应用使传统的信息分析的方法和手段有所扩展。一方面，当前的信息分析过程中将更多地借助各种计算机分析软件，如统计软件 SPSS、竞争情报软件系统 CIS 等，通过使用这些与特定专业相关联的软件，可以提高信息分析的速度及其准确性；另一方面，伴随网络在各行各业的广泛渗透，信息分析活动在获取信息资源的方法和服务方式等方面也将开始利用网络。在过去，信息分析机构获取信息资源主要是通过问卷调查、文献查阅等方法进行，这些方法受时间、地点、经费的限制程度较大，利用网络可以在很大程度上改变这些限制。目前，已经出现了一些专门的网络信息分析机构，如 CNNIC，其信息来源主要是网络信息。同时，信息分析服务方式将发生改变，具体表现为委托人可以通过网络与信息分析机构取得联系，双方当事人可以通过网络来就信息分析的有关事宜进行商议，签订合同，最后通过网络提供信息分析报告。

5．服务内容将越来越专业化、特色化、个性化

目前，各国信息服务市场的竞争非常激烈，信息分析机构要想生存和发展必须走专业化、特色化的发展道路。因为任何有价值的信息服务总是与专业知识相联系的，专业知识是构成信息服务价值的重要基础，所以信息分析机构要想提高其服务质量并赢得市场，必须使自己的服务专业化、特色化，将服务重点集中到自己熟悉的专业领域，集中到特定的客户群体，利用专业的技术优势来进行信息服务，通过专业化、特色化来提高服务的深度和质量，进而达到占领市场、发展壮大自己的目标。

此外，由于用户对信息分析的需求越来越具针对性，因而提高服务的个性化是信息分析机构发展的前提条件。实现个性化服务关键在于及时与用户进行信息交流，在交流过程中充分挖掘用户的需求，从而提供针对性强的信息服务。信息网络恰恰是这样一种可以进行实时交流的工具，信息分析机构通过建立网站、开设微信公众号、开通微博等方式，提供在线咨询、实时解答等实现服务内容的个性化。

8.2 信息分析机构的宏观管理

8.2.1 信息分析机构宏观管理的内容、原则与手段

1．信息分析机构宏观管理的内容

信息分析机构的宏观管理是指由政府相关部门实施的，对各类信息分析机构整体发展进行规划、组织、协调和控制的全过程。信息分析机构宏观管理的基本内容包括如下。

1）行业政策、法规的制定

制定有关信息分析行业发展的政策、法规是政府进行信息分析机构宏观管理的基本内容。这是因为信息分析行业是由各行各业独立的信息分析机构组成的，信息分析机构的具体运作方式由其机构管理者负责，宏观管理者不可能直接指挥信息分析机构的生产经营活动，因此，信息分析行业管理部门只有通过执行国家所制定的相关政策、法规，才能规范信息分析机构的经济行为，使其按照国民经济发展的要求去行动。

2）行业市场的监管

在市场经济条件下，各种类型的信息分析机构都会受到利益的驱动，在其经营活动中努力追求自身利益的最大化。在这个目标的驱使下，会出现一些信息分析机构以牺牲用户利益

换取自身效益最大化的现象。为了避免这种情况的发生，需要通过一定的市场监管机构，借助相关的政策、法规来约束信息分析机构的行为，防止不良行为的发生。

3）机构的运营指导

虽然宏观管理部门不能直接参与信息分析机构的具体运营管理，不能直接左右信息分析机构管理者的各种决策，但并不代表宏观管理部门对信息分析机构的运营过程完全听之任之。宏观管理机构的任务之一就是对信息分析机构的信息分析业务运营给予一定的行业指导，使其经营方式合理，符合行业运营规范，能够适应市场竞争。

2．信息分析机构宏观管理的原则

1）遵守市场规律

在市场经济环境下，协调信息分析行业的信息分析活动主要靠市场机制，即市场机制是信息分析机构资源优化配置、经营活动运行的基础。因此，宏观管理的一个基本原则是遵守市场规律，管理的主要目标是弥补单纯市场机制调节的缺陷。所以，要将宏观管理的范围严格限制在市场机制发生失灵的领域。通过宏观管理消除"市场失灵"，使市场机制发挥其最大效用，使信息分析市场主体的交易活动符合宏观经济政策的要求，从而推动信息分析行业健康、快速发展。

2）稳定性与灵活性相结合

宏观管理的政策、法规关系到信息分析行业的整体发展，要求其具有一定的稳定性，即宏观管理的政策、方针、法律、法规在一定历史时期内应保持稳定性，不能朝令夕改。但是，在宏观管理过程中也要求所制定的政策、颁布的法规具有一定的灵活性。这是因为市场经济是快速发展的经济形态，随着经济的发展会出现宏观管理计划之初没有遇到的现象，这就要求政策、法规的条款有一定的应变性，使宏观管理的主体能够根据实际出现的情况，本着促进信息分析行业发展的基本原则，运用现有的政策、法规处理新出现的问题。

3）平衡优化

进行信息分析行业宏观管理要坚持的一个重要原则是平衡优化原则，即坚持信息分析的社会总需求和社会总供给之间的平衡和行业结构的优化。供给平衡、行业结构优化能够使社会信息资源发挥最大效用，使信息分析行业的经营活动处于良性循环状态，保持长期的健康发展。实现这个原则的前提是国家的宏观管理部门对整个国家，甚至世界范围内的信息分析供给与需求的总体情况有所了解，在此基础上通过政策、法律调节实现本国信息分析行业的平衡优化。

4）适度原则

对信息分析行业的宏观管理要坚持适度的原则。如果宏观管理过度就会变成计划管理，使整个信息分析行业陷入僵死状态；如果过于宏观，就会使信息分析行业完全处于市场机制的调控之下，政策与法规起不到应有的调节作用。宏观管理适度原则的核心是了解市场机制无法进行调节的领域，并重点对这样的领域进行管理。

5）及时原则

政府在进行信息分析行业宏观管理时要坚持及时原则，尤其是政策制定的时机一定要把握好，否则不仅不能促进信息分析行业的发展，还可能使发展中的、处于低谷的信息分析行业向更加恶化的方向发展。

3．信息分析机构宏观管理的手段

对信息分析行业的宏观管理的基本手段主要是行政手段、经济手段和法律手段。在市场经济条件下，宏观管理的手段以经济手段和法律手段为主，行政手段为辅。

1）行政手段

行政手段是指政府凭借政权的权威，通过发布命令、指示、决定等具有约束力的手段，直接调节和控制信息分析行业的行为。行政手段的基本特点是以政府权力为后盾，以下级服从上级和全国服从中央为前提，对信息分析行业进行强制性的直接干预。

2）经济手段

经济手段是指政府运用与价值形式相关的各种经济杠杆、宏观经济计划和宏观经济政策对信息分析行业的运行进行调控。经济杠杆是经济手段的重要组成部分，主要有价格、税收、信贷、利率、汇率等形式。宏观经济计划是指导性的计划，通过信息分析行业的产业政策和投资政策，在很大程度上影响社会的投资方向和区域，调整信息分析行业的投资环境。宏观经济政策代表了政府的意愿，它本身是一个庞杂的系统，从内容角度，有财政、税收、投资、贸易、分配等方面的政策；从时间角度，有长期政策和短期政策。政府对信息分析行业进行宏观调控，需要制定一个互补的信息分析行业宏观经济政策体系，从而保证信息分析行业的经济活动在政府预期的轨道上运行。

3）法律手段

法律手段是指政府依靠立法和执法来宏观管理信息分析行业的行为和措施，具有权威性、规范性、强制性、程序性等特点。宏观管理立法在当代西方国家对信息分析行业宏观管理中是最重要的手段，发挥着巨大的作用。

8.2.2 国外信息分析机构的宏观管理

在美国、德国、日本等咨询业发达国家，信息分析行业已成为咨询业的重要组成部分，它们之间的关系密不可分。因此，通过对这些国家咨询机构宏观管理的分析可以间接说明其对信息分析机构宏观管理的状况。

1．美国

在美国，负责具体执行宏观管理各项政策、法规的主体是咨询行业协会，并不是政府的某个部门。行业协会对咨询业实行统一规划和管理。美国政府对咨询业的宏观管理主要是制定有利于整个行业发展的经济政策和法律。

1) 经济政策

(1) 针对咨询业的税收、保险金政策

政府对咨询业的管理实行依据机构的性质和类型进行分类管理。对于从事公益性服务的非营利性的咨询机构，政府免征所有税种。对营利性咨询机构实行登记制度，并依法纳税。对这类咨询机构在税收方面没有特别优惠政策，但会根据其所属类型实行不同的税收政策，如有限责任公司同合伙人或个人咨询公司相比，交纳的税金相对多一些，他们要纳双重税，既交纳公司税，又交纳个人税，而合伙人公司和个人公司只交纳个人税；在交纳保险金方面，有限责任公司交纳的保险金额一般只占其营业额的 3%～4%，而合伙人和个人公司要交纳较高的保险金（**徐超富**，2000）。

(2) 鼓励进行咨询消费的政策

在美国，政府对咨询机构并不采取特殊的扶持政策，但是通过采用刺激咨询需求的政策来拉动咨询业发展。例如，政府规定企业的咨询费用可打入成本，不计征所得税；由政府招募咨询机构为中小企业提供信息搜集、分析和咨询服务；政府各项决策的制定必须进行咨询，并将咨询作为决策过程的法定程序等。

2) 法律

在美国非常重视运用法律手段对咨询机构进行管理，从 20 世纪 60 年代开始，陆续颁布了一系列涉及咨询业的法律，目前已经形成了比较完整的法律体系。1967 年的《信息自由法案》、1972 年的《行政公开法》、1976 年的《国家科学技术政策、组织和重点法案》、1978 年的《联邦信息中心法》等法律的颁布、实施有利于咨询机构获取政府信息资源，做出正确的信息分析报告，更好地为政府、企业服务。此外，《公司法》《小企业法》《合同法》《专利法》等一般企业法律的很多条款也适用于咨询机构，一方面可以对咨询机构的不良行为进行约束，另一方面可以对其合法利益进行保护。

2．德国

德国的咨询业在欧洲占有重要地位。德国的咨询机构遍布全国，从业人员众多，其咨询业营业额、机构数量、从业人员数等均遥遥领先于其他欧洲国家。德国完善的市场经济体系是咨询业发达的基础。

在对德国咨询业的管理过程中，行业协会占有突出的地位，对行业的发展起着积极的促进作用。德国企业经济咨询协会有 1500 个会员单位，都是比较规范的咨询公司，协会帮助会员企业改善咨询环境，通过定期出版刊物，宣传协会和会员公司；为会员单位员工提供咨询经验和进行培训；帮助会员单位协调社会关系、开发市场、寻找客户。咨询协会的这些工作内容和工作目标使入会的会员单位增强了社会信任度，进而使协会在咨询行业中具有很高的威望和信誉，协会已经成为指导德国咨询业快速发展的重要组织（**吴怡青**，2006）。

1）经济政策

德国政府为扶持咨询业的发展，制定和实施对咨询业直接补贴的政策和措施。德国咨询机构最重要的经费来源是政府，主要是联邦、州和地区政府，还包括欧盟。1975 年起，联邦德国政府就建议各部门、各行业、各研究所建立咨询机构，并由政府资助 5 年，对 10 家非营利性的半官方咨询机构给予 50%的经济补助。另外，德国通过长期对企业特别是中小企业的咨询工作采取鼓励方针来直接刺激其对咨询的需求。对中小企业的咨询给予倾斜的政策：一是对不同年销售额的中小企业分别提供不同数额的补贴；二是提供业已形成的基础设施网络为之服务；三是对中小企业经理进行培训。此外，德国政府大力支持技术咨询，政府投资建立技术中介机构，并对中介机构提供无偿资助（**贾俊贤**，2001）。

2）法律

德国的法律也积极扶持咨询业的发展。例如，《企业基本法》规定企业管理部门在涉及工资、企业重组等重大决策时必须为代表工人利益的企业管理委员会雇请咨询机构，间接拉动市场对咨询的需求；1975 年，德国将《税务顾问法》修订为《税务咨询法》，对从事税务咨询业务的机构进行法律监管；1997 年 6 月，联邦议院通过了包含《远程服务法》《数据保护法》《数字签名法》三部法律的综合法律《多媒体法》，这部法律的颁布为咨询机构利用网络进行咨询业务处理提供了法律保障。

3．日本

日本政府有效的宏观管理为推动咨询业的发展起到了重要作用。甚至可以说，在经济发达国家中，由政府制定完善的政策、法律，大力推动咨询业的发展，日本政府做得是最好的，其效果也是最为显著的。

1）经济政策

日本政府高度重视咨询业的发展。

① 推动、培育咨询市场。政府鼓励企业进行咨询，对购买咨询服务的企业在税收方面有一定的优惠政策；以身作则，积极参与，成为咨询市场的重要客户。政府的示范效会对咨询市场的进一步扩大起到积极的推动作用。

② 对咨询研究在经济上给予资助。政府规定每年全日本科研经费的 1%要用于咨询研究（**马功兰**，2003）。

③ 政府鼓励本国咨询机构在国外承接业务。例如，规定本国咨询机构向国外提供服务所得收入的 20%，与该企业年度（包括国内外）全部所得金额的 50%相比，取二者之中的较低者作为"亏损"金额，在纳税计算收入时可不计算在内。此外，特别建立了海外咨询专项奖励金（**孔祥智**，1995）。

2）法律

日本政府对咨询业的立法与其他发达国家相比是最完善和细致的，使咨询业的运作、发展做到有法可依，有章可循。20 世纪 50 年代，日本政府颁布了《中小企业诊断实施基本纲要》《企业合理化促进法》《中小企业指导法》《科技信息中心法》等；60年代，颁布了《建设咨询业务登记条例》《建设咨询人员注册登记章程》《中小企业法》等法律；70年代，颁布了《综合研究开发机构法》《信息处理振兴事业协会及有关法律》《特定机械、信息产业振兴临时措施法》等法律。这些法律对咨询机构的社会地位和在国民经济中的作用给予明确的定位，尤其是《综合研究开发机构法》明确规定了"日本综合研究开发机构"（NIRA）的日本智库"总管"地位，使其成为日本政府联系、协调、控制各民间咨询机构的中间组织。同时，这些法律对咨询机构的行为做了严格法律性的规范。此外，为了公开政府的信息资源，日本政府在1993年颁布了《行政程序法》、2001年颁布了《信息公开法》等法律，在客观上为咨询机构提供了更多的信息资源，促进了咨询业的发展（翟雨林、张玉强，2021）。

8.2.3 国内信息分析机构的宏观管理

1．国内信息分析机构的发展现状

我国的信息分析活动产生于科技情报分析与预测领域，1956年10月成立中国科学院科技情报研究所（现更名为中国科学技术信息研究所），开创了我国信息分析机构的发展史。

经过多年的发展，国内信息分析机构已经初具规模。各省份基本上都设有科技信息研究所（院）或研究中心，下辖市、县级信息中心，这些机构主要为各级政府的决策提供信息分析服务。近年来，我国部分高校成立了各种形式的政策、经济研究中心，如北京大学的中国经济研究中心、中国人民大学的国家发展与战略研究院、厦门大学的宏观经济研究中心、中山大学的行政管理研究中心等。这些研究中心承担政府部门的委托项目，开展有关国家政治、经济、社会等领域的信息分析工作，具有信息分析机构的性质。

随着经济体制改革的不断深入，大批具有独立法人资格的信息分析机构，如市场调研公司、咨询公司等纷纷出现，它们主要是以企业为服务对象，参与市场竞争。此外，在信息分析市场中还存在诸如中国人民大学信息分析研究中心、北京大学社会调查研究中心、中国传媒大学调查统计研究所、复旦大学市场调研中心等校办机构，这些机构主要承接政府、企业委托的信息分析项目，收取一定的费用，但由于机构性质决定，它们参与市场竞争的程度不如企业性质的信息分析机构。

2．国内信息分析机构的宏观管理

1）信息分析机构宏观管理的主体

长期以来，我国对于隶属于某政府部门的信息分析机构并未建立全国性归口领导部门或行业管理组织，而是分别由所属的政府主管部门进行事业性质单位的管理；对于公司性质的信息分析机构的宏观管理主要是由工商局、税务局、劳动局（部）等部门按照公司的标准分头管理。目前，负责信息分析行业（科技信息服务行业）宏观管理的政府部门主要是工业和信息化部、科技部，它们主要负责制定信息分析行业的政策、规划、法律、法规等。此外，中国科技咨询协会、中国咨询业协会等行业协会承担着提高会员单位的专业化服务水平、扩大其社会影响等方面的工作。但是，由于我国信息分析机构的性质和行业协会本身发展时间较短、行业认可度有待提高等因素的制约，行业协会在我国信息分析机构管理中所起到的实际作用同国外相比存在很大的差距。

2）信息分析机构宏观管理的政策与法规

（1）信息分析机构宏观管理的政策

① 税收减免政策

1994 年 3 月，财政部与国家税务总局联合颁发了《关于企业所得税若干优惠政策的通知》，规定"科研单位和大专院校服务于各行业的技术咨询、决策咨询，免征个人所得税"。1999 年 4 月颁发的《关于促进科技成果转化的若干规定》中重申了这个规定，新办的独立核算的从事科技、法律、会计、审计、税务等领域咨询业务的机构，自开业之日起，第一年至第二年暂免征所得税；企业副业单位进行技术转让，包括转让发生的相关技术咨询、技术服务所得，年净收入在 30 万元以下的，暂免征所得税，超过 30 万元的部分依法缴纳所得税。这是我国政府首次出台的针对咨询业的优惠政策，对当时我国咨询业的发展起到了一定的促进作用。

② 促进市场对信息分析的需求

首先，促进企业对信息分析的需求。在《中小企业促进法》中设立的国家中小企业发展基金，对"支持中小企业服务机构开展人员培训、咨询等项工作"进行了专门的规定；其次，增强政府对信息分析的需求力度。随着政府决策民主化、科学化进程的加快，除了中央各部委内设有专门的决策咨询机构，一些地方政府纷纷出台相关规定，将决策咨询纳入决策过程。例如，《四川省人民政府重大决策专家咨询论证实施办法（试行）》《黑龙江人民政府重大决策规则》《吉林省人民政府决策咨询工作规则》等。

（2）信息分析机构宏观管理的法规

目前，我国还没有一部关于信息分析机构管理的正式法律，只是相关管理部门先后出台了一些政策、方针来指导、规范信息分析机构的发展。由于我国信息分析机构发展的特殊历史背景，对信息分析机构的宏观管理法规也主要是针对科技信息分析机构的。

20 世纪 90 年代初，我国开始开展针对企业性质信息分析机构的宏观管理法规建设。1992 年 6 月，中共中央和国务院发布了《关于加快发展第三产业的决定》，将与经济发展和人民生活关系密切的咨询业列为发展的重点。1995 年 5 月，中共中央、国务院颁布了《关于加速科学技术的决定》，提出了"大力推动与科技进步密切相关的信息、咨询等第三产业的发展"的方针。1997 年，由国家计委、国家经贸委联合发布的《当前国家重点鼓励发展的产业、产品和技术目录》中将经济、科技等九类专业咨询，作为服务业大类中单列的一条目录。另外，我国的《公司法》规定："科技开发、咨询、服务型有限责任公司，最低法定注册资本为人民币 10 万元"，是各行业开设公司中规定注册资本最低的，体现了国家对企业性质信息分析机构的扶持。2008年5月1日起开始实施的《中华人民共和国政府信息公开条例》在一定程度上也为信息分析机构合法、有效获取政府信息提供了法律层面的保障。2015年1月20日，中共中央办公厅、国务院办公厅印发《关于加强中国特色新型智库建设的意见》，从国家高度提出要统筹推进党政部门、社会科学院、党校行政学院、高校、军队、科技和企业、社会智库协调发展，形成定位明晰、特色鲜明、规模适度、布局合理的中国特色新型智库体系，重点建设一批具有较大影响和国际影响力的高端智库，重视专业化智库建设。但是，目前我国并没有针对咨询公司、市场调研公司、智库等信息分析机构宏观管理的专项法律，因此负责企业管理的工商、税务、金融等部门对企业性质信息分析机构的管理主要参照适合一般企业的《商标法》《价格法》《企业法》《专利法》《著作权法》等法律。

8.2.4 我国信息分析机构宏观管理的优化策略

我国信息分析机构的产生、发展很大程度上得益于政府所实施的一系列宏观管理政策、规划和法规。但是，同发达国家宏观管理措施相比，我国政府对信息分析机构的宏观管理还存在一定的差距，学习借鉴之处还很多。

1．明确宏观管理主体

1）明确政策、法规制定的主体

目前，我国能够出台信息分析机构管理政策、法规的单位除了国家发展和改革委员会、科技部、工业和信息化部等国务院组成部门，还有国家税务总局等国务院直属机构以及科学技术协会、行业协会等。这种多主体的现象制约了有关信息分析机构管理政策、法规的颁布速度，增加了制定成本，同时严重影响了政策、法规的贯彻，增加了执行成本。为避免这类问题的出现，建议由一个部门负责制定信息分析行业的政策、法规。

2）明确行业管理的主体

国外政府都把行业协会确定为行业宏观管理的主体机构，政府颁布的政策、法规要通过这些行业协会来落实，行业的规范由协会来确定。虽然国内咨询行业协会的任务同国外基本一致，即对咨询项目、会员单位的信誉、从业人员的资格进行评审、检查与监督，组织行业统计等工作，但是由于我国政府并没有像德国那样，通过法律的形式规定任何咨询机构必须加入一个行业协会，以强制性的法律来确定协会在行业管理的地位。所以，国内咨询行业协会对行业机构的管理约束力不强，没有起到协会应有的作用。

目前，我国政府应加快推进咨询行业协会及相关协会的体制改革，用法律的形式确定其行业宏观管理者的地位，使其成为联系政府与信息分析机构的中间机构，真正起到行业协会规范市场行为、推进行业机构发展的作用。

2．制定经济扶持政策

1）实施税收倾斜

信息分析活动的社会贡献主要体现在辅助政府、企业、个人进行决策，减少因决策失误所造成的各种损失，因此，对信息分析机构不能用税收的多少来衡量其作用。美国、德国、日本等政府都采取对咨询业的税收倾斜政策鼓励其发展。

（1）加强优惠税收政策的力度

有关部门在1994年就颁布过《关于企业所得税若干优惠政策的通知》，但是当时的政策明显倾向于科研机构和高等院校所属的信息分析机构，对于公司性质的信息分析机构只在开业后的前两年给予免税优惠，对于技术转让过程产生的技术咨询虽也可享受免税，但只限于年净收入30万元以下的部分。2008年，财政部、国家税务总局重新发布了这一通知，同时规定"除《中华人民共和国企业所得税法》《中华人民共和国企业所得税法实施条例》《国务院关于实施企业所得税过渡优惠政策的通知》（国发〔2007〕39号），《国务院关于经济特区和上海浦东新区新设立高新技术企业实行过渡性税收优惠的通知》（国发〔2007〕40号）及本通知规定的优惠政策以外，2008年1月1日之前实施的其他企业所得税优惠政策一律废止。"新的《通知》并未对整个咨询行业有特殊的税收优惠。如果说1994年的《通知》对我国处于发展初期的咨询业是有一定效用的，那么在当前咨询业已步入规模化发展时期，更需要如2008年《通知》中对软件行业那样的税收优惠政策，促进它向更稳步的阶段发展。

（2）全面落实优惠税收政策

仅仅出台一些针对咨询业的免税、减税框架性政策是难以真正促进整个咨询业发展的，还需要制定具体的执行细节。例如，1994年的《关于企业所得税若干优惠政策的通知》规定：享受科研单位待遇的科技咨询机构，从事"四技"服务的收入，可以减免当年的企业所得税。但是，由于税务部门自身技术原因并未使其真正得到落实。这种政策放空的现象直接影响了信息分析机构的正常运转和业务发展。

2）加大财政投入

虽然国外的信息分析机构完全是市场机制运行，为政府服务的信息分析机构也不例外，但是政府还是以直接投入、信贷、保险等各种形式在资金上予以支持。例如，意大利政府对咨询机构给予低利率借款。如果咨询机构需要资金，就可从金融机构的中期信用中央金库得到低息贷款。贷款方式可使用出口商信贷，也可用客户信用贷款。贷款条件是平均年利率为8%，付款期限为5~6年。关于提供贷款的担保问题，一般来说，鉴于咨询机构提供能力不强，故由政府设立的国际保险公司提供担保。与之相比，目前我国政府在信贷、保险、财政拨款中对咨询业的特殊政策却是空白。这种相关财政政策的缺失制约了咨询业的整体发展。因此，填补这些政策缺口势在必行。

3) 培育市场需求

(1) 政府拉动市场需求

这方面美国政府是最好的例子：政府在做每项决策之前都要进行咨询，政府是全国咨询市场的主要客户；同时，它的决策咨询项目遵循市场竞争规律，实施招标形式，保证咨询机构间的公平竞争，使咨询市场良性发展。与之相比，我国一些政府部门虽然已经颁布了决策咨询实施办法或条例，确定了决策咨询在政府决策中的地位，但存在咨询项目内控的现象。例如，国家政府部门 3/4 的课题流向国务院及各部委所属信息分析机构，这使得公司型的信息分析机构没有机会接触、获得政府项目，严重破坏了信息分析市场的公平竞争，客观上减少了信息分析市场的社会需求。

(2) 开发中小企业市场需求

中小企业是国内信息分析机构的主要目标客户，但是由于中小企业经济实力比较弱，常常因经费问题无法进行咨询消费，因此迫切需要政府制定诸如美国的"企业的咨询费用可打入成本，不计征所得税"、英国的"企业咨询没有经费，可以向政府申请资助"等类似政策，鼓励中小企业进行咨询。这部分市场需求的拉动将促进我国信息分析机构发展。

(3) 引导个人用户注重信息分析服务

随着我国经济的发展，人们的购买力增强。例如，目前有人将购买视角转向古董、字画、玉石等收藏或是海外矿产等需要高投入的领域，面对这样需要专业知识作为购买决策前提的领域，信息分析机构的专业信息收集、整理、分析能够在很大程度上决定个人所购物品是否"物超所值"，是否达到预期的收益。在我国，提升这部分个人的信息分析服务购买力是促进信息分析行业发展的重要手段和途径。

(4) 积极开拓海外市场

国际市场的开拓对国内信息分析机构既是挑战也是机会，通过承接海外咨询项目能够使其发现差距，快速成长。但是，目前我国缺少具有国际声誉的信息分析机构，因此应鼓励国内有实力的信息分析机构开拓国际市场。

3. 运用法律规范行业发展

1) 明确信息分析机构的社会地位

从发达国家的信息咨询管理体制看，有关信息咨询机构的法律制度均已出台，包括从财税政策到政府决策程序都是受到法律的支持和保障的。同时，法律制度决定了信息咨询机构组建的形式和运营模式，如大部分国家的著名咨询机构以政府研究机构、社团、企业形式出现，有营利和非营利之分，各国（或地区）都有明确的相关法律制度进行，通过规范的法律制度，有利于发挥智库的积极性和创造性，提升咨询机构思想产品的质量和影响力。

目前，国内有很多关于信息分析机构管理的政策，规定了信息分析机构的社会地位和重要作用，但不具有法律效力，致使信息分析机构改革"无法可依"，导致信息分析机构无法准确定位，尤其是那些隶属于政府机构的信息分析机构，在政府机构与企业单位之间摇晃，使其组织形式、人员配置、运行方式两边靠不上，管理状况十分混乱。现阶段应加紧有关信息分析机构管理的立法工作，从法律上明确咨询机构的社会地位和在国民经济建设中的作用。

2）规范信息分析市场

虽然现行《商标法》《合同法》《公司法》等法律中有部分条款涉及恶意行业竞争、服务失信、欺诈等问题的法律解决手段，但是由于信息分析服务的特殊性，现行法律并不能完全履行对信息分析机构市场行为的监管。同时，正是由于法律的缺失使符合国际规范、信誉良好的信息分析机构难以获取公正、平等的市场竞争机会。不规范的信息分析市场行为已经严重制约了信息分析行业的健康发展。因此，迫切需要政府立法部门加快信息分析机构管理的立法进度，通过法律的形式确定信息分析机构的性质、权利、义务，并对运营宗旨、服务内容、经营形式及违法后的处罚等进行细化的规定。同时，要严格依法管理，规范信息分析行业的市场秩序。依法由主管部门对信息分析机构的资质进行认定，凡不具备条件、未经资格认定和依法登记的机构，一律不得从事信息分析、市场调研等咨询活动。此外，工商、税务、审计等部门要依法加强对信息分析机构的执业资格、服务质量、合同管理等进行严格监督与检查，对于执业质量不合格的信息分析机构要及时采取相应的改进或惩罚措施。

3）实现信息资源优化配置

信息分析机构的服务对象、分析对象决定了信息资源对其信息分析报告的质量起着至关重要的作用。虽然我国2008年开始实施《政府信息公开条例》，但是相对于美国、德国、日本等国颁布的诸如《信息自由法》《政府资源和报告法》等法律，我国的《条例》除了在地位上不如正式法律，而且就目前实施的现状看，公开的只是政府部门的日常工作程序、法律法规等常规信息。这些信息对于信息分析机构来说，可用价值并不高。目前，急需相关政府部门落实《条例》中对社会有利用价值的信息资源的公开，制定相应的执行细则，使《条例》真正成为信息资源保障与共享方面的法律，以法律的形式规范信息资源的利用。这样做一方面可以降低信息分析机构的信息壁垒，扩大信息分析机构的信息来源；另一方面，可以实现信息资源的优化配置。

8.3 信息分析机构的微观管理

8.3.1 信息分析机构微观管理的定义与内容

1. 信息分析机构微观管理的定义

信息分析机构的微观管理是指信息分析机构个体为适应市场、获得更多的市场份额和利润对机构内部的人、财、物进行管理，实现资源效用的最大化。信息分析机构微观管理的好坏直接关系到机构的市场竞争力、在客户中的形象和机构的发展前途。

2．信息分析机构微观管理的基本内容

如图 8-2 所示，信息分析机构微观管理的基本内容包括组织机构设置、人事、业务流程、市场、品牌、财务、客户关系、企业文化等方面的管理，这些方面共同组成一张管理网，它们之间是相辅相成的关系。

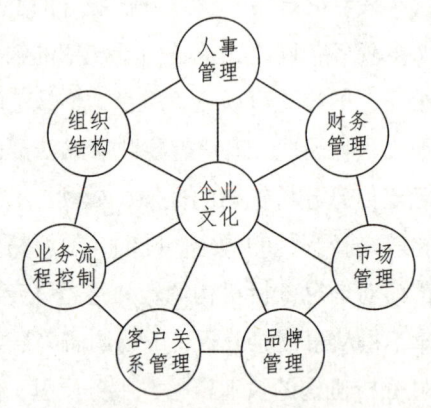

图 8-2 信息分析机构微观管理的基本内容

① 组织机构设置。根据信息分析机构的性质、规模、实际需要，对组织内所需部门、职能进行设定，并且规定各部门之间的关系。目前，组织机构设置的主要模式有直线型、职能型、直线职能交叉型等。

② 人事管理。主要建立一整套关于信息分析人才选拔、培养、考核、薪酬的管理措施。

③ 财务管理。信息分析机构内部通过建立合理、有效的财务管理系统，严格控制成本和服务定价标准，以便在激烈的市场竞争中既保持竞争性，又有利润空间。其基本原则是通过信息分析服务收回成本（主要是信息分析人员报酬和各种支出），并获得一定的利润。

④ 市场管理。根据自身的优势力量，进行市场定位、市场预测、市场开发和市场维护等活动。

⑤ 品牌管理。主要包括为建立行业品牌所采取的营销策略，为维护机构品牌使其具有持续生命力所采取的一系列措施。

⑥ 客户关系管理。包括潜在的目标客户和现实客户的管理，主要通过搜集、整理、分析客户的各种资料，掌握客户的基本信息，与之建立并维持长期的合作关系。

⑦ 业务流程管理。信息分析业务流程是个不断改善和优化的过程。信息分析机构个体首先针对组织的主要业务类型进行初步的流程设计，然后在实践中对其进行调整，如此不断循环往复，以获取科学规范的业务流程，从而确保信息分析工作的高质量和高效率。

⑧ 企业文化管理。这是信息分析机构最高层次的管理。通过建立良好的企业文化，能够加强信息分析人员对机构的依赖感、信任感、荣誉感，培养员工的主人翁精神，主动为客户提供令其满意的信息分析服务，进而为信息分析机构赢得良好的社会效益和经济效益。

8.3.2 国外信息分析机构的微观管理

1．美国

1）人事管理

美国咨询机构对所招募的人员要求严格，除了学历、工作经历，还必须通过职业资格认证考试。机构与员工之间的关系是合同契约式的雇佣关系。在对员工的培养过程中，咨询机构努力营造客观、公正和科学的工作氛围，通过以能力为核心的绩效考核制度，优秀的员工不论其工作时间长短都可以迅速得到提升。对员工的激励措施除了给予高工资、提供一定数量的培训等物质奖励，更重要的是引入内部竞争机制，不论职位高低，通过定期考核工作业绩，执行"能者上，差者下"政策，通过这种危机感激励员工主动学习，为企业创造利润。此外，咨询机构特别强调员工要遵守职业道德，设立项目进度及质量审查小组，对员工的工作进行监督。

2）业务流程管理

美国咨询机构重视业务流程管理，主要体现在对咨询程序实施规范化的管理，这主要是由于政府对参与项目招标的咨询机构就项目中标、研究过程及项目完成认定等方面规定了严格的程序。而很多咨询机构的项目主要来源是政府各部门，为了顺利拿到项目，各咨询机构都严格遵守政府规定的咨询程序，对自身的咨询程序进行规范。

3）品牌管理

美国咨询机构的品牌管理表现在重视企业信誉。一方面，咨询机构深知良好的信誉可以决定机构知名度，而机构知名度是决定收取服务费用的重要标准之一；另一方面，咨询机构所在的行业协会定期对会员的信誉进行评定。例如，美国咨询工程师协会（ACEC）每年对不同专业领域的咨询机构进行评审，并借助新闻媒介在社会上公布，口碑不好的机构面临从协会中被清退的危险。因此，美国的咨询机构都要求员工遵守职业道德、努力提高客户满意度，树立良好的业内和客户口碑。

4）市场管理

美国咨询机构的市场管理主要体现在市场开发方面。开发的市场分为本国市场和国际市场，国内市场分为政府市场和企业市场。对于政府市场的开发，首先是主动到政府负责项目的部门注册登记，这样就会定期收到政府发布的项目简报和邀标文件；其次是与议员建立良好关系，争取参加立项前的项目可行性研究活动，同时与政府其他部门联系，建立信任关系；第三，咨询机构设有专门的政府项目信息调查部门，主动对政府的各项招标项目进行事先调研，充分准备。对于企业市场的开发，咨询机构的主要途径有：一是通过企业的分类码、电话簿及企业目录寻找企业，主动上门了解其咨询项目情况；二是关注一些报刊刊登的企业急需解决的项目；三是通过各种协会的会员网络，主要是数据库，寻找企业的需要，进行初步调研，上门提供服务。国际市场的开发方法就是纷纷进驻海外市场，为各国的大企业服务，有的还参与一些国家政府的重大调研项目。

5）企业文化建设

美国咨询机构的企业文化最大特点是着眼于人，以人为本，结合机构本身的特点，形成独特的企业文化，以最大限度地调动员工的积极性和创造性，增强机构内的凝聚力。这种文化氛围强调"任人唯贤、论功行赏"，具体体现为尊重每个员工的权利，鼓励有利机构发展的个人创新行为；对于通过个人努力、在事业中获取成功的人，其他员工将其作为努力的榜样，进行模仿和学习。

2．德国

1）人事管理

德国咨询机构对人员的素质要求非常严格，一般来说，应具有某专业领域的专家资格才可能进入咨询组织。录用时除了专业的学历要求，还强调资历、工作能力，一般要求 4～6 年的行业工作经验。咨询机构对员工考核的主要标准是看其专业知识能力、分析判断能力、协调组织能力、解决问题的能力、表达能力、创造性、灵活性、上进心和事业心；对咨询人员的激励措施主要是采取吸收其为合伙人，提供更多的带薪进修机会等方式。另外，咨询机构很重视对咨询人员的培训，要求所有的员工包括经理、项目负责人，每年都要有一定的学习、培训时间，培训方法有进大学深造、参加专题讲座、开展内部交流经验等形式。因此，德国咨询机构的人员一般不多，但效率很高，效益很好。

2）市场管理

德国咨询机构的市场管理主要体现在重视市场预测方面。例如，在两德统一之前，有许多咨询公司根据原东德地区的特点，针对东德企业的私有化、企业改造和转型、企业破产和拍卖等方面问题进行了全面、细致的信息分析工作，待统一后，这些咨询机构纷纷进入，承接了大量的咨询任务。

3）客户关系管理

德国咨询机构对客户关系的管理主要体现在如下两方面。

一是重视服务质量。在德国，咨询业已经形成了一套规范的市场运作体系，并且得到了业内的广泛认同。德国的咨询机构无论大小，从签约开始就实行规范化的程序运作，从各方面保证为客户提供满意的服务。

二是通过跟踪服务的实施，与客户保持长期友好的关系。咨询机构经常主动派遣咨询人员到客户中去，了解其咨询报告对高层领导决策所起的作用及存在的问题，以便在今后类似的项目中有所改进。

3．日本

1）人事管理

日本咨询机构重视人员的合理配备，主要包括专业、年龄、层次三方面。在专业结构上，追求多种人才协同工作，特别是在一些大的综合性咨询机构内更是如此；在年龄结构上，以年轻化为主要特色；在层次结构上，以高学历为主。在人员的组织方式上，日本采用独特的"派出研究员"制度，即政府、大学、企业、研究所向咨询机构派出研究员，工作2～3年，工资由原单位发，到期后回原单位工作。同时，日本咨询机构非常重视咨询人才的培养，会依据每位员工的特长、性格等特点，为其制定职业发展规划，咨询机构每年都会根据职员的工作内容、职务高低、工龄长短提供形式多样的培训（王发龙，2015）。此外，一些大的咨询机构为吸引优秀咨询人员，提高咨询人员的工作效率，还主动为员工创造良好的信息环境。例如，野村综合研究所在东京本部设立图书馆，馆内收藏4万余册图书、1200种杂志、65种一般性报纸、88种特种行业报纸；同时，设立"信息银行"部门，专门搜集日本经济、产业信息，拥有日本1700家企业财务情况数据库（朱相丽、谭宗影，2016）。

2）客户关系管理

一是日本咨询机构通过良好的信誉与客户建立友好的关系，对所提供的咨询服务进行全面质量管理，重视服务效果；二是与客户不仅建立组织之间的关系，更重要的是努力与之建立个人之间的友谊关系；三是通过主动与客户联系，听取意见，设身处地地关心客户的真实需要，用诚心打动客户。

3）市场管理

日本咨询机构的市场管理主要体现在国内市场的扩大和海外市场的开拓方面。在日本国内，仅综合性的大型咨询机构就有数百家之多，市场竞争非常激烈，因此，咨询机构都很重视多种营销策略的使用和对自身的定位，细分市场，并在细分市场的基础上向相关市场扩展业务。在海外市场拓展方面，虽然日本的咨询机构同美、德等国相比，规模要小得多，在国际市场开发方面力量较弱，但是无论是大的综合性咨询机构，还是一些民间咨询团体，都非常重视开拓国际咨询市场，积极参与国际咨询业的竞争（李慧敏、陈光，2021）。

4）企业文化建设

日本的咨询机构很重视企业文化建设，并且深受日本传统文化影响，强调：

① "以人为中心"的人本主义精神。不轻易解雇员工，使员工安心工作，把自己的利益与企业发展联系在一起。

② "和谐高于一切"的竞争思想。机构内部虽然存在激烈的竞争，但这种竞争是在和睦的人际关系基础上进行的。

③ "忠诚、集体主义"的职业道德观。据统计，同其他发达国家相比，日本咨询机构的人员流动率最低。企业不轻易解雇员工，并且根据工龄长短来决定各项福利和晋升机会。

因此，客观上培养了员工对机构的依赖感和主人翁精神。此外，咨询机构内部注重宣传集体主义思想，鼓励员工之间友爱互助，重视团队精神。

纵观日本咨询机构的企业文化建设，它的总体思想是在带有"情"关系的文化下管理员工，这是一种"攻心"的企业文化。

8.3.3 国内信息分析机构的微观管理

国内信息分析机构根据其性质划分，主要分为政府附属型和公司型两大类，二者的微观管理存在很大的不同。

1．组织结构方面

图 8-3 是政府附属型信息分析机构组织结构，在设置上强调各种专职研究。例如，在国务院发展研究中心的研究部下设有宏观经济、农村经济、社会发展等关系到国家大政方针制定的专门研究部门。此外，政府附属型信息分析机构在组织机构上不存在与客户主动联系或体现参与市场的专职客户服务部门，也没有效益核算的专职财务管理部门。

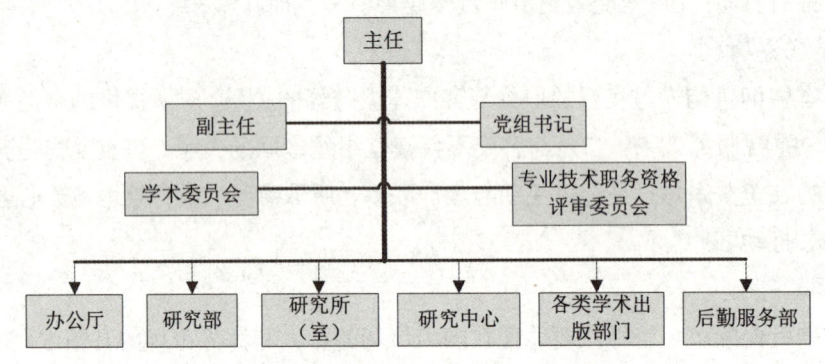

图 8-3 政府附属型信息分析机构组织结构

图 8-4 是公司型信息分析机构组织结构示例。从机构设置可知，信息分析机构根据市场情况进行运营，普遍设有人事管理、财务管理、客户关系管理和服务质量监管等部门。

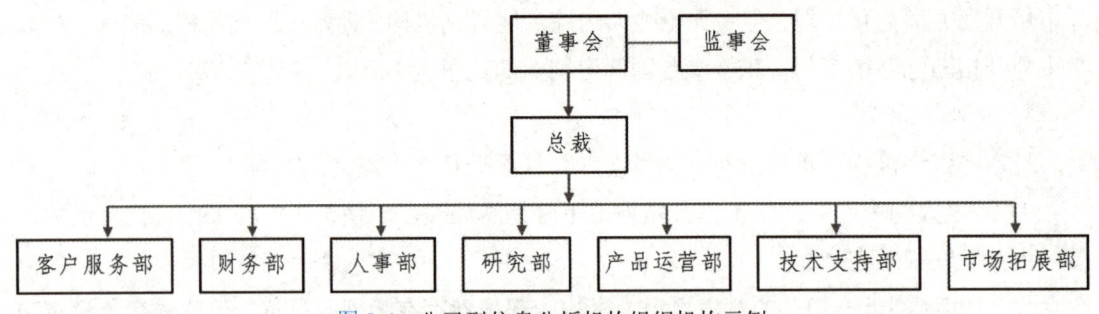

图 8-4 公司型信息分析机构组织机构示例

2．人事管理方面

政府附属型信息分析机构中的人员素质比较高，人员主要来自两方面：一是从各大学相关领域的专家学者、知名企业领导人中调任，使其成为全、兼职研究人员；二是通过社会招聘，主要对象是拥有研究生学历的人员。这类机构对研究人员的激励措施比较少，研究人员的待遇主要与其职称、工作年限直接挂钩。

公司型的信息分析机构用人机制比较灵活，主要是从社会上招聘，大型机构也常常从高校聘请兼职顾问，但很多公司型的信息分析机构存在对人员素质要求不高的现象，影响了服务质量。在人员职责分配方面，有一定规模的公司型信息分析机构会对不同岗位的人员明确职责，但小型公司缺少这种规范性管理，临时分配任务的情况比较多；在人员培养方面，国内公司型信息分析机构普遍缺少员工职业发展规划，对员工培训、进修投入的资金相对较少；在激励措施方面，重视物质激励，许多公司型信息分析机构按所接项目收费的一定比例奖励员工。

3．财务管理方面

政府附属型信息分析机构日常开支、员工工资和津贴主要由上级主管部门发放，因此一般不设专门的财务部，日常的财务管理由类似办公室的部门负责。有些政府附属型信息分析机构虽然设置财务部，但主要工作是负责机构内部开支情况统计，而没有其他管理职能。

公司型信息分析机构一般设有财务部门，并且是公司的主要管理部门。其工作重点是对公司所有收支情况进行统计和控制，如员工的薪酬和福利发放、项目成本控制和经费使用监管、编制年度统计报表和财务预算等。

4．市场管理

政府附属型信息分析机构市场管理的观念比较薄弱，竞争意识不强。虽然国家正在积极推进政府附属型信息分析机构的体制改革，鼓励其主动开发市场，寻找客户，但是由于改革还没有彻底完成，目前大部分机构以所属政府机构为主要服务对象，研究的项目主要来自政府机构的委托，能够主动进入市场、研究市场，向潜在市场客户推销服务的政府附属型信息分析机构在总体中所占的比例还相当小。

公司型信息分析机构面对竞争激烈的市场，很重视自身市场的管理，具体表现是不断开发新业务，扩大国内市场范围。但是，在扩大服务范围的过程中存在着两种截然不同的做法：

一是一部分公司型信息分析机构比较理性，能够根据自身的优势，只向优势研究力量的相关领域拓展。例如，零点研究咨询集团成立之初的业务只有消费者研究、品牌研究、评估性研究、产品与营销研究四个数据调查分析领域，随着集团业务的不断拓展，在数据调查业务的基础上开展了与四大核心研究领域相关的业务，如远景投资研究、指标数据报告等，这种业务的扩展实现了与原有业务相辅相成，互相促进。

二是一部分公司型信息分析机构不考虑自身的规模、人员力量而盲目开展各种新业务，扩大市场范围，其结果导致主营业务没做好，新业务又不精，严重影响了自身的发展。

5．品牌管理

过去，政府附属型信息分析机构不需要进行品牌管理，完全由所隶属的政府机构、委托项目的级别和数量决定其行业知名度。现在，政府的项目开始实行招标，只有行业知名度高、有丰富经验的信息分析机构才能中标，而且公司型的信息分析机构可以参与竞标。因此，推动了一部分政府附属型的信息分析机构开始重视项目研究质量，并采用一定的营销手段来树立自身品牌。例如，通过建立网站、微信公众号、视频号等新媒体形式，对业务种类、已有研究成果、研究团队等进行宣传。

目前，虽然国内有一些民营或合资的信息分析机构已经具有一定规模，具有了一定的品牌知名度，但是由于国内大部分公司型信息分析机构正处于发展期，多数历史较短、实力较弱，因而存在品牌意识不强，业务流程不规范，提供的服务质量参差不齐，不重视自身的营销，企业之间存在恶性竞争，缺少职业道德等现象。为此，国内公司型信息分析机构应高度重视品牌管理，打造国内、国际知名品牌，提升自身的核心竞争力。

6．客户关系管理

目前，多数政府附属型信息分析机构与委托项目机构之间不是用合同的形式规定双方权利与义务，因此不是严格意义上的客户关系。但是为了争取到政府机构更多的项目和研究经费，这类机构很重视与其保持良好关系，一般由指定部门负责。此外，一些为企业提供咨询服务的政府附属型信息分析机构，为了争取更多的客户，也设有专门的职能部门，负责与客户沟通，了解其需求。

公司型信息分析机构设有客户服务部，对这个部门的人员要求比较高，最主要的是具有很强的业务拓展能力和良好的沟通能力。一些咨询公司为了鼓励该部门人员努力联系客户，还制定了提成奖励等办法。客户关系管理实际上包括服务前、服务中和服务后三个阶段。具有一定规模、重视品牌的咨询公司将三个阶段的客户关系管理放在同等重要的地位，争取老客户长期购买本公司的服务。但是，国内中小型咨询公司普遍重视服务前和服务中与客户保持良好关系，忽略服务后的客户关系维护。

7．企业文化建设

当前，在我国政府附属型信息分析机构内有两种文化氛围并存的现象：一是重视学术交流，研究态度严谨，二是等、靠思想严重，学习、提高自身能力的氛围不浓。两种文化氛围并存是由机构性质决定的：一方面，所做的研究关乎国家、地方的政治、经济发展，要求研究必须认真、务实；另一方面，由于机构是政府附属单位，机构内对人才的激励措施不到位导致一部分人缺乏上进心。

企业文化是伴随企业发展产生，通过长期的建设形成的。我国公司型的信息分析机构普遍发展时间比较短，正处于生存竞争阶段，很少把企业文化纳入建设日程。由于缺少独特的企业文化，导致员工对企业的归属感、信任感、主人翁意识缺乏，造成员工流动性大，优秀人才流失现象时有发生。

8.3.4　我国信息分析机构微观管理的改进策略

我国信息分析机构经过多年的发展，在保证各级政府决策的科学化、民主化方面起到了积极的作用。但与发达国家相比，国内的信息分析机构还存在着缺乏核心竞争力、品牌知名度不高、行业优秀人才匮乏等问题，这些问题的产生一方面是由于信息分析行业发展所处的初级阶段决定的，另一方面是由于信息分析机构内部自身管理存在缺陷所致。

随着国外咨询机构纷纷抢滩国内市场，可以预见国内信息分析市场竞争会越来越激烈，市场优胜劣汰规则的存在必然将管理不善的信息分析机构淘汰出局。因此，国内信息分析机构生存、发展的前提是在不断完善宏观管理的条件下强化微观管理。

1．强化人才管理

1）在人员聘用上把关更加严格

随着国内信息分析市场竞争的加剧，对信息分析人员的素质要求也会越来越高。一是学历上的要求，信息分析人员必须受过高等教育，系统地学习过有关信息搜集、整理、分析、预测的理论与方法，同时掌握相关学科领域的核心知识、理念；二是要求信息分析人员具有相关行业工作经验和一定的工作年限；三是要求信息分析人员具有敏锐的信息触觉，能够快速发现和捕捉关键信息。此外，伴随信息分析师资格考试的推广和行业管理规范的加强，持有资格证是从事信息分析工作人员又一必备条件。

2）重视内部员工的培养

目前，国内一些信息分析机构已经开始借鉴国外机构的培养人才模式，将人才的培养纳入重要管理日程。例如，零点研究咨询集团首先根据员工的特点与特长为其制定职业发展规划，使其明确自身发展目标，尤其是对新入行的员工，在规划的不同阶段对其提供不同的培训内容；其次为员工提供进修、培训的机会。这种由机构自身培养人才的模式能够增加员工的凝聚力，降低人才流失率。

3）完善人才激励制度

吸引高素质人才、培养人才是人才管理三个环节中重要的两环，而使用激励措施实现用好人才、留住人才是人才管理的最后一个环节，也是最重要的环节。因此，在信息分析机构内建立一套完备、有效、稳定和个性化的激励制度是人才管理工作最重要的内容之一。完备性体现在激励的对象必须包含机构内的所有人员；有效性体现在激励制度能够激发每个人员努力工作的积极性，要求奖励标准有很大的可实现性；稳定性体现在激励制度的奖惩规定具有长期性，不随领导的心情好坏而变化；个性化体现在针对不同人员的性格特点制定"量身定做"的激励制度。

2．强化品牌管理

1）树立品牌意识

树立品牌意识是品牌管理的前提。市场竞争的加剧迫使国内信息分析机构的管理者认识到，实施品牌建设是争夺市场份额，求得生存与发展的根本手段之一。国内的信息分析机构，尤其是缺乏市场观念的政府附属性信息分析机构，必须树立品牌定位、开发、建设意识，管理者必须以高度的责任心和紧迫感实施和推进信息分析机构的品牌建设。

2）提高信息分析质量

提高信息分析质量是品牌管理的基础。客户使用信息分析产品时最关心的是其质量，关乎在此基础上所做的决策是否正确，甚至决定其所在组织的生死存亡。因此，出于对客户负责，更是对信息分析机构品牌信誉负责，国内信息分析机构必须重视对所承接项目的质量管理，规范项目处理流程，增设项目质量监督、评估部门。

3）保持良好的客户关系

保持良好的客户关系是品牌管理的关键。如果某信息分析机构与客户保持长期友好的关系，那么，意味着它拥有了一群忠诚于品牌的客户群体，这些客户群体对该机构品牌的认可能够促使其持续接受该机构的服务。据统计，国外咨询机构收入的80%来自20%的大客户，也就是说，少数大客户的委托服务支撑了咨询机构的品牌价值。因此，政府附属型信息分析机构将会随着形势的发展设立客户服务部，主动与老客户和潜在客户联系，而不能坐等客户上门。对于公司型的信息分析机构来说，当前最重要的是维护与老客户的关系。从经济学的角度看，企业开发一个新客户的成本是留住一个老客户3~5倍，因此，对国内公司型信息分析机构来说，维持和巩固老客户比开发新客户更经济。

4）运用营销策略宣传信息分析机构

运用营销策略宣传信息分析机构是品牌管理的重要手段，如利用广播、电视、报纸等传统媒介和新兴的网络媒介做广告，可以在短时间内迅速向目标客户传递出信息分析机构的优势、服务特点等重要信息，能够快速扩大信息分析机构品牌的知名度。国内信息分析机构尤其是占主体力量的政府附属型信息分析机构，必须改变"酒香不怕巷子深"的思想，制定完整的宣传方案，采用各种营销策略和手段与所属政府机构，特别是企业客户沟通，重点介绍信息分析机构的发展历史、人才优势、已有项目经验等信息，以达到介绍、推荐、宣传自己的目的。

3．强化企业文化建设

信息分析机构的管理者将成为推动企业文化建设的主要力量。目前，国内许多具有一定规模的信息分析机构管理者已经认识到，在某种程度上，企业文化决定着信息分析机构的发展规模。优秀的企业文化能够推动信息分析机构快速发展，反之，则严重阻碍信息分析机构的发展，甚至将其引向被淘汰的道路。

1）"以人为本"是企业文化建设的核心理念

信息分析机构进行企业文化建设的目的是改善人际关系，增强信息分析机构内部凝聚力和员工的归属感，激励员工工作热情和责任心，从而有助于提高信息分析机构对环境的适应能力和信息分析机构的声誉。我国信息分析机构"以人为本"企业文化建设的实质是尊重员工的感受和利益，让员工感受到信息分析机构对其价值的重视，同时将信息分析机构的发展与员工的发展联系在一起，在实现员工价值的同时实现信息分析机构的价值。

2）"与时俱进"是保持企业文化生命力的关键

信息分析机构应该将企业文化与其发展进程联系起来，根据自身发展所处的阶段，在继承和创新的基础上提出不同时期企业文化建设的目标，从而促进企业文化不断焕发出新的生命力，推动信息分析机构的发展。

本章小结

信息分析机构是信息分析人才的聚集地，也是为社会提供信息分析服务的智囊团。因此，我们需要了解国内外信息分析机构的主要类型与作用、发展趋势，以及信息分析机构的宏观管理和微观管理方法。其中，中国、美国、德国、日本等国家的信息分析机构的发展现状和趋势是我们学习的重点。我们在掌握本章知识的基础上，应采用文献研究、案例研究、专家访谈和实地研究方法，进一步探讨国内信息分析机构面临的挑战及其对策。

思考与练习

8-1　信息分析机构的主要类型及其作用是什么？
8-2　信息分析机构的发展趋势是什么？
8-3　信息分析机构的宏观管理与微观管理的基本内容包括哪些？
8-4　如何优化国内信息分析机构的宏观管理？
8-5　如何改进国内信息分析机构的微观管理？

第 9 章

信息分析与咨询

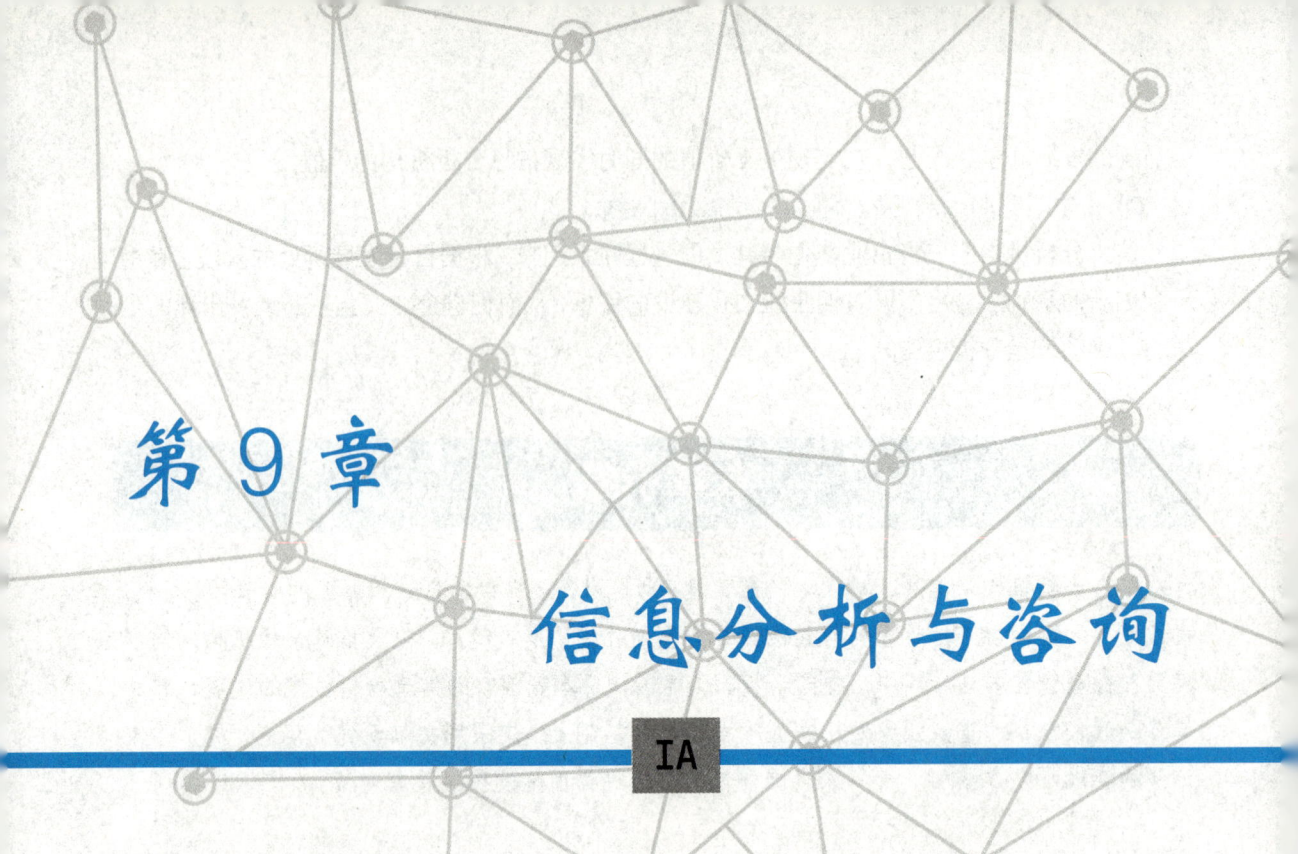

IA

党的二十大报告明确提出"强化科技战略咨询",这是中国式现代化的应有之义。信息分析与咨询是相辅相成的关系,信息分析是咨询的基础,咨询是信息分析的表现形式。

本章从咨询及其相关概念的界定入手,探讨了信息分析与咨询之间的区别与联系,分析了咨询的性质,论述了政策咨询、工程咨询、技术咨询、管理咨询和专业咨询五种咨询类型的含义与特点,并以中国、美国、英国、日本四国为代表,选取典型,简要介绍了国内外著名咨询机构的发展历史与现状。

本章重点

- 信息分析与咨询之间的关系
- 咨询的特征
- 咨询的主要类型
- 国内外咨询业的发展现状

9.1 信息分析与咨询的关系

9.1.1 咨询及其相关概念的界定

咨询是自人类文明产生以来就有的一种智力交流活动，旨在出谋划策，帮助解决疑难问题。作为一种社会现象，咨询有着十分悠久的历史，在中国可以上溯至夏商时代的家臣、两周时代的命士、战国时代的食客等；在西方国家，早期的咨询活动也可以追溯到公元前后的罗马帝国时期，古罗马教会选择具有某些知识专长的人帮助主教，提供咨询。作为一种运筹谋划的社会活动，咨询伴随人类社会的形成而出现，并随其发展而发展。19 世纪以后，特别是在第二次世界大战后，随着管理科学、系统科学、信息科学和计算机科学的产生和发展，许多专业咨询机构应运而生，咨询活动进一步社会化和产业化，成为社会经济生活中的重要组成部分。

"咨询"一词在古汉语中并不是从一开始就构成了一个词。《尚书·舜典》中有"咨十有二枚"和"询于四岳"，《春秋左传·襄公》中有"咨事为诹""咨亲为询""咨礼为度"和"咨难为谋"。咨询一词连用，最早见于东汉人所著《楚辞章句》一书，该书"九思·疾世"章中有"纷载驱兮高驰，将咨询兮皇羲"。这距今已有 1800 多年。传统意义上的咨询就是"向有识之士求教解决相关问题的对策"，一般是凭借个人经验和智慧进行的单独活动。在现代汉语中，咨询是"咨"和"询"两个词组成的复合词。《新华字典》《现代汉语词典》对"咨"的词义解释是"跟别人商量"，对"询"的解释是"询问"，对"咨询"的解释是"征求意见"。我们把"咨"和"询"的古今解释结合在一起，可以认为"咨询"的一般含义是询问、商量、谋划。在英文中，与之相对应的词是 consultation 或 consult。consult 来源于拉丁语和中古时代法语，有征求意见、寻求信息等含义，还包含有相互协商和酝酿之意。参考英文的这种词义可以帮助我们理解"咨询"的含义。

从字面来看，咨询不外乎是向别人征求意见，同别人商量办法，请别人帮助出谋划策的意思。从字面意义上对咨询的解释，非常宽泛，几乎可以说凡是从事着某种活动的正常人都在不断地进行着各种各样的咨询，而实际上人们并不是把随便什么问询和商量都看作是咨询活动，如"请问天安门广场怎么走""我想买一副 VR 眼镜，请问什么品牌比较好"等。因此，仅从字面意义上来理解咨询，并不能阐明咨询的确切含义。那么，到底什么是咨询呢？从已有研究成果来看，国内外学者经过很多年的研究与实践，对咨询尚无统一、明确的定义。下面选取几个有代表性的观点进行分析。

咨询就是询问、征求意见、商量办法，或者说是一种向用户提供专门知识、技术和经验，帮助用户解决各种疑难问题的活动（王万宗，1992）。

咨询是"咨询方"（咨询人员或咨询机构）根据委托方即用户（国际组织、政府机构、社会团体、企事业单位乃至个人）提出的要求，以其专门的知识、信息、技能和经验，运用科学的方法和先进手段，进行调查、研究、分析、预测，客观地提供最佳的或几种可供选择的方案（或建议、报告等），帮助委托方解决复杂问题的服务（崔槐青，1986）。

咨询是一项提供与实际管理问题有关的专业知识和技能的服务工作（国际劳动局，1985）。

咨询是人类不断获取知识和信息求生存的一种本能，这种本能决定了咨询是无处不在的，是人类社会普遍存在的社会现象。从现代咨询进入经济领域看，咨询是一种服务性产业，以专门的知识、信息、技能和经验为资源，帮助用户解决各种复杂难题，提供解决某问题的建议或方案，或为领导决策提供参谋性意见。从现代咨询介入管理领域看，咨询是一项提供与实际管理问题有关的专业化、知识化、技术化的高智力、创造性的科学研究活动（焦玉英，2004）。

咨询是运用知识和智慧，为客户解决问题、改善客户工作系统与环境，并实现某一特定目标的活动（柯平，2008）。

应以"信息咨询"来界定**咨询**的概念，指在社会认识与实践活动中，以信息属性为基本属性，以信息资源收集、整理分析为方法技能，以信息研究及成果应用为目标，为用户提供问题解决方案、战略策略观点、企业诊断等（郑建明，2010）。

咨询是根据用户的特定需求，对相关信息和知识进行综合加工和创新，为用户提供建议或方案，帮助用户实现某一特定目标的智力活动（卢小宾，2012）。

这些定义虽然从不同的角度对咨询进行界定，但反映的实质是一致的，即咨询是一种具有参谋作用的信息服务。根据目前咨询的几种主要界定提法以及现代咨询的发展实践，我们可以将咨询的定义归纳总结为：由咨询方（咨询专家或咨询机构）根据委托方（政府机构、社会团体、企事业单位或个人）的要求，以其专门的知识、技能、经验和信息，综合运用科学方法、现代知识和先进手段，进行调查、研究、分析和预测，客观、独立地提供最佳的或可供选择的方案、建议、报告、对策等，以帮助委托方解决复杂问题的高智力服务活动。

为了更全面理解咨询的含义，我们选取了几个与之密切相关的概念，进行对比分析。

1. 咨询与信息咨询

咨询活动是社会知识扩大再生产链条上的重要环节，而知识扩大再生产是与信息的搜集、加工处理和分析研究分不开的。现代信息技术的飞速发展极大地丰富了咨询的内涵和实践手段，人们开始重新理解咨询，在咨询原有的意义上，强调其信息特征，认为信息性是咨询的最基本特征，咨询离不开信息。从咨询的运作流程来看（如图 9-1 所示），咨询的过程实质上是对信息的搜集、加工、分析与应用的过程。从一定意义上说，咨询是提供高附加值的信息服务。对于咨询机构而言，其职责是将储存在专家头脑中的信息、搜集到的信息经过分

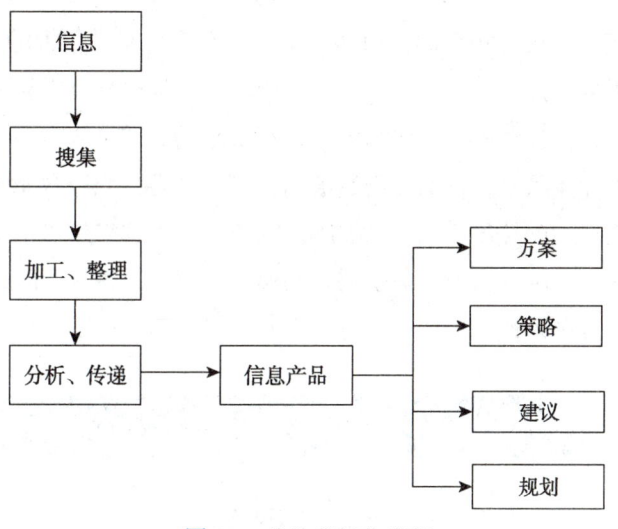

图 9-1　咨询的运作流程

析、综合后，再经过一定的方式传递出去；咨询人员的职责就是将经过深加工的合适信息，在合适的时间传递给合适的用户。现代咨询活动自始至终伴随着信息运动，咨询是对信息的有序化，是解决"信息爆炸"问题的一种途径。因此，有的学者提出"信息咨询"，将各种咨询活动均纳入信息咨询的范畴，统称为信息咨询。从这个意义上来理解，"咨询"与"信息咨询"这两个概念是等同的。

2．咨询与网络信息咨询

网络信息咨询是指信息咨询顾问和用户之间借助各类网络进行信息的传递和交流。具体地说，网络信息咨询就是信息咨询机构针对用户的信息需求，凭借各类网络，检索、选择、加工、传递信息，借助网络媒体，为互联网企业提供商业模式的研究与战略咨询服务，为传统企业开展经济活动提供相关的咨询服务，为社会及政府机构的有效运作提供信息服务，为个人及家庭提供全方位的个性化服务。由此可见，"网络信息咨询"与"咨询"的核心是一样的，都是通过对信息的有效搜集、加工和传递，最终满足用户的信息需求。不同之处在于，网络信息咨询更多地利用计算机网络、有线广播电视宽带网络和信息技术设备。因此，我们可以把网络信息咨询看成咨询在从低级向高级的一个叠加式发展过程中，在全球经济一体化和互联网技术的飞速发展与广泛应用背景下进入的一个新发展阶段。

3．咨询与咨询业

在人们彼此的交往中，在社会生活的方方面面，时刻需要信息活动，咨询就随时随地伴随其中，久而久之变成了人们的一种常规行为，并由此产生了一批专职人士，进而演变成为一种行业。随着全球经济的发展和信息科学、计算机科学等高科技的进步，咨询活动也蓬勃发展起来，逐渐发展成为现代咨询业。现代咨询业是人们对以智力为服务特点的新兴行业的总称，是一种特殊形式的服务业。现代咨询以科技为依托，以信息为基础，综合运用科学知识、技术、经验、信息，按市场机制向用户提供各种有充分科学依据的可行性报告、规划、方案等创造性智力服务，为解决政府部门、企事业单位、各类社会组织面临的复杂问题提供帮助。在经济发达国家，咨询业一般被列入知识经济范畴，或称为知识产业，也就是第四产业。在中国现行的统计体系中，咨询业仍然被列入第三产业。当今科学技术的飞速发展，使得科学技术转化为生产力的速度日益加快，社会生产的发展越来越显示出知识密集型产业快速发展的势头，使得社会对智力型服务的需求必然日益强烈。咨询业的蓬勃发展预示着人类社会进入知识驱动的发展阶段。

9.1.2 信息分析与咨询的关系

信息分析与咨询是两个既有区别又有联系的概念。

1．信息分析与咨询的区别

咨询与信息分析属于两个不同的系统，主要区别如下。

1）产生的领域不同

信息分析是高层次的信息（情报）工作，因此我们从信息工作入手探究信息分析的发展。在 19 世纪末叶之前，情报的积累与传播基本上处于一种自发的无组织状态，情报工作是和科学研究活动结合在一起，尚未独立。20 世纪初，科学进入了现代化发展时期，科技文献数量日益增多，为了使科学家从查阅大量文献信息的繁重负担中解脱出来，文献信息服务工作逐步深入，并开始成为一种新职业。但是情报工作真正得到发展是在 20 世纪 40 年代以后，社会信息化与"大"科学的发展带给我们一个十分令人注目的社会现象——情报爆炸。为了解决情报爆炸与情报利用之间的矛盾，需要由专门机构进行信息资料的搜集、整理、交流、利用，而且要对信息资料进行进一步的分析研究。在这种背景下，一部分专门人员，尤其是科研人员，利用自己的专业知识，进入文献信息部门，从事科技信息工作和信息分析工作，成为科技信息业的开创者。

作为营利性的产业活动，咨询形成于 19 世纪末。19 世纪 90 年代，英国的建筑专家约翰·斯梅顿（John Smendon）组织了一个"英国土木工程师协会"，独立承担从土木工程中分离出来的技术咨询服务，这就是现代咨询的发端。当时，英国的电力、煤气等公用事业开始普及，但技术人员严重匮乏，因此出现了以电力、天然气等领域的技术服务和技术咨询为主要内容的咨询公司。第二次世界大战以后，科学技术和社会经济的飞速发展大大加剧了决策的难度，当时的社会、政治、经济、技术环境为咨询活动的发展提供了千载难逢的机会，咨询活动呈现出综合化和国际化的趋势，并逐渐步入产业化阶段。目前，咨询业已遍布世界各地，成为新兴的支柱产业。

从产生领域来看，信息分析与科学技术和科学研究的发展紧密联系，与文献信息工作和科技信息工作融合在一起，作为信息工作中的创造性活动，是一种科学研究工作；咨询则是政治、经济、科技的综合产物，是商品经济高度发展、市场经济兴旺并向跨国发展的成果。

2）在"文献—信息（情报）—咨询"体系中的地位不同

随着人类社会的发展和进步，科学技术的发展日新月异，科学技术的门类也越分越细，各学科之间的彼此渗透和相互联系日益明显，在传统学科与技术的边缘的分支上，不断产生新的学科和技术。因此，人类面临两大问题，一是信息泛滥，二是决策科学化，这就需要有专门的机构提供准确的信息，需要有专门的机构研究决策，而依靠传统图书馆的文献工作无法解决这个问题。为了解决这个矛盾，各种专门人员纷纷投身信息分析和咨询领域，这两个领域很快发展成为世界性的大行业。尤其是进入20世纪80年代之后，随着咨询业的飞速发展，逐步形成了"文献－信息（情报）－咨询"的完整体系（如图 9-2 所示），以看到信息分析与咨询处于不同的层次，由不同的组织机构承担，各自从不同的角度对信息资源进行开发和利用，为人类各种决策提供服务。就属性来说，咨询不仅是这个体系的组成部分，还应该在这个体系中处于最高层次。

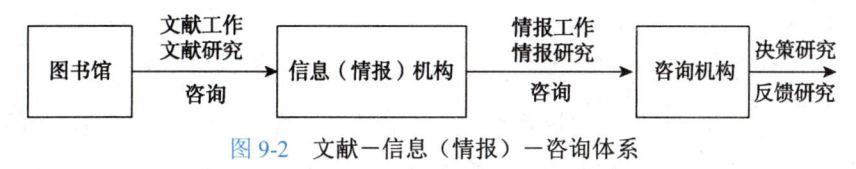

图 9-2 文献－信息（情报）－咨询体系

3）用户的需求层次不同

从用户角度，信息分析与咨询满足了用户的不同需求。信息分析是根据特定的任务需求，在广泛搜集和充分积累有关信息素材的基础上，运用恰当的方法，通过分析、对比、推理、判断和综合等逻辑思维过程，掌握事物内在的变化规律及其与周围事物的联系，了解事物现状，预测其发展，在大量事实的基础上，提供既有分析和对比又有新观点、新建议的情报信息，为决策科学化提供依据。因此，信息分析满足了那些只需要情报信息服务，并以此为据，自己进行决策研究的用户的需求。根据上文的论述，我们可知咨询是由咨询方（咨询专家或咨询机构）根据委托方（政府机构、社会团体、企事业单位或个人）的要求，以其专门的知识、技能、经验和信息，综合运用科学方法、现代知识和先进手段，进行调查、研究、分析、预测，提供最佳的或可供选择的方案、建议、报告、对策等，以帮助委托方解决复杂问题的高智力服务活动。所以，咨询方不仅需要信息分析，还需要全面的决策研究，也就是说，要把两者结合起来，并最终获得最佳的或可供选择的方案、建议、报告、对策等，以解决复杂问题。正是这两种信息需求使得信息分析和咨询这两种不同的信息服务方式并存。

2．信息分析与咨询的联系

尽管信息分析和咨询产生于不同的领域，在"文献－信息（情报）－咨询"体系中的地位不同，满足不同层次的用户需求，但两者关系密切，互为依托，连接成一个整体，主要体现如下。

1）信息分析与咨询以信息资源的开发和利用为基础

咨询活动作为社会知识扩大再生产链条上的重要环节，与信息的搜集、加工处理和分析研究活动是分不开的。可以说，咨询的过程就是获取、传递和反馈信息的过程，信息为咨询提供依据，重大的咨询工作从确定题目到提交咨询成果的全部过程中每个环节都要紧密依靠信息为之服务。尤其是重大的政治、经济、工程等类咨询，更需要准确可靠的信息和优质的咨询服务，才能保证决策的科学性和有效性；反之，就容易失误，可能给国家带来重大损失。从这个角度来看，如果没有信息的支撑，咨询工作就无法真正实施。而信息分析是通过对信息内容鉴别、整理、分析、综合以及预测和反馈过程，形成新的信息的研究活动。具体而言，信息分析就是对搜集到的信息去伪存真、荟优权重，对经过鉴别的信息的进行集中、归纳、融合和提炼，在分析、综合的基础上做出推理、演绎，根据实际应用结果对预测结论进行审议、评价、修改和补充。因此，两者都是以信息资源的开发与利用为基础，只不过在需求层次、研究领域、存在方式、组织机构等方面有所不同。

2）信息分析是咨询的基础

社会上的各种咨询机构，不论是咨询公司，还是综合咨询研究机构，抑或咨询行业协会，从他们的运作基础来看，都是以信息分析所获得的信息、情报与知识为依托，来解决用户所委托的咨询课题。而从事咨询的专业人员都不再以原有的职业资格进行工作，也就是说，他们只有从事必要的信息分析工作，进行综合分析研究，才能提出建议或方案。由此可以看出，信息分析是咨询的基础，贯彻咨询过程的始终。

3）咨询是信息分析增值的主要方式

咨询成果是一种智力与技术相结合的知识密集型的信息产品，咨询过程实际上是将信息加以提取、整理、分析、研究，输出各种可供选择的意见、建议、技术路线、政策方案和战略规划，帮助用户做出正确决策、优化工作进程、缩短研究周期、提高劳动生产率、改善产品质量、降低产品成本、节省原材料等，取得不同的经济效益和社会效益。换言之，信息分析的成果通过咨询得到有效的应用，创造经济效益和社会效益，其价值通过咨询得到提高和深化。从我国的实践发展来看，与咨询相比，信息分析的发展速度比较缓慢，在组织管理、研究方法、研究层次和内容以及运行机制等方面，还不能完全适应市场竞争。面对信息服务业的发展，尤其是各类咨询机构的竞争，咨询成为信息分析的发展方向。

9.2　咨询的性质和分类

9.2.1　咨询的性质

咨询的性质是咨询活动固有的属性和特征。从有关咨询的内涵来看，咨询作为一种探索性、创造性很强的智力劳动，是一种灵活有效地为社会、生产服务的独立行为。其性质包括：

1．智力服务性

咨询活动一般要依赖于专家的知识、智能，通过专家头脑储备的知识与经验的反复应用与"扩大再生产"的过程，将原有的知识与经验经过脑力加工和综合后，产生更大的效益。这种咨询活动不是盲目的，而是根据用户的需要，提供知识、经验和咨询成果等智力服务。

咨询的智力服务性在当代重大咨询课题中，得到了充分体现。由于内容深、范围广，需要发挥高度智能，集合相关领域的专家、学者，广泛开展社会调查，钻研大量文献资料，对于庞杂的信息加工整理，去伪存真，去粗取精，进行创造性的构思，借以形成针对性很强的高附加值的智力成果，根据用户的需求，发挥智囊作用，同时为用户本身进行决策，节省大量的时间和费用。可见，咨询是一种智力服务，通过知识的物化过程，为用户提供解决问题的方案。

2．客观独立性

咨询具有客观性和超脱性。咨询人员不受决策人或委托人主观意图的约束与控制，按事物本来面貌分析，按规律办事，提出切合实际的可供选择的方案，尽可能地减少成果的主观性和片面性。咨询活动是为决策服务的，为了保证决策的科学化和民主化，咨询活动必须具有客观独立性。为了保证自己的客观独立性，咨询活动应该按照委托方的要求，客观公正地进行调查研究，不受外界干扰或干预，提供符合实际的解决问题的方案。如果咨询人员以决策者的意志为出发点，按照决策者的意图而不是利用自己的知识和智能去研究和思考问题，就不会有创新，也不可能做到公正，因此也就失去了咨询活动的本身意义。所以，客观独立性是咨询的生命。

国外的咨询机构多是一些民间的或半官方的非营利性机构，这些咨询机构以企业方式组建，多以"公司""研究所""学会""中心"等命名，按照企业管理方法进行管理，自主经营，通过智力服务维持自己的生存和发展，一般不隶属于政府部门或者企事业单位，独立选择或承担咨询项目，研究方法和结果不受任何部门的约束和影响，从而保证了咨询成果的客观、公正、独立。

3．系统综合性

咨询活动具有明显的系统综合性特征，具体表现在以下几方面：

① 咨询活动是根据咨询建议书和项目计划逐步展开的系统工程，具有系统目标、子系统、系统要素和系统属性，并服从系统管理规律。因此，我们可以利用系统论和系统工程的方法研究咨询活动，优化咨询系统，提高咨询效率和效能。

② 咨询要解决的问题往往涉及政治、经济、技术、管理、环境和法律等方面的问题。

③ 咨询活动一般要对多种方法、多种学科进行融合运用才能奏效。

咨询内容的复杂性决定了咨询工作迫切地需要跨行业、多领域的共同研究、协同配合以及综合性的技术分析与指导，从各方面进行综合、系统的分析研究，要求自然科学与社会科学相结合，技术与经济管理相结合，考虑各种限制因素和可能造成的各种后果，进行多方案比较。因此，咨询水平的高低往往不是依靠掌握某项专业知识的多少，而是取决于综合分析能力的强弱。世界上著名的咨询机构大多是综合咨询研究机构，如美国斯坦福国际研究所、英国伦敦国际战略研究所、日本野村综合研究所等。

4．价值公益性

很多时候，咨询不以营利为目的，而以社会服务作为宗旨。从这个意义上，咨询活动具有公益性的一面。但另一方面，咨询活动具有价值属性，即咨询成果具有商品属性。咨询成果是一种知识形态的商品，是咨询专家经过复杂的脑力劳动生产出来的智力产品，它凝聚了咨询专家的社会必要劳动时间，因而具有价值；而且咨询成果贯彻到生产经营中，转化为物质形态的商品，具有使用价值，创造出经济效益。当然，咨询成果的价值是通过被咨询用户的吸收采纳实践后才得以体现出来。咨询已经具备了作为一个新兴产业的基础条件——市场和利润，咨询活动正逐渐由非营利性转向营利性。

咨询活动是市场经济的产物，服从市场规律。它是市场经济的组成部分，具有市场经营性，咨询方和委托方要通过签订合同或协议把各自的责权利明确下来，咨询方要承担一定的责任和义务，并通过收费的形式维持自身的生存和发展。由于咨询活动具有市场性，因此也就具有竞争性和风险性，咨询机构不积极开拓市场，不努力使自己的服务和产品具有更大的竞争性，就不能让自己继续生存和发展。

9.2.2　咨询的分类

1．咨询的类型划分标准

从不同的角度和标准，咨询可以分为很多类型。

① 按照内容划分：咨询大体可以分为五大类，即政策咨询、工程咨询、技术咨询、管理咨询和专业咨询。从国内已有的论著来看，这种划分标准是采纳最多的。

② 按照行业划分：咨询可以分为机械行业、化工行业、电子行业、食品行业、医药行业等行业咨询。这种划分标准有助于探讨一个行业领域咨询活动的共性以及该行业的分支行业的特征，但线条较粗。

③ 按照用户划分：咨询可以分为群体用户咨询和个体用户咨询。群体用户包括政府、工业、商业、农业、事业单位等用户；个体用户包括专家学者、科技工作者、企业家等用户。这种划分标准立足于用户，有利于分析用户信息需求的特点。

④ 按照规模和范围划分：咨询可以分为宏观咨询和微观咨询。前者是指对全局性、地

区性、涉及面广的问题进行的咨询；后者是指对某一局部工程项目、具体企业或专题进行的咨询。

⑤ 按照咨询对象性质划分：咨询可以分为战略咨询和战术咨询。前者研究长远的、全面性的重大问题，是为高层决策进行的咨询；后者是针对具体领域的具体问题进行的咨询。

2．咨询的主要类型

按照内容划分，咨询可以分为如下 5 种。

1）政策咨询

政策咨询是指由咨询专家或咨询机构为政府、企业或组织的决策过程提供科学预测、决策方案建议的一种咨询服务。其内容包括政治、军事、科技、经济、社会等方面长远规划的制定，地区性、区域性的综合开发，跨地区、跨部门、跨专业、跨行业的政策研究，以及能源、资源、环境、城市、交通等全局性、战略性、综合性的咨询。该咨询业务的委托者往往是国际组织、政府部门和大型企业，咨询的目的是为他们的重大综合性问题的决策提供服务。

由于政策咨询涉及经济、政治、科技、文化、环境等领域，决策咨询人员需要有多种专业知识，因此政策咨询也被称为"综合咨询"。鉴于综合咨询的目的是为国际组织、政府部门和大型企业的重大综合性问题的决策提供服务，因此有的学者认为，政策咨询也可以称为决策咨询。我们认为，这两者不能画等号。决策是指政府、企业或一个组织团体为达到一定的目标而决定采取的政策策略、行动方案并付诸实施的过程。本质上，咨询是一种具有参谋作用的信息服务，因此不管是政策咨询、管理咨询、技术咨询、工程咨询，还是各种专业咨询，目的都是为决策服务，只不过在范围和层次上不同而已。

现代政策咨询的出现是第二次世界大战以后的事，它代表着咨询业发展的方向。由于科学技术、经济社会以空前的速度向前发展，为使发展少走弯路，各国大力发展政策咨询业务，并逐步形成了一种社会公认的行业，一种被称为"智囊团""思想库""头脑公司""脑库""智库"的综合咨询研究机构蓬勃兴起。目前，有些发达国家这类机构已有几千家之多，如美国、英国、德国等已形成了一批历史悠久、成绩卓著的著名政策咨询机构，包括美国的兰德公司、斯坦福国际咨询研究所、总部设在欧洲的国际应用系统分析研究所、日本的野村综合研究所、英国的伦敦国际战略研究所以及罗马俱乐部等，其中兰德公司、罗马俱乐部、野村综合研究所被誉为世界三大天王智囊团。

政策咨询包括的范围非常广泛，主要有：

① 政府和政治家的重大政治性决策问题的咨询。内容包括：本届政府在任期内要达到什么样的政治目标以及实现的途径；政府在公众中应树立什么样的形象，以哪个环节为突破口；对国内外重大政治事件的态度与处理方式；种族冲突和民族团结问题；在政党联盟中的地位和立场；对政敌的态度等。

② 政府部门关于重大经济和社会决策问题的咨询。内容包括：重大经济、社会和科技发展战略的研究和制定；重大经济、社会和科技政策的研究和制定；科学、技术和生产三个环节之间的关系及政府的倾向等。

③ 各国政府关于军事和防务问题的咨询。内容包括：军事战略问题，如军备竞赛问题、裁军问题、核武器发展问题等；世界军事形势；各国军事力量对比研究；地区军事热点问题追踪；军事科技发展战略研究等。

④ 企业发展战略问题。主要涉及企业发展的长远规划、经济形势对企业发展的影响等，一般不涉及具体问题，否则属于管理咨询的范畴。

2）工程咨询

工程咨询主要是指为各种工程建设项目提供咨询服务，利用现代科学知识、工程经验和技术手段，根据用户的要求，为各类工程建设项目提供智力服务，其主要内容包括生产力布局咨询、各类工程建设项目咨询、投资机会研究、工程项目建议书、可行性研究、评估咨询、工程设计方案咨询、设备选型采购咨询、施工管理监督咨询等。工程咨询服务范围非常广泛，大至各类规划、新矿区、港口、铁路、电站的建设，小至一个工厂的建设或改造等。

工程咨询是现代咨询业的根基，可以说没有工程咨询就没有现代咨询业。工程咨询起源于 19 世纪 90 年代的英国，是随着英国工业革命的兴起应运而生的。当时，其业务仅限于建设咨询，英国建筑学家约翰·斯梅顿创立的"英国土木工程协会"是最早的咨询行业组织。

现代工程咨询业伴随大规模的经济建设活动而逐步形成，也随着社会的进步而得到发展，如今工程咨询机构已经遍布整个世界。1913 年成立的国际咨询工程师联合会（FIDIC）现在已成为世界各国代表性的工程咨询协会的国际联合组织，2022 年 12 月的统计数字表明，它拥有约 100 个遍及全世界的协会为团体会员，代表着全球 100 多万名工程咨询专家和 4 万多家公司。中国的工程咨询业是从 20 世纪 80 年代中期开始形成的，1992 年 12 月成立了中国工程咨询协会，目前各省、自治区、直辖市成立了地区工程咨询协会，形成了全国工程咨询行业组织网络。中国工程咨询协会作为中国工程咨询界的唯一代表于 1996 年被接纳加入国际咨询工程师联合会（FIDIC），这标志着中国工程咨询已步入国际工程咨询的行列。

3）技术咨询

技术咨询是指咨询机构运用各类专门知识，如技术、经验和信息等，为用户提供技术措施和技术方案，并对技术措施和技术方案的使用进行论证。技术咨询的专业性很强，其主要内容包括：为科研开发、技术引进、设备更新等提供可行性研究或提供咨询；为生产单位的技术攻关以及新技术、新产品、新材料、新工艺、新设备、新流程的研制开发和应用等提供咨询；为有关地区和厂矿企业提供技术经济信息或进行技术经济预测等。

当前，技术咨询是发达国家的重要输出项目，是货物出口贸易以外的一种贸易方式。国际技术咨询除了技术本身的输出，同时带动本国的资本输出。例如，美国的海外技术咨询业务收入，一般要占到总出口额的近 10%。一般在转让技术时附带条件，让技术输入国聘请输出国的技术咨询专家进行咨询，或者在资本输出时附带技术咨询的条件。不仅发达国家在相互竞争发展海外技术咨询业务，近年来，连印度等发展中国家也积极参与国际技术咨询业的竞争，为国外用户提供出口技术和咨询服务。

4）管理咨询

管理咨询是咨询机构和咨询人员利用有关的管理专业知识，帮助企业等各种组织寻找经济管理上的问题，并提出切实可行的改善方案的一种咨询活动。

（1）管理咨询的对象

从广义角度，管理咨询的对象包括企业、政府部门、公共团体等各种组织。从狭义角度，管理咨询就是面向企业的，所以管理咨询又称为企业管理咨询，日本企业界称之为企业诊断。

（2）管理咨询的过程

管理咨询包括三方面，或者说三个阶段，即确定问题、推荐解决方案、帮助实施解决方案。具体而言，管理咨询就是指咨询人员深入企业并同企业管理人员密切配合，运用科学方法，进行定量和确有论据的定性分析，找出主要问题，查出产生问题的原因，提出切实可行的解决方案，进而指导实施解决方案。

（3）管理咨询的目的

管理咨询的目的是通过实施解决方案以后，使企业的运行机制得到改善，企业适应环境的能力得到提升，特别是企业的市场竞争能力得到提高，从而达到提高企业的管理水平和经济效益。从更深层次上来探讨，管理咨询不仅是直接提高经济效益和管理水平，更重要的是，企业的生存和发展归根到底取决于这个企业是否能形成一个目标正确、适应性很强的运行机制。所以说，管理咨询根本的目的是使这个企业能够通过管理系统发现问题，找出原因，不断优化企业管理机制，使整个企业运行形成良性循环。

（4）管理咨询的人员

从事管理咨询的人员必须具备一定的基本条件，包括管理理论知识、管理实践经验和咨询的技法。

根据国际劳动局的观点，管理咨询包括以下7种。

① 综合管理的咨询。包括涉及企业组织结构、开拓风格、决策过程、经营战略、经营方针、经营目标、企业经营投资等方面的咨询。

② 财务管理的咨询。主要包括企业的发展、资金的管理、最低经营成本的经营选择方案、会计体制等方面的咨询。

③ 市场管理的咨询。主要包括企业市场活动的战略、市场的经营活动等方面的咨询。

④ 生产管理的咨询。包括产品的生产过程和质量管理、生产的方法、生产组织以及企业生产中人的因素等方面的咨询。

⑤ 信息系统和数据处理的咨询。主要包括：企业信息系统的建设及其与决策、监督系统的关系；企业在经营管理过程中需要哪些信息；何时和怎样提供信息；企业信息系统的改进和一体化；计算机的数据处理和信息技术组织等方面的咨询。

⑥ 人事管理的咨询。包括企业人事政策、人事管理的改进和劳资关系等方面的咨询。

⑦ 小企业管理的咨询。包括小企业经营管理的各方面的咨询。

5) 专业咨询

专业咨询是指就某特定专业领域中的问题进行的咨询。其特点是涉及面较窄，有较强的专业性，通常是针对用户提出的问题进行咨询，如环境保护咨询、法律咨询、保险咨询、医学咨询、生活咨询、消费者咨询等。

(1) 环境保护咨询

环境保护咨询是环境保护事业中的重要组成部分，是一种智力型服务。它运用多学科的知识和经验、现代的科学技术和管理方法，遵循独立、科学、公正的原则，为政府部门和企事业团体提供有关环境保护项目的咨询，以促进环境保护事业的发展。其范围可分为环境政策、环境管理、环境技术、环境工程、环境影响评价、清洁生产、环保产品、环保信息、环境监测等。

(2) 法律咨询

法律咨询是指为社会个人或团体提供法律方面问题的咨询服务。由于法律问题遍及社会生活的方方面面，因此法律咨询的内容范围极为广泛，主要包括：国家机构、选举、集会、游行、结社、兵役和民族区域自治等日常政治事务咨询；劳动工资、社会保障、文化教育、医药卫生、边防检查、户籍管理和公证事务等社会事务咨询；经济或技术合同、企业登记、企业经营、商品物价、对外贸易、财务、审计、税收、金融和保险等经济事务咨询；婚姻、计划生育、家庭关系、离婚、遗产和继承等家庭事务咨询；人身或财产的民事责任及赔偿等侵权行为与赔偿咨询；犯罪条件的构成和量刑等犯罪与刑罚咨询；刑事诉讼、民事诉讼和行政诉讼等诉讼事务咨询等。

(3) 经济咨询

经济咨询包括金融咨询、商业咨询、对外经济贸易咨询等。其中金融咨询占有核心地位。金融咨询是指为资金融通提供的咨询服务，具体而言，是指为货币、货币流通、信用及与之直接有关的货币发行和回笼，资金的借贷，金银、外汇的买卖，保险、信托及有价证券的发行与交易，国内、国际货币估算等方面提供的咨询服务。

(4) 生活咨询

生活咨询是指为人民日常生活提供的各种咨询服务，即为衣、食、住、行和生、老、病、医等方面提供咨询服务，如心理咨询、医学咨询、旅游咨询、服饰咨询、烹调咨询、房产咨询等。

9.3　国内外著名咨询机构

9.3.1　国内知名咨询机构

我国的咨询业从无到有，逐渐发展壮大，咨询机构也越来越多地发挥行业引导作用。但总体来看，我国咨询机构分布并不平衡，主要集中在北京、上海、广州等经济发达、开放程度高的地区。目前，我国咨询机构的规模依然较小，并且以企业形式为主。

1．综合开发研究院（China Development Institute，CDI）

综合开发研究院，又称"中国脑库"，是经国务院批准，于 1989 年在深圳经济特区成立的国内第一家综合性、民间性、自主性、开放性、公益性、非营利的政策研究和咨询机构，由国内的知名学者、专家、企业家、社会活动家自愿联合组成。

CDI 从成立起，即以改革试验者面貌出现，是中国咨询研究机构中最先尝试市场化运作的"先行者"。CDI 是一个综合研究咨询机构，其工作特点是以研究为依托进行广泛深入的咨询服务，2015 年入选首批 25 家国家高端智库建设试点单位，是深圳市首批人文社会科学重点研究基地。目前，它已成为中国咨询业中规模最大、积累经验最丰富、提供服务最完善、运作最成功的咨询机构之一。

CDI 的使命是"为中国各级政府和国内外企业提供具有前瞻性、创新性和实操性的研究咨询服务"。它的咨询服务不仅面向中央政府、地方政府和各种社会团体，还面向企业和个人。CDI 在开展企业项目咨询服务时，既着重把握企业运行的宏观环境，着眼于企业的长远发展，培养企业顺应大势的能力，提高其可持续的竞争能力，又深入剖析企业内部体制和机制，以"成本—利润"为中心对企业进行全面深入"诊断"，并在此基础上为企业建立合理结构、体制和机制提出科学建议。CDI 因为与政府有密切的关系，在沟通企业与政府联系、解决某些实际问题方面，也有所作为。这是 CDI 既不同于官方机构又不同于一般咨询公司的独特地方。CDI 的企业咨询服务以国内企业为主，同时开展大型跨国公司进驻中国市场的咨询服务，强调本土化市场和本土文化，强调国际惯例与中国实际国情相结合，使咨询服务具有"中国特色"。CDI 的企业客户包括在中国本土投资、经营的国有企业、上市公司、民营企业、外资企业和合资企业，这些企业从事经营基础设施、能源和基础材料、建材和房地产、金融证券、IT 行业、商业零售、医药、消费品等行业。建有 CDI 数据银行，提供宏观经济分析。

CDI 现有研究人员约 160 名，以中青年为主体，大部分具有在研究机构、政府部门、大型企业工作的经历，对中国政府的运作、中国企业的经营有着切身的体会和实践经验。其主要研究领域为国家宏观战略、区域经济、城市化、产业发展和政策以及企业战略与投资决策。研究院出版《CDI 年报》《开放导报（月刊）》《经理人》杂志以及丛书、报告、专题文献等。

2. 国务院发展研究中心（Development Research Center of the State Council, DRC）

国务院发展研究中心（DRC）是国际知名的政策研究与咨询机构之一，直属国务院。国务院发展研究中心是从事综合性政策研究和决策咨询的国务院直属事业单位，贯彻落实党中央关于政策咨询研究工作的方针政策和决策部署，统筹国内外发展研究资源，不断提高综合研判和战略谋划能力，为党中央、国务院提供政策建议和咨询意见。

DRC 在促进中国的改革开放和发展以及建立社会主义市场经济体制等方面做了许多开创性的工作，积极参与了国家的国民经济和社会发展五年计划和长期规划的制定和决策过程，并主持或参与了许多重大国家级的研究项目以及一些地区性发展战略和规划的研究。在国际上，该中心与许多国家的政府机构、学术界和实业界以及国际组织建立了广泛的联系，并开展了各种形式的双边与多边国际交流与合作。中心承担了包括联合国开发计划署、世界银行、亚洲开发银行、福特基金会、洛克菲勒基金会等国际组织和国外基金组织援助的在华重要研究项目，取得众多建设性成果。该中心还发起和组织了系列国际会议，受到中国政府领导人和中外政界、学术界和实业界高层人士的重视和高度评价。中心旨在通过这些交流与合作，吸收借鉴国际有益经验，促进中国的改革开放和发展，同时帮助世界了解中国。

DRC 的主要职责包括：组织开展经济社会发展和改革开放中的全局性、综合性、战略性、长期性问题及热点、难点问题研究，开展政策评估、政策解读、国际交流合作，提出相应咨询意见和建议；研究经济发展动态和国民经济循环，分析宏观经济形势，研究宏观经济治理机制，研究财政、金融等宏观调控政策，提出相应咨询意见和建议；研究国家中长期发展战略和生产力空间布局等问题，研究区域协调发展、城乡协同发展问题，研究国家中长期发展规划和区域发展政策，研究农村发展和乡村振兴，提出相应咨询意见和建议；研究企业、产业发展问题和产业政策，对制造业、建筑业、房地产业和金融、商贸、流通等服务业开展研究，提出相应咨询意见和建议；研究我国创新驱动发展和国际科技创新发展问题，研究科技创新战略和政策、体制机制等，提出相应咨询意见和建议；研究我国对外开放和国际经贸关系，研究开放发展战略与政策、参与全球经济治理等问题，提出相应咨询意见和建议；研究社会发展、文化发展问题，研究人口与社会发展、公共服务与社会保障、社会治理、公共文化建设、对外文化传播等，提出相应咨询意见和建议；研究生态文明建设和绿色发展问题，研究资源开发利用、生态环境保护、应对气候变化、促进经济社会发展全面绿色转型等，提出相应咨询意见和建议；研究全面深化改革问题、经济社会发展和改革开放中的体制机制、市场体系建设与改革等，提出相应咨询意见和建议；完成党中央、国务院交办的其他任务。

DRC 的研究领域涉及经济问题、行业政策、社会问题、劳动与人力资源发展、环境与自然资源、宏观经济、发展战略与地区经济、农村经济、工业经济、技术经济、国外经济关系、社会发展、国际合作等。资金主要来自政府部门和合同研究收入。出版《国际移民近期变化及其潜在影响分析（2022）》《党的十八大以来我国环境监管改革的基本逻辑、进展与改进（2022）》《我国教育机会均等的实现情况和改进建议（2022）》等报告，出版刊物有《中国发展评论》《管理世界》《经济要参》《中国经济时报》。

3．上海社会科学院经济研究所（Institute of National Economy Shanghai Academy of Social Sciences，INESASS）

上海社会科学院经济研究所的前身为中国科学院上海经济研究所，成立于1956年，在1958年上海社会科学院成立后，划归上海社会科学院建制。2015年，上海社会科学院入选首批国家高端智库建设试点单位。

研究所下设宏观经济学研究室、微观经济学研究室、政治经济学研究室、经济增长理论研究室、中国现代经济史研究室、中国经济史研究室、当代西方经济理论研究室，中国经济思想史研究室8个研究室，以及中国社会科学院现代经济史研究中心、中国社会科学院欠发达经济研究中心、中国社会科学院全球契约研究中心、中国社会科学院上市公司研究中心、中国社会科学院民营经济研究中心5个研究中心。在资金来源中，合同研究占60%，国家与地方政府占30%，其他占7%，出版物收入占3%。

研究所以理论经济学、经济史（包括经济史和经济思想史）基础理论研究为主，政治经济学、上海经济发展、经济史为重点学科。研究领域涉及宏观经济形势分析、区域经济发展、金融与资本市场、贸易中心和自贸区建设、能源交通和低碳经济、社会和人口、创新经济和创新产业等。历年来，该研究所出版了《社会必要产品论》《旧中国民族资产阶级》《上海社会主义经济建设发展简史》《中国近代经济思想史》《双重运行机制论》《上海：从开发走向开放》《现代经济增长中的结构效应》《民族资本主义与旧中国政府（1840—1937）》《中国经济政策思想史》《温州模式与富裕之路》《近代中国国情透视》《中国特色社会主义经济》《中国土地思想史稿》《上海近代经济史》《上海经济发展》《近代中国企业：制度和发展》《世纪之交的十二大关系》《中国农业思想史》《上海"四个中心"创新升级研究》《全面深化改革进程报告》《公共供给与国家治理》《理论经济学理论前沿》等一批有较高学术水平的重要论著，并主办出版《经济研究》（月刊）、《经济学动态》（月刊）、《中国经济史研究》（季刊）3种刊物。承担国家级、省部级课题65项，获国家级奖2项、省部级奖30项。

4．中国社会科学院世界经济与政治研究所（Institute of World Economics and Politics，Chinese Academy of Social Sciences，IWEP）

中国社会科学院世界经济与政治研究所于1964年建立。1981年，世界经济研究所与社科院世界政治研究所合并，建立了世界经济与政治研究所。2016年被中国外交部指定为二十国集团智库峰会（T20）中方首席牵头智库。2020年成为中国社会科学院国家全球战略智库的实体依托单位。该所目前有12个研究室（全球宏观经济研究室、国际金融研究室、国际贸易研究室、国际投资研究室、国际发展研究室、国际政治理论研究室、外交政策研究室、国际政治经济学研究室、马克思主义世界政治经济理论研究室、全球治理研究室、国际大宗商品研究室、国家安全研究室），5个编辑部、2个学会和5个研究中心。

世界经济与政治研究所研究领域广泛，涉及全球宏观经济、国际金融、国际贸易、国际投资、国际发展、国际政治、外交政策、国际政治经济学、马克思主义世界政治经济理论、全球治理、国际大宗商品和国家安全等方面。近年来，该研究所完成《世界经济形势分析与预测》《全球政治与安全》《中国海外投资国家风险评级报告》等有重大影响的报告。出版刊物有《世界经济与政治》（月刊）、《世界经济》（月刊）、《世界经济年鉴》《国际经济评论》（双月刊）、《China & World Economy》（英文，双月刊）。

5．上海国际问题研究院（Shanghai Institutes for International Studies，SIIS）

上海国际问题研究院建于1960年，为隶属上海市政府的主要咨询研究机构之一，从事综合性国际问题研究，是中国最重要的国际问题和中国外交智库之一。

上海国际问题研究院的主要目标和任务是：以服务党和政府决策为宗旨，以政策咨询为方向，通过对当代国际政治、经济、外交、安全的全方位研究，为党和政府决策提供有力的智力支持；通过与国内外研究机构和专家学者的合作交流，增强我国的国际影响力和国际话语权，提升国家的软实力。

上海国际问题研究院下设6个研究所和6个研究中心，分别是国际战略研究所、全球治理研究所、外交政策研究所、世界经济研究所、比较政治和公共政策研究所、台港澳研究所，以及美洲研究中心、亚太研究中心、俄罗斯中亚研究中心、西亚非洲研究中心、欧洲研究中心、海洋与极地研究中心。编辑出版有《国际形势年鉴》《国际问题论坛》（季刊）、《国际展望》（双月刊）、《SIIS Journal》（英文学术刊物，每年3期）及不定期出版论文集，选编研究人员公开发表的论文与研究报告。

6．中国国际工程咨询有限公司（China International Engineering Consulting Corporation，CIECC）

中国国际工程咨询有限公司成立于1982年，简称中咨公司，曾用名中国国际工程咨询公司，2017年更改为现名，是国务院国资委管理的中央企业、中央确定的国家高端智库，具有甲级工程咨询、设计、监理、造价资质，是国内规模最大的综合性工程咨询机构和中央政府在投资建设领域的重要咨询单位，业务范围覆盖国民经济各行业。公司还与众多国际著名咨询机构和国际金融组织开展了广泛的合作与交流，将始终不渝地秉承服务国家、贡献社会的企业使命，不断地为国家、企业、社会提供优质、高效、卓越的咨询服务。

中咨公司注册资金5.2亿元，还在世界银行、亚洲开发银行、非洲开发银行登记。中咨公司为中央政府在国家重大建设项目的决策和实施方面发挥了重要参谋作用，也为地方政府、企业、银行等各类用户提供了大量咨询服务。既优化了生产力布局，也规范了投资方向，还为国家节约了大量财政资金。包括一系列行业和地区发展规划的编制与咨询论证，大量宏观专题研究，以及西气东输、西电东送、南水北调、京沪高铁、首钢搬迁、奥运场馆、百万吨级乙烯、千万吨级炼油、大飞机工程、载人航天、探月工程，以及京津冀协同发展、长江经济带、粤港澳大湾区建设、中部地区高质量发展、成渝地区双城经济圈、海南自贸区、长三角一体化、战略性新兴产业、全国生态保护与建设、"一带一路"建设、西部大开发、东北振兴、新疆和藏区发展等一大批关系国计民生、体现综合国力的建设项目和发展规划，为国家经济建设和高质量发展做出了重要贡献。

中哲公司积累了丰富的咨询工作经验，形成了有公司特色的较为科学的工作流程，造就了一支具有较高素质的咨询队伍。公司拥有国内外工程建设、经济、法律、国防和外交等领域300余名专家学者组成的专家学术委员会，其中有由中国科学院、中国工程院、政府宏观管理部门及大型企业领导等各领域90余位高端学者、资深专家组成的顾问，并拥有近54000名各行业优秀人才组成的专家库，其中常用专家21000余名，能够从各方面提供高层次的咨询服务。为了适应市场需求，公司先后成立了十几家各具自身专业特色的子公司或控股公司，拥有一批专业技术人员，开展全方位的咨询业务。中哲公司接受政府、部门、地区、银行、企业及国内外各类客户的委托，主要承担以下咨询业务：各类工程项目前期咨询，如投资机会研究、项目评估等；项目实施阶段咨询，如招标代理、工程设计、施工监理、后期评价等；专题研究咨询，如工程建设、产业结构、行业发展、产品开发前景、建设布局等；地区经济和社会发展规划咨询；企业发展战略与管理咨询；对外经济技术合作咨询；中外企业在国内外投资、合作咨询等。

7．中国国际经济咨询有限公司（China International Economic Consultants，CIEC）

中国国际经济咨询有限公司是中国国际信托投资公司（CITIC）的全资子公司，于1981年成立，具有工程监理甲级资质和工程咨询乙级资质，是中国最高水平的国际经济咨询公司，目前已经在世界银行、联合国工业发展组织、联合国开发计划署、亚洲开发银行等国际金融机构和经济组织注册，"恪守'高效、守信、奉献'的企业精神，遵照'独立、客观、公正'的工作原则，运用系统的信息化手段、科学的分析方法、广泛的对外渠道和良好的政府关系，向国内外客户提供切实可行的解决方案"。

自成立以来，该公司不断朝着综合化、国际化的目标发展，在投资、管理、工程、贸易、知识产权、法律等领域积极拓展咨询业务。公司拥有2个分公司、4个委员会、12个业务单元、5个职能部门、1个博士后科研工作站，同时拥有5所研究院。目前，公司拥有200余名专业咨询专家，其中73%的专业人员具有硕士以上学历，他们大多数人毕业于国内外名校，具有工商管理、信息技术、工程技术、经济、金融等专业背景。

该公司运用系统的信息数据资源、科学的分析方法、广泛的对外渠道和良好的政府关系，向国内外客户提供切实可行的解决方案。公司拥有的客户包括中国各级政府及国有企业、大中型公司、社会组织，以及跨国公司、国际组织等，项目涵盖国民经济和社会发展众多领域，累计完成各类咨询项目5000余个。该公司主要业务范围包括：投融资咨询、国企改革咨询、经济社会发展咨询、企业管理咨询、工程咨询、国际业务咨询、新基建与数字化发展咨询、专业论坛与培训等。

8．北大纵横管理咨询集团（Alliance PKU Management Consultants Ltd.，ALLPKU）

北大纵横管理咨询集团成立于 1996 年，是国内较早注册成立的管理咨询公司，也是由北京大学控股、北大光华管理学院兴办的按现代企业制度规范化运作的专业管理咨询公司，是一家综合性的管理咨询机构。北大纵横在人员规模、项目数量、回款率、客户满意度等数十项指标上创造和保持了行业第一，获得数百项社会荣誉，2016 年被国际行业杂志 IBISWorld 评为中国本土咨询公司第一名，2017 年入选工信部企业管理咨询机构第一批第一名，荣获"2018 年值得信赖的中国管理咨询机构"，担任中国企业联合会管理咨询委员会副主任委员单位，获得中国顶级信用评级机构颁发的"AAA 级信用企业"证书。

北大纵横总部设在北京，在上海、深圳、广州、武汉、重庆、沈阳、济南、太原、海口、郑州、雄安等二十多个城市有分支机构。北大纵横先后为超过 6000 家企业提供过一流的管理咨询服务，其中近 1/3 为国内 500 强或上市公司，积累了丰富的管理咨询经验。在多年的管理咨询服务中，北大纵横创立了专业唯精、全局唯效的系统咨询方法，在战略管理、组织设计与人力资源管理、营销管理、财务管理、企业文化、信息化六大管理领域奠定了深厚的业务资源和运作技术积累。公司依托外部专业数据库供应商、数百名咨询顾问和丰富的客户资源，现已建成能源、金融、石油化工、机械、医药、信息技术、电子、商贸、通信等 30 大行业和 300 个 TOP 企业研究数据库。

北大纵横管理咨询业务涉及战略规划、组织管控、人力资源、制度流程、企业文化、品牌营销、财务管理、风险内控、运营管理等方面，出版了"北大纵横咨询系列丛书""北大纵横管理系列丛书""北大纵横培训系列丛书"，包括《战略管理咨询实务》《在中国做管理咨询》《企业上市全程指引》等影响力较大的图书。

9．正略钧策集团股份有限公司（Adfaith Management Consulting Inc.，Adfaith）

1992 年，正略钧策集团股份有限公司的前身新华信创立。自创办至今，公司秉承"学无罔，思无殆，言有物，行有恒"的核心价值观，践行"竹文化"，咨询中国，智惠四海。"正略"就是"正确的战略"；"钧"为"重大，重要"之意，"钧策"就是"重大的决策"。正略钧策即为"正确的战略，重大的决策"，即通过智力服务为客户解决生存发展的重大战略决策和复杂管理问题。正略钧策业务涵盖国有资本投资运营平台、金融服务、管委会及园区、城镇化、智能制造、大文旅、大健康、能源与公共事业、汽车、军工等领域，其职能包括战略规划、集团管控、流程管理、销售营销、人力资源、市值管理与重组并购。

正略钧策在总结中国企业管理实践的基础上，不断提出自己的观点，并通过出版的方式传播正略钧策的管理方法，其出版的管理创新书籍包括：《改造董事会》《咨询的真相》《决战》《年轮》《把激励搞对》《抢位》《竞争四力》《正略钧策看人力资源》《正略钧策看战略》《正略钧策看企业管理》《正略钧策看企业发展》《坐地日行八万里》《让管理激情飞扬》《咨询就是生活》《在中国，做咨询》《正略钧策管理评论》等。

10．赛迪顾问股份有限公司（China Center for Information Industry Development Consulting，CCID Consulting）

赛迪顾问股份有限公司（简称"赛迪顾问"）成立于1986年，脱胎于原国家电子工业部计算机工业管理局信息处，直属于工业和信息化部中国电子信息产业发展研究院。

赛迪产业综合服务大数据平台以产业链和多维度产业大数据为核心，进行产业要素诊断、产业态势洞察、产业资源挖潜、产业决策评估等，以数据具化产业画像，从产业、企业、技术、资源等多角度、多层次剖析产业优势及症结所在，为政府、园区、企业、投资机构等用户提供产业洞察、辅助决策及资源对接等创新服务。

赛迪顾问的主要研究领域为新经济、新技术、新工业，如图9-4所示。

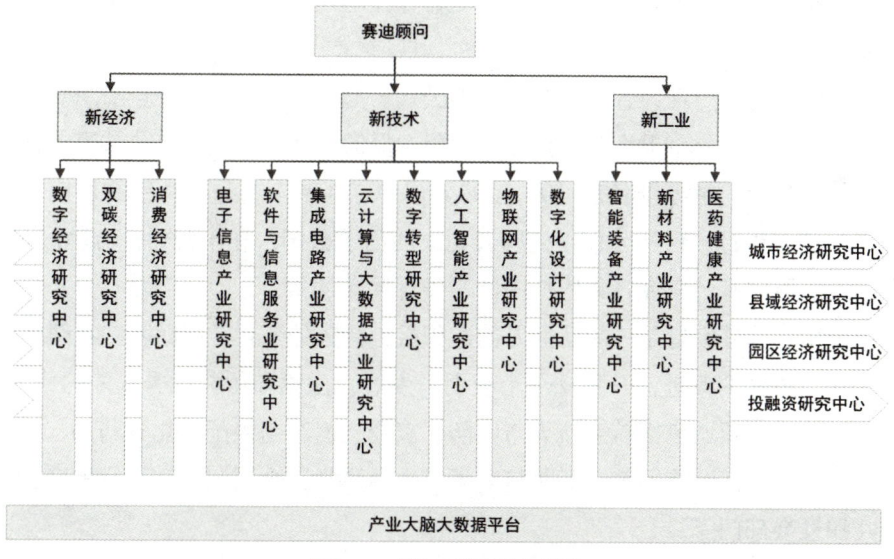

图9-4 赛迪顾问研究领域

赛迪顾问近年来持续跟踪新兴产业发展，发布了数量众多的研究报告，以2022年为例，陆续发布了《中国冰雪产业发展研究年度报告》《中国轨道交通装备产业发展研究年度报告》《中国光伏产业发展研究年度报告》等100多份行业年度报告，以及《中国干细胞产业创新与投资趋势》《中国智能网联汽车产业创新与投资趋势》等几十份投资价值报告。

9.3.2 国外著名咨询机构

1．美国

目前，美国是全球咨询业最发达的国家之一，咨询服务涉及社会生活的各方面，而且市场运作规范、专业化程度高、收费合理，已形成相对稳定的咨询行业与服务体系。美国咨询机构繁多，大的机构有数千人，小的机构只有几人，它们以各自的优势在市场上发展。

1) 麦肯锡咨询公司（McKinsey & Company）

麦肯锡咨询公司是由杰姆斯·麦肯锡（James Mckinsey）教授于1926年创建的，同时他也开创了现代管理咨询的新纪元。麦肯锡1959年进入亚太地区，在中国的业务始于1985年。自那时起，麦肯锡在香港、台北、上海及北京建立了分公司。麦肯锡的咨询重点放在高级管理层所关心的议题上，为不同的行业用户设计、制定相配套的一体化解决方案，包括企业的战略制订、经营运作、组织结构等。麦肯锡在咨询理论上提出了比较著名的三层面理论和7S模型。

现在麦肯锡公司已经成为全球最著名的管理咨询公司，在全球50个国家和地区开设了超过90家分公司或办事处。麦肯锡的咨询人员均毕业于名牌高校，分别来自100多个国家，多数咨询人员在加入麦肯锡之前已具有相当的咨询业务经验。在麦肯锡，职位级别和成就直接挂钩，在咨询人员的职业生涯中，麦肯锡定期对咨询人员的业绩进行评审，评估其解决问题的质量和对用户的影响。

麦肯锡大多数的用户均为各国优秀的大型公司，如排在《财富》杂志前500强的美国公司和实力强大的公司，分布于汽车、银行、能源、保健、保险、制造、公共事业、零售、电信和交通等各行各业。世界排名前100位的公司中，70%左右是麦肯锡的用户，其中包括AT&T公司、花旗银行、柯达公司、壳牌公司、西门子公司、雀巢公司、奔驰汽车公司等。麦肯锡在中国的用户有广东今日集团、中国平安保险集团等。

麦肯锡公司宣称其宗旨是"帮助世界创造积极、持久的变化，帮助客户在绩效方面取得独特、持久和实质性的改进，并建立一个吸引、发展、激励和留住优秀人才的伟大公司"。如今，它涉及的研究领域包括航空航天与国防、农业、汽车与装配、化学药品、教育、电力和天然气、金融服务、医疗保健、工业与电子、生命科学、金属与采矿、房地产、零售、半导体、公共和社会部门等。

2) 波士顿咨询公司（Boston Consulting Group，BCG）

波士顿咨询公司成立于1963年，经过40多年的发展，已经成为一家全球著名的管理咨询公司。它为管理理论的发展做出了卓越的贡献，突出的特色是它率先提出并成功运用推广了一些著名的管理理念和分析模型，如经验曲线、以时间为本的竞争、针对市场细分的应效法、波士顿矩阵、以价值为本的管理模式、持续增长方程式、价值链分析等，极大地丰富了现代管理理论。

波士顿咨询公司的宗旨是"释放推动世界进步的人的潜力"。如今，波士顿咨询公司拥有超过25000名工作人员，在50个国家中的100多个城市设有办事处。随着国际市场的规模不断扩大，它已拥有众多的海外客户。同时，波士顿咨询公司在欧洲享有良好的声誉，调查显示波士顿咨询公司是欧洲咨询顾问最乐意工作的五所顶尖公司之一，公司半数收益来自欧洲的咨询业务，1/3来自美洲，其余来自亚洲。波士顿咨询公司1966年在东京成立亚太地区的第一家办事处，成为第一家进入日本的西方咨询公司。1990年，波士顿咨询公司在香港设立办事处，进军大中华市场。波士顿咨询公司的主要业务范围涉及航空航天与国防、教育、医疗保健行业、汽车工业、能源、工业产品、公共部门、运输和物流、消费品行业、金融行业、保险行业、零售业、旅游业等行业，主要业务职能有企业融资与战略、零基预算、业务转型、客户洞察、创新战略与交付、组织战略、人才战略、国际商务、风险管理等职能。

2．英国

咨询几乎是和第二次工业革命同时起步的，因此英国也被认为是咨询业的创始国。经过两个多世纪的发展，英国的咨询业已经形成规模较大、行业发展成熟的行业。英国咨询机构众多，专业服务范围十分广泛，而英国咨询机构1/3的业务量来自政府机构，可以说政府是英国咨询机构的最大雇主。

1）皇家国际事务研究所（Royal Institute of International Affairs，RIIA）

皇家国际事务研究所1920年建于伦敦，为独立研究机构。其机构位于伦敦查塔姆大厦内，因此也被称为"查塔姆社"（Chatham House），宗旨是"帮助人们、社会和政府理解和适应巨变"。该研究所经费主要来自大公司及社会机构的捐助、会员费及出版物收入等。研究领域包括经济问题、外交关系、非洲研究、中东研究、美国研究、俄罗斯与欧亚大陆研究、欧洲研究、能源与环境、国际经济与安全、医疗保健、机构研究，侧重研究英、美、法、德、日、俄的外交政策及广泛的国际经济问题、政策趋势等。它出版《今日世界》（*The World Today*，英文，月刊）及《国际事务》（*International Affairs*，英文，季刊）等，前者侧重于当前的国际问题，后者发表政治、外交方面的论文及大量的述评。

2）伦敦国际战略研究所（International Institute for Strategy Studies，IISS）

伦敦国际战略研究所1958年建于伦敦，原名为英国战略研究所（Institute for Strategy Studies）。当时，英国一批学术界、政界、新闻界人士鉴于在苏伊士运河及匈牙利事件发生时，皇家国际事务研究所未能对之提出有效的建议，致使英国外交陷于被动，为了"研究核时代日益复杂的安全问题"，故创办了该所。随着研究的深入，为了加强决策研究与咨询的国际性，扩大国际交流与合作，1971年，该研究所正式改名为国际战略研究所（International Institute for Strategy Studies），并成为国际关系与安全网络（ISN）的分支机构。它是一家调查、报道和研究与国际冲突有关问题的独立机构，其业务是对各种各样的政治、经济和社会问题做出明确的判断。该研究所是一个私人协会组织，吸收了各个国家的个人或团体担任它的会员，研究所的会员大会选举产生理事会。该所每年吸收来自不同国家（或地区）的10名左右的轮换研究员进行专题研究。该所的经费来源也具有国际性质，它的经费一半来自会员费、出版物收入、咨询收入、研究工作、企业赞助，另一半靠美国、英国、德国、意大利、日本等国私人基金会的捐助。

伦敦国际战略研究所每年要研究冲突、安全与发展；网络力量与未来冲突；国防和军事；战略、技术和军备控制；中国研究；中东研究；俄罗斯和欧亚大陆；欧洲安全与防务；东南亚政治与外交政策等方面的众多课题。每年要举行一次大规模的年会，组织政治家、军事专家、政府官员、学者讨论重大国际安全问题；每年发表《战略研究报告》(Strategic Survey，英文)、《军事力量对比》(The Military Balance，英文，年刊)手册，定期出版《生存》(Survival，英文，双月刊)及其他研究报告。

3．日本

日本咨询业起步较晚，但发展迅速。二战后，日本经济发展进入快车道，而咨询业也获得了千载难逢的发展机遇，人们视咨询为决策的参考、解决问题的助手而倍加重视和青睐。20世纪70年代以后，其发展更为健康、迅速，涌现出在世界上享有盛誉的咨询机构，如野村综合研究所、三菱综合研究所等。

1）野村综合研究所（Nomura Research Institute, Ltd., NRI）

野村德七于1906年设立了野村综合研究所的母体——野村公司调查部。进入20世纪60年代，野村公司调查部发现要解决受人委托的尖端项目，需要把社会科学和自然科学结合起来进行综合调查研究。在这种情况下，经过精心筹划，吸取国外有关"智囊团"的经验，于1965年成立了野村综合研究所。

野村综合研究所早在20世纪80年代初期就开始积极地开展中国业务，包括向以日资企业为主的外资企业的中国事业发展提供各类咨询。同时，也受中国政府的委托，进行城市发展战略和产业发展战略等方面的政策咨询。

野村综合研究所为了全面开展在中国大陆的咨询业务，2002年在上海设立了野村综研（上海）咨询有限公司。随着业务的不断扩大，2005年设立了上海北京事务所。之后，为了更进一步结合中国社会的发展特点，前瞻性地对一些影响中国社会长期发展的关键课题进行持续研究，于2007年与清华大学共同设立了清华大学·野村综研中国研究中心。

如今，野村综合研究所不仅是日本规模最大、具有很高社会影响力的综合性研究所，也是世界上极富盛誉的思想库，在世界智囊团中也是名列前茅的。

野村综合研究所设有镰仓总部和东京总部，前一个总部主要负责金融证券业务方面的调查，后一个总部主要负责国内外政府、公共团体、产业企业的委托研究课题。野村综合研究所资金全部来自合同委托研究，已经于2001年在东京证券交易所上市。

野村综合研究所设有政策研究中心，主要研究国际金融、国际经济、国际政治、区域性课题、国内公共政策、产业政策、技术开发政策等课题；证券调查部，通过设在纽约、伦敦、香港的三大金融中心的情报组织对国内外证券、金融市场做出分析与预测，为企业及金融界提供咨询服务；综合研究部，主要侧重于综合性、整体性、战略性的研究课题，如企业经营政策定位、产业整体环境评估、技术开发的方向及选择重点、城市及地区开发计划等；系统研究部，该部一方面以世界金融市场为对象，作投资理论、金融理论的基础研究，同时不断开展金融新产品、投资理财新技术、资金管理新技术等务实性、前瞻性的课题研究；系统顾问部，其业务性质与综合研究部很相似，唯一的差异在于研究案例为中型规模，如企业中长期经营计划、企业诊断、营业目标的制订等；公共及产业系统部；证券系统部，负责搜集国内外金融、证券信息并进行分析；金融系统一部，主要为本国及外商的证券公司提供信息服务；金融系统二部，为人寿保险公司、产物保险公司、金融银行提供金融产品设计、营业流程规划及综合资金运用等系统性服务；流通系统部，服务对象主要针对流通企业，包括超级市场、便利商店、家庭餐厅及流行服装店等。通过建立"企业间情报交换系统"连接了制造厂、批发商、销售店等所有流通点，使各环节的信息交流达到自动化和及时化。

2）三菱综合研究所（Mitsubishi Research Institute, Inc., MRI）

三菱综合研究所成立于 1970 年，是日本著名的咨询研究机构。它是由三菱经济研究所和以电子计算机为中心的三菱原子能工业股份有限公司综合计算中心，以及对技术、经济调查具有丰富经验的技术经济情报中心三个部门联合组成的。研究所虽然由三菱的三个部门组建而成，又以"三菱"为名，但自建立之日起就是一家完全独立的公司，来自三菱企业集团的业务只占其总业务的小部分，其他的业务都是集团之外的。

三菱综合研究所的有着独特的研究方法，方法的制胜使它产生了一批在国际上享有盛誉的重大成果。如该公司的产业技术部门采用对环境影响的评价、模拟实验、Q.O.L 法（用计量方法表示人们生活质量的一种方法）等现代科学方法，重点在资源、能源方面作咨询研究，为许多重要部门和大型团体提供决策的依据，完成了百计的研究和咨询项目。又如，该公司的情报处理部门，在 20 世纪 70 年代末就拥有日本当时最大的电子计算机，因而擅长于大规模的计算，进行了不少有关重要模型的计算机模拟，名声显赫。

三菱综合研究所宣称"以共同创造繁荣、可持续的未来为使命。与世界一起，不断挑战未来，解决社会问题，推动社会变革"。

三菱综合研究所研究项目的内容主要包括：管理咨询、信息和通信、医疗保健、海外战略与业务、数字化转型、技术、人力资源、食品与农业、能源、防灾和风险管理、项目案例、可持续发展、智能城市移动性、经济、社会等方面。研究范围之广，类似于"从方便面到导弹"全都推销的经营方式，几乎无所不有。

3）日本综合研究开发机构（Nippon Institute for Research Advancement，NIRA）

1974 年日本田中内阁时，根据国会通过的"综合研究开发机构法"设立了被称为日本思想库"总管"的日本综合研究开发机构，2011 年转变为公益财团法人。它是半官方半民间组织，名为独立实为政府的特殊部门，负责统筹全国智库工作。其成立目的是对中长期日趋重要的关乎现代经济社会及国民生活的各种问题进行综合研究，集合经济、社会、技术等相关专业知识，进行基础性、应用性以及开发性调查研究，并提出对策建议。

日本综合研究开发机构在执行委员会下面设有政策研究部以及管理和会计部。理事会负责讨论与该机构有关的重要事项并提供咨询意见，包括选择执行副总裁和审计员。研究评估委员会审查研究计划，评估研究结果，并公布这些评估的结果。该机构资金主要来自日本政府、地方政府、民间团体与私人公司的捐助，不接受合同委托研究。

　　该机构研究内容十分广泛，从国内到国外，从对当今社会现状的考察研究到对未来的设想和展望，涉及政治、经济、工业、农业、城市、农村、文化、交通、环境卫生、社会福利等各个领域，包罗万象，包括现代社会的各种重大问题。其研究成果不仅呈现了日本社会的现状，也集中反映了日本政府所关心的重大问题，如2022年该机构的6大重点研究领域为新冠疫情、民主、区域经济、科技、日本经济、亚洲地区。因此，对日本综合研究开发机构的研究，对于捕捉日本研究动态、预测日本政策走向具有重要意义。除了自己开展研究，该机构还负有扶植民间脑库的任务，对其他智库给予课题和资助。

本章小结

　　随着社会信息化进程的加快，咨询的社会功能日益增强，咨询已成为促进一个国家或地区社会、经济、科技等领域发展的关键因素和重要战略资源。中国与美国、英国、日本等发达国家一样在大力发展咨询行业，咨询机构在政策咨询、工程咨询、技术咨询、管理咨询和专业咨询等领域充分发挥自身的专业价值。信息分析是咨询的基础，贯彻咨询过程的始终，信息分析的成果通过咨询得到有效应用，创造经济效益与社会效益，其价值通过咨询得到提高和深化，咨询成为信息分析的发展方向。

思考与练习

9-1　你怎么理解信息分析与咨询的关系？
9-2　咨询有哪些特征及类型？
9-3　中国咨询机构与美国、英国、日本等国外咨询机构相比有什么差异？

参考文献

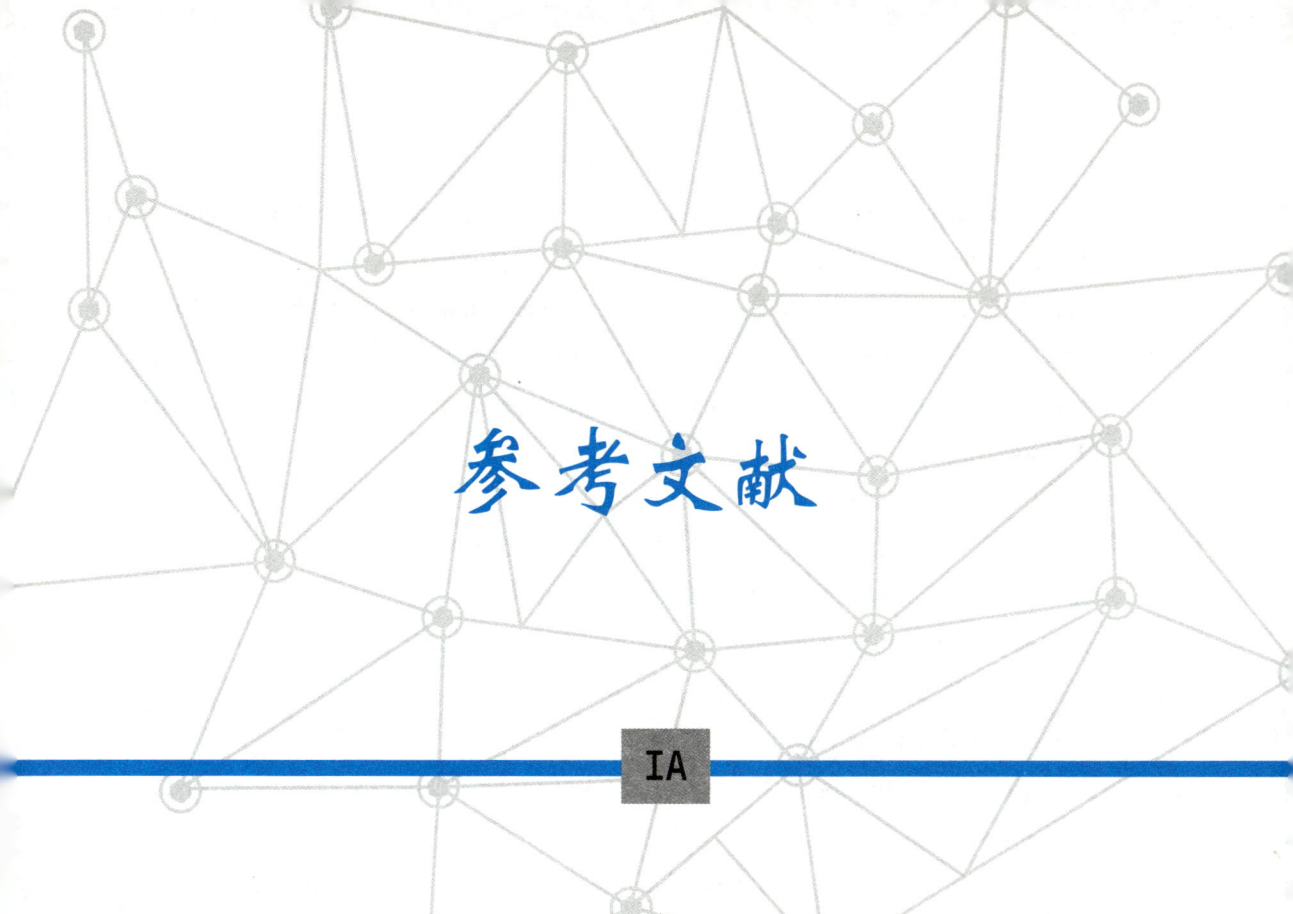

[1] Alexandre Venelli. Analysis of nonparametric estimation methods for mutual information analysis[C]//Information Security and Cryptology-ICISC 2010: 13th International Conference, Seoul, Korea, December 1-3, 2010, Revised Selected Papers 13. Springer Berlin Heidelberg, 2011: 1-15.

[2] Alistar Sutcliffe. Task-related information analysis[J]. International Journal of Human-Computer Studies,1997, 47(2): 223-257.

[3] Benedikt Gierlichs, Lejla Batina, Pim Tuyls, Bart Preneel. Mutual information analysis[C]. Proceedings of the 10th international workshop on Cryptographic Hardware and Embedded Systems, Aug. 2008.

[4] Biech, Elaine. Marketing Your Consulting Services[M]. San Francisco:John Wiley & Sons, Inc., 2003.

[5] Bommel, Patrick van. Transformation of Knowledge, Information and Data: Theory and Applications. Hershey[M]. PA: Idea Group Publishing, 2005.

[6] Bubenko Jr. Information analysis and conceptual modeling. Databases[J], 1988(1).

[7] Chen Gang. Shannon Information Model in E-commerce Information Analysis[C]. Proceed-ings of the 2009 International Joint Conference on Artificial Intelligence, Apr.

2009.

[8] Christopher James Tassava. The world's newest profession: management consulting in the twentieth century[J]. Enterprise & Society, 2007(1).

[9] Cody R P. Learning SAS by example: a programmer's guide[M]. SAS Institute, 2007.

[10] Delwiche L D, Slaughter S J. The little SAS book: a primer[M]. SAS Institute, 2012.

[11] DicksonG, Wetherbe J. The management of information systems[M]. New York : McGraw-Hill, Inc., 1985.

[12] Edwin M Cortez, Sanjay K Dutta, Edward John Kazlauskas. What the library and information professional can learn from the information technology and project management knowledge areas [J]. Libraries and the Academy, 2004(1).

[13] Eleanor D Dym. Subject and information analysis. New York : M.Dekker, 1985.

[14] Ennouni A, Filali Y, Sabri M A, et al. A Review on Image Mining[C]//2017 Intelligent Systems and Computer Vision. IEEE, 2017: 1-7.

[15] Grootendorst M. BERTopic : Neural topic modeling with a class-based TF-IDF procedure. arXiv preprint arXiv, 2022, 2203.05794.

[16] Hamilton W, Ying Z, Leskovec J. Inductive representation learning on large graphs[C]. Advances in neural information processing systems 30. 2017.

[17] Heise D, Bear HL. Visually exploring multi-purpose audio data. In 2021 IEEE 23rd Inter-national Workshop on Multimedia Signal Processing (MMSP) 2021:1-6.

[18] Jiawei Han, Micheline Kamber, Jian Pei. Data Mining: Concepts and Techniques[M]. Elsevier Inc, 2012.

[19] Joseph M Kavulya. Training of library and information science (LIS) professionals in Kenya: A needs assessment[J]. Library Review,2007, 56(3):208-223.

[20] Haycock K. Education for library and information studies in Canada: a cross-cultural comparison[J]. New library world, 2007, 108(1/2): 32-39.

[21] Kido S, Hirano Y, Hashimoto N. Detection and classification of lung abnormalities by use of convolutional neural network (CNN) and regions with CNN features (R-CNN). In 2018 Inter-national workshop on advanced image technology (IWAIT) 2018, 1-4.

[22] Kipf, T N, Welling M. Semi-supervised classification with graph convolutional networks. arXiv preprint arXiv, 2016:02907.

[23] Aiguo L. A Kind of Transformation of Information Service—Science and Technology Novelty Search in Chinese University Libraries[J]. The Journal of Academic Librarianship, 2007, 33(1): 144-148.

[24] Marr, Bernard. Management Consulting Practice on Intellectual Capital[M]. Bradford:

Emerald Group Publishing,2005.

[25] Morato J, Llorens J, Génova G, et al. Experiments in discourse analysis impact on information classification and retrieval algorithms[J]. Information processing & management, 2003, 39(6): 825-851.

[26] P Helland. If You Have Too Much Data, then "Good Enough" Is Good Enough [J]. Commu-nications of the Acm,2011,9(9):40-47.

[27] Parker, Philip M. The 2005-2010 World Outlook for Management Consulting Services[M]. CA : Icon Group International,Inc.,2005.

[28] Dawes P L, Dowling G R, Patterson P G. Information sources used to select different types of management consultancy services[J]. Asia Pacific Journal of Management, 1991, 8: 185-199.

[29] Phillip Laplante, Thomas Costello. CIO Wisdom-More Best Practices[M]. NJ : Pearson Education, Inc.,2005.

[30] Palanisamy R. Strategic information systems planning model for building flexibility and success[J]. Industrial Management & Data Systems, 2005, 105(1): 63-81.

[31] Richard A. Mason, et al. Ethics of Information Management[M]. Thousands Oakes: Sage publications, Inc.1995

[32] Saaty T L. The Analytic Hierarchy Process[M]. New York: McGraw-Hill Inc.1980

[33] Shorten C, Khoshgoftaar TM. A survey on image data augmentation for deep learning. Journal of big data. 2019,6(1):1-48.

[34] Stanley Wasserman, Katherine Faust. Social Network Analysis : Methods and Applications [M]. Cambridge University Press,1994.

[35] Tatnall, Arthur. Web Portals : The New Gateways to Internet Information and Services. Hershey[M]. PA: Idea Group Publishing,2005.

[36] U.S. Federal Council for Science and Technology(Committee on Scientific and Technical Information—COSATI). Panel on information analysis centers[C]. Proceedings of the Forum of Federally Supported Information Analysis Centers,1967.

[37] W. H. Inmon.Building the Data Warehouse[M]. Wiley Publishing, Inc.,2006

[38] Wang X, Bo D, Shi C, Fan S, Ye Y, Philip SY. A survey on heterogeneous graph embedding: methods, techniques, applications and sources[J]. IEEE Transactions on Big Data 2022 : arXiv: 2011.14867.

[39] Wang X, Lu S, Li XI, Khamitov M, Bendle N. Audio mining: the role of vocal tone in persuasion. Journal of Consumer Research. 2021,48(2):189-211.

[40] Weiss, Alan. Organizational Consulting : How to Be an Effective Internal Change

Agent[M]. NJ : John Wiley & Sons, Inc., 2003.

[41] Xiaobin Lu. Technological Innovation of Information Service Enterprises in China[C]. 2007. Proceedings of International Conference on Enterprise Engineering and Management Inno-vation, Beijing: Orient Academic Forum Publishing, 2007.

[42] Xu K, Hu W, Leskovec J, et al. How Powerful are Graph Neural Networks[C]. International Conference on Learning Representations, 2019, 1810.00826.

[43] Zhou Z, Zhang J, Gong C. Automatic detection method of tunnel lining multi-defects via an enhanced You Only Look Once network. Computer-Aided Civil and Infrastructure Engineering. 2022, 37(6):762-780.

[44] 卢小宾. 信息分析概论[M]. 北京：电子工业出版社，2014.

[45] 上海情报服务平台[EB/OL].[2023-07-23].

[46] 涂彦，曾德超，石海林，等. 湖南省竞争情报的"走出去，请进来"[J]. 竞争情报，2020，16(6):45-49.

[47] 查先进. 信息分析[M]. 武汉：武汉大学出版社，2011.

[48] 中国科技情报网[EB/OL]. [2023-07-23].

[49] 埃森哲网[EB/OL]. [2022-10-20].

[50] 艾尔.巴比. 社会研究方法基础（第8版）[M]. 邱泽奇译. 北京：华夏出版社，2005.

[51] 艾瑞咨询. 2022年中国数字藏品行业研究报告. [EB/OL]. [2022-09-21].

[52] 安邦信息数据研究中心. 2020地方治理数字图鉴[EB/OL]. [2022-11-25].

[53] 包昌火. 情报研究方法论[M]. 北京：科学技术文献出版社，1991.

[54] 包昌火. 信息分析和竞争情报案例[M]. 北京：清华大学出版社，2012.

[55] 包昌火，缪其浩，谢新洲. 对我国情报研究工作的认识和对策研究（上）[J]. 情报理论与实践，1997, 20(3): 133-135.

[56] 包昌火，缪其浩，谢新洲. 对我国情报研究工作的认识和对策研究（下）[J]. 情报理论与实践，1997, 20(4): 215-221.

[57] 保罗·梅，菲奥纳·切尔尼亚夫斯卡. 双赢咨询——英国管理咨询协会获奖案例研究[M]. 韩燕等译. 北京：中国水利水电出版社，2007.

[58] 北京市科学技术研究院. 北科院科技奥运互动项目组赴北京冬奥组委调研. [EB/OL].[2022-10-23].

[59] 蔡筱英等. 信息方法概论[M]. 北京：科学出版社,2004.

[60] 曹巍. 计算机信息网络对情报研究的影响[J]. 中华医学图书馆杂志, 2001, 10(1): 1-2.

[61] 曾建勋."十四五"期间我国科技情报事业的发展思考[J]. 情报理论与实践，2021,44(01)：1-7.

[62] 常雅红. 企业经济信息分析探究[J]. 情报探索，2011(9).

[63] 朝乐门．数据分析与数据思维——Python 编程要点、分析方法与实践技能[M]．北京：电子工业出版社，2021．

[64] 朝乐门．数据分析原理与实践[M]．北京：机械工业出版社，2022．

[65] 朝乐门．数据科学理论与实践（第三版)[M]．北京：清华大学出版社，2022．

[66] 车尧，张皓月．情报学范畴内有关信息分析的文献计量分析——基于CNKI、万方和Web of Science 数据库[J]．情报科学，2011, 29(3): 456-461．

[67] 陈功．信息分析的核心[M]．北京：新星出版社，2010．

[68] 陈钧,曹宽增．对情报研究人员的素质和能力要求以及情报研究人员的培养[J]．情报理论与实践，2005, 28(1): 100-103．

[69] 陈四益，丁聪．历史的真相[J]．读书，2003(12):49．

[70] 陈雄峰．智能信息分析构件特征模型的研究[J]．厦门理工学院学报，2011, 19(4): 40-44．

[71] 陈奕．国内外咨询人员培养范式及比较研究[J]．情报理论与实践，2004, 27(4): 382-384．

[72] 邓维斌等．SPSS 统计分析实用教程[M]．北京：电子工业出版社，2012．

[73] 翟雨林，张玉强．我国科技决策咨询组织体系的完善研究——基于德国、俄罗斯和日本三国的经验[J]．江苏科技信息，2021, 38(28):22-26．

[74] 董梅香．浅析我国信息分析活动现状及其发展对策[J]．现代情报，2005, 25(9): 67-69．

[75] 樊松林，徐雪松．竞争战略选择的信息分析模型[J]．情报科学，2001, 19(7): 677-680．

[76] 范并思．社会科学信息分析中的文本挖掘[J]．图书情报工作，2012, 56(08): 6．

[77] 范佳佳，高洁．情报工作的核心定位与信息分析师的培养[J]．情报资料工作，2006, 3．

[78] 冯恩椿，谢仁兴．情报研究学基础[M]．北京：科学技术文献出版社，1994

[79] 付志新．科技情报研究人才的素质要求及培养路径[J]．人才资源开发，2007(8):12-13．

[80] 高柳宾，孙云川．信息分析基础理论研究[J]．情报理论与实践，2000, 23(1): 8-9．

[81] 高山正也．情报分析——生产论[M]．东京：雄山阁出版株式会社，1985．

[82] 郭三萍，樊淑奇．论科技情报研究课题的选择[J]．科技情报开发与经济，2007(12):130-131．

[83] 郭正明,张素芳．基于语义关联分析的战略技术信息分析方法[J]．图书情报工作，2011, 55(20): 82．

[84] 国家科学技术委员会．国家科学技术情报发展政策（中国科学技术蓝皮书）[M]．北京：科学技术文献出版社，1991．

[85] 韩秋明，李微，李华锋．数据挖掘技术应用实例[M]．北京：机械工业出版社，2011．

[86] 何静．信息分析思维训练方法之研究[J]．高校图书馆工作，2011, 31(3): 83-85．

[87] 胡家荣，符雄．现代信息研究[M]．广州：广东高等教育出版社，2003

[88] 胡可云，田凤占，黄厚宽．数据挖掘理论与应用[M]．北京：清华大学出版社，北京交通大学出版，2008．

[89] 化柏林. 网络海量信息环境下的情报方法体系研究[J]. 情报理论与实践, 2012, 35(11): 1-5.

[90] 黄家镇, 朱涛. 美国《小企业法》最新修订述评[J]. 河南司法警官职业学院学报, 2017(3): 39-45.

[91] 黄仁浩. 论我国信息咨询服务业发展不足的原因与对策[J]. 情报理论与实践, 2004(1):46-48.

[92] 黄晓斌, 赵超. 文本挖掘在网络舆情信息分析中的应用[J]. 情报科学, 2009(1): 94-99.

[93] 技术预测与国家关键技术选择研究组. 日本对21世纪前30年技术发展的预测[OL]. [2014-01-15].

[94] 贾俊贤. 德国咨询服务业发展的经验及启示[J]. 东北财经大学学报, 2001(3): 25-26.

[95] 江三宝, 毛振鹏. 信息分析与预测[M]. 北京: 清华大学出版社/北京交通大学出版社, 2008.

[96] 蒋沁, 王昌亚. 情报研究[M]. 武汉: 武汉大学出版社, 1989.

[97] 靳娟娟. 情报分析研究的回顾与展望[J]. 图书情报工作网刊, 2012(7):30-36.

[98] 靖继鹏等. 信息经济学[M]. 北京: 科学出版社, 2007

[99] 柯平. 信息咨询概论[M]. 北京: 科学出版社, 2008

[100] 孔祥智, 胡铁成. 信息咨询机构[M]. 北京: 中国经济出版社, 1995.

[101] 郎诵真等. 竞争情报与企业竞争力[M]. 北京: 华夏出版社, 2001.

[102] 冷伏海, 冯璐. 情报研究方法发展现状与趋势[J]. 图书情报工作, 2009, 53(02): 29.

[103] 李博闻, 章成志. 我国情报学研究方法体系构建研究的转向突破[J]. 情报理论与实践, 2020, 43(6):37-43.

[104] 李慧敏, 陈光, 李章伟. 决策与咨询的共生与交融——基于日本科技咨询体系的考察与启示[J]. 科学学研究, 2021, 39(7):1199-1207.

[105] 李佳佳. 基于开放数据和云计算的商业信息分析模式构建[J]. 知识管理论坛, 2010 (6): 17-22.

[106] 李思一. 从信息分析的现状调查看发展[J]. 情报学报, 1999, 18(2): 153-159.

[107] 李艳, 蒋贵凰, 宋维翔. 以情报分析人才培养为核心重塑我国情报学专业教育[J]. 情报理论与实践, 2011, 34(7): 13-16.

[108] 李英兰, 胡国华. 近十年我国信息分析与预测回顾和发展策略[J]. 图书馆工作与研究, 2001(6):50-52.

[109] 李又华. 情报研究的涵义及其社会功能[J]. 情报科学, 1992(4): 19-23.

[110] 梁秋春. 知识管理在信息分析中的应用探讨[J]. 现代情报, 2010, 30(1): 23-25.

[111] 廖开际. 数据仓库与数据挖掘[M]. 北京: 北京大学出版社, 2008.

[112] 林聚任. 社会网络分析:理论、方法与应用[M]. 北京: 北京师范大学出版社, 2009.

[113] 刘军．整体网分析讲义：UCINET 软件实用指南[M]．上海：格致出版社，2009．

[114] 刘前程．信息分析与预测产业化的法律环境分析[J]．创新，2008 (1): 76-79.

[115] 刘世平．数据挖掘技术及应用[M]．北京：高等教育出版社，2009．

[116] 刘旭．企业背景信息分析在工作分析中的作用[J]．人力资源管理，2011 (6): 113-114.

[117] 卢泰宏．跨国公司行销中国[M]．贵阳：贵州人民出版社，2002．

[118] 卢泰宏．信息分析[M]．广州：中山大学出版社，1998．

[119] 卢小宾，黄祥芸．我国信息分析活动的现状分析与发展对策[J]．情报资料工作，2006 (3)：8-11．

[120] 卢小宾，鲁瑶．我国IT咨询业的发展现状与未来走向[J]．图书情报工作，2005, 49(5): 13.

[121] 卢小宾，孟玺．我国竞争情报研究文献的共引分析[M]．北京：科学技术文献出版社，2010．

[122] 卢小宾，孟玺．信息资源管理成熟度模型构建研究[J]．信息资源管理学报，2011, 1(3): 4-10.

[123] 卢小宾，张淑君．我国信息资源管理专业人才培养模式研究[J]．情报科学，2011, 29(10):1452-1456.

[124] 卢小宾．我国情报研究活动现状分析[J]．情报学报，1994 (A03): 185-191.

[125] 卢小宾．我国信息分析发展态势分析[J]．情报学报，1997(4):6-12.

[126] 卢小宾．信息分析[M]．北京：科学技术文献出版社，2008．

[127] 卢小宾．信息分析导论[M]．武汉：武汉大学出版社，2020．

[128] 卢小宾．信息分析理论与实践[M]．北京：清华大学出版社，2013．

[129] 卢小宾．信息检索[M]．北京：科学出版社，2009．

[130] 卢小宾．信息研究[M]．长春：东北师范大学出版社，1997

[131] 卢小宾．咨询导论[M]．北京：中国人民大学出版社，2012

[132] 罗家德．社会网分析讲义[M]．社会科学文献出版社，2010．

[133] 马费成，宋恩梅．信息管理学基础[M]．武汉：武汉大学出版社，2011．

[134] 马功兰．日本咨询业发展透视[J]．情报理论与实践，2003(6)：569-571．

[135] [美]迈克尔•波特．竞争战略[M]．郭武军，刘亮译．北京：华夏出版社，2012．

[136] 钱军，杨欣，杨娟．情报研究方法的聚类分析[J]．情报科学, 2006, 24(10): 1561-1567.

[137] 秦铁辉，王延飞．信息分析与决策[M]．北京：北京大学出版社，2001．

[138] 曲建升，张丽华．信息密集环境中情报研究工作的内容与方向[J]．现代情报，2011, 31(01):8-11.

[139] 沙勇忠，牛春华等．信息分析[M]．北京：科学出版社,2009

[140] 沙勇忠，肖仙桃，赵波．计算机辅助信息分析论略[J]．情报杂志，2005, 24(7): 74-77.

[141] 沈固朝．从另一视角看西方国家情报分析类文献[J]．图书情报工作，2005, 49(9): 11.

[142] 宋琳．美法行政决策咨询机构比较[J]．科技创业，2005(3):96-98.

[143] 苏敏．信息分析方法在信息素质教育中的应用研究[J]．大学图书情报学刊，2010 (3): 60-64.

[144] 孙莉．我国信息分析活动的现状与发展对策[J]．科技创新导报，2008 (24): 255-256.

[145] 孙长治．试论情报研究的选题[J]．大连干部学刊，2006(7):42-43.

[146] 孙振誉等．信息分析导论[M]．北京：清华大学出版社，2007.

[147] 田树林．我国信息分析活动现状及其发展对策研究[J]．现代情报，2008, 28(3): 92-94.

[148] 汪海波等．SAS统计分析与应用从入门到精通（第二版）[M]．北京：人民邮电出版社，2013.

[149] 王蓓．关于信息分析方法的研究[J]．企业导报，2012(6):259.

[150] 王发龙．日本职业咨询师资格认证制度的框架、特点及启示[J]．丽水学院学报，2015, 37(3): 54-59.

[151] 王伟军，蔡国沛．信息分析方法与应用[M]．北京：清华大学出版社/北京交通大学出版社，2010.

[152] 王延飞，秦铁辉等．信息分析与决策（第二版）[M]．北京：北京大学出版社，2010.

[153] 王延飞．论信息分析的质量控制方法[J]．情报理论与实践，2010(1): 4-7.

[154] 王懿．论数据挖掘技术在信息分析中的应用[J]．科技情报开发与经济，2009 (10): 79-80.

[155] 王曰芬．面向知识服务的信息分析及应用研究——以文献数据库为来源[J]．情报理论与实践，2011, 34(3): 54-57.

[156] 王知津．竞争情报[M]．北京：科学技术文献出版社，2005

[157] 魏立本．我国信息分析活动现状的调研及对策[J]．科学中国人，2010(9):125-127.

[158] 吴怡青．德国利用管理咨询促进民营中小企业发展的启示[J]．现代情报，2006(1):220-222.

[159] 徐超富．美国咨询业发展特点及启示[J]．未来与发展，2000(2):37-40.

[160] 徐姣姣等．信息分析方法——因子分析[J]．科技创业月刊，2012, 25(4):21-22+26.

[161] 姚志勇．SAS开发经典案例解析（大数据时代的数据分析利器）[M]．北京：机械工业出版社，2013.

[162] 颐信科技．数据执法[EB/OL]．[2022-11-11].

[163] 余波．现代信息分析与预测[M]．北京：北京理工大学出版社，2011.

[164] 查先进．信息分析[M]．武汉：武汉大学出版社，2011.

[165] 张满年，龚春红，黄东流，等．论我国科技情报研究机构研究方向的变迁[J]．情报科学，2012, 30(8): 1118-1124.

[166] 张薇．情报研究的实践[J]．图书情报工作，2006(5).

[167] 张彦钰，刘翠玲，韩笑．山西省科技智库运行机制问卷调查与政策建议[J]．图书情报

导刊. 2020, 5(8):71-75.

[168] 赵凡，冉美丽. 情报服务实践中的协同情报研究理论探讨[J]. 图书情报知识，2007, 116(3):65-68.

[169] 赵岩碧. 关于信息分析工作的几点思考[J]. 情报杂志，2004, 23(3): 116-117.

[170] 郑东新. 浅述信息分析师队伍建设[J]. 科技创新导报，2010(16):40-41.

[171] 郑雯. 美国兰德公司情报研究工作特点及启示[J]. 情报理论与实践，2012, 35(7): 125-128.

[172] 郑彦宁，杨阳，赵筱媛. 我国科技情报机构情报研究业务发展现状调查[J]. 情报理论与实践，2010 (7): 63-66.

[173] 中国产业报告网. 2023—2029 年中国研究生教育市场前景研究与市场年度调研报告[EB/OL]. [2022-11-16].

[174] 中国大百科全书. 图书馆学、情报学、档案学卷[M]. 北京：中国大百科全书出版社，1993.

[175] 中国科学技术信息研究所. [EB/OL].[2022-10-20].

[176] 中国科学院资源环境科学与技术局，中国科学院资源环境科学信息中心. 国际与中国材料科学发展态势（科技参阅资料），2003.7.

[177] 中国情报学百科全书总编辑委员会. 中国情报学百科全书[M]. 北京：中国大百科全书出版社，2010.

[178] 中国社会科学院. 日本研究所发布两部智库报告[EB/OL]. [2022-12-11].

[179] 钟伟才. 数据分析基础：IBM 大数据分析课程资料[OL].[2013-8-4].

[180] 周文杰. 数字信息分析中用户焦虑实验研究[J]. 中国图书馆学报，2011, 37(6): 58-66.

[181] 周先波. 信息产业与信息技术的经济计量分析. 广州：中山大学出版社，2001.

[182] 朱庆华. 信息分析：基础、方法及应用[M]. 北京：科学出版社，2015.

[183] 朱相丽，谭宗颖. 日本野村综合研究所咨询工作模式研究及启示[J]. 全球科技经济瞭望，2016, 31(8):49-55.

[184] 邹志仁. 情报研究与预测[M]. 南京：南京大学出版社，1990.

反侵权盗版声明

电子工业出版社依法对本作品享有专有出版权。任何未经权利人书面许可，复制、销售或通过信息网络传播本作品的行为；歪曲、篡改、剽窃本作品的行为，均违反《中华人民共和国著作权法》，其行为人应承担相应的民事责任和行政责任，构成犯罪的，将被依法追究刑事责任。

为了维护市场秩序，保护权利人的合法权益，我社将依法查处和打击侵权盗版的单位和个人。欢迎社会各界人士积极举报侵权盗版行为，本社将奖励举报有功人员，并保证举报人的信息不被泄露。

举报电话：（010）88254396；（010）88258888
传　　真：（010）88254397
E-mail：　dbqq@phei.com.cn
通信地址：北京市万寿路 173 信箱
　　　　　电子工业出版社总编办公室
邮　　编：100036